"互联网+"产教融合行业会计系列教材

金融企业会计

刘 莹 王婷婷 主 编
于晓雨 于 婷 副主编

图书在版编目（CIP）数据

金融企业会计/刘莹，王婷婷主编. --上海：立信会计出版社，2024.7. --（"互联网＋"产教融合行业会计系列教材）. -- ISBN 978-7-5429-7668-0

Ⅰ. F830.42

中国国家版本馆 CIP 数据核字第 2024HT9030 号

策划编辑　　郭　光　王秀宇
责任编辑　　郭　光　王秀宇
美术编辑　　吴博闻

金融企业会计
JINRONG QIYE KUAIJI

出版发行	立信会计出版社
地　　址	上海市中山西路 2230 号　　邮政编码　200235
电　　话	(021)64411389　　传　　真　(021)64411325
网　　址	www.lixinaph.com　　电子邮箱　lixinaph2019@126.com
网上书店	http://lixin.jd.com　　http://lxkjcbs.tmall.com
经　　销	各地新华书店
印　　刷	常熟市人民印刷有限公司
开　　本	787 毫米×1092 毫米　　1/16
印　　张	18.75
字　　数	468 千字
版　　次	2024 年 7 月第 1 版
印　　次	2024 年 7 月第 1 次
书　　号	ISBN 978-7-5429-7668-0/F
定　　价	54.00 元

如有印订差错，请与本社联系调换

前　言

在当今全球化和信息化的时代，金融行业正经历着前所未有的变革。金融行业在国民经济的资源配置中居于枢纽地位，对经济发展、稳定与协调的重要性毋庸置疑。金融企业会计作为金融体系的重要组成部分，扮演着越来越重要的角色。随着金融市场的不断发展，金融企业会计不仅需要提供准确、客观、独立、公正的信息，还要能够及时反映金融企业的资本运作、企业发展和业务拓展情况。因此，对于金融企业会计的探讨和研究具有重要的现实意义。

本书从企业会计准则的具体准则出发，将金融企业的业务全貌全面展示出来，全面介绍了金融企业会计的基本理论、方法和实践，为读者提供有关金融企业会计的知识体系和实际操作指南。读者通过学习能够深入了解金融企业会计的原理、方法和应用，掌握金融企业会计的基本技能，快速提升专业素养，为从事金融行业相关工作打下坚实的基础。

本书主要有以下特色：

（1）切实紧跟财经政策的变化，具有时效性。金融企业在进行会计核算的过程中，必须严格遵守企业会计准则。本书以企业会计准则为基本依据，帮助读者了解当下财经政策，掌握核心知识，进而不断地提升自己。

（2）体现金融行业的业务特点。本书坚持以企业会计准则为基本依据，对金融细分行业业务运作以及业务创新与合并进行了详解，使金融会计的处理更能体现经济业务的本质。

（3）与时俱进，注重理论与实践相结合。金融业务的发展始终处于时代前沿，新知识、新理论、新方法往往先在金融行业中得到应用，本书不仅介绍了金融企业会计的基本概念、会计准则和财务报表等理论知识，还通过丰富的案例和实践操作，帮助读者掌握金融企业会计的实际操作技能。

（4）课程资源丰富。本书为帮助教师教学和便于学生及时检测对知识点的掌握情况，在每章设置了"课堂结账测试"。为了配合课堂教学，编者精心设计和制作了教学课件、课程教学大纲、测试参考答案、配套习题等线上资源，充分发挥网络课程资源的作用。

（5）寓德于教。为坚持立德树人这一根本任务，将社会主义核心价值观理念融入教书育人过程中，本书将党的二十大精神融入思政案例教学中，对课程思政元素进行积极的探索和挖掘，培养学生爱国情怀、文化自信及创新精神，实现知识和价值引领的统一。

本书由刘莹、王婷婷任主编，于晓雨、于婷任副主编，刘燕、李满林参与编写。在编写过程中，编者参考和借鉴了大量相关教材成果，也得到了立信会计出版社的大力支持，在此表示诚挚谢意！

由于编者水平有限，本书内容可能有疏漏之处，恳请读者提出宝贵的意见和建议，以便我们再版时不断完善和改进，我们的联系方式是18201831671（微信同号）。

编者

2024年6月

目 录

第一篇　基础理论与方法

第一章　金融企业会计概述 ………………………………………………… 3
　　第一节　金融企业的组成与我国金融企业的基本职能 ……………… 4
　　第二节　金融企业的会计对象和会计目标 …………………………… 6
　　第三节　金融企业会计规范 …………………………………………… 9
　　第四节　金融企业会计的基本核算方法 ……………………………… 12
　　课堂结账测试 …………………………………………………………… 19

第二篇　金融企业业务的核算

第二章　商业银行会计 …………………………………………………… 23
　　第一节　商业银行会计概述 …………………………………………… 24
　　第二节　存款业务的核算 ……………………………………………… 25
　　第三节　贷款业务的核算 ……………………………………………… 43
　　第四节　国内支付结算业务的核算 …………………………………… 50
　　第五节　外汇业务的核算 ……………………………………………… 75
　　课堂结账测试 …………………………………………………………… 85

第三章　证券公司会计 …………………………………………………… 87
　　第一节　证券公司业务概述 …………………………………………… 88
　　第二节　证券经纪业务的核算 ………………………………………… 90
　　第三节　证券自营业务的核算 ………………………………………… 95
　　第四节　证券承销业务的核算 ………………………………………… 101
　　第五节　其他证券业务的核算 ………………………………………… 105
　　课堂结账测试 …………………………………………………………… 113

第四章　信托投资公司会计 ……………………………………………… 115
　　第一节　信托投资公司概述 …………………………………………… 116
　　第二节　信托存款及委托存款业务的核算 …………………………… 124
　　第三节　信托贷款及委托贷款业务的核算 …………………………… 126

第四节　信托投资及委托投资业务的核算 …………………………………… 130
　　第五节　其他信托业务的核算 ……………………………………………… 135
　　课堂结账测试 ………………………………………………………………… 139

第五章　租赁公司会计 ……………………………………………………… 141
　　第一节　租赁业务概述 ……………………………………………………… 142
　　第二节　出租人的核算 ……………………………………………………… 146
　　第三节　承租人的核算 ……………………………………………………… 151
　　第四节　其他租赁形式的核算 ……………………………………………… 155
　　课堂结账测试 ………………………………………………………………… 159

第六章　期货公司会计 ……………………………………………………… 161
　　第一节　期货公司业务概述 ………………………………………………… 162
　　第二节　商品期货业务的核算 ……………………………………………… 165
　　第三节　金融期货和期权概述 ……………………………………………… 179
　　课堂结账测试 ………………………………………………………………… 181

第七章　基金管理公司会计 ………………………………………………… 183
　　第一节　基金管理公司业务概述 …………………………………………… 184
　　第二节　基金发行与赎回的核算 …………………………………………… 188
　　第三节　基金投资业务的核算 ……………………………………………… 192
　　第四节　基金业务损益的核算 ……………………………………………… 202
　　课堂结账测试 ………………………………………………………………… 207

第八章　保险公司会计 ……………………………………………………… 209
　　第一节　保险业务概述 ……………………………………………………… 210
　　第二节　财产保险业务的核算 ……………………………………………… 212
　　第三节　人身保险业务的核算 ……………………………………………… 222
　　第四节　再保险业务的核算 ………………………………………………… 229
　　课堂结账测试 ………………………………………………………………… 235

第九章　金融企业所有者权益、财务损益的核算 ………………………… 237
　　第一节　金融企业所有者权益的核算 ……………………………………… 238
　　第二节　金融企业财务损益的核算 ………………………………………… 247
　　课堂结账测试 ………………………………………………………………… 257

第十章　金融企业财务会计报告 ……………………………………………………… 259
第一节　金融企业财务会计报告概述 ……………………………………………… 260
第二节　金融企业会计报表的编制 ………………………………………………… 262
课堂结账测试 …………………………………………………………………………… 279

第三篇　综合业务

第十一章　金融企业会计综合业务 ………………………………………………… 283

第一篇　基础理论与方法

第一章　金融企业会计概述

知识导航

金融企业会计概述
- 金融企业的组成与我国金融企业的基本职能
  - 金融企业的组成
  - 我国金融企业的基本职能
- 金融企业的会计对象和会计目标
  - 金融企业的会计对象
  - 金融企业的会计目标
- 金融企业会计规范
  - 现行金融企业会计规范
  - 金融企业会计的基本前提
  - 金融企业会计信息质量要求
- 金融企业会计的基本核算方法
  - 设置会计科目
  - 确定记账方法
  - 编制和审核会计凭证
  - 设置账务组织及账务核对
  - 编制会计报表

学习目标

1. 认知目标
(1) 了解金融企业的概念、种类及业务特点。
(2) 了解金融企业会计的特点及核算基础。
(3) 掌握金融企业会计核算的基本方法。
2. 技能目标
(1) 掌握金融企业会计核算的基本原理和核算方法。
(2) 培养学生独立思考、运用的能力。
3. 情感目标
(1) 让学生学有所获，提升学习兴趣。
(2) 建立和增强学生学习金融企业会计的信心。

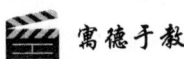 **寓德于教**

用党的二十大精神谱写金融行业高质量发展新篇章

党的二十大报告全面总结了过去5年的工作和新时代10年的伟大变革，科学谋划了未来

5年乃至更长时期党和国家事业发展的目标任务和大政方针，事关党和国家事业继往开来，事关中国特色社会主义前途命运，事关中华民族伟大复兴。我们应该坚决贯彻落实党的二十大精神，要把深入学习贯彻党的二十大精神作为首要政治任务，切实把思想和行动统一到党的二十大精神上来，确保把党的二十大精神落实到谱写金融会计行业高质量发展新篇章各项工作中。

首先，营造适宜货币环境。高质量发展需要适宜的货币金融环境作为支撑。近年来，我国坚持实施稳健的货币政策，不大水漫灌、不大收大放，既保持了币值的稳定，又在总量、价格、结构上持续加大对实体经济的支持力度。精准、有力实施好稳健的货币政策，首要是保持币值稳定，其次是促进经济增长。近年来，我国发挥好货币政策工具的总量和结构双重功能，既立足国内、调控有度，又密切关注国际动态，加强预期管理，全力支持经济高质量发展。

其次，优化金融供给结构。推动高质量发展，要坚持以推进供给侧结构性改革为主线，具体到金融领域，就是要提高供给质量、优化供给结构，提升金融服务实体经济的质效，更好地支持重点领域和薄弱环节。最新数据显示，截至2022年12月末，结构性货币政策工具共有15项，余额约6.4万亿元，这些工具有效引导金融机构合理投放贷款，促进金融资源向重点领域和薄弱环节倾斜。结构性货币政策工具主要发挥牵引、带动作用，带动金融机构投放后续贷款，而这些后续贷款是金融机构支持国民经济发展的主力军。

最后，提升金融监管效能。推动高质量发展，主攻方向是提高供给质量，根本途径是深化改革。一方面，稳妥化解重点机构风险，大力整治金融乱象；另一方面，不断完善金融风险防控的体制机制。接下来，金融管理部门将强化金融稳定保障体系，推动重点领域金融风险处置，对非法金融活动保持高压，压实各方风险处置的责任，坚决守住不发生系统性金融风险的底线。据介绍，中国人民银行将压实各方防范和处置金融风险责任，推动《中华人民共和国金融稳定法》出台，依法将各类金融活动全部纳入监管。

资料来源：中国金融网，2023-03-16，《为高质量发展提供金融支撑》，http://www.financeun.com/newsDetail。

第一节 金融企业的组成与我国金融企业的基本职能

一、金融企业的组成

金融企业是金融机构的重要组成部分。金融企业通常由银行和非银行金融机构组成。

银行是以存款、贷款、汇兑及储蓄等业务承担信用中介的金融机构。现代银行按其在市场经济发展过程中的经济功能和作用划分，可分为中央银行、商业银行和其他专业银行三种类型，其中商业银行是典型的金融企业。商业银行是以营利为目的，以多种金融负债筹集资金，并以多种金融资产为经营对象，具有信用创造功能的金融机构。商业银行是现代金融体系的主体，它是依照公司法设立的吸收存款、发放贷款、办理结算等金融业务而获取利润的企业法人。商业银行是银行体系中的重要组成部分。

非银行金融机构是指银行以外的其他金融企业。

二、我国金融企业的基本职能

(一) 商业银行

商业银行是指依照《中华人民共和国公司法》(以下简称《公司法》)设立的,以吸收公众存款、发放贷款、办理结算为主要业务,以盈利为主要经营目标的企业法人。吸收公众存款、创造信用货币是商业银行显著的特点。商业银行在我国金融机构体系中占主导地位,主要有国有控股商业银行(如中国工商银行、中国建设银行、中国银行、中国农业银行、交通银行和中国邮政储蓄银行)、股份制商业银行(如招商银行、华夏银行)、地方性商业银行等。商业银行是实行自主经营、自担风险、自负盈亏、自我约束并独立承担民事责任的金融企业法人。

《中华人民共和国商业银行法》(以下简称《商业银行法》)规定,商业银行可以经营下列部分或全部业务:①吸收公众存款。②发放短期、中期和长期贷款。③办理国内外结算。④办理票据承兑与贴现。⑤发行金融债券。⑥代理发行、代理兑付、承销政府债券。⑦买卖政府债券、金融债券。⑧从事同业拆借。⑨买卖、代理买卖外汇。⑩从事银行卡业务。⑪提供信用证服务及担保。⑫代理收付款项及代理保险业务。⑬提供保险箱服务。⑭经国务院银行业监督管理机构批准的其他业务。商业银行的经营范围由商业银行章程规定,报国务院银行业监督管理机构批准。商业银行经中国人民银行批准,可以经营结汇、售汇业务。

(二) 非银行金融机构

非银行金融机构是指在银行以外,依法定程序设立的各种经营金融业务的金融机构,包括证券公司、保险公司、信托投资公司、基金管理公司、金融租赁公司和财务公司。非银行金融机构是我国金融体系的重要组成部分。

1. 证券公司

证券公司是指根据《公司法》和《中华人民共和国证券法》(以下简称《证券法》)的规定设立的,并经国务院证券监督管理机构审查批准而成立的专门经营证券业务,具有独立法人地位的有限责任公司或者股份有限公司。

根据《证券法》的规定,证券公司的经营范围有:①证券经纪。②证券投资咨询。③与证券交易、证券投资活动有关的财务顾问。④证券承销与保荐。⑤证券自营。⑥证券资产管理。⑦其他证券业务。

2. 保险公司

保险公司是指依法成立的经营保险业务的非银行金融机构。保险公司收取保费,将保费所得资本投资于债券、股票、贷款等资产,运用这些资产所得收入支付保单所确定的保险赔偿,在国民经济中发挥着"互助共济,分担风险"的保障作用。

根据《中华人民共和国保险法》(以下简称《保险法》)的规定,保险公司的业务范围有:①人身保险业务,包括人寿保险、健康保险、意外伤害保险等保险业务。②财产保险业务,包括财产损失保险、责任保险、信用保险、保证保险等保险业务。③国务院保险监督管理机构批准的与保险有关的其他业务。另外,《保险法》还规定保险人不得兼营人身保险业务和财产保险业务。但是,经营财产保险业务的保险公司经国务院保险监督管理机构批准,可以经营短期健康保险业务和意外伤害保险业务,保险公司应当在国务院保险监督管理机构依法批准的业务范围内从事保险经营活动。

3. 信托投资公司

信托投资公司是一种以受托人的身份代人理财的金融机构。它与银行、保险并称现代金融业的三大支柱。我国信托投资公司的主要业务有：①受托经营资金信托业务，即委托人将自己合法拥有的资金，委托信托投资公司按照约定的条件和目的，进行管理、运用和处分。②受托经营动产、不动产及其他财产的信托业务，即委托人将自己的动产、不动产以及知识产权等财产或财产权，委托信托投资公司按照约定的条件和目的，进行管理、运用和处分。③受托经营法律、行政法规允许从事的投资基金业务，作为投资基金或者基金管理公司的发起人从事投资基金业务。④经营企业资产的重组、并购及项目融资、公司理财、财务顾问等中介业务。⑤受托经营国务院有关部门批准的国债、政策性银行债券、企业债券等债券的承销业务。⑥代理财产的管理、运用和处分。⑦代保管业务。⑧信用鉴证、资信调查及经济咨询业务。⑨以固有财产为他人提供担保。⑩受托经营公益信托。⑪中国人民银行批准的其他业务。

4. 基金管理公司

基金管理公司是指依据有关法律法规设立的对基金的募集、基金份额的申购和赎回、基金财产的投资、收益分配等基金运作活动进行管理的公司。

5. 金融租赁公司

金融租赁公司是指依法成立的以经营融资租赁业务为主的非银行金融机构。所谓融资租赁，就是出租人根据承租人对租赁物件的特定要求和对供货人的选择，出资向供货人购买租赁物件，并将物件租给承租人使用，承租人则分期向出租人支付租金。在租赁期内租赁物件的所有权属于出租人，承租人拥有租赁物件的使用权。

根据《金融租赁公司管理办法》的规定，经国家金融监督管理总局批准，金融租赁公司可经营下列部分或全部本外币业务：①融资租赁业务。②转让和受让融资租赁资产。③固定收益类证券投资业务。④接受承租人的租赁保证金。⑤吸收非银行股东3个月（含）以上定期存款。⑥同业拆借。⑦向金融机构借款。⑧境外借款。⑨租赁物变卖及处理业务。⑩经济咨询。

6. 财务公司

财务公司是指由企业集团内部集资组建的，主要为集团内部成员筹集和融通资金、提供金融服务的公司。其主要业务有：存贷款、结算、票据贴现、融资租赁、投资、委托及代理发行有价证券等。

第二节　金融企业的会计对象和会计目标

一、金融企业的会计对象

金融企业的会计对象是指金融企业会计核算和监督的内容，即金融企业的资金及其资金运动。按照金融企业会计对象包含的经济内容不同进行进一步分类，其会计对象可分为资产、负债、所有者权益、收入、费用和利润六大会计要素。其中，资产、负债和所有者权益是资金的静态表现形式，主要反映金融企业在某一时点的资金分布及资金的来源状态，构成资产负债表的内容;收入、费用和利润是金融企业资金的动态表现形式,主要反映金融企业某一时期的经营成果,构成利润表的内容。我国《企业会计准则——基本准则》严格定义了资产、负债、所有者权益、收入、费用和利润六大会计要素。以下将根据金融企业的经营特点,阐述各会计要素的具体内容。

(一) 资产

资产是指企业过去的交易或者事项形成的、由企业拥有或者控制的、预期会给企业带来经济利益的资源。

(1) 资产是由企业过去的交易或者事项形成的。对已经发生的交易或者事项进行核算是传统会计的显著特点,因此只有已经发生的交易或事项才能导致金融企业资产的增加或者减少,预期在未来发生的交易或者事项则不能作为金融企业资产增加或减少的依据。

(2) 资产是由企业拥有或者控制的。企业拥有资产的目的是为自己带来经济利益,若资产不为企业所拥有或者控制,则此资产所创造的经济利益就不属于该企业。所以某一特定企业的资产必然是由该企业拥有所有权或者控制权的。

(3) 资产能为企业带来未来的经济利益。企业取得某项资产是因为该资产具有能为企业带来未来经济利益的潜力。若某项资产预期不能为企业带来经济利益,则不能确认为企业的资产;已经被确认为企业资产的,如果不能再为企业带来经济利益,在资产负债表日,就不再确认为资产,要予以注销。

(二) 负债

负债是指企业过去的交易或者事项形成的、预期会导致经济利益流出企业的现时义务。

(1) 负债是企业过去的交易或者事项形成的现时义务。这同样体现了对已经发生的交易或者事项进行核算这一传统会计的特点,只有已经发生的交易和事项才能导致金融企业负债的增加或者减少,预期在未来发生的交易或者事项不能作为金融企业负债增加或减少的依据。

(2) 负债的清偿预期会导致经济利益流出企业。负债是现时承担的义务,将来要以不同形式导致金融企业的经济利益流出企业。若金融企业由过去的交易或者事项形成的现时义务,在资产负债表日能够回避而无须以资产或者其他方式偿还的,则不能列为负债。

(三) 所有者权益

所有者权益是指企业资产扣除负债后由所有者享有的剩余权益。所有者权益也称股东权益,它具有以下特征:

(1) 所有者在企业持续经营的情况下,不得抽逃或变相抽回出资。
(2) 所有者可以凭借对企业净资产的所有权,参与企业的经营管理。
(3) 所有者可以凭借出资额参与企业净利润的分配。
(4) 所有者权益是企业所有者对企业剩余资产的要求权,在企业清算时,其索偿权位于债权人索偿权之后。

金融企业的所有者权益主要包括:投资者投入的资本(实收资本、资本公积)、直接计入所有者权益的利得和损失、留存收益(盈余公积、一般风险准备、未分配利润)。

(四) 收入

收入是指企业在日常活动中形成的、会导致所有者权益增加的、与所有者投入资本无关的经济利益的总流入。收入具有以下特征:

（1）收入是企业在日常活动中形成的，不是从偶然的交易或者事项中形成的。利得是由企业非日常活动形成的。例如，金融企业发放贷款而取得的利息收入就是日常活动的收入，而金融企业取得的罚款收入就是非日常活动的利得。

（2）收入可能表现为企业资产的增加，也可能表现为企业负债的减少，或者同时引起企业资产的增加和负债的减少。当企业取得收入时，一定同时取得款项或者应收款项的权利，若不能同时取得款项或者应收款项的权利，则会减少企业的原预收的款项。

（3）收入能导致企业所有者权益的增加，而与所有者投入无关。企业取得了收入，在扣除了相应的成本后，归企业所有者所有，从而增加了所有者权益，这是企业的积累，而不是投资者的投入。

（4）收入只包括本企业经济利益的流入，而不包括为第三方或客户代收的款项。例如，金融企业代客户收取的水费、电费等就不属于金融企业的收入，而是金融企业的负债。

（五）费用

费用是指企业在日常活动中发生的、会导致所有者权益减少的、与向所有者分配利润无关的经济利益的总流出。费用具有以下特征：

（1）费用是企业在日常活动中形成的，不是从偶然的交易或者事项中形成的。损失是由企业非日常活动形成的。例如，金融企业吸收存款而支付的利息就是日常活动的费用，而金融企业发生的非常损失或者公益性捐赠就是非日常活动的损失。

（2）费用可能表现为企业资产的减少，也可能表现为企业负债的增加，或者同时引起企业资产的减少和负债的增加。当企业发生费用时，是要付出代价的，也就是要支付款项，若不能支付款项，将形成一笔负债。

（3）导致企业所有者权益减少，且与向投资者分配利润无关。企业在取得收入的同时，首先要扣除为取得该收入而支出的费用，剩余的才是归企业所有者所有的利润，所以费用是收入的减项，而不是向投资者分配的利润。

（六）利润

利润是指企业在一定会计期间的经营成果。利润金额取决于收入和费用、直接计入当期利润的利得和损失金额的计量。其中，作为利润组成部分的收入与费用之差反映的是企业的日常活动的业绩；直接计入当期利润的利得和损失反映的是企业非日常活动的业绩。利润具体分为营业利润、利润总额和净利润，其计算公式分别如下：

营业利润＝营业总收入－营业总支出

利润总额＝营业利润＋营业外收入－营业外支出

净利润＝利润总额－所得税费用

二、金融企业的会计目标

企业财务会计报告的目标是企业会计目标之一。《企业会计准则——基本准则》明确规定，企业财务会计报告的目标是向财务会计报告使用者提供与企业财务状况、经营成果和现金流量有关的会计信息，反映企业管理层受托责任履行情况，有助于财务会计报告使用者作出经济决策。财务会计报告使用者包括投资人、债权人、政府及有关部门、社会公众等。

保护投资者利益是市场经济发展的必然,金融企业的投资者关心其投资的风险与报酬,需要会计信息来作出有关投资的决策;债权人关心金融企业的偿债能力和财务风险,需要通过财务信息对金融企业的还本付息能力作出合理的评估;政府及有关部门需要通过金融企业的财务信息来监管其业务活动、制定税收政策、进行税收征管和国民经济统计等;社会公众也关心金融企业对所在地经济作出的贡献,如环境友好、增加就业、提供社区服务等。

现代企业制度强调企业所有权和经营权相分离,金融企业管理层受出资人之托经营管理金融企业,负有受托责任。金融企业的财务会计报告应当反映金融企业管理层受托责任的履行情况,这样有助于外部投资者和债权人等评价金融企业的经营管理责任和资源使用的有效性。

第三节 金融企业会计规范

一、现行金融企业会计规范

2006年,企业会计准则全面发布,要求自2007年1月1日起在上市公司范围内实施,同时鼓励其他企业执行。同年,中国银行业监督委员会(现为国家金融监督管理总局)发布《关于银行业金融机构全面执行〈企业会计准则〉的通知》,要求已经上市的银行业金融机构全面执行新准则。对于其他金融公司,包括证券公司、期货经纪公司、信托公司等,中国证券监督管理委员会、中国银行业监督委员、中国证券业协会、中国期货业协会等相关监管机构也陆续发布了企业会计准则的细则等规范。

2014年,财政部对企业会计准则进行了一次较大规模的修订和增补。修订的准则包括《企业会计准则第2号——长期股权投资》《企业会计准则第9号——职工薪酬》《企业会计准则第30号——财务报表列报》《企业会计准则第33号——合并财务报表》;新增的准则包括《企业会计准则第39号——公允价值计量》《企业会计准则第40号——合营安排》《企业会计准则第41号——在其他主体中权益的披露》;另有一项补充规定——《金融负债与权益工具的区别及相关会计处理规定》。此次修订后的企业会计准则基本与当时相关的国际财务报告准则一致。

2016年,财政部又一次大规模地进行准则修订和增补企业会计准则。这次修订的准则包括《企业会计准则第14号——收入》《企业会计准则第16号——政府补助》《企业会计准则第22号——金融工具确认和计量》《企业会计准则第23号——金融资产转移》《企业会计准则第24号——套期会计》《企业会计准则第37号——金融工具列报》,一共六项。新增了《企业会计准则第42号——持有待售的非流动资产、处置组和终止经营》。另外,在2015年年末到2016年,财政部还发布了四项补充规定,分别是《商品期货套期业务会计处理暂行规定》《规范"三去一降一补"有关业务的会计处理规定》《增值税会计处理规定》《企业破产清算有关会计处理规定》。

上述准则与会计处理规定在金融企业的日常核算中都是必须贯彻实施的。随着我国会计规范体系的进一步丰富与完善,金融企业会计也将随之改进,以便更好地满足会计信息使用者的决策需求。

二、金融企业会计的基本前提

会计的基本前提(或称基本假设)是指会计人员为了实现会计目标面对错综复杂、变化不定的会计环境所作出的合乎情理的假定。金融企业会计的四个基本前提与会计的基本前提一致,分别是:会计主体、持续经营、会计分期、货币计量。

(一) 会计主体

会计主体是指会计工作为之服务的特定单位或组织,是会计工作特定的空间范围。凡是有能力拥有资源、承担义务、独立或相对独立的特定单位或组织,都可以且需要进行独立核算,成为一个会计主体。会计主体可以是一家企业,也可以是若干家企业通过控股关系组织起来的集团公司。一个会计主体可能包括几个会计主体,如总公司和分公司;几个会计主体也可合并为一个会计主体,如联营公司。

(二) 持续经营

持续经营是指会计主体的经营业务活动能够按照既定目标持续不断地经营下去。只有在持续经营的前提下,资金才能实现周而复始的循环与周转,会计人员才能分期记账,定期编制财务会计报告,会计处理方法才能保持一致性和稳定性,会计核算才能以权责发生制为基础确定本期的收益和费用,解决资产计价和负债偿还等问题。

(三) 会计分期

会计分期是指将会计主体的持续经营活动人为地分割为一定的期间,分期结算账目,报告财务状况,以满足有关各方对财务信息的需求。我国企业会计准则规定,会计分期按公历起讫日期分为年度、半年度、季度和月度。会计分期解决了会计核算和监督的时间范围问题。

(四) 货币计量

货币计量是指会计信息应以货币为计量尺度。我国金融企业的会计核算以人民币为记账本位币。业务收支以外币为主的企业,可以选定某种外币作为记账本位币,但编制的会计报表应折算为人民币反映。境外企业向国内有关部门报送的会计报表也应折算为人民币反映。

三、金融企业会计信息质量要求

会计的主要目的是为会计信息的使用者提供与其决策有关的会计信息,金融企业会计也不例外。要达到这一目的,就必须要求会计信息达到一定的质量标准。根据我国《企业会计准则——基本准则》的规定,会计信息质量要求包括可靠性、相关性、可理解性、可比性、实质重于形式、重要性、谨慎性、及时性。

(一) 可靠性

我国《企业会计准则——基本准则》规定:"企业应当以实际发生的交易或者事项为依据进行会计确认、计量和报告,如实反映符合确认和计量要求的各项会计要素及其他相关信息,保证会计信息真实可靠、内容完整。"

为满足可靠性这一会计信息质量要求,金融企业在会计核算中必须做到:①会计核算应当以实际发生的经济业务为依据,真实地反映金融企业的财务状况、经营成果和现金流量等信息。②会计核算应有合法的凭证或可靠的依据,会计人员可据此复查其数据的来源和生成会计信息的全过程。③对有些只能根据会计人员的经验或对未来的预计予以计算的会计核算,会计人员在运用职业判断时应站在中立的立场上,以客观事实为依据,不偏不倚地提供真实可靠的会计信息。

(二) 相关性

我国《企业会计准则——基本准则》规定:"企业提供的会计信息应当与财务会计报告使用者的经济决策需要相关,有助于财务会计报告使用者对企业过去、现在或者未来的情况作出评价或者预测。"金融企业会计信息是否具有相关性,就要看其会计信息是否具有预测价值和反馈价值。会计信息的预测价值,是指会计信息能够帮助财务会计报告使用者对企业过去、现在或者未来事项的可能结果作出评价或预测,进而影响其决策;会计信息的反馈价值,是指会计信息能够帮助财务会计报告使用者证实或纠正过去决策时的预测结果,进而影响其决策。

(三) 可理解性

我国《企业会计准则——基本准则》规定:"企业提供的会计信息应当清晰明了,便于财务会计报告使用者理解和使用。"在金融企业的会计实务中,为了满足可理解性这一会计信息质量要求,以便财务会计报告使用者能准确、完整地把握会计信息的内容,金融企业必须做到:①会计记录准确、清晰。②填制会计凭证和登记账簿的依据合法,账户对应关系明确,文字摘要简明清楚,数字金额准确。③编制报表时项目完整且勾稽关系清楚,数字准确。

(四) 可比性

我国《企业会计准则——基本准则》规定:"企业提供的会计信息应当具有可比性。"会计信息质量要求的可比性要求同一企业不同时期发生的相同或者相似的交易或者事项,应当采用一致的会计政策,不得随意变更。会计信息质量的可比性还要求不同企业发生的相同或者相似的交易或者事项,应当采用规定的会计政策,确保会计信息口径一致,相互可比,不得随意变更。

(五) 实质重于形式

我国《企业会计准则——基本准则》规定:"企业应当按照交易或者事项的经济实质进行会计确认、计量和报告,不应仅以交易或者事项的法律形式为依据。"如果企业的会计核算仅按照交易和事项的法律形式和人为形式进行,而且有关法律形式和人为形式又没有反映其经济实质和经济现实,那么其最终结果将不仅不会有助于会计信息使用者的决策,还会误导会计信息使用者的决策。

(六) 重要性

我国《企业会计准则——基本准则》规定:"企业提供的会计信息应当反映与企业财务状况、经营成果和现金流量等有关的所有重要交易或者事项。"在金融企业会计实务中,判断某项交易或者事项是否重要,在很大程度上取决于会计人员的职业判断,具体可以从两个方面来考虑。一是从性质方面讲,只要某项交易或者事项的发生可能对决策产生一定的影响,那么该交易或事项就属于重要项目;二是从金额方面来讲,当某项交易或者事项的金额达到了一定规模或者比例而可能对决策产生一定影响时,则认为该项交易或者事项具有重要性。

(七) 谨慎性

我国《企业会计准则——基本准则》规定:"企业对交易或者事项进行会计确认、计量和报告应当保持应有的谨慎,不应高估资产或者收益、低估负债或者费用。"金融企业属于高风险企业,在会计核算中贯彻谨慎性要求尤为重要。金融企业按照规定计提的贷款损失准备和坏账准备就是谨慎性原则运用的体现。但是谨慎性的运用受会计规范的制约,因此金融企业不能随意使用，更不能滥用谨慎性设置各种秘密准备，否则视为会计差错处理。

（八）及时性

我国《企业会计准则——基本准则》规定："企业对于已经发生的交易或者事项，应当及时进行会计确认、计量和报告，不得提前或者延后。"金融企业在会计核算中要在经济业务或者事项发生后，及时取得原始凭证，及时进行账务处理，定期结账、编制和提供财务会计报告，以确保会计信息的决策有用性。

第四节 金融企业会计的基本核算方法

金融企业会计的核算方法，是根据会计的基本方法，按照金融企业业务活动的特点和经营管理的要求而制定的一套科学的核算方法。金融企业会计核算方法分为基本核算方法和业务处理方法两部分。其中，基本核算方法是业务处理方法的概括，而业务处理方法是基本核算方法结合不同业务特点的具体运用。

金融企业会计的基本核算方法主要包括设置会计科目、确定记账方法、编制和审核会计凭证、设置账务组织及账务核对、编制会计报表等内容。这些基本核算方法不是孤立的，而是相互联系、互相制约、有机联系在一起的。由于金融企业的特点和经营管理的要求，金融企业的业务处理方法与具体业务紧密联系在一起，这些内容将在以后章节中根据具体业务详细介绍。为了便于读者理解，以下以商业银行为例，简单介绍商业银行会计的基本核算方法。

一、设置会计科目

会计科目是按照经济业务的内容和经济管理的要求，对会计要素的具体内容进行分类核算的项目。商业银行会计科目的设置要求体现科学性、完整性、统一性和灵活性的原则。商业银行设置的会计科目按照科目与会计报表的关系分类，可以分为表内科目和表外科目两类。

1. 表内科目

表内科目是用于核算商业银行实际资金增减变动的科目，并且是反映在资产负债表内和利润表内等的科目，包括资产类、负债类、资产负债共同类、所有者权益类和损益类五类。

（1）资产类科目是核算商业银行各类资产的增减变动的科目，如现金、存放中央银行款项、存放同业、交易性金融资产、衍生金融资产、贷款、贴现资产、固定资产、无形资产等科目。

（2）负债类科目是核算商业银行各类负债的增减变动的科目，如吸收存款、向中央银行借款、同业存放、贴现负债、交易性金融负债、衍生金融负债、应解汇款等科目。

（3）资产负债共同类科目是指既有资产性质，又有负债性质，具有双重性质的科目，如清算资金往来、衍生工具、货币兑换、套期工具、被套期项目等科目。对于这类科目，需要根据期末余额的方向，来界定其性质。该科目的余额在借方表现为资产，余额在贷方表现为负债，有时借贷方同时反映余额。

（4）所有者权益类科目是核算商业银行所有者权益增减变动情况的科目，如实收资本、资本公积、盈余公积、未分配利润、一般风险准备等科目。

(5)损益类科目是核算商业银行收入和支出的科目,如利息收入、手续费及佣金收入、汇兑收益、利息支出、汇兑损失、业务及管理费等科目。

2. 表外科目

表外科目是不反映商业银行实际资金增减变动的科目,不列入资产负债表内,包括备查登记类、或有事项类、委托代理业务类等。

(1)备查登记类科目,如核算有价单证、空白重要凭证、代保管有价值物品、未收贷款利息、应收托收款等科目。

(2)或有事项类科目,如核算签发银行承兑汇票、开出信用证及保函、开出提货担保等科目。

(3)委托代理业务类科目,如核算代理政策性银行贷款、代企业发放委托贷款等科目。

我国财政部于2006年10月公布了《企业会计准则应用指南——会计科目与主要账务处理》,商业银行可根据自身的业务特点,选择设置适合自身的会计科目体系。

二、确定记账方法

记账方法是按照一定的规则,采用一定的符号,将会计主体发生的经济业务进行整理、分类、登记入账的一种专门方法。记账方法分为单式记账法和复式记账法。

(1)单式记账法是指每一项经济业务的发生只在一个账户中进行登记的方法。单式记账法手续简化,但记录不全面,不能反映经济业务的全部面貌,不便于检查账务的正确性,不能看出各项业务的来龙去脉。在商业银行会计中,单式记账法主要应用于表外科目的核算。

(2)复式记账法是指在会计核算中,对每一项经济业务,对其引起的资金变化,都以相等的金额同时在两个或两个以上相互联系的账户中进行登记的一种记账方法。目前各国通用的复式记账法是借贷记账法,按照我国企业会计准则的要求,商业银行对表内科目的会计核算采用借贷记账法。

三、编制和审核会计凭证

会计凭证是记录商业银行各项业务和财务收支的原始记录,是办理资金收付和登记账簿的依据,同时也是明确经济责任、核对账务的依据。

会计凭证是商业银行会计核算的基础,商业银行每天发生大量的经济业务,任何一笔业务的发生,都必须编制或取得会计凭证,会计凭证在商业银行会计核算中有着极其重要的作用。

(一)会计凭证的基本要素

商业银行会计凭证种类很多,具体的格式和内容也不一样,但其会计凭证应具备以下基本要素:①日期,如年、月、日。②收、付款单位(或个人)户名和账号。③货币符号(人民币"￥"或外币符号)和大、小写金额。④款项来源、用途、摘要及附件张数。⑤会计分录和凭证编号。⑥单位(个人)的签章。⑦银行有关人员的签章。

(二)会计凭证的种类

会计凭证按照核算程序和用途,可以分为原始凭证和记账凭证。

1. 原始凭证

原始凭证是指在经济业务发生时直接取得或编制的凭证。它是经济业务实际发生的原始书面证明,是据以编制记账凭证或登记账簿的原始依据。原始凭证按照来源不同,又分为自制的原始凭证和外来的原始凭证。

2. 记账凭证

记账凭证是由原始凭证经过业务处理后产生的，或者根据原始凭证编制的凭证。金融企业会计中广泛采用由金融机构统一印发的，供企事业单位或客户填写的比较规范的原始凭证来代替记账凭证。

记账凭证按填制方法和形式不同，可以分为单式记账凭证和复式记账凭证。如果一笔经济业务涉及的所有科目，分别填制在几张凭证上，一张凭证只作为一个科目的记账依据，这类凭证为单式记账凭证；如果一笔业务涉及的所有科目都集中在一张凭证上，既作为借方科目的记账依据，又作为贷方科目的记账依据，这种凭证为复式记账凭证。

商业银行的记账凭证按照使用程度不同，还可以分为基本凭证和特定凭证。

基本凭证是商业银行根据有关原始凭证及业务事项，自行编制的通用性较强的记账凭证，主要有以下几种：①用于银行内部的现金收入、付出的，有现金收入、付出凭证。②用于转账借方、贷方事项的，有转账借方凭证、转账贷方凭证。③用于银行与客户有关的款项收付，以及银行内部不同机构之间的资金收付事项的，有特种转账借方凭证、特种转账贷方凭证。④用于银行内部的表外科目的收入和付出事项的，有表外收入凭证、表外付出凭证。

特定凭证是银行根据业务的需要而特殊制定的各种专用凭证，这类凭证一般由银行统一印制，由企事业单位、客户填写，交给银行受理审核并凭以记账，如各种结算凭证、借款凭证等。

(三) 会计凭证的填制、审核和传递

会计凭证的填制是保证会计信息正确的前提，是会计核算工作的基础。会计凭证填制的基本要求为：要素齐全、内容真实、数字准确、字迹清楚、书写规范、不得涂改等。

商业银行会计凭证的审核是会计核算质量的有力保证，会计凭证的审核，除了对凭证的基本要素进行审核，需重点审核会计凭证的真实性、合法性和完整性。

会计凭证的传递是指会计凭证经过编制和审核后，在商业银行内部、内部和外部之间进行传递的过程。由于商业银行的业务特点，业务处理与会计核算的统一，正确、迅速地传递会计凭证是处理好业务和账务的重要环节。传递会计凭证必须符合准确及时、手续严密、先外后内、先急后缓等原则。另外，会计凭证的传递，除了有关业务另有规定（如银行汇票等）外，一律在银行内部或邮局传递，不得交客户代为传递。

四、设置账务组织及账务核对

账务组织是指由账簿设置、记账程序以及账务核对程序组成的系统。商业银行的账务组织包括明细核算和综合核算两个系统。在会计核算的过程中，两个系统分别进行核算。核算完成后还应进行账务核对，避免出错。

(一) 明细核算

明细核算是指商业银行为了详细反映各单位资金和银行内部资金变化情况，设立分户账进行详细记录和核算的账务组织系统。商业银行明细核算系统由分户账、登记簿、现金收入日记簿、现金付出日记簿、余额表组成。明细核算的程序是：先根据会计凭证登记分户账、登记簿或者现金收入日记簿、现金付出日记簿，然后根据分户账余额编制余额表。

1. 分户账

分户账是明细核算的主要形式，它按开户单位或资金的明细项目立户记载。分户账可以分为甲种分户账、乙种分户账、丙种分户账和丁种分户账四种格式。

(1) 甲种分户账。甲种分户账设有借方发生额、贷方发生额和余额三栏,适用于不计息或使用余额表计息的账户。甲种分户账的基本格式如表1-1所示。

表1-1　　　　　　　　　　　　银行(　)
　　　　　　　　　　　　　　　　账

户名：　　账号：　　领用凭证记录：　　利率：　　本账总页数　　
　　　　　　　　　　　　　　　　　　　　　　　　本户页数

年		摘要	凭证号码	对方科目代码	借方 (位数)	贷方 (位数)	借或贷	余额 (位数)	复核签章
月	日								

会计：　　　　　　　　　　　　　　　　　记账：

(2) 乙种分户账。乙种分户账设有借方发生额、贷方发生额、余额和积数四栏,适用于在账页上计算利息的账户。乙种分户账的基本格式如表1-2所示。

表1-2　　　　　　　　　　　　银行(　)
　　　　　　　　　　　　　　　　账

户名：　　账号：　　领用凭证记录：　　利率：　　本账总页数　　
　　　　　　　　　　　　　　　　　　　　　　　　本户页数

年		摘要	凭证号码	对方科目代码	借方 (位数)	贷方 (位数)	借或贷	余额 (位数)	日数	积数	复核签章
月	日										

会计：　　　　　　　　　　　　　　　　　记账：

(3) 丙种分户账。丙种分户账设有借方发生额、贷方发生额、借方余额和贷方余额四栏,适用于借贷双方反映余额的账户。丙种分户账的基本格式如表1-3所示。

表 1-3　　　　　　　　　　　　　　　银行(　)
　　　　　　　　　　　　　　　　　　账_____

户名:　　　账号:　　　领用凭证记录:　　　利率:

本账总页数	
本户页数	

年		摘要	凭证号码	对方科目代码	发生额		余额		复核签章
月	日				借方（位数）	贷方（位数）	借方（位数）	贷方（位数）	

会计:　　　　　　　　　　　　　　　　　记账:

　　（4）丁种分户账。丁种分户账设有借方发生额、贷方发生额、余额和销账四栏，适用于逐笔反映、逐笔销账的一次性业务的账户，如应收、应付款项。丁种分户账的基本格式如表 1-4 所示。

表 1-4　　　　　　　　　　　　　　　银行(　)
　　　　　　　　　　　　　　　　　　账_____

户名:　　　账号:　　　领用凭证记录:　　　利率:

本账总页数	
本户页数	

年		摘要	起息日	凭证号码	对方科目代码	借方（位数）	销账日期	贷方（位数）	借或贷	余额（位数）	复核签章
月	日										

会计:　　　　　　　　　　　　　　　　　记账:

　　2. 登记簿
　　登记簿是明细核算的辅助形式，是为了适应某些业务的需要而设置的，主要用于记载不引起银行资金的实际变动，未能在分户账中记载的业务，以及用于统驭卡片账和重要空白凭证、有价单证和实物收发登记等。登记簿一般采用收入、付出和余额三栏式。
　　3. 现金收入日记簿和现金付出日记簿
　　现金收入日记簿和现金付出日记簿是记载和控制现金收入和付出金额的序时账簿，是现金收入和付出的明细记录。现金业务发生后,出纳人员根据现金收入和付出传票逐笔记载。营业终了,应分别结出现金收入、付出发生额及余额。

4. 余额表

余额表根据分户账余额编制,是核对分户账余额与总账余额和计息的重要工具。余额表一般分为计息余额表和一般余额表两种。

(二) 综合核算

综合核算是综合反映商业银行各科目资金增减变化情况的账务组织系统,是对明细核算的概括和综合。综合核算由科目日结单、总账和日计表三项内容构成。其核算程序是:根据会计凭证编制科目日结单,试算平衡后,会计人员根据科目日结单登记科目总账,并根据总账编制日计表。

1. 科目日结单

科目日结单是各科目会计凭证的汇总凭证,是对银行当天营业终了时,各科目借贷方发生额以及凭证张数的汇总记录,各科目日结单的借方、贷方发生额合计数加总后必须相等。科目日结单是记载总账的依据。

2. 总账

总账是按会计科目设立的,用来分类登记商业银行业务事项的账簿,是综合核算的主要形式。总账是控制和统驭明细核算的工具,也是编制会计报表的依据。总账按会计科目设有借方发生额、贷方发生额、借方余额和贷方余额四栏,依据科目日结单的合计数填列。

3. 日计表

日计表是反映商业银行当天业务事项的书面报告,是轧平当天全部账务的主要工具。日计表中的各科目当天发生额和余额,是根据各科目总账的数额填列的。各科目的借方、贷方发生额合计数,以及借方、贷方余额的合计数,必须各自平衡。日计表的基本格式如表1-5所示。

表1-5   银行(   )
                         日计表

年　月　日   共　页第　页

科目代号	科目名称	昨日余额		本日发生额		本日余额	
		借方	贷方	借方	贷方	借方	贷方

行长: 会计: 复核: 制表:

(三) 账务核对

商业银行为了防止在会计核算中出现差错,还需要进行账务核对。账务核对又包括每日核对和定期核对。账务核对要求最终的结果达到账证、账账、账实、账款、内外账、账表等相符,以保证商业银行会计核算的正确性。账务核对有相应的账务核对程序。

在商业银行的账务组织中,明细核算和综合核算各自发挥着不同的作用,它们相互依存、相互补充、相互制约,共同构成了完整的账务组织体系。它们与账务核对程序组成了商业银行

的会计核算程序,一般的核算程序如下:

(1) 根据发生的业务取得或编制会计凭证。
(2) 根据审核无误的会计凭证编制记账凭证(或代替记账凭证)。
(3) 根据记账凭证登记分户账,现金收入日记簿、现金付出日记簿和有关登记簿。
(4) 根据记账凭证编制科目日结单,试算平衡。
(5) 根据科目日结单登记总账。
(6) 根据总账编制日计表,试算平衡。
(7) 账务核对。
(8) 根据总账、明细账、序时账、登记簿等资料编制会计报表。

五、编制会计报表

金融企业在按照以上会计核算方法确认、计量、记录会计信息后,最终需要编制会计报表用于形成财务会计报告。有关编制会计报表的详细内容将在第十章介绍。

课堂结账测试

班级_____ 姓名_____ 学号_____ 日期_____ 得分_____

一、单项选择题（每小题 3 分，共 30 分）

1. 金融企业会计核算的基础是权责发生制，其产生的依据是（   ）。
   A. 会计主体假设   B. 持续经营假设
   C. 会计分期假设   D. 货币计量假设

2. 在金融机构体系中，处于中心地位的银行是（   ）。
   A. 中国银行   B. 中国工商银行
   C. 中国建设银行   D. 中国人民银行

3. 下列各项中，符合应收利息和应付利息设置原则的是（   ）。
   A. 权责发生制   B. 收付实现制
   C. 永续盘存制   D. 实地盘存制

4. 下列各项中，属于会计基本职能的是（   ）。
   A. 核算与监督   B. 管理与监督
   C. 共同类   D. 监督与检查

5. 下列各项中，不属于金融企业会计特征的是（   ）。
   A. 核算内容广泛的社会性   B. 内容的公开性
   C. 核算方法的独特性   D. 更加严密的监督

6. 下列各项中，商业银行目前不能经营的是（   ）。
   A. 吸收公众存款   B. 发放贷款
   C. 办理国内外结算   D. 从事股票投资业务

7. 会计核算与业务处理的统一性特点是由商业银行（   ）决定的。
   A. 经营商品的特殊性   B. 在国民经济中的特殊地位
   C. 第三产业特征   D. 客户的需求

8. 明确会计反映的特定对象，界定会计核算范围的基本前提是（   ）。
   A. 会计主体   B. 持续经营
   C. 会计分期   D. 货币计量

9. 形成权责发生制和收付实现制不同的记账基础，进而出现应收、应付、预收、预付、折旧、摊销等会计处理方法所依据的会计基本假设是（   ）。
   A. 会计主体   B. 持续经营
   C. 会计分期   D. 货币计量

10. 下列各项中，不属于商业银行的资产项目的是（   ）。
    A. 应收利息   B. 应付利息
    C. 短期贷款   D. 长期股权投资

二、多项选择题(每小题5分,共40分)

1. 下列各项中,属于会计核算前提的有( )。
   A. 会计主体假设　　　　　　　　B. 持续经营假设
   C. 会计分期假设　　　　　　　　D. 货币计量假设
2. 下列各项中,属于非银行金融企业会计的有( )。
   A. 中央银行会计　　　　　　　　B. 保险公司会计
   C. 证券公司会计　　　　　　　　D. 工商企业会计
3. 下列各项中,属于商业银行经营原则的有( )。
   A. 安全性　　　B. 流动性　　　C. 效益性　　　D. 规范性
4. 下列各项中,会计分期包括( )。
   A. 年度　　　　B. 半年度　　　C. 季度　　　　D. 月度
5. 下列各项中,属于首要信息质量要求的有( )。
   A. 相关性　　　B. 及时性　　　C. 可靠性　　　D. 重要性
6. 下列各项中,可以作为会计主体的有( )。
   A. 总行　　　　B. 分行　　　　C. 中心支行　　D. 支行
7. 下列各项中,属于反映商业银行经营成果的有( )。
   A. 收入　　　　B. 费用　　　　C. 利润　　　　D. 存款
8. 下列各项中,属于负债基本特征的有( )。
   A. 负债是由现在的交易或事项引起的偿债义务
   B. 负债是由过去的交易或事项引起的现时义务
   C. 负债是由将来的交易或事项引起的偿债义务
   D. 负债会导致经济利益流出企业

三、判断题(每小题5分,共30分)

1. 证券公司不属于金融企业的范畴。　　　　　　　　　　　　　　　　( )
2. 对商业银行来说,贷款是最主要的资产,存款是最主要的负债。　　　( )
3. 金融企业会计由金融企业经营的特殊性所决定,其核算方法亦具有特殊性。因此,国家规定的一般会计原则、规章,金融企业不能执行。　　　　　　　　　　　　　　( )
4. 商业银行分行对总行的制度、办法,如有不同意见,可以自行研究修订。　( )
5. "存放同业"属于表内科目的负债类会计科目。　　　　　　　　　　( )
6. 银行的业务活动和会计核算不是同步进行的,是相分离的。　　　　　( )

第二篇　金融企业业务的核算

第二章　商业银行会计

知识导航

商业银行会计
- 商业银行会计概述
  - 商业银行会计的概念
  - 商业银行会计的特点
- 存款业务的核算
  - 存款业务的意义
  - 存款业务的分类
  - 存款业务的科目设置
  - 单位存款业务的核算
  - 个人储蓄存款业务的核算
- 贷款业务的核算
  - 贷款业务的含义及核算原则
  - 贷款业务的科目设置
  - 信用贷款业务的核算
  - 担保贷款的核算
- 国内支付结算业务的核算
  - 支付结算概述
  - 票据结算业务的核算
  - 结算方式的核算
  - 信用卡业务的核算
- 外汇业务的核算
  - 外汇与汇率
  - 商业银行的外汇业务
  - 外汇交易业务的核算
  - 外汇存款业务
  - 外汇贷款业务

学习目标

1. 认知目标

（1）了解商业银行会计的工作内容，以及核算、监督、检查、分析等的基本理论、基础知识和基本技能。

（2）熟悉商业银行会计核算程序，能够结合银行业的管理要求恰当运用各种会计方法。

（3）掌握商业银行会计的基本核算方法和各项业务处理方法，使学生能够具备从事会计工作的具体核算、组织管理，以及运用会计手段从事金融经营和金融监管的基础性能力。

2. 技能目标

（1）掌握商业银行会计科目设置、记账方法运用、会计凭证处理等基本核算方法。

（2）能够进行商业银行会计科目的准确划分，识别、编制和审核会计凭证（包括重要空白凭证）。

（3）能够准确进行商业银行会计账务处理。

3. 情感目标

（1）认同商业银行会计工作的重要性和价值，从而对商业银行会计职业充满热情和尊重。

（2）培养学生的团队协作能力和沟通能力，在商业银行会计业务中建立团队合作关系，发挥自己的优势，实现共同目标。

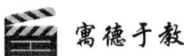 寓德于教

中国信保稳大盘、保双链、助企纾困

2022年以来，中国出口信用保险公司（以下简称中国信保）紧紧围绕国家重点产业链的支持方向，结合自身多年的行业承保经验，着力打造包括电子信息、家电、整车工程机械、生物医药、新能源、纺织服装和现代农业在内的7条重点产业链，分别出台了针对性的服务支持举措，突出对产业链企业"内外贸一体化"的支持、强化产业链全流程保障力度，以政策的"牵引力"为产业链提供精准支持。2022年以来，中国信保支持7条产业链出口1881亿美元，支持国内贸易1233亿元，合计同比增长约10%，覆盖产业链重点客户数超过8300家，有力地支持了各产业链企业的发展。

资料来源：国家金融监督管理总局官网，2022-06-30，《银行业保险业多措并举 助力稳经济促发展》，https://www.cbirc.gov.cn。

第一节 商业银行会计概述

商业银行是依照我国《商业银行法》和《公司法》设立的吸收公众存款、发放贷款、办理结算等业务的企业法人。它以效益性、安全性、流动性为经营原则，自主经营、自担风险、自负盈亏、自我约束。商业银行是独立承担民事责任的金融企业法人，它依法开展业务，并以其全部法人财产独立承担民事责任。

商业银行经营的货币信用业务，直接影响着整个社会的货币流通，因而具有调节国民经济的特殊作用。商业银行通过发挥服务功能和调控作用，优化资源配置，促进经济增长方式的转变和产业结构的优化升级，实现经济可持续协调发展，实现金融政策与建设和谐社会的要求高度一致，在和谐中实现高质量发展，努力实现银行经营目标和社会和谐目标。

一、商业银行会计的概念

商业银行会计是以货币作为主要计量单位，采用专门的方法和程序，对商业银行的经营活动过程进行连续、全面、系统的核算和监督，为商业银行的管理者和相关人员提供有关银行财务状况、经营成果和现金流量等一系列财务会计信息的专业会计。

根据《商业银行法》的规定，商业银行可以全部或者部分经营的业务包括：①吸收公众存款。②发放短期、中期和长期贷款。③办理国内外结算。④办理票据承兑与贴现。⑤发行金融债券。⑥代理发行、代理兑付、承销政府债券。⑦买卖政府债券、金融债券。⑧从事同业拆借。⑨买卖、代理买卖外汇。⑩从事银行卡业务。⑪提供信用证服务及担保。⑫代理收付款项

及代理保险业务。⑬提供保管箱服务。⑭经国务院银行保险业监督管理机构批准的其他业务。

二、商业银行会计的特点

商业银行经营的是货币资金的商业性买卖,该行业的业务特点、职能和作用与其他行业有明显区别。商业银行会计同其他行业会计相比较,具有以下特点:

(1) 会计核算活动和业务处理活动的统一性。一般情况下,企业的生产活动和财务会计活动是分离的,生产活动处于整个企业生产经营过程的第一线,由生产部门完成;财务会计活动处于整个企业生产经营过程的第二线,由会计部门根据证明生产活动已发生或完成的会计凭证来完成。而商业银行由于是经营货币资金的商业性买卖的特殊企业,绝大部分业务活动的发生直接引起货币资金的增减变动。商业银行在处理各项业务的同时,必须通过会计部门来直接完成核算,商业银行会计核算的过程就是办理银行业务的过程。所以,商业银行会计核算活动和业务处理活动是同步进行的,是统一的。

(2) 反映国民经济活动情况的综合性。商业银行是国民经济的一个综合部门,它的业务活动是由国民经济各部门、各单位和广大城乡居民的经济活动引起的。所以,商业银行会计在微观上反映的是银行本身的业务活动情况和国民经济各部门、各单位及城乡居民个人的经济活动情况,而通过商业银行将各分支行的会计报表逐级上报汇总,就可以综合反映出一个地区、省(自治区、直辖市)和全国的经济活动情况。如果说银行是国民经济的总会计,那么银行会计则是总会计的会计。

(3) 会计核算方法的独特性。银行经营的商品具有特殊性,各项业务活动的资金运动从发生到完成,只具有货币资金这一运动形态;其他行业企业的资金在运动过程中经常发生形态变化,除了货币资金这一种形态,还有储备资金、生产资金、成品资金等形态。所以,银行会计具有其独特的会计核算方法。

(4) 提供会计核算资料的及时性。银行与国民经济各部门、各单位和广大城乡居民的经济活动具有密切联系。它对外提供的有关资料是国家有关部门了解国民经济活动情况、制定宏观政策、进行宏观决策的重要依据。另外,银行经营的商品具有特殊性,要求银行会计必须及时对外提供会计核算资料。银行的会计核算活动与业务处理活动要求同步进行,已经体现出了这一特点。更重要的是,银行每天的业务活动当日核算完毕后,要在对当日账务核对无误的基础上,编制当日的内部会计报表——日计表。银行会计提供核算资料的及时性,是其他任何行业会计无法比拟的。

(5) 会计核算和内部监督的严密性。银行经营商品的特殊性决定了银行会计在核算手续和内部监督措施上比其他行业会计更严密。银行应按照《金融企业财务规则》的要求,推行财务管理信息化,严格财务评价制度要求,对财务状况和经营成果进行总结、评价与考核。

第二节 存款业务的核算

一、存款业务的意义

存款业务是指商业银行以信用的方式吸收居民个人、企事业单位及政府机关等闲散资金的筹资活动,是形成商业银行营运资金的主要来源。吸收存款是商业银行赖以生存和发展的基础,一般存款占负债总额的 70% 以上。商业银行只有通过存款业务将资金集中起来,才能实现放款和投资等资产业务,因此,不断扩大商业银行的存款业务范围是扩大放款和投资规模的主要途径。商业银行存款的业务量决定了放款的业务量,直接决定了商业银行的利差收入,从而决定商业银行的经济效益。总之,存款是银行业务发展的重要基础,是商业银行信贷资金的主要来源,为商业银行各职能的实现,如信用中介、支付中介和信用创造等创造了条件。存款是商业银行盈利水平的重要决定因素,商业银行的存款业务活动为其与社会各界沟通提供了渠道。

二、存款业务的分类

按照中国人民银行颁布的《人民币银行结算账户管理办法》(自 2003 年 9 月 1 日起施行)的规定,银行结算账户按照存款对象不同,分为单位银行结算账户和个人银行结算账户。

单位银行结算账户是指存款人以单位名称开立的银行结算账户。单位存款除了活期,还有定期存款、通知存款、协定存款以及中国人民银行批准的其他存款。

个人银行结算账户是指存款人凭个人身份证件以自然人名称开立的银行结算账户。个人银行结算账户是自然人因投资、消费、结算等而开立的可办理支付结算业务的存款账户。

此外,个人可以在银行开立储蓄账户。城乡居民个人将自己结余或待用的货币资金存入银行营业网点,由银行营业网点开具存折或存单作为凭证。自然人既可以根据需要申请开立个人银行结算账户,也可以在已开立的储蓄账户中选择,并向开户银行申请确认为个人银行结算账户。

三、存款业务的科目设置

(一)"单位活期存款"科目

"单位活期存款"科目属负债类科目,用来核算银行吸收单位(包括企业、事业单位、机关、社会团体等,下同)存入的活期存款。银行收到单位存入的活期存款时,借记"存放中央银行款项""现金"等科目,贷记本科目;支取款项时,借记本科目,贷记"存放中央银行款项""现金"等科目。银行按规定结计利息时,借记"利息支出"科目,贷记本科目。银行办理活期存款转户时,按应结清的应付利息,借记"利息支出"科目,贷记本科目;按存款余额,借记本科目,贷记"清算资金往来"等科目。银行办理活期存款销户时,应按结清的应付利息,借记"利息支出"科目,贷记本科目;按存款余额,借记本科目,贷记"存放中央银行款项"等科目。本科目应按存款种类及存款单位进行明细核算,编制资产负债表时,其余额记入"吸收存款"项目。

(二)"单位定期存款"科目

"单位定期存款"科目属负债类科目,用来核算银行吸收单位存入的定期款项,包括单位大额可转让定期存单。本科目应按存款种类及存款单位进行明细核算,编制资产负债表时,其余额记入"吸收存款"项目。银行收到单位存入的定期存款时,借记"单位活期存款"等科目,贷记本科目;到期支取款项时,借记本科目,贷记"单位活期存款"等科目。银行按规定计付利息时,借记"利息支出"科目,贷记"应付利息"科目;结息时或存款到期支取利息时,借记"应付利息"科目,贷记"单位活期存款""单位定期存款"等科目。

存款到期,单位持定期存单要求银行支取本息时,银行应验明存单的真实性,抽出该户卡片账,核对存单号码、单位全称、大小写金额、印鉴、利率、存期、到期日等内容后,对原存入本金分不同情况处理。如单位继续转存时,按开户手续另开新存单;如不续存,应将款项转入单位的基本账户或一般账户。对不再续存的单位定期存款,应计算利息,填制利息清单,在存单上加盖"结清"戳记,以收回的存单作借方传票,卡片账作附件,另填制两联特种转账贷方传票,一联作贷方传票,另一联代收账通知,登记销户登记簿。

(三)"活期储蓄存款"科目

"活期储蓄存款"科目属负债类科目,用来核算吸收的居民个人活期储蓄存款。储户存入款项时,借记"现金"科目,贷记本科目;储户支取款项时,借记本科目,贷记"现金"科目。银行在结息日结息时,借记"利息支出"科目,贷记本科目。本科目按储户进行明细科目核算,编制资产负债表时,其余额记入"吸收存款"项目。

(四)"定期储蓄存款"科目

"定期储蓄存款"科目属负债类科目,用来核算银行吸收的居民个人定期储蓄存款,包括整存整取、零存整取、整存零取、存本取息、大额可转让个人定期存单等定期储蓄存款。银行吸收的个人通知存款也在本科目核算。储户存入定期存款时,借记"现金""活期储蓄存款"等科目,贷记本科目;储户支取存款时,借记本科目,贷记"现金"等科目。银行计付利息时,借记"利息支出"等科目,贷记"定期储蓄存款"科目。本科目应按存款种类及储户进行明细核算,编制资产负债表时,其余额记入"吸收存款"项目。

(五)"应付利息"科目

"应付利息"科目属负债类科目,用来核算银行吸收的存款及各种借款发生的当期应付而未付的利息。银行计算应付利息时,借记"利息支出""金融企业往来支出"等科目,贷记本科目。实际支付利息时,借记本科目,贷记"单位活期存款""单位定期存款"等科目。本科目应按存款、借款的种类进行明细核算。

(六)"利息支出"科目

"利息支出"科目属费用类科目,用来核算存款负债及借入负债和发行债券的利息支出。银行计算应付利息时,借记"利息支出"等科目,贷记"单位活期存款""个人活期储蓄存款"等科目。本科目期末结转于"本年利润"科目的借方。

四、单位存款业务的核算

(一)单位活期存款业务的核算

1. 存入现金的核算

存款单位向开户银行存入现金时,应填制一式三联现金缴款单,连同现金一并送交开户银行出纳部门。现金缴款单的格式如图2-1所示。出纳部门审核现金缴款单、清点现金无误后,将第一联盖上现金收讫章作为回单退交存款单位;第二联登记现金收入日记簿,登记完毕后将第二联送会计部门代现金收入传票登记单位存款分户账;第三联加盖业务清讫章作为收账通知交收款单位。其会计分录为:

借:现金
　　贷:单位活期存款——××单位存款户

图2-1 现金缴款单(收入凭证)

2. 支取现金的核算

支票户从银行支取现金时,应签发现金支票,并由收款人背书后送交开户行会计部门。现金支票的格式如图2-2所示。会计部门接到现金支票后,应重点审查以下内容:支票大小写金额是否相符,是否超过付款期,支票上加盖的印鉴与预留印鉴是否相符,出票人账户是否有足够支付的存款,是否背书等。经审查无误后,会计部门以现金支票代现金付出传票登记分户账。其会计分录为:

借:单位活期存款——××单位存款户
　　贷:现金

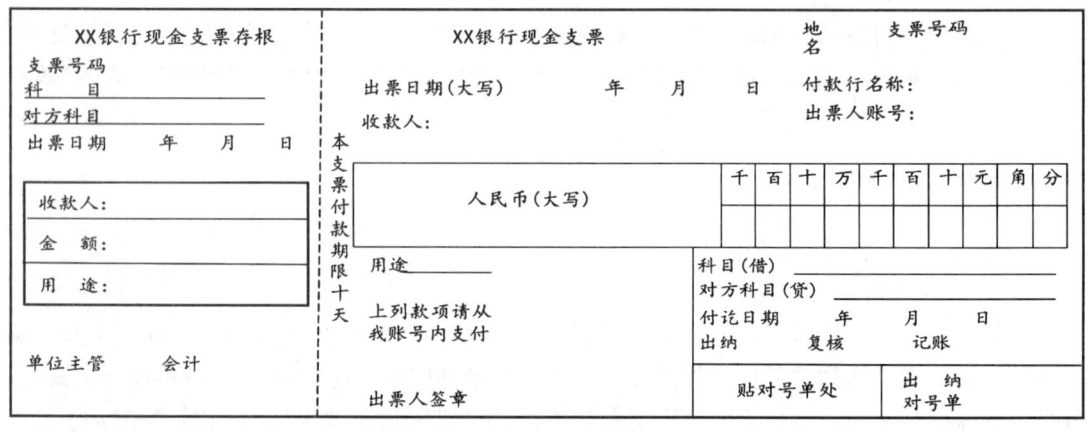

图2-2 现金支票

支票的提示付款期限为自出票日起10日,到期日遇节假日顺延。超过提示付款期限提示付款的,持票人开户银行不予受理,付款人不予付款。但是出票人在票据权利时效内(自出票日起6个月)仍应对持票人承担票据责任。

3. 单位活期存款利息的核算

单位活期存款采取按日计息、定期结息的方法。按季结息时,每季末月的 20 日为结息日,计息期为上季末月 21 日起至本季末月 20 日止,利息于次日列账(如遇法定节假日顺延)。其会计分录为:

借:利息支出
　　贷:单位活期存款——××户

单位活期存款的存取较为频繁,余额经常发生变动,因此利息根据计息期的积数计算,其计算公式如下:

$$利息 = 积数 \times \frac{月利率}{30} = 积数 \times 日利率$$

其中,积数是指计息期内各存款账户每天余额的逐日累计数。

未到结息日清户的,于清户日按挂牌公布的活期存款利率计付利息。按季结息的计息期按实际天数计算;按日累加存款余额,累加的存款余额为计息积数,用计息积数乘以结息日挂牌公布的活期存款利率,计算出存款利息。活期存款的计息形式有余额表计息法和分户账账页计息法两种。

1) 余额表计息法

此方法适用于存款余额变动频繁的存款户。采用该方法计息是在每日营业终了时,将各计息分户账的当天最后余额按户抄列在计息余额表内;如果计息分户账当日余额没有发生变动,则照抄上日余额;如果遇到错账冲正或补记账款使记账日期与起息日期不一致时,应在计息余额表的"应减积数""应加积数"栏内调整计息积数。结息日,逐户将全季的累计积数乘以日利率,即得出各户应计利息数。

2) 分户账账页计息法

此方法适用于存款余额变动不多的存款户。采用该方法计息的存款户使用分户账乙种账格式。它是在单位存款账户资金发生增减变化后,按上次最后余额乘以该余额的实存天数,即为积数,并分别把日数与积数记入账页上的"日数"和"积数"栏内。如更换账页,应将累计积数过入新账页第一行内。待结息日营业终了,再计算出该季每笔余额的实存天数的合计数,以检验总积数的计算是否正确。

【例 2-1】 2022 年 6 月,蓝海公司中国银行徐汇支行的活期存款余额表如表 2-1 所示。

表 2-1　　　　　　　　　　　　　**活期存款余额表**
中国银行徐汇支行活期存款余额表

户名:蓝海公司　　　　　账号:2010056　　　　　单位:元　　年利率:0.35%

2022年		摘要	借方	贷方	借或贷	余额	日数(天)	积数
月	日							
3	21	结息		25.00	贷	2 000.00	8	16 000.00
3	29	转收		1 000.00	贷	3 000.00	20	60 000.00
4	18	提现	500.00		贷	2 500.00	15	37 500.00

(续表)

2022年		摘要	借方	贷方	借或贷	余额	日数(天)	积数
月	日							
5	3	托收		4 000.00	贷	6 500.00	46	299 000.00
6	18	信汇汇入		1 000.00	贷	7 500.00	3	22 500.00
6	21	结息		8.70	贷	7 508.70		435 000.00

要求：计算银行对蓝海公司的应付利息数，并编制相关会计分录（不考虑增值税）。

【解析】 利息计算如下：

蓝海公司利息＝435 000.00×0.35％÷360＝4.23（元）

编制会计分录为：

借：利息支出 4.23
　　贷：单位活期存款——蓝海公司 4.23

（二）单位定期存款业务的核算

单位定期存款是银行为吸收单位长期闲置资金而开办的存款业务。集体所有制企业、事业、机关、团体、学校等单位按有关规定提留归单位所有的短期不用的资金，均可在当地开户银行办理整存整取定期存款。期限分为3个月、半年、1年、2年、3年、5年六个档次。

1. 单位存入定期存款的核算

单位在办理定期存款时，应签发转账支票，并送交开户银行。银行接到转账支票审查无误后，据以填制一式三联的单位定期存单，将第二联加盖业务公章后作为存单交给存款单位，成为其到期收取本息的依据；第三联作为卡片账留存，以转账支票代替转账借方传票，存单第一联代替转账贷方传票入账，并登记单位定期存款开销户登记簿。其会计分录为：

借：单位活期存款——××单位存款户
　　贷：单位定期存款——××单位存款户

单位活期存款转为定期存款，造成单位活期存款减少，负债减少，记入"单位活期存款"科目的借方；同时造成单位定期存款增加，负债增加，记入"单位定期存款"科目的贷方。

【例2-2】 2023年5月1日，中国银行徐汇支行收到泰兴公司签发的转账支票一张，金额为300 000元，要求转存1年期的定期存款，经审查无误，银行柜员办理相关手续。

要求：编制存入定期存款相关会计分录。

【解析】 编制会计分录为：

借：单位活期存款——泰兴公司户 300 000
　　贷：单位定期存款——1年期存款（泰兴公司户） 300 000

2. 单位定期存款到期支取的核算

单位持到期或过期的证实书支取定期存款时，银行应抽出该户卡片与原证实书进行核对。无误后，计算利息，填制利息清单，并在证实书上加盖"结清"戳记，以证实书代定期存款转账借

方传票,卡片账作附件,另编一联特种转账借方传票和两联特种转账贷方传票,办理转账。其会计分录为:

借:单位定期存款——××户
  应付利息——应付定期存款利息
  贷:单位活期存款——××户

单位定期存款到期又在本行转存的,单位应重新办理支取和开户手续,存入多笔定期存款的,应分笔设户核算。单位的定期存款,若有急需可办理提前支取。按照银行的规定,单位提前支取部分款项时,若支取款项后的剩余定期存款不低于定期存款起存金额,则提前支取金额按支取日挂牌公告的活期存款利率计算利息,剩余定期存款金额按原存日、存期、利率另开新定期存款证实书;若部分支取后所剩的定期存款金额不足定期存款起存金额,银行应按支取日活期存款利率计算利息,并对该项存款予以清户,提前支取部分款项的会计处理与全额支取相同,未支取金额达到银行定期存款起存金额的部分重新打印定期存款开户证实书,金额为留存金额,日期为原存款日。

【例 2-3】 2023 年 2 月 1 日,中国银行徐汇支行收到华胜公司交来当日到期的存单一张,填明金额 200 000 元,存期 1 年,年利率为 1.95%。要求将支取的本息转入活期存款户,经审查无误,银行柜员办理定期结清业务。

要求:计算其到期利息并编制相关会计分录。

【解析】 利息计算如下:

到期利息 = 200 000 × 1.95% × 1 = 3 900(元)

编制会计分录为:

借:单位定期存款——华胜公司户   200 000
  应付利息——应付定期存款利息   3 900
  贷:单位活期存款——华胜公司户   203 900

3. 单位定期存款利息的核算

单位定期存款利息的计算,可分为全额到期支取的利息计算、全额提前支取的利息计算、过期支取的利息计算、部分提前支取的利息计算等多种。其存期按对年、对月、对日计算,对年按 360 天,对月按 30 天,如有零头天数的按实际天数计算。

按照权责发生制原则,单位定期存款应按期计算应付利息,一般为按季(或按月)计算预提利息,单位支取定期存款时,再冲减应付利息。应付利息的计算方法是:按定期存款不同存期档次设立计息余额表,逐日抄制;结息日累计各存期档次的计息积数后,乘以同档次存款的日利率;最后根据计算的利息额,汇总编制转账借方、贷方传票转账。

全部提前支取时,应按支取日挂牌公告的活期存款利率计付利息。部分提前支取时,若剩余部分高于起存金额,则支取部分按支取日挂牌公告的活期存款利率计付利息,剩余部分应开具新的单位定期存款开户证实书,其利率为原存款日挂牌公告的同档次定期存款利率。若剩余部分不足起存金额,则应对该笔定期存款全部支取,按支取日挂牌公告的活期存款利率计付利息。单位定期存款过期支取的,过期部分按支取日挂牌公告的活期存款利率计付利息。

【例2-4】 2022年3月28日,华美公司从其活期账户支款700 000元存入单位定期存款账户,定期1年,年利率为1.95%。2023年3月31日,华美公司支取上述定期存款700 000元,支取日活期存款利率为0.25%。

要求:计算银行应付利息并编制相关会计分录。

【解析】

(1) 2022年3月28日,存入单位定期存款编制会计分录为:

借:单位活期存款——华美公司户　　　　　　　　　　　　　　　　700 000
　　贷:单位定期存款——华美公司户　　　　　　　　　　　　　　　　　700 000

(2) 2023年3月31日,支取定期存款,计算银行应付利息。

① 2023年3月28日至2023年3月28日的到期利息:
到期利息=700 000×1.95%×1=13 650(元)

② 2023年3月28日至2023年3月31日的逾期利息:
逾期利息=700 000×0.25%÷360×3≈14.58(元)
该笔存款应付利息=13 650+14.58=13 664.58(元)

编制会计分录为:

借:单位定期存款——1年期存款(华美公司户)　　　　　　　　　　700 000.00
　　应付利息——1年期定期存款利息支出　　　　　　　　　　　　　　13 664.58
　　贷:单位活期存款——华美公司户　　　　　　　　　　　　　　　　71 3664.58

五、个人储蓄存款业务的核算

根据居民个人经济收入和消费的特点以及金融机构聚集和运用资金的需要,《储蓄管理条例》规定的基本储蓄种类有三类六种,即活期储蓄存款、定期储蓄存款(整存整取、零存整取、整存零取、存本取息)、定活两便储蓄存款,均是传统的储蓄存款。近年来,商业银行又推出了定期一本通、活期一本通、通知储蓄、小额支付账户等新型储蓄种类。

(一) 个人活期储蓄存款业务的核算

活期储蓄存款是不固定期限,随时可以存取的一种储蓄存款。活期储蓄存款按存取方式的不同分为支票户和存折户。其中,活期储蓄存款存折户是凭存折存取款项的一种活期储蓄存款方式。1元起存,多存不限;凭折存取,也可预留印鉴或密码,凭印鉴或密码支取。

1. 开户存入的核算

储户第一次存入活期储蓄存款,即开户,应由储户填写储蓄存款凭条,连同现金、身份证件一并交经办人员。储蓄存款凭条样式如图2-3所示。经办人员审查凭条和点收现金无误后,根据凭条登记开销户登记簿,开立活期储蓄存款分户账,登记活期储蓄存折,以存款凭条代现金收入传票。其会计分录为:

借:现金
　　贷:活期储蓄存款——××户
付出:空白重要凭证——活期存折

储蓄存款凭条 存

科目（贷） 年 月 日

<table>
<tr><td>机器确认</td><td colspan="2"></td></tr>
<tr><td rowspan="2">储户填写</td><td colspan="2">账号______ 户名______ 币种______ 存期______
存入金额：(大写) ______ 千 百 十 万 千 百 十 元 角 分
种类：定期□ 活期□ 零整□ 定活□ 大额□ 通知□ 存本□ 一折通□ 其他___</td></tr>
<tr><td>新开户时填写</td><td>是否留密码：是□ 否□ 电话号码：______ 证件种类：______
号码：______ 地址：______
是否约定转存：是□ 否□ 代理人：______ 证件种类：______
号码：______</td></tr>
</table>

图 2-3 储蓄存款凭条

2. 续存的核算

储户到商业银行续存时，也应提交存款凭条，连同现金、存折一并交与柜员，经审核无误后，除了不再另开账户及存折，其收款、记账、打印等处理方法基本与开户手续相同。

【例 2-5】 储户李华持现金 6 000 元和中国银行的借记卡，要求存入其活期存款账户。银行审核无误后，办理存入手续。

要求：编制相关会计分录。

【解析】 储户存入现金，造成商业银行的现金增加，资产增加，记入“现金”科目的借方；同时造成活期储蓄存款的增加，负债增加，记入“活期储蓄存款”科目的贷方。编制会计分录为：

借：现金 6 000
　贷：活期储蓄存款——李华户 6 000

3. 支取的核算

自 2016 年 12 月 1 日起，银行和支付机构提供转账服务时，应向存款人提供实时到账、普通到账、次日到账等多种转账方式，存款人在选择后才能办理业务。除了向本人同行账户转账，个人通过自动柜员机(含其他具有存取款功能的自助设备)转账的，发卡行在受理 24 小时后办理资金转账。在发卡行受理后 24 小时内，个人可以向发卡行申请撤销转账。

储户到商业银行支取存款时，应填写储蓄取款凭条。储蓄取款凭条样式如图 2-4 所示。凭印鉴、密码支取的，还要在凭条上加盖印鉴，输入密码，连同存折交柜员。柜员根据凭条核对账、折、印鉴、密码无误后，以取款凭条代现金付出传票。其会计分录为：

借：活期储蓄存款——××户
　贷：现金/活期储蓄存款——××户

```
┌─────────────────────────────────────────────────────────────┐
│                     储蓄取款凭条           取                │
│  科目（借）              年  月  日                          │
│  ┌──────────────────────────────────────────────────────┐   │
│  │  账号_____  户名_____  币种_____  存折序号_____       │   │
│  │  笔次_____  密码：无□  有□                           │   │
│  │                              ┌─┬─┬─┬─┬─┬─┬─┬─┬─┐    │   │
│储│                              │千│百│十│万│千│百│十│元│角│分│
│户│  支取金额：（大写）_____     ├─┼─┼─┼─┼─┼─┼─┼─┼─┤    │   │
│填│                              └─┴─┴─┴─┴─┴─┴─┴─┴─┘    │   │
│写│  种类：活期□ 零整□ 定活□ 存本□ 一折通□ 其他___   │   │
│  ├──────────┬──────┬──────┬──────────┬──────────┤       │   │
│  │提前支取  │存款人│      │证件号码：│地址：    │       │   │
│  │时填写    ├──────┼──────┼──────────┼──────────┤       │   │
│  │          │代取人│      │证件号码：│地址：    │       │   │
│  ├──────────┴──────┴──────┴──────────┴──────────┤       │   │
│  │ 机器                                           │       │   │
│  │ 确认                                           │       │   │
│  └────────────────────────────────────────────────┘       │   │
└─────────────────────────────────────────────────────────────┘
```

图 2-4　储蓄取款凭条

如果储户支取现金,则贷记"现金"科目;如果是转账给其他个人账户,则贷记"活期储蓄存款"科目。柜员复核账、折内容无误,配款,并在取款凭条上加盖现金付讫章及名章后,将现金及存折交储户。

【例2-6】　储户李华持中国银行的借记卡,要求从其活期储蓄存款中支取现金5 000元,银行审核无误后,办理支取手续。

要求：编制相关会计分录。

【解析】　储户支取现金,造成活期储蓄存款的减少,负债减少,记入"活期储蓄存款"科目的借方;同时造成商业银行的现金减少,资产减少,记入"现金"科目的贷方。编制会计分录为：

借：活期储蓄存款——李华户　　　　　　　　　　　　　　　　　　　5 000
　　贷：现金　　　　　　　　　　　　　　　　　　　　　　　　　　5 000

4. 结息的核算

目前活期储蓄存款每季结息一次,每季末月(3、6、9、12月)的20日为结息日,计息的期间是从上季(年)末月21日至本季(年)末月20日,即结息时应把结息日当天计算在内,下季度的利息从结息日的次日开始算起(算尾不算头)。结息后的利息并入本金起息,元以下尾数不计息。其会计分录为：

借：利息支出——活期储蓄利息支出
　　贷：活期储蓄存款——××户

储蓄活期存款结息采取日积数法计算利息,活期存款结息按结息日或销户日挂牌公告的活期存款利率计付利息。到期利息的计算公式为：

到期利息＝存款余额日积数×结息日挂牌公告的活期储蓄存款日利率

【例2-7】　储户刘华在中国银行徐汇支行有活期储蓄存款,徐汇支行在2023年第二季度结息时,该储户的累计应计息积数为8 000 000元,当日挂牌公告的活期储蓄存款利率为

0.25%。

要求：计算其利息并编制相关会计分录。

【解析】 银行支付储户利息，造成利息支出增加，损失增加，记入"利息支出"科目的借方；同时，活期储蓄存款增加，负债增加，记入"活期储蓄存款"科目的贷方。利息计算如下：

应计付的利息＝8 000 000×0.25%÷360≈55.56(元)

编制会计分录为：

借：利息支出——活期储蓄利息支出　　　　　　　　　　　　　　　　55.56
　　贷：活期储蓄存款——刘华户　　　　　　　　　　　　　　　　　　55.56

5. 销户的核算

销户是指储户取清全部款项，不再续存。销户时，储户应根据存折上的最后存款余额填写取款凭条，连同存折交银行经办人员。经办人员除了按支取手续办理，还应计算利息，填制一式两联利息清单，一联连同本息交储户，另一联在营业终了时，凭以汇总编制利息支出科目传票；同时，应在存折和分户账上加盖"结清"或"销户"戳记，销记开销户登记簿，存折作为取款凭条附件，账页另行保管。其会计分录为：

借：活期储蓄存款——××户
　　利息支出——活期储蓄利息支出
　　贷：现金

(二) 个人定期储蓄存款业务的核算

个人定期储蓄存款是指存款时约定存款期限，一次或分次存入本金，到期一次或分次支取本金和利息的储蓄存款。定期储蓄存款按存取方式的不同分为整存整取、零存整取、整存零取、存本取息等。

银行在"定期储蓄存款"科目下分别设置明细科目进行核算。定期储蓄存款具有事先约定存期、一次或分次存入本金、整笔或分期支取本息的特点，因此上述四类定期储蓄存款的会计核算手续相差不多。

1. 整存整取定期储蓄存款

整存整取定期储蓄存款是指一次存入本金，约定存期，到期一次支取本息的定期储蓄存款。一般50元起存，多存不限，存期分3个月、半年、1年、2年、3年和5年等档次。

1) 开户存入的核算

储户第一次存入整存整取定期储蓄存款（即开户）应由储户填写定期储蓄存款凭证，连同现金、身份证一并交由柜员办理。柜员审查凭条、预留印鉴、清点现金无误后，填制一式三联整存整取定期储蓄存单，第一联代库存现金收入传票；第二联为存单，加盖业务公章交储户执存；第三联为卡片账，登记开销户登记簿后，专夹保管。凭印鉴、密码支取的，应在各联上加盖"凭印(密码)支取"戳记，并在第三联卡片账上预留印鉴。采用计算机操作的，存单用计算机打印。其会计分录为：

借：现金或活期储蓄存款
　　贷：定期储蓄存款——整存整取(××户)
付出：空白重要凭证——活期存折

2) 支取的核算

(1) 到期和逾期支取。储户持到期存单到银行取款时,在存单背面背书,经办人员应将留存的第三联卡片账与存单核对;凭印鉴、密码支取的还须核对储户加盖的预留印鉴和密码。核对无误后,按规定计算应付利息,填写两联利息清单,在存单和卡片账有关栏中分别填写利息金额,加盖支付日期和"结清"戳记,销记开销户登记簿,以存单代现金付出传票。其会计分录为:

借:定期储蓄存款——整存整取(××户)
　　应付利息——定期储蓄利息支出
　贷:现金或活期储蓄存款

配款后,柜员将本息及一联利息清单交给储户,另一联利息清单作利息支出科目汇总传票的附件,结清的卡片账另行保管,定期装订。储户持过期存单到银行取款时,除了按规定计付过期利息,其他手续与到期支取相同。

(2) 提前支取。储户要求提前支取存款时应交验身份证件,并将证件名称、发证机关及号码记录在存单背面;凭印鉴支取的,则应在存单上同时加盖预留印鉴。柜员审核无误后在存单及卡片账上加盖"提前支取"戳记,按提前支取的规定计付利息,其他手续与到期支取相同。

若储户要求提前支取一部分存款,采取满付实收、更换新存单的做法,即对原存单本金视同一次付出,同时按规定计付提前支取部分利息。柜员需在原存单及卡片账上注明"部分支取××元",新存单上注明"由××号存单部分转存"字样以及原存入日,同时在开销登记簿上作相应注明,以便于日后查考。其他手续与到期支取及存入时手续相同。其会计分录为:

借:定期储蓄存款——整存整取(××户)[全额]
　　应付利息——定期储蓄利息支出[提前支取部分利息]
　贷:现金
借:现金
　贷:定期储蓄存款——整存整取(××户)[未支取本金部分金额]

(3) 利息的核算。储蓄存款中规定,银行可采用积数计息法和逐笔计息法计算利息。积数计息法按实际天数每日累计账户余额,以累计积数乘以日利率计算利息。其计息公式为:

$$利息 = 累计计息积数 \times 日利率$$

其中,累计计息积数等于每日余额合计数。

逐笔计息法按预先确定的计息公式逐笔计算利息。计息期为整年(月)的,计息公式为:

$$利息 = 本金 \times 年(月)数 \times 年(月)利率$$

计息期有整年(月)又有零头天数的,计息公式为:

$$利息 = 本金 \times 年(月)数 \times 年(月)利率 + 本金 \times 零头天数 \times 日利率$$

同时,银行也可选择将计息期全部化为实际天数计算利息,即每年为 365 天(闰年为 366 天),每月为当月公历实际天数,计息公式为:

$$利息 = 本金 \times 实际天数 \times 日利率$$

【例 2-8】 储户张华于 2022 年 4 月 18 日在中国银行开发区支行从其活期储蓄存款中支

取 20 万元存入 1 年期整存整取定期储蓄存款,年利率为 1.95%。

要求:编制存入定期存款的相关会计分录。

【解析】 活期储蓄存款转为定期存款,造成活期储蓄存款减少,负债减少,记入"活期储蓄存款"科目的借方;同时造成定期储蓄存款增加,负债增加,记入"定期储蓄存款"科目的贷方。编制会计分录为:

借:活期储蓄存款——张华户　　　　　　　　　　　　　　　　　　200 000
　　贷:定期储蓄存款——整存整取(张华户)　　　　　　　　　　　200 000
付出:空白重要凭证——1 年期整存整取存单　　　　　　　　　　　200 000

【例 2-9】 沿用[例 2-8]的相关资料,假设张华于 2023 年 4 月 18 日到期支取,本息存入其活期储蓄存款账户。

要求:计算其到期利息并编制支取时的相关会计分录。

【解析】 整存整取定期储蓄存款于到期日支取,一律按存单开户日所定整存整取定期储蓄利率计息,利息转入储户活期储蓄存款,造成活期储蓄存款增加,负债增加,记入"活期储蓄存款"科目的贷方。

到期利息 = 200 000 × 1.95% × 1 = 3 900(元)

编制会计分录为:

借:定期储蓄存款——整存整取(张华户)　　　　　　　　　　　　200 000
　　贷:活期储蓄存款——张华户　　　　　　　　　　　　　　　　200 000

借:应付利息——定期储蓄利息支出(张华户)　　　　　　　　　　3 900
　　贷:活期储蓄存款——张华户　　　　　　　　　　　　　　　　3 900

【例 2-10】 沿用[例 2-8]的相关资料,假设张华于 2023 年 4 月 20 日逾期支取,支取日挂牌公告的活期储蓄存款利率为 0.25%,本息存入其活期储蓄存款账户。

要求:计算其到期利息和逾期利息,并编制支取时的相关会计分录。

【解析】 整存整取定期储蓄存款过期部分一律按支取日挂牌公布的活期储蓄存款利率计息,应付利息总额等于到期利息加上逾期利息。

到期利息 = 200 000 × 1.95% × 1 = 3 900(元)

逾期利息 = 200 000 × 0.25% ÷ 360 × 2 ≈ 2.78(元)

编制会计分录为:

借:定期储蓄存款——整存整取(张华户)　　　　　　　　　　　　200 000
　　贷:活期储蓄存款——张华户　　　　　　　　　　　　　　　　200 000

借:应付利息——定期储蓄利息支出(张华户)　　　　　　　　　　3 902.78
　　贷:活期储蓄存款——张华户　　　　　　　　　　　　　　　　3 902.78

【例 2-11】 沿用[例 2-8]的相关资料,假设张华于 2022 年 5 月 18 日提前支取 20 000 元,要求支取现金,支取日挂牌公告的活期储蓄存款利率为 0.3%。余款于 2023 年 4 月 18 日到期支取,本息存入其活期储蓄存款账户。

要求:计算其利息并编制相关会计分录。

【解析】 整存整取定期储蓄存款提前支取部分 20 000 元按支取日挂牌公布的活期储蓄

存款利率 0.3% 计息；剩余 180 000 元到期时，按原存入日所定整存整取定期储蓄年利率 1.95% 计息。

(1) 2022 年 5 月 18 日，利息计算如下：

应付利息＝20 000×0.3%÷360×30＝5(元)

编制会计分录为：

借：定期储蓄存款——整存整取(张华户)   20 000
    贷：现金   20 000

借：应付利息——定期储蓄利息支出(张华户)   5
    贷：现金   5

(2) 2023 年 4 月 18 日，到期支取余款，本息存入其活期储蓄存款账户。

到期利息＝180 000×1.95%×1＝3 510(元)

编制会计分录为：

借：定期储蓄存款——整存整取(张华户)   180 000
    贷：活期储蓄存款——张华户   180 000

借：应付利息——定期储蓄利息支出(张华户)   3 510
    贷：活期储蓄存款——张华户   3 510

2. 零存整取定期储蓄存款

零存整取定期储蓄存款是指约定存期，在存期内分次存入固定本金，到期一次支取本息的定期储蓄存款。一般 5 元起存，存期分为 1 年、3 年、5 年三档。每月存入一次本金，中途如有漏存，可在次月补齐；未补存者，到期支取时按实存金额和实际存期计算利息。

1) 开户存入的核算

储户第一次存入零存整取定期储蓄存款(即开户)应由储户填写定期储蓄存款凭证，连同现金、身份证一并交由柜员办理手续。操作手续同整存整取开户。其会计分录为：

借：现金
    贷：定期储蓄存款——零存整取(××户)
付出：空白重要凭证——××存折

存折加盖业务公章后交储户，分户账按账号顺序保管。

2) 续存的核算

在存期内储户续存时，应填制定期储蓄存款凭条，与存折、现金一并交经办人员。经办人员核对并清点现金无误后，登记存折，操作手续与开户基本相同。其会计分录为：

借：现金
    贷：定期储蓄存款——零存整取(××户)

零存整取定期储蓄存款如果中途漏存仍可续存，未存月份应在次月补存，它适用于储户预积零成整的定期储蓄。

3) 支取的核算

到期支取时，储户应将存折交与经办人员，经办人员验明存折确系本行所签发并已到期，账、折核对后，计算利息，注销存折、登记分户账及销记开销户登记簿，并在存折和分户账上加

盖"结清"戳记,以存折代现金付出传票。其会计分录为:

借:定期储蓄存款——零存整取(××户)
　　应付利息——定期储蓄利息支出(××户)
　贷:现金

4)利息的核算

零存整取定期储蓄存款是逐月存入,余额逐月增加,利息计算主要有月积数计息法和固定基数计息法两种方法。

(1)月积数计息法。这种方法根据存款账每月余额计算出月积数,再将累计月积数乘以月利率,即为应付利息。月积数计息法适用于存期内有漏存的零存整取储蓄利息计算,也适用于逐月全存无漏存的零存整取储蓄利息计算,其计算公式如下:

利息=累计存款月积数×月利率
累计存款月积数=每月存储额×[存储月数×(存储月数+1)÷2-漏存期]
漏存存期=预定存次+1-漏存期次

其中,漏存期次是指第几次漏存,可在分户账上查到,如中间无漏存,则漏存存期为0。

【例2-12】 储户王平于2022年3月5日在中国银行市南支行第一次用现金存入零存整取定期储蓄存款,每月存入300元的1年零存整取定期储蓄存款,存入时年利率为1.4%。2023年3月5日到期支取本息,要求银行支付现金。

要求:用月积数计息法计算王平支取时的到期利息,并编制存入、续存与支取时的相关会计分录。

【解析】

(1)2022年3月5日,第一次存入时编制会计分录为:

借:现金　　　　　　　　　　　　　　　　　　　　　　　　　　　　300
　贷:定期储蓄存款——零存整取(王平户)　　　　　　　　　　　　　　300
付出:重要空白凭证——1年零存整取存折　　　　　　　　　　　　　3 600

(2)每月续存时编制会计分录为:

借:现金　　　　　　　　　　　　　　　　　　　　　　　　　　　　300
　贷:定期储蓄存款——零存整取(王平户)　　　　　　　　　　　　　　300

(3)2023年3月5日,到期支取本息,要求银行支付现金:

累计存款月积数=300+600+900+……+3 600=300×(1+2+3+……+12)=23 400(元)

支取时编制会计分录为:

借:定期储蓄存款——零存整取(王平户)　　　　　　　　　　　　3 600.00
　　应付利息——定期储蓄利息支出(王平户)　　　　　　　　　　　　27.30
　贷:现金　　　　　　　　　　　　　　　　　　　　　　　　　　3 627.30

(2)固定基数计息法。这种方法是以每月存入1元,存满所定期限,到期按规定利率计算出应计付的利息作为基数,再乘以存款金额,即为应付利息。固定基数计息法适用于每月存入固定金额,中途无漏存的零存整取储蓄利息计算,其计算公式如下:

$$\text{每元固定利息基数}=1\text{元}\times\text{平均存期}\times\text{月利率}$$
$$\text{应付利息}=\text{每元固定利息基数}\times\text{存款金额}$$

其中,平均存期应根据等差数列求平均值的方法计算,即:

$$\text{平均存期}=(\text{首月}+\text{末月})\div 2$$

3. 整存零取定期储蓄存款

整存零取定期储蓄存款是本金一次存入,约定存期,分次支取本金,到期一次支取利息的一种定期储蓄存款。一般1 000元起存,存期分1年、3年、5年三档,本金支取期分1个月、3个月、半年三档,由储户与储蓄机构协商确定。

(1) 开户存入的核算。开户时应由储户提出申请,并填制存款凭证,经办人员审核身份证件、存入金额、期限以及支取的次数和时间无误后,操作同整存整取开户。其会计分录为:

借:现金或活期储蓄存款
　　贷:定期储蓄存款——整存零取(××户)
付出:空白重要凭证——××存单

(2) 分次支取本金的核算。储户按约定时间到银行取款,应填写定期整存零取储蓄取款凭条,连同存单一并交经办人员,经办人员应审查存单上的公章,确认是由本行签发的,核对账号、户名、印鉴或密码、金额后,计付利息,取款凭条代现金付出传票。其会计分录为:

借:定期储蓄存款——整存零取(××户)
　　贷:现金

(3) 结清的核算。最后一次取款时,以存单作取款凭条附件一并支付本金和利息。如果提前支取全部余额,则根据实存金额和存期按规定利率计息。过期支取的,在存单和卡片账上注明支取的日期,并按规定计付过期利息。

【特别提示】
　　若储户要求提前支取整存零取定期储蓄存款,可提前支取一至两次,但须在以后月份内停取一至两次,其余手续不变。

整存零取定期储蓄存款的本金因分次支取而逐月递减,利息计算采用本金存期等差级数求平均值的方法。其计算公式为:

$$\text{应付利息}=(\text{全部本金}+\text{每次支取本金})\div 2\times\text{存期}\times\text{利率}$$

借:定期储蓄存款——整存零取(××户)
　　应付利息——定期储蓄利息支出(××户)
　　贷:现金或活期储蓄存款

【例2-13】储户张梅于2022年1月15日在中国银行徐汇支行从其活期储蓄存款中支取100 000元存入整存零取定期储蓄存款,存期1年,存入时年利率为1.4%,要求每3个月支取本金现金一次。到期一次支取利息,最后一次本金和利息转入活期储蓄存款账户。

要求:计算其利息并编制存入、分次支取及结清时的相关会计分录。

【解析】

(1) 2022年1月15日,存入时编制会计分录为:

借:活期储蓄存款——张梅户　　　　　　　　　　　　　　　　100 000
　　贷:定期储蓄存款——整存零取(张梅户)　　　　　　　　　　100 000
付出:空白重要凭证——整存零取存单　　　　　　　　　　　　100 000

(2) 分次支取本金时编制会计分录为:

借:定期储蓄存款——整存零取(张梅户)　　　　　　　　　　　25 000
　　贷:现金　　　　　　　　　　　　　　　　　　　　　　　　25 000

(3) 结清时编制会计分录为:

应付利息＝(全部本金＋每次支取本金)÷2×存期×利率
　　　　＝(100 000＋25 000)÷2×1×1.4%
　　　　＝875(元)

借:定期储蓄存款——零存整取(张梅户)　　　　　　　　　　　25 000
　　应付利息——定期储蓄利息支出(张梅户)　　　　　　　　　　875
　　贷:活期储蓄存款——张梅户　　　　　　　　　　　　　　　25 875

4. 存本取息定期储蓄存款

存本取息定期储蓄存款是一次存入本金,约定存款期限,分次支取利息,到期一次支取本金的一种定期储蓄存款。一般5 000元起存,存期分1年、3年、5年三档,利息支取可以1个月或几个月一次,由储户与储蓄机构协商确定。

(1) 开户存入的核算。开户时应由储户提出申请,并填制存款凭证,注明姓名、存期及每次取息的日期,审核无误后,操作同整存整取开户。其会计分录为:

借:现金或活期储蓄存款
　　贷:定期储蓄存款——存本取息(××户)
付出:空白重要凭证——××存单

(2) 支取利息的核算。存期内储户按约定时间到银行支取利息时,应按每次应支取利息数填写定期存本取息储蓄取息凭条,连同存单一并交经办员,审核无误后,据以登记账卡、存单并支付现金。

存本取息应先按存入本金和约定利率计算出应付利息总额,再根据取息次数计算出每次支取的利息,其计算公式为:

每次支取利息＝本金×存期×利率÷支取利息的次数

支付利息会计分录为:

借:应付利息——定期储蓄利息支出(××户)
　　贷:现金

存本取息定期储蓄存款取息日未到,不得提前支取利息;取息日未取息,以后可以随时支取,但不计复利。

(3) 到期支取的核算。存款到期,储户支取最后一次利息的手续和前面一样,本金则凭存单支取。同时,柜员在存单及账卡上加盖"结清"戳记,据以销记开销户登记簿。其会计分录为:

借:定期储蓄存款——存本取息(××户)
　　应付利息——定期储蓄利息支出(××户)
　　贷:现金或活期储蓄存款

【例2-14】 储户王兰于2023年3月15日从其活期储蓄存款中支取200 000元存入存本取息定期储蓄存款,存期1年,存入时年利率为1.4%,要求每3个月支取利息现金一次。到期一次性支取本金和最后一次利息,转入活期储蓄存款账户。

要求:计算其利息并编制相关会计分录。

【解析】

(1) 2023年3月15日,存入时编制会计分录为:

借:活期储蓄存款——王兰户　　　　　　　　　　　　　　　　　200 000
　　贷:定期储蓄存款——存本取息(王兰户)　　　　　　　　　　　200 000
付出:空白重要凭证——存本取息存单　　　　　　　　　　　　　200 000

(2) 每次支付利息时编制会计分录为:

每次支取利息＝200 000×1.4%×1÷4＝700(元)

借:应付利息——定期储蓄利息支出(王兰户)　　　　　　　　　　700
　　贷:现金　　　　　　　　　　　　　　　　　　　　　　　　　700

(3) 到期结清时编制会计分录为:

借:定期储蓄存款——零存整取(王兰户)　　　　　　　　　　　　200 000
　　应付利息——定期储蓄利息支出(王兰户)　　　　　　　　　　　700
　　贷:活期储蓄存款——王兰户　　　　　　　　　　　　　　　　200 700

(4) 提前支取的核算。储户如果要求提前支取本金,可凭有关身份证件到银行办理。提前支取的利息按规定计算。但对于已支取的利息金额,应用红字冲回,即编制红字现金付出传票。其会计分录为:

借:应付利息——定期储蓄利息支出(××户)[红字]
　　贷:现金[红字]

然后,按提前支取利息规定计算应付利息,与本金一并支付给储户。其会计分录为:

借:应付利息——定期储蓄利息支出(××户)
　　定期储蓄存款——存本取息(××户)
　　贷:现金或活期储蓄存款

存本取息定期储蓄存款只允许全部提前支取,不办理部分提前支取。

第三节 贷款业务的核算

一、贷款业务的含义及核算原则

贷款也称放款,是指银行以收取利息和必须归还为条件,将货币资金提供给需求者的一种信用活动。贷款业务是银行的一项主要资产业务,也是银行会计核算的重要内容。

对银行发放的中长期贷款进行会计核算时,应当遵循以下原则:

(1) 本息分别核算。银行发放的中长期贷款,应当按照实际贷出的贷款金额入账。期末,应当按照贷款本金和适用的利率计算应收取的利息,并分别对贷款本金和利息进行核算。

(2) 商业性贷款与政策性贷款分别核算。商业性贷款是指银行自主发放的贷款;政策性贷款是指银行按照国家或有关政府部门规定,限定用途、贷款对象而发放的贷款。由于两者性质不同,应当分别进行核算。

(3) 自营贷款与委托贷款分别核算。自营贷款的风险由银行承担,并由银行收取本金和利息;委托贷款的风险由委托人承担,受托人银行只收取手续费,不得代垫资金。

(4) 贷款应以预期信用损失为基础计提减值准备。企业应当在资产负债表日对金融资产和信贷承诺等,以预期信用损失为基础确认减值损失,计提减值准备。企业应当考虑金融资产和信贷承诺等的未来预期信用损失情况,及时、足额地计提减值准备,更加有效地反映和防控金融工具的信用风险。

二、贷款业务的科目设置

1. "短期贷款""中期贷款"和"长期贷款"科目

"短期贷款""中期贷款"和"长期贷款"科目都属于资产类科目。"短期贷款"科目用来核算银行根据有关规定发放的期限在1年以下(含1年)的各种贷款,包括抵押贷款、质押贷款、保证贷款、信用贷款等。"中期贷款"科目用来核算银行发放的期限在1年以上(不含1年)5年以下(含5年)的各种贷款。"长期贷款"科目用来核算银行发放的期限在5年以上(不含5年)的各种贷款。

银行发放短期、中期和长期贷款时登记这些科目的借方,银行收回短期、中期和长期贷款时登记这些科目的贷方,余额在借方表示银行发放尚未收回的短期、中期和长期贷款。这三个科目按贷款种类分类核算。

2. "逾期贷款"科目

"逾期贷款"科目属于资产类科目,用来核算银行发放的借款合同约定到期(含展期后到期)未归还,但逾期未满90天的贷款,以及其他按照有关规定作为逾期贷款核算的款项。逾期满90天及以上的贷款,在"非应计贷款"科目核算,不在该科目核算。

3. "非应计贷款"科目

"非应计贷款"科目属于资产类科目,用来核算银行发放的逾期满90天及超过90天仍不能归还的贷款,以及贷款虽然未到期或逾期不到90天但生产经营已停止、项目已停建的贷款。

4. "应收利息"科目

"应收利息"科目属于资产类科目,用来核算银行发放的贷款、各类债权投资、存放中央银行款项、拆出资金、买入返售金融资产等应收取的利息(银行购入的一次还本付息的债权投资持有期间取得的利息,在"债权投资"科目核算)。本科目按借款人或被投资单位进行明细核算。

5. "利息收入"科目

"利息收入"科目属于损益类科目,用来核算银行确认的利息收入,包括发放的各类贷款、与其他金融机构发生资金往来业务、买入返售金融资产等实现的利息收入。资产负债表日,银行应按合同利率计算应收未收利息,按摊余成本和实际利率计算利息收入。贷款本金逾期90天或贷款本金尚未逾期,但应收利息逾期90天的贷款,其应收利息不再计入当期损益,期末,应将"利息收入"科目余额转至"本年利润"科目,结转后该科目应无余额。

6. "资产减值损失"科目

"资产减值损失"科目属于损益类科目,用来核算商业银行计提各项资产减值准备所形成的损失。商业银行的贷款等资产发生减值的,按应减记的金额,借记"资产减值损失"科目,贷记"贷款损失准备"科目。

应计提减值准备的资产价值又得以恢复,应在原已计提的减值准备金额内,按恢复增加的金额,借记"贷款损失准备"科目,贷记"资产减值损失"科目。期末,应将该科目余额转入"本年利润"科目,结转后该科目没有余额。

7. "贷款损失准备"科目

"贷款损失准备"科目属于资产类科目,用来核算银行以摊余成本计量的贷款以预期信用损失为基础计提的损失准备。计提贷款损失准备的资产包括客户贷款、拆出资金、贴现资产、银团贷款、贸易融资、协议透支、信用卡透支、转贷款和垫款等。本科目按计提贷款损失准备的资产类别进行明细核算。本科目期末贷方余额,反映银行已计提但尚未转销的贷款损失准备。

三、信用贷款业务的核算

信用贷款是指银行凭借款人的信誉发放的贷款。信用贷款采用逐笔核贷方式发放。逐笔核贷是商业银行发放贷款最常用的方式。

1. 贷款发放的核算

借款人向银行申请贷款时,银行采取逐笔核贷等方式进行核算,经银行信贷部门审批后签订贷款合同,立据审查,约定还款期限,到期一次或分次收回贷款本息。借款人申请借款时,应向银行信贷部门提交借款申请书和一式五联借款凭证,经债权人审查签章后,交会计部门进行账务处理。会计部门收到借款凭证后,应认真审查借款凭证是否有债权人的签字、金额大小写是否一致、企业加盖的印鉴是否与预留印鉴相符等,审核无误后,通过银行会计核算系统办理转账。转账完成后,经办人员在借款凭证各联加盖业务章,第一联退借款人作回单,第二联作转账借方凭证,第三联作转账贷方凭证,第四联由信贷部门留存,第五联作借据由会计部门按贷款到期日先后顺序排列,专夹保管。其会计分录为:

借:短期贷款——××户[合同本金]
  贷:单位活期存款——××户[实际支付金额]
借或贷:短期贷款——利息调整[差额]

【例2-15】 2023年2月10日,开户单位联华商场向中国银行徐汇支行申请流动资金贷款,经信贷部门核定,同意于2月21日贷给该客户期限为6个月、利率为4.35%的短期贷款

300 000元,按月计提利息,借款人定期支付利息,于2023年8月21日归还。

要求:根据借款凭证编制贷款发放的会计分录。

【解析】 银行发放贷款,将短期贷款存入申请单位存款账户,该业务造成短期贷款的银行债权增加,资产增加,记入"短期贷款"科目的借方;同时单位活期存款增加,负债增加,记入"单位活期存款"科目的贷方。

2023年2月21日,贷款发放的会计分录为:

借:短期贷款——联华商场户　　　　　　　　　　　　　　　300 000
　　贷:单位活期存款——联华商场户　　　　　　　　　　　　　　　300 000

2. 计提利息的核算

在每季末月(或每月)20日,应按贷款的合同本金和合同利率计算应收未收利息,其会计分录为:

借:应收利息
　　贷:利息收入[按贷款的摊余成本和实际利率计算]
借或贷:短期贷款——利息调整[差额]

合同利率与实际利率差异较小的,也可以采用合同利率计算确定利息收入。

【例2-16】 承[例2-15],2023年3月至8月每月20日银行计提利息。

要求:编制计提利息时的会计分录。

【解析】

计提联华商场3月至8月的利息的会计分录为:

300 000×4.35%÷12=1 087.50(元)

借:应收利息——短期贷款应收利息　　　　　　　　　　　　　　1 087.50
　　贷:利息收入——短期贷款利息收　　　　　　　　　　　　　　　1 087.50

联华商场支付3月至7月(8月到期同本金一并支付)利息的会计分录为:

借:单位活期存款——联华商场户　　　　　　　　　　　　　　　1 087.50
　　贷:应收利息——短期贷款应收利息　　　　　　　　　　　　　　1 087.50

3. 贷款收回的核算

贷款到期,借款单位归还贷款时,应填制还款凭证,交贷款银行办理还款手续,会计部门审核无误后,抽出专夹保管的借据核对并登记还款记录,然后通过会计核算系统进行账务处理。其会计分录为:

借:单位活期存款——××户
　　贷:短期贷款——××户
　　　　应收利息
　　　　利息收入[差额]
借或贷:短期贷款——利息调整[余额]

【例2-17】 承[例2-15],2023年8月21日,联华商场向银行归还贷款300 000元,期限半年。

要求:编制贷款收回的会计分录。

【解析】 贷款到期,借款单位用存款偿还贷款本息,单位活期存款减少,负债减少,记入"单位活期存款"科目的借方;同时,短期贷款的债权减少,资产减少,记入"短期贷款"科目的贷方。由于在8月20日计提了最后一次利息,利息收入已经确定,到期偿还了利息,所以要冲减"应收利息"科目。编制会计分录为:

借:单位活期存款——联华商场户　　　　　　　　　　　　301 087.50
　　贷:应收利息——短期贷款应收利息　　　　　　　　　　　1 087.50
　　　　短期贷款——联华商场户　　　　　　　　　　　　　300 000.00

贷款银行与借款人事先有约定的,贷款到期时也可由银行办理直接扣收。扣收时,由银行填制两联特种转账借方传票和两联特种转账贷方传票,一联特种转账借方传票代扣款通知送借款人,一联特种转账贷方传票加盖业务公章送信贷部门,另外各一联分别作借、贷方传票办理转账,会计分录同上。

4. 贷款展期的核算

贷款即将到期,借款人由于客观原因不能按期还清贷款的,可以在贷款到期前向银行申请贷款展期。短期贷款必须于到期日前10天申请,中长期贷款必须于到期日前1个月申请,由借款人向银行提出贷款展期的书面申请,写明展期的原因,银行信贷部门视具体情况决定是否展期。对同意展期的贷款,应在贷款展期申请书(一式两份)上签署意见,然后将展期申请书交给会计部门。展期期限按以下规定执行:短期贷款不得超过原贷款期限;中期贷款不得超过原贷款期限的一半;长期贷款不得超过3年;贷款展期只限一次。

会计部门收到贷款展期申请书后,主要审查以下内容:信贷部门是否批准、有无签章;展期贷款的金额与借款凭证上的金额是否一致;展期时间是否超过规定期限;展期利率的确定是否正确。审核无误后,经办人员在贷款分户账及到期卡上批注展期还款利率、还款日期,同时将一联贷款展期申请书加盖业务公章后交借款单位收执,另一联贷款展期申请书附在原借据后,按展期后的还款日期排列。贷款展期不需办理转账手续。

5. 贷款逾期的核算

逾期贷款是指到期(含展期后到期)应收而未能收回的贷款。贷款到期时,借款人无力偿还贷款或者存款账户资金不足,只能偿还部分贷款,其余部分未能按时归还,则尚未归还的贷款部分要转入逾期。

会计部门应在贷款到期日营业终了前,将未归还贷款转入逾期贷款账户。由会计部门填制一红两蓝特种转账借方传票同方向办理转账。其会计分录为:

借:××贷款——××户[红字]
借:逾期贷款——××逾期户[蓝字]

同时将逾期贷款的借款凭证另行保管。对逾期90天及以上仍不能归还的贷款,应作为非应计贷款进行管理。

【例2-18】 承[例2-15],假设该笔贷款于8月21日到期只归还200 000元,其余100 000元于9月26日归还,采用利随本清的计息方法,逾期利率按合同利率加收30%计算。

要求:编制逾期贷款核算的会计分录。

【解析】 贷款到期时利息为4 350元,单位活期存款一共减少204 350元。到期不能偿还的100 000元转入逾期贷款,逾期部分按合同利率加收30%复利计息。

(1) 8月21日,贷款到期时,借款人只能用存款偿还部分贷款本金200 000元及利息,利息计算如下:

偿还部分利息=200 000×4.35%÷12×6=4 350(元)

会计分录为:

借:单位活期存款——联华商场户	204 350
贷:利息收入——短期贷款利息收入	4 350
短期贷款——联华商场户	200 000
借:短期贷款——联华商场户[红字]	100 000
借:逾期贷款——联华商场逾期户[蓝字]	100 000

(2) 9月26日,收回逾期贷款时:

到期利息=100 000×4.35%÷12×6=2 175(元)

逾期利息=(100 000+2 175)×4.35%÷360×(1+30%)×36=577.80(元)

利息合计=2 175+577.80=2 752.80(元)

借:单位活期存款——联华商场户	102 752.80
贷:逾期贷款——联华商场逾期户	100 000.00
利息收入——短期贷款利息收入	2 752.80

四、担保贷款的核算

担保贷款是指贷款人为确保贷款暗示收回,以借款以外的第三人或以财产担保而发放的贷款。担保贷款分为保证贷款、抵押贷款、质押贷款三种。

(一) 保证贷款

保证贷款是指银行以第三人承诺在借款人不能偿还贷款时,按约定承担一般保证责任或者连带责任为前提而发放的贷款。保证是指保证人和债权人约定,当债务人不履行债务时,保证人按约定履行债务或者承担责任的行为。保证人与债权人应当以书面形式订立保证合同。保证担保的范围包括主债权及利息、违约金、损害赔偿金和实现债权的费用。保证合同另有约定的,按照约定处理。

(二) 抵押贷款

抵押贷款是指银行以借款人或第三人的财产作为抵押物发放的贷款。借款人到期不能归还贷款本息时,银行有权依法处置贷款抵押物,并从所得价款收入中优先收回贷款本息,或以该抵押物折价冲抵贷款本息。在抵押贷款中,流动资金贷款最长不超过1年,固定资金贷款一般为1~3年,最长不超过5年。

1. 抵押物的选择

依据《中华人民共和国担保法》(以下简称《担保法》)第34条的规定,可以用于抵押的财产一般有:抵押人所有的房屋和其他地上定着物;抵押人所有的机器、交通运输工具和其他财产;抵押人依法有权处分的国有的土地使用权、房屋和其他地上定着物;抵押人依法有权处分的国有的机器、交通运输工具和其他财产;抵押人依法承包并经发包方同意抵押的荒山、荒沟、荒丘、荒滩等荒地的土地使用权;依法可以抵押的其他财产。

《担保法》第37条规定,下列财产不得抵押:土地所有权;耕地、宅基地、自留地、自留山等集体所有的土地使用权,但法律规定可以抵押的除外;学校、幼儿园、医院等以公益为目的的事业单位、社会团体的教育设施、医疗卫生设施和其他社会公益设施;所有权、使用权不明或者有争议的财产;依法被查封、扣押、监管的财产;法律、行政法规规定不得抵押的其他财产。

2. 抵押贷款额度

抵押人所担保的债权不能超出其抵押物的价值。财产抵押后,该财产的价值大于所担保债权的余额部分可以再次抵押,但不能超过余额部分。

抵押贷款通常按抵押物价值的一定比例发放,这个比例被称为抵押率。商业银行在办理抵押贷款时,抵押率一般控制在80%以下,对于一些科技含量高、更新速度快的机器设备,一般控制在50%以下。抵押贷款额度的计算公式如下:

$$抵押贷款额度 = 抵押物现值 \times 合同中约定的抵押率$$

3. 抵押贷款发放的核算

借款人申请抵押贷款时,须填写抵押贷款申请书,注明抵押品的名称、数量、价格、保管方式等内容。银行信贷部门和审批人员审批并办理相应登记手续后,由信贷部门交会计部门办理抵押品保管手续。信贷部门与会计部门应严格交接手续,根据借款人填写的一式四联的借款凭证进行处理,各联处理程序与信用贷款基本相同。

银行保管的抵押物贯彻证(物)账分管的原则,会计部门负责管账并在本部门(或指定的部门)内指定专人管物(票据、保险单、房产证等),管账、管物人员必须分离,互相制约,互相核对,确保安全。会计部门按企业及财产类别设置明细账账户,纳入"待处理抵押品"表外账户核算,即:

收入:待处理抵押品——××户

按信用贷款方式办理贷款发放手续。会计分录为:

借:抵押贷款——××户
　　贷:单位活期存款——××户

4. 抵押贷款收回的核算

抵押贷款到期时,借款人应主动提交还款凭证,连同银行出具的抵押物代保管收据办理还款手续。抵押贷款收回的账务处理可以比照信用贷款到期收回。其会计分录为:

借:单位活期存款——××户
　　贷:抵押贷款——××户
　　　　利息收入——抵押贷款利息收入

会计部门或指定部门经办人员根据信贷部门书面通知办理抵押物退还手续,销记表外账户,即:

付出:待处理抵押品——××户

抵押贷款到期时,如果借款单位不能按期归还贷款本息,银行应将其贷款转入"逾期贷款"科目核算,同时向借款人填发处理抵押品通知单,会计分录为:

借:抵押贷款——××户[红字]
借:逾期贷款——××逾期户[蓝字]

逾期一个月借款人仍无法归还贷款的,银行有权处理其抵押物,以补偿抵押贷款。

5. 抵债资产的核算

商业银行在发放了抵押贷款且不能收回时,可依法取得该资产,并按有关规定处置抵债资产。

(1) 取得抵债资产。在取得抵债资产时,应按抵债资产的公允价值入账,应编制的会计分录为:

借:抵债资产[按公允价值入账]
　　贷款损失准备[已计提的贷款损失准备]
　　资产减值损失[贷方大于借方时的损失]
　贷:抵押贷款——借款人户[本金]
　　　应交税费[取得抵债资产应承担的税费]
　　　营业外收入[借方大于贷方时的利得]

(2) 处置抵债资产。商业银行在将依法取得的抵债资产进行处置时,应编制的会计分录为:

借:库存现金[或存放中央银行款项,按实际收到的金额入账]
　　营业外支出[贷方大于借方时的损失]
　贷:应交税费[处置抵债资产应支付的税费]
　　　抵债资产[账面价值]
　　　营业外收入[借方大于贷方时的利得]

(3) 将抵债资产转为自用资产。当抵债资产可以为商业银行利用时,商业银行应编制的会计分录为:

借:固定资产
　贷:抵债资产

抵债资产取得以后,未处置或未转为银行自用之前,若发生减值,也应计提"抵债资产减值准备"科目,该科目的余额应于处置或转为自用时与"抵债资产"科目的余额一并转出。

(三) 质押贷款

质押贷款是指按《担保法》规定的质押方式,以借款人或第三人的动产或权利为质物而发放的贷款。质押分为动产质押和权利质押。

动产质押是指债务人或第三人将其动产移交债权人占有,将其动产作为债权的担保。在质押关系中,债务人或第三人为出质人,债权人为质权人,移交的动产为质物。与抵押贷款相比,动产质押贷款主要有两个优点:一是办理质押贷款时,商业银行可以直接占有质押物,从而有效防止质物的损坏或灭失;二是只要质物转移给质权人占有,质押合同即刻生效。当同一财产法定登记的抵押权与质权并存时,抵押权人优先于质权人受偿。但是,质押贷款也有自身的弊端,就是难以保证质物的安全。《担保法》第69条规定,质权人负有妥善保管质物的义务。因保管不善致使质物毁损或灭失的,质权人应承担民事责任。

可以办理权利质押的权利主要包括:汇票、支票、本票、债券、存款单、仓单、提单;依法可以转让的股份、股票;依法可以转让的商标权、专利权、著作权中的财产权;依法可以质押的其他权利。不得转让的票据不得质押。权利可以用来质押,但不能作为抵押物。

质押贷款的发放和收回的账务处理与抵押贷款基本相同。在贷款到期时,借款人如不能按期归还,从逾期之日起计收罚息。逾期超过 1 个月的,商业银行有权处置质物,予以抵偿贷款本息。

第四节 国内支付结算业务的核算

一、支付结算概述

1. 支付结算的概念和作用

支付结算是指单位、个人在社会经济活动中使用票据、信用卡和汇兑、托收承付、委托收款等结算方式进行货币给付及资金清算的行为。银行支付结算工作的任务是根据经济往来组织支付结算,准确、及时、安全地办理支付结算,并按照有关法律、法规、制度和办法的规定管理支付结算,保障支付结算活动的正常进行。支付结算的作用如下:

(1) 可以减少现金流通,减少货币发行,使结算更加方便、安全和快捷。

(2) 有利于发挥银行的监督职能,加快企业资金周转,提高资金使用效率,促进商品流通和经济发展。

(3) 有利于集中闲置资金,稳定和扩大信贷资金来源。在银行开立账户的单位和个人通过银行办理支付结算,实际是资金在不同账户间转换,从而使银行经常保持一定的闲置资金,成为银行信贷资金的一个稳定来源。

2. 支付结算的种类

(1) 按支付结算业务实现的方式不同,支付结算分为现金结算和转账结算。发生经济活动的双方,以现金方式完成给付及其资金清算的,即现金结算;发生经济活动的双方,以信用方式代替现金支付,通过在银行账户划转款项,完成给付及其资金清算的,即转账结算。

(2) 按支付结算票据与结算方式的不同,支付结算有 8 种方式。《中华人民共和国票据法》及其配套法规、规章——《票据管理实施办法》《支付结算办法》颁布实施后,形成了我国目前的以"三票一卡三种结算方式"为主体的完整的支付结算体系。支付结算的具体种类包括支票、银行汇票、商业汇票、银行本票、银行卡、汇兑、托收承付和委托收款。

3. 支付结算的原则

支付结算原则是单位、个人和银行在办理支付结算过程中应遵循的基本准则,主要包括:

(1) 恪守信用,履约付款。银行支付结算是建立在信用基础之上的货币收付行为,参与支付结算的任何一方,都必须以讲信用为前提。收付款单位在经济活动中,必须履行双方签订的经济合同,严格按合同发货、付款。银行在办理支付结算业务时,必须严格遵守支付结算制度,按照各种支付结算方式法定的处理程序划拨资金。

(2) 谁的钱进谁的账、由谁支配。银行存款人享有其银行存款的所有权和使用权,银行应充分保障存款人对其合法存款的自主支配权,不得任意停止存款人的正常支付。银行作为办理支付结算和资金清算的中介机构,必须准确、及时地将付款人的资金划入收款人的账户(除了按国家法律规定可以冻结、扣款的),以保障结算单位、个人的合法权益。

(3) 银行不垫款。银行在办理支付结算时,必须坚持"先付后收、收妥抵用"的原则。因此,银行作为支付结算和资金清算的中介机构,没有责任和义务代任何单位、个人垫付款项。收款人委托银行收取的款项,在款项未入账前不能支用;付款人委托银行付款,必须以银行存款账户有足够资金为前提。

二、票据结算业务的核算

(一) 支票业务的核算

1. 支票的含义和种类

支票是指出票人签发的、委托办理支票存款业务的银行在见票时无条件支付确定的金额给收款人或者持票人的票据。

支票按照用途不同,分为现金支票、转账支票和普通支票。支票上印有"现金"字样的为现金支票,现金支票只能用于支取现金。支票上印有"转账"字样的为转账支票,转账支票只能用于转账。支票上未印有"现金"或"转账"字样的为普通支票,普通支票可以用于支取现金,也可以用于转账。在实际工作中,有的银行还使用一种画线支票,即在普通支票左上角画两条平行线的为画线支票。画线支票只能用于转账,不得支取现金。

2. 支票的主要规定

(1) 单位和个人在同一票据交换区域的各种款项结算,均可使用支票。

(2) 支票的出票人,是指在经中国人民银行当地分支行批准办理支票业务的银行机构开立可以使用支票的存款账户的单位和个人。

(3) 支票的出票人预留银行签章是银行审核支票付款的依据。银行也可以与出票人约定使用支付密码,作为银行审核支付支票金额的条件。出票人不得签发与其预留银行签章不符的支票;使用支付密码的,出票人不得签发支付密码错误的支票。

(4) 支票的付款人为支票上记载的出票人开户银行。

(5) 支票的金额、收款人名称可以由出票人授权补记。未补记前不得背书转让和提示付款。

(6) 签发支票应使用碳素墨水或墨汁填写,中国人民银行另有规定的除外。

(7) 签发现金支票和用于支取现金的普通支票,必须符合国家现金管理规定。

(8) 支票的出票人签发支票的金额不得超过付款时在付款人处实有的存款金额。禁止签发空头支票。

(9) 支票的提示付款期限为自出票日起 10 日内,但中国人民银行另有规定的除外。超过提示付款期限提示付款的,持票人开户银行不予受理,付款人不予付款。

(10) 支票丧失后,失票人可以及时通知付款人挂失止付。

3. 转账支票的会计核算

1) 持票人、出票人在同一银行机构开户

(1) 银行受理持票人送交的支票。银行接到持票人送来的转账支票(图 2-5)和三联进账单时,应对支票认真审查,审查无误后将进账单第一联加盖转讫章作为回单交给持票人;第二联作转账贷方传票,办理转账;第三联作收账通知交持票人。其会计分录为:

借:单位活期存款——出票人户
　　贷:单位活期存款——持票人户

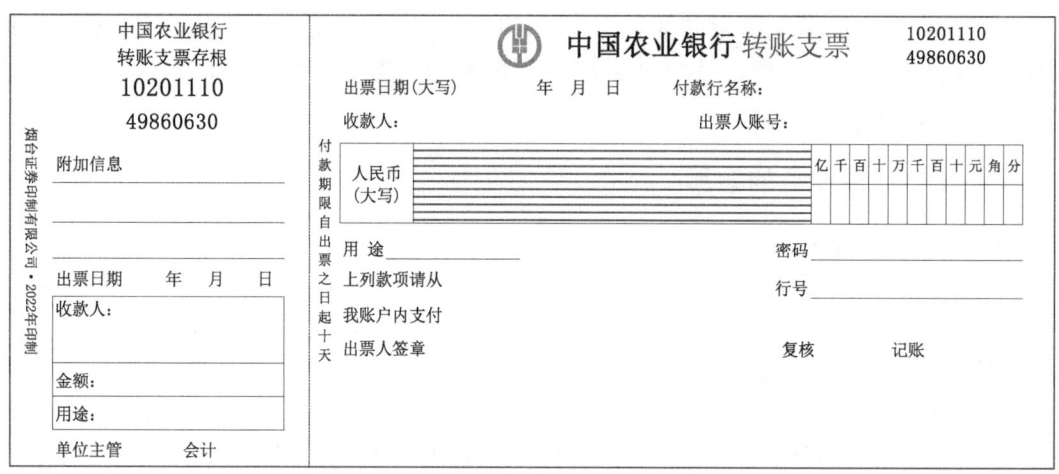

图 2-5 转账支票

【例 2-19】 中国银行徐汇支行接到开户单位市第一棉纺厂提交的转账支票和三联进账单,金额为 300 000 元。支票系由在中国银行徐汇支行开户的雅美服装厂签发,用于给市第一棉纺厂支付货款。银行审查无误办理转账。

要求:完成中国银行徐汇支行办理转账的会计核算。

【解析】 会计分录为:

借:单位活期存款——雅美服装厂户 　　　　　　　　　　　　　　　　　　300 000
　　贷:单位活期存款——市第一棉纺厂户 　　　　　　　　　　　　　　　　300 000

(2) 银行受理出票人送交支票的处理手续。银行接到出票人送交的转账支票和三联进账单时,应按规定认真审查支票的各项内容,审查无误后,支票作为借方凭证,第二联进账单作为贷方凭证。其会计分录为:

借:单位活期存款——出票人户
　　贷:单位活期存款——收款人户

然后银行应将第一联进账单加盖转讫章作为回单交给出票人,第三联进账单加盖转讫章作为收账通知交给收款人。

2)持票人、出票人不在同一银行机构开户

(1) 持票人开户行受理持票人送交支票。持票人开户行接到持票人送交的支票和三联进账单时,认真审查支票内容,审查无误后,将支票按照票据交换的规定及时提出交换。

持票人开户行待退票时间过后,即可为持票人收款进账,以第二联进账单作为贷方凭证。其会计分录为:

借:同城票据清算
　　贷:单位活期存款——持票人户

(2) 出票人开户行受理出票人送交支票的处理手续。出票人开户行接到出票人送交的支票和三联进账单时,按照规定认真审查,无误后,以支票作为借方凭证。其会计分录为:

借:单位活期存款——出票人户
　　贷:同城票据清算

【例 2-20】 中国工商银行受理在本行开户的雅美服装厂签发的转账支票和进账单,金额为 300 000 元,用于给在系统内中国银行徐汇支行开户的市第一棉纺厂支付货款。中国工商银行审查无误后通过系统转账通兑办理扣款交易转账。

要求:对中国工商银行及中国银行徐汇支行进行业务核算。

【解析】

中国工商银行的会计分录为:

借:同城票据清算 300 000
  贷:单位活期存款——市第一棉纺厂户 300 000

中国银行徐汇支行的会计分录为:

借:单位活期存款——雅美服装厂户 300 000
  贷:同城票据清算 300 000

(二) 银行汇票业务的核算

1. 银行汇票的含义

银行汇票是指出票银行签发的、由其在见票时按照实际结算金额无条件支付给收款人或者持票人的票据。

2. 银行汇票业务流程

银行汇票业务流程如图 2-6 所示。

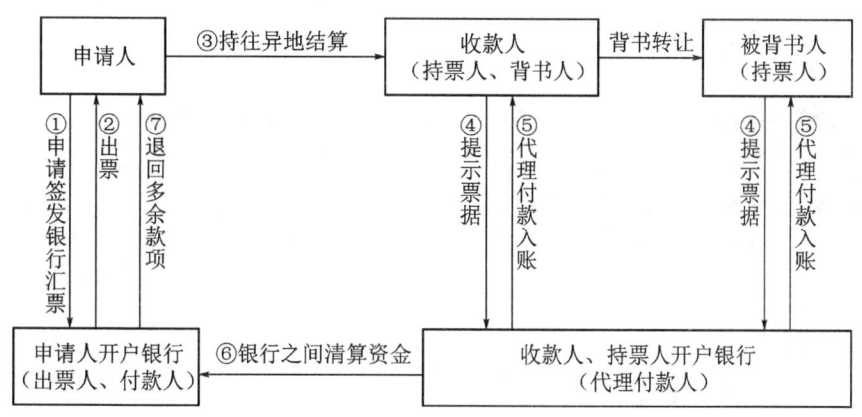

图 2-6 银行汇票业务流程

3. 银行汇票的主要规定

(1) 单位和个人各种款项的结算,均可使用银行汇票。银行汇票主要用于异地间的款项结算,如果同城使用银行汇票,则必须由另一个具备办理银行汇票资格的、与出票行同属一个系统的银行办理。

(2) 银行汇票可以用于转账;填明"现金"字样的银行汇票可以用于支取现金,但申请人和收款人均必须为个人,若申请人或者收款人为单位的,银行不得为其签发现金银行汇票,而且银行汇票上必须注明代理付款人名称。填明"现金"字样的银行汇票,不得背书转让。

(3) 银行汇票的出票和付款,全国范围限于中国人民银行和参加"系统内电子汇划"的各商业银行机构办理。银行汇票的付款人为出票银行。银行汇票的代理付款人是代理本系统出票银行或跨系统签约银行审核支付汇票款项的银行。

（4）收款人可以将银行汇票背书转让给被背书人。银行汇票的背书转让以不超过出票金额的实际结算金额为准。实际结算金额低于出票金额的,其多余金额由出票银行退交申请人。

（5）银行汇票的实际结算金额不得更改,更改实际结算金额的银行汇票无效。

（6）银行汇票的提示付款期限为自出票日起1个月。持票人超过付款期限提示付款的,代理付款人不予受理。

（7）填明"现金"字样和代理付款人的银行汇票丧失后,失票人可以通知付款人或者代理付款人挂失止付。

（8）持票人向银行提示付款时,必须同时提交银行汇票和解讫通知,缺少任何一联,银行不予受理。在银行开立存款账户的持票人向开户银行提示付款时,应在汇票背面签章。银行审查无误后办理转账。

（9）持票人或者申请人因汇票超过付款提示期限或者其他原因要求退款时,应将银行汇票和解讫通知同时提交到出票银行,并出具单位证明或个人身份证件,经审核无误后才能办理。如果缺少解讫通知要求退款的,出票银行应于银行汇票提示付款期满1个月后才能办理。

4．银行汇票的科目设置

"汇出汇款"科目是银行汇票业务设置的专用会计科目。本科目核算银行为申请人办理的委托本系统其他行或系统外其他银行解付的汇款。银行签发银行汇票时,记入本科目的贷方；收到代理付款行寄来的有关单证结清银行汇票时,按汇票金额记入本科目的借方。

5．银行汇票的会计核算

1) 出票

申请人需要使用银行汇票时,应向银行填写银行汇票申请书。申请书一式三联,交现金办理汇票时,第二联注销。出票行受理申请人提交的申请书时,应认真审查其内容是否正确。经审查无误后,才能受理其签发银行汇票的申请。

转账交付的,会计分录为：

借：单位活期存款——申请人户
  贷：汇出汇款

现金交付的,会计分录为：

借：现金
  贷：汇出汇款

出票行在办好转账或收妥现金后,按规定签发银行汇票,其格式如图2-7所示。银行汇票一式四联：第一联卡片,第二联汇票,第三联解讫通知,第四联多余款收账通知。

汇票签发后经复核无误,在汇票第三联上加盖汇票专用章并由授权的经办人签名或盖章,在汇票实际结算金额栏的小写金额上方用压数机压印出票金额后连同汇票第三联一并交申请人,第一联卡片加盖经办、复核名章,逐笔登记汇出汇款明细账后与第四联一并专夹保管。同时,编制表外科目付出传票,登记表外科目明细账,并登记空白重要凭证登记簿,即：

付出：空白重要凭证——银行汇票

付款期限 壹 个 月	银行 银行汇票 2		汇票号码 第 号	
出票日期 （大写） 贰零 年 月 日		代理付款行：	行号：	
收款人：		账号：		
出票金额	人民币 （大写）			
	实际结算金额 人民币 （大写）		千百十万千百十元角分	
申 请 人：_____			账号或地址：_____	
出 票 行：_____ 行号：_____ 备 注：_____ 凭票付款 出票行签章		多 余 金 额 千百十万千百十元角分	科目（借）_____ 对方科目（贷）_____ 兑付日期 年 月 日 复核 记账	

图 2-7 银行汇票

【例 2-21】 中国银行的开户单位乐华纺织厂提交银行汇票申请书（一式三联），申办银行汇票 450 000 元，前往购货。银行审查无误后，收妥款项并签发银行汇票。

要求：完成银行签发银行汇票的会计分录。

【解析】 会计分录为：

借：单位活期存款——乐华纺织厂户　　　　　　　　　　　　　　450 000
　　贷：汇出汇款　　　　　　　　　　　　　　　　　　　　　　450 000
　　付出：空白重要凭证——银行汇票　　　　　　　　　　　　　1

2）付款

（1）第一种情况，本系统银行汇票付款的会计核算。持票人为在本行开户的单位。银行以汇票作汇划借方凭证附件，第二联进账单作贷方凭证，办理转账，会计分录为：

借：待清算辖内往来[实际结算金额]
　　贷：单位活期存款——持票人户[实际结算金额]

银行应将第一、第三联进账单盖章分别作回单和收账通知交给持票人，解讫通知加盖转讫章随汇划借方报单寄给出票行。在银行开立存款账户的持票人向开户银行提示付款时，应在汇票背面持票人向银行提示付款签章处签章，签章须与预留银行签章相同，并将银行汇票和解讫通知、进账单送交开户银行。银行审查无误后办理转账。

【例 2-22】 中国银行的开户单位光明电器厂送交银行汇票、解讫通知和三联进账单，汇票金额为 480 000 元，实际结算金额为 460 000 元，中国银行审核无误办理转账。

要求：完成银行汇票付款的会计分录。

【解析】 会计分录为：

借：待清算辖内往来　　　　　　　　　　　　　　　　　　　　　　460 000
　　贷：单位活期存款——光明电器厂户　　　　　　　　　　　　　　　460 000

持票人为未在本行开户的个人。银行以持票人姓名开立"应解汇款"账户，并填明汇票号码以备查考，第二联进账单作贷方凭证，办理转账。其会计分录为：

借：待清算辖内往来
　　贷：应解汇款——持票人户

"应解汇款"科目属于负债类科目，用来核算和反映其他行委托本行解付或应支付给未在本行开户的单位和个人的待解付款项的情况。收到款项时，借记相关科目，贷记本科目；解付或退回汇款时，借记本科目，贷记相关科目。以持票人姓名开立"应解汇款"账户，该账户只付不收，付完清户，不计利息。

原持票人需要一次或分次办理转账支付的，应由其填制支付凭证，并向银行交验本人的身份证件。其会计分录为：

借：应解汇款——持票人户
　　贷：单位活期存款——持票人户

未在银行开立存款账户的个人持票人要求银行转账支付的，以持票人的姓名开立"应解汇款及临时存款"账户的款项只能转入单位或个体工商户的存款账户，严禁转入储蓄和信用卡账户。

原持票人需要支取现金的，代理付款行审查汇票上填写的申请人和收款人确为个人并按规定填明"现金"字样，填写的代理付款行名称确为本行的，可办理现金支付手续；未填明"现金"字样，需要支取现金的，由代理付款行按照现金管理规定审查支付，另填制一联现金付出凭证。其会计分录为：

借：应解汇款——持票人户
　　贷：现金

持票人对填明"现金"字样的银行汇票，需要委托他人向银行提示付款的，应在银行汇票背面背书栏签章，记载"委托收款"字样、被委托人姓名和背书日期以及委托人身份证件名称、号码、发证机关。被委托人向银行提示付款时，也应在银行汇票背面持票人向银行提示付款签章处签章，记载证件名称、号码及发证机关，同时向银行交验委托人和被委托人的身份证件及其复印件。

【例2-23】　收款人江平送交中国银行签发的现金银行汇票一份，金额为10 000元，要求支取现金，经审查并核对身份证无误，立即办理相应手续。

要求：完成银行汇票相关会计分录。

【解析】 会计分录为：

借：待清算辖内往来　　　　　　　　　　　　　　　　　　　　　　10 000
　　贷：应解汇款——江平户　　　　　　　　　　　　　　　　　　　　10 000
借：应解汇款——江平户　　　　　　　　　　　　　　　　　　　　10 000
　　贷：现金　　　　　　　　　　　　　　　　　　　　　　　　　　　10 000

（2）第二种情况，跨系统银行汇票付款的会计核算。银行接到在本行开户的持票人交来的跨系统银行签发的汇票和解讫通知及三联进账单时,按前面所述的有关规定认真审核,无误后,通过同城票据交换将汇票和解讫通知提交给同城有关的代理付款行审核支付后办理付款手续。第一联进账单盖章作回单给持票人,第二、第三联进账单专夹保管,填制有关凭证进行处理。其会计分录为:

借:同城票据清算
　　贷:其他应付款——同城清算提出

在交换抵用时间内未被退票的,以第二联进账单作贷方凭证,办理转账,第三联进账单盖章作收账通知交给持票人。其会计分录为:

借:其他应付款——同城清算提出
　　贷:单位活期存款——持票人户

持票人超过期限向代理付款行提示付款不获付款的,须在票据权利时效内向出票银行作出说明,并提供本人身份证件或单位证明,持银行汇票和解讫通知向出票银行请求付款。

3) 结清

出票行接到代理付款行发来的划付信息时,会计部门根据本行清算中心交来的有关凭证,经核对无误后,分别执行如下处理:

(1) 汇票全额付款,如果出票行和代理付款行是系统内银行,银行汇票结清时贷记"待清算辖内往来"科目;如果代理付款行是跨系统银行,银行汇票结清时贷记"同城票据清算"科目。其会计分录为:

借:汇出汇款
　　贷:待清算辖内往来[或有关科目]

同时销记汇出汇款账。

(2) 汇票有多余款的,办理转账。其会计分录为:

借:汇出汇款
　　贷:待清算辖内往来[或有关科目]
　　　　单位活期存款——申请人户

同时,销记汇出汇款账,在多余款收账通知的多余金额栏填写多余金额,加盖转讫章,作为收账通知转原申请人。

如果申请人未在出票行开立账户,多余金额应先转入"其他应付款"科目,并按上述手续办理转账。其会计分录为:

借:汇出汇款
　　贷:待清算辖内往来[或有关科目]
　　　　其他应付款——申请人户

同时,销记汇出汇款账,并通知申请人持申请书存根及本人身份证件来行办理领取手续。领取时,以多余款收账通知代"其他应付款"科目借方凭证。其会计分录为:

借:其他应付款——申请人户
　　贷:现金

出票行对专夹保管的汇票卡片及多余款收账通知,应当定期检查清理,发现有超过汇票付款期限(加上正常凭证传递期)的，应当主动与申请人联系，查明原因，及时处理。

(三) 商业汇票业务的核算

1. 商业汇票的含义和种类

商业汇票是指出票人签发的、委托付款人在指定日期无条件支付确定的金额给收款人或者持票人的票据。商业汇票按照承兑人的不同，分为商业承兑汇票和银行承兑汇票。商业承兑汇票的承兑人为银行以外的付款人，银行承兑汇票的承兑人为银行。商业汇票的付款人为承兑人。

2. 商业汇票的主要规定

(1) 在银行开立存款账户的法人以及其他组织之间，必须具有真实的交易关系或债权债务关系，才能使用商业汇票。

(2) 商业承兑汇票的承兑。商业承兑汇票可以由付款人签发并承兑，也可以由收款人签发交由付款人承兑。银行承兑汇票应由在承兑银行开立存款账户的存款人签发。

(3) 定日付款或者出票后定期付款的商业汇票，持票人应当在汇票到期日前向付款人提示承兑。见票后定期付款的汇票，持票人应当自出票日起 1 个月内向付款人提示承兑。汇票未按照规定期限提示承兑的，持票人丧失对其前手的追索权。付款人应当在自收到提示承兑的汇票之日起 3 日内承兑或者拒绝承兑。

(4) 商业汇票允许背书转让。符合条件的商业汇票的持票人可持未到期的商业汇票连同贴现凭证向银行申请贴现。贴现银行可持未到期的商业汇票向其他银行转贴现，也可向中国人民银行申请再贴现。

3. 商业承兑汇票的会计核算

使用商业承兑汇票结算的交易双方签订合同后，由收款人或付款人出票，由银行以外的付款人承兑汇票。商业承兑汇票一式三联，格式如图 2-8 所示，第一联卡片，由承兑人留存；第二联汇票，由持票人作为委托收款依据；第三联存根，由出票人存查。

商业承兑汇票 **2** 汇票号码

出票日期（大写） 年 月 日

<table>
<tr><td rowspan="3">付款人</td><td>全称</td><td colspan="2"></td><td rowspan="3">收款人</td><td>全称</td><td colspan="2"></td><td rowspan="8">此联持票人开户行随托收凭证寄付款人开户行作借方凭证附件</td></tr>
<tr><td>账号</td><td colspan="2"></td><td>账号</td><td colspan="2"></td></tr>
<tr><td>开户银行</td><td colspan="2"></td><td>开户银行</td><td colspan="2"></td></tr>
<tr><td>出票金额</td><td colspan="4">人民币
（大写）</td><td colspan="3">亿 千 百 十 万 千 百 十 元 角 分</td></tr>
<tr><td rowspan="2">汇票到期日
（大写）</td><td colspan="3" rowspan="2"></td><td rowspan="2">付款人
开户行</td><td>行号</td><td></td></tr>
<tr><td>地址</td><td></td></tr>
<tr><td>交易合同号码</td><td colspan="3"></td><td colspan="3" rowspan="2">本汇票请予以承兑于到期日付款。

出票人签章</td></tr>
<tr><td colspan="4">本汇票已经承兑，到期无条件支付票款。

承兑人签章
承兑日期 年 月 日</td></tr>
</table>

规格：10×17.5cm（专用水印纸蓝油墨，出票金额栏加红水纹）

图 2-8 商业承兑汇票

1) 持票人开户行受理汇票的处理

持票人凭商业承兑汇票委托开户行收款时,应填制委托收款凭证,并在"委托收款凭据名称"栏注明"商业承兑汇票"及其汇票号码,连同汇票一并送交开户行。银行认真审查有关内容,无误后,将委托收款凭证和商业承兑汇票邮寄付款人开户行。商业承兑汇票业务流程如图2-9所示。

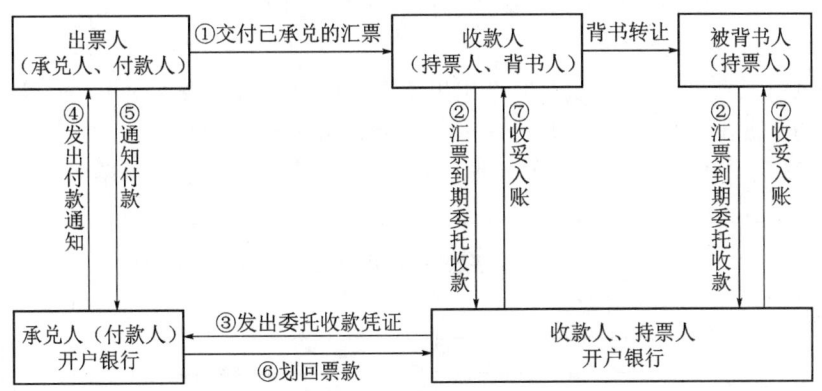

图 2-9　商业承兑汇票业务流程

2) 付款人开户行收到汇票的处理

付款人开户行接到持票人开户行寄来的委托收款凭证及汇票,审查无误后,签收汇票,同时将第五联委托收款凭证交给付款人并签收。第三、第四联委托收款凭证用于登记"收到委托收款凭证登记簿"后,需专夹保管,以便考核汇票款的支付或退回情况,并按规定的划款日期分情况处理如下:

(1) 付款人的银行账户有足够票款支付。会计分录为:

借:单位活期存款——付款人户
　　贷:待清算辖内往来[或有关科目]

(2) 付款人的银行账户余额不足支付,付款人开户行应在委托收款凭证和"收到委托收款凭证登记簿"备注栏注明退回日期和"无款支付"字样,同时应填制三联"付款人未付票款通知书"(用异地结算通知书代),将第二、第三联通知书连同第四联委托收款凭证及汇票邮寄持票人开户行转交持票人。

(3) 付款人拒付,如果付款人开户行在付款人接到通知的次日起3日内收到付款人的拒绝付款证明时,经核对无误后,在委托收款凭证和"收到委托收款凭证登记簿"备注栏注明"拒绝付款"字样,同时将拒绝付款证明连同第四联委托收款凭证及汇票一起邮寄给持票人开户行转交持票人。

3) 持票人开户行收到划回汇票款项或退回凭证的处理

(1) 划回票款。持票人开户行接到付款人开户行经本行清算中心转来的电子汇划收款凭证,或者通过票据交换提入的委托收款凭证后,办理转账。其会计分录为:

借:待清算辖内往来[或有关科目]
　　贷:单位活期存款——持票人户

转账后,将电子汇划收款补充报单或者第四联委托收款凭证加盖转讫章作为收账通知交给持票人,并销记"发出委托收款凭证登记簿"。

(2) 退回凭证。如果持票人开户行接到付款人开户行发来的付款人未付票款通知书或拒绝付款证明和汇票及第四联委托收款凭证,经核对无误后,应在原专夹保管的第二联委托收款凭证和"发出委托收款凭证登记簿"上作相应记载,并将第四联委托收款凭证、付款人未付票款通知书或拒绝付款证明及汇票退给持票人,并由持票人签收。

4. 银行承兑汇票的会计核算

银行承兑汇票是指由付款人出票,并由出票人或持票人向出票人的开户行申请,经银行审查同意承兑的票据。银行承兑汇票一式三联,其格式如图2-10所示,第一联卡片,由承兑行留存备查;第二联汇票,由持票人作为委托收款依据;第三联存根,由出票人存查。

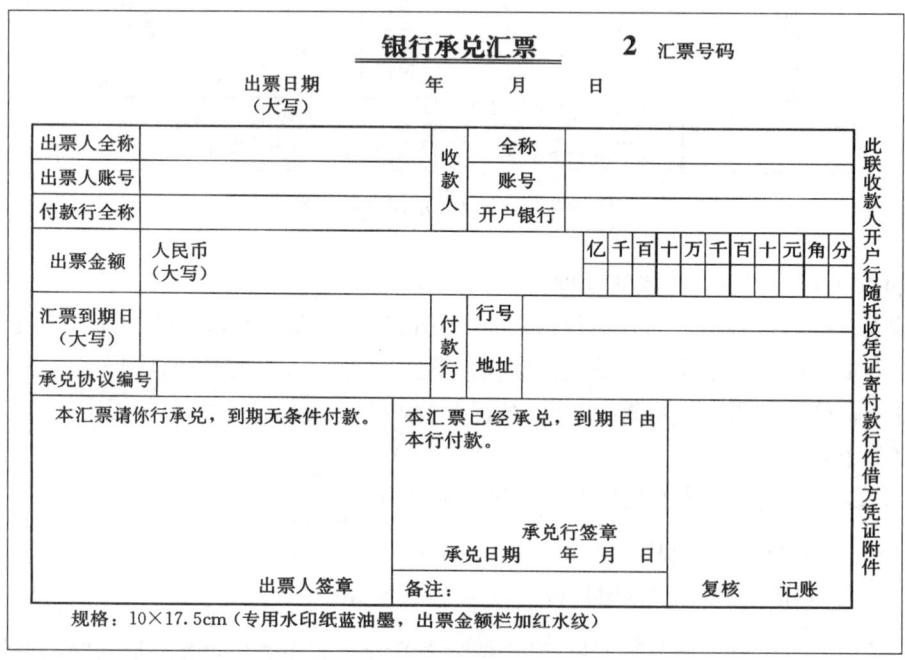

图 2-10 银行承兑汇票

银行承兑汇票业务流程如图2-11所示。

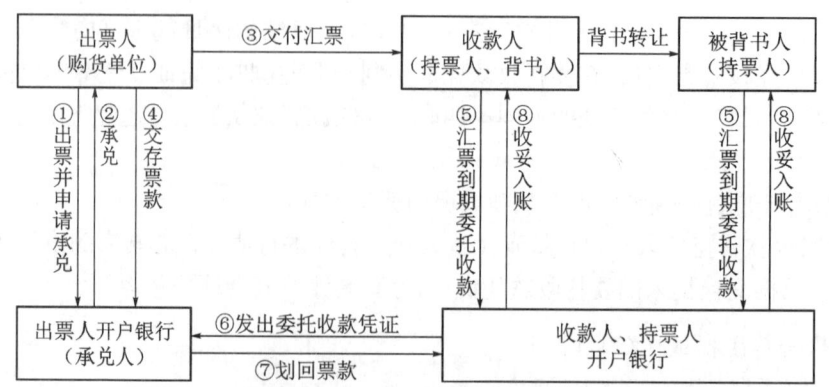

图 2-11 银行承兑汇票业务流程

1) 承兑银行办理汇票承兑的处理

出票人或持票人持银行承兑汇票向汇票上记载的付款银行申请或提示承兑时,承兑银行的信贷部门按照支付结算办法和有关规定审查同意后,即可与出票人签署一式三联的银行承兑协议,一联留存,另一联及其副本(第二、第三联协议)和第一、第二联汇票一并交本行会计部门。

根据承兑协议的约定,承兑申请人需要存入一定比例的保证金作为银行承兑汇票到期付款的保证。银行根据与承兑申请人约定的期限,为其开立保证金账户,办理保证金存入手续。其会计分录为:

借:单位活期存款——承兑申请人户
  贷:短期保证金存款——承兑申请人户

"短期保证金存款"科目属于负债类科目,用于核算银行开具保函、承兑银行承兑汇票等业务向客户收取短期保证金的情况,向客户收取保证金时记在贷方,客户支取保证金时记在借方,余额反映在贷方。

2) 持票人开户行受理汇票的处理手续

持票人凭汇票委托开户行向承兑银行收取票款时,应填制委托收款凭证,在"委托收款凭据名称"栏注明"银行承兑汇票"及其汇票号码,连同汇票一并送交开户行。

银行按有关规定审查无误后,在委托收款凭证各联上加盖"银行承兑汇票"戳记。其余手续同委托收款的处理手续。

3) 承兑银行对到期汇票收取票款

承兑银行应每天查看汇票的到期情况,对到期的汇票,应于到期日(法定休假日顺延)向出票人收取票款,专户存储。

(1) 承兑申请人账户足额支付票款的处理。承兑申请人账户足额支付票款时,填制两联特种转账借方传票和一联特种转账贷方传票,并在转账原因栏注明"根据××号汇票划转票款"字样;另一联特种转账借方传票作为特种转账借方凭证,加盖转讫章后作为支款通知交给出票人。其会计分录为:

借:单位活期存款——承兑申请人户
  贷:应解汇款——承兑申请人户

借:短期保证金存款——承兑申请人户
  贷:单位活期存款——承兑申请人户

(2) 如果出票人账户无款或不足支付时,应转入该出票人逾期贷款户,并对出票人每日按5‰计收利息。出票人账户无款支付时,应填制两联特种转账凭证。一联为特种转账贷方凭证,在"转账原因"栏注明"××号汇票无款支付转入逾期贷款户"字样;另一联为特种转账借方凭证,加盖业务公章交给申请人。其会计分录为:

借:逾期贷款——承兑申请人逾期贷款户
  贷:应解汇款——承兑申请人户

账户不足支付的,除了按上述有关手续处理,还需加填两联特种转账借方传票,在转账原因栏注明"××号汇票划转部分票款",一联特种转账借方传票加盖转讫章作支付部分票款通知交给申请人。会计分录为：

借：单位活期存款——申请人户
　　短期保证金存款——承兑申请人户
　　逾期贷款——申请人逾期贷款户
　贷：应解汇款——申请人户

4) 承兑银行支付汇票款项

承兑银行接到持票人开户行寄来的委托收款凭证及汇票，抽出原专夹保管的汇票卡片和承兑协议副本，并认真审查。经审查无误后，由经办人员办理转账。其会计分录为：

借：应解汇款——申请人户
　贷：待清算辖内往来[或有关科目]

同时，填制银行承兑汇票表外科目付出凭证，销记"银行承兑汇票登记簿"，其会计处理为：

付出：银行承兑汇票

5) 持票人开户行收到汇票款项的处理

持票人开户行接到承兑银行寄来的汇划报单和委托收款凭证或拍来的电报，按照委托收款的款项划回手续处理，抽卡核对无误后办理转账。其会计分录为：

借：待清算辖内往来[或有关科目]
　贷：单位活期存款——持票人户

6) 银行承兑汇票丧失的处理

持票人丧失已承兑的银行承兑汇票，向承兑行申请挂失止付时，应当提交三联挂失止付通知书。承兑行接到挂失止付通知书，应从专夹中抽出第一联汇票卡片和承兑协议副本，核对相符确未付款的，方可受理。银行在第一联挂失止付通知书上加盖业务公章作为受理回单，第二、第三联登记汇票挂失登记簿后，与第一联汇票一并另行保管，据以控制付款。商业承兑汇票丧失，由失票人向承兑人挂失。

已承兑的银行承兑汇票丧失，失票人凭人民法院出具的其享有票据权利的证明向承兑行请求付款。承兑行审查确未支付的，根据人民法院出具的证明抽出专夹保管的第一联汇票卡片，核对无误后，将款项支付给失票人。

（四）银行本票业务的核算

银行本票是指银行签发的，承诺自己在见票时无条件支付确定的金额给收款人或持票人的票据。银行本票以银行信用为基础，见票即付，不存在委托收款过程。

1. 银行本票的基本规定

（1）单位和个人在同一票据交换区域需要支付的各种款项，均可以使用银行本票。银行本票可以用于转账，注明"现金"字样的银行本票可以用于支取现金。但是申请人和收款人必须为个人，且仅限系统内银行兑付，并在银行本票上注明系统内代理付款人名称。申请人或收款人为单位的，银行不得为其签发现金银行本票。

（2）银行本票的出票人是指经中国人民银行当地分支行批准办理银行本票业务的银行机构。银行本票的代理付款人是指代理出票银行审核支付银行本票款项的银行。

(3) 银行本票的提示付款期限。银行本票的提示付款期限自出票日起最长不得超过 2 个月。持票人超过付款期限提示付款的,代理付款人不予受理。但持票人可在票据权利时效内(自出票日起 2 年)向出票行请求付款。用于支取现金的银行本票仅限于向出票行提示付款。

2. 银行本票的会计核算

1) 银行本票出票的处理

(1) 申请。申请人需要使用银行本票时,应填写一式三联银行本票申请书。申请书一式三联,第一联为存根,第二联为借方凭证,第三联为贷方凭证。如果申请人和收款人均为个人,申请签发用于支取现金的银行本票,应在申请书的支付金额栏先填写"现金"字样,然后填写支付金额。申请人还须在申请书上填明系统内代理付款行名称。银行本票业务流程如图 2-12 所示。

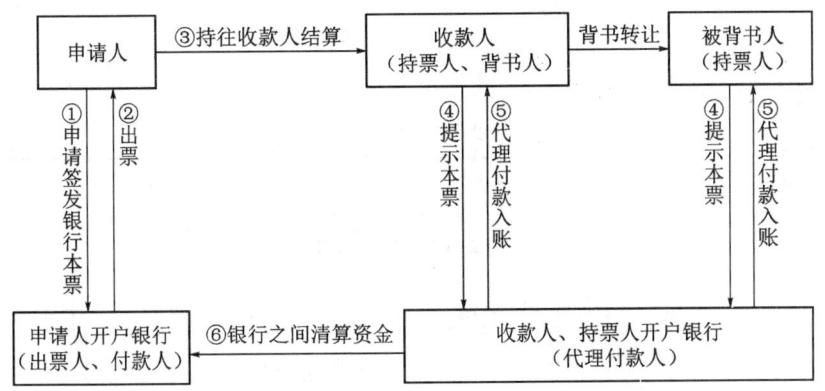

图 2-12 银行本票业务流程

(2) 收款。银行受理申请人提交的第二、第三联申请书时,应认真审查其填写的内容是否齐全、清晰;申请书填明"现金"字样的,还应审查申请人和收款人是否为个人。审查无误后,银行才能受理签发银行本票的申请。申请人或收款人为单位的,不得申请签发现金银行本票。出票银行受理银行本票申请书,必须先收妥款项,才能签发银行本票。

转账办理本票的,银行以第二联申请书作借方凭证,第三联作贷方凭证办理收取票款。其会计分录为:

借:单位活期存款——申请人户
　　贷:本票

交现金办理本票的,第三联申请书作贷方凭证,第二联作附件。其会计分录为:

借:现金
　　贷:本票

(3) 出票。出票银行办理转账或收妥现金以后,签发银行本票。不定额银行本票一式两联,其格式如图 2-13 所示,第一联为卡片,第二联为本票。填写的银行本票复核无误后,在第二联上加盖本票专用章,授权的经办人员签名或盖章,并用总行统一制作的压数机在人民币(大写)栏右端压印小写金额后交给申请人。第一联卡片上加盖经办、复核名章后留存,专夹保管。同时编制表外科目付出传票,登记表外科目明细账,并登记空白重要凭证登记簿,即:

付出：空白重要凭证——本票

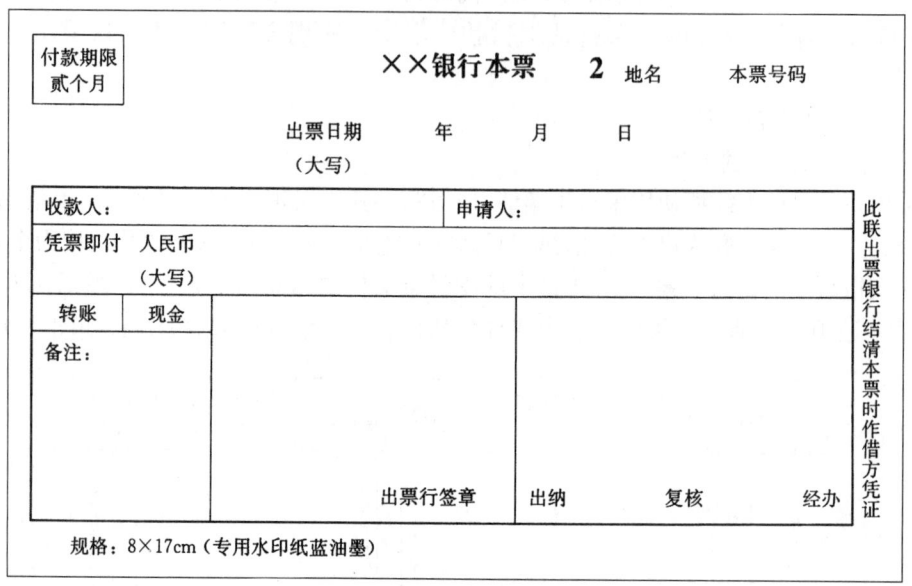

图 2-13　银行本票

申请人在申请书的备注栏内注明"不得转让"的，出票行应在本票正面注明。银行在填写银行本票时，出票日期和出票金额必须大写。用于转账的，在银行本票上划去"现金"字样；用于支取现金的，在银行本票上划去"转账"字样。银行本票上未划去"现金"或"转账"字样的，一律按转账来处理。

2）银行本票付款的处理

（1）转账支付的处理。代理付款行接到在本行开户的持票人直接交来的银行本票和三联进账单时，应认真审查，审查无误后办理付款手续。

如果出票行是系统内银行，代理付款行付款的会计分录为：

借：待清算辖内往来
　　贷：单位活期存款——持票人户

如果出票行是系统外银行，则应通过票据交换，待退票时间过后办理转账，会计分录为：

借：同城票据清算
　　贷：其他应付款

借：其他应付款
　　贷：单位活期存款——持票人户

（2）现金支付的处理。出票行接到收款人交来的注明"现金"字样的银行本票时，需抽出专夹保管的本票卡片核对相符，证明确属本行签发，同时审查本票上填写的申请人和收款人是否均为个人，审查收款人的身份证件，确认收款人在本票背面持票人向银行提示付款签章处是否签章和注明身份证件名称、号码及发证机关，并要求提交收款人身份证件复印件留存备查。审核无误后，以第二联本票作借方凭证，本票卡片作附件，办理付款手续。其会计分录为：

借：本票
  贷：现金

用于支取现金的银行本票，仅限于向出票行提示付款，所以代理付款行不能办理银行本票现金支付业务。出票行办理银行本票现金支付，同时也是出票行结清本票的处理。

3）银行本票结清的处理

（1）持票人、申请人不在同一行处开户的处理。出票行收到其他银行寄来的本票或同城票据交换提入的本票时，抽出保管的本票卡片或存根，核对无误后办理转账。其会计分录为：

借：本票
  贷：待清算辖内往来/同城票据清算

如果出票行和代理付款行是同系统的银行，银行本票结清时贷记"待清算辖内往来"；如果出票行和代理付款行是不同系统的银行，银行本票结清时贷记"同城票据清算"。

（2）持票人、申请人在同一行处开户的处理。出票行受理本行签发的转账本票，不需要通过票据交换。持票人填制三联的进账单，本票作为借方凭证，本票卡片或存根作为附件。其会计分录为：

借：本票
  贷：单位活期存款——持票人户

如果持票人、申请人在同一出票行开户，出票行受理本行签发的转账本票和现金本票，在银行本票付款的同时就可以结清银行本票。

三、结算方式的核算

（一）汇兑业务的核算

汇兑是指汇款人委托银行将其款项支付给收款人的结算方式。汇兑按其凭证寄递方式的不同，分为信汇和电汇两种。信汇是汇款人委托银行用邮寄凭证的方式通知汇入行付款的一种结算方式。信汇凭证的格式如图2-14所示。

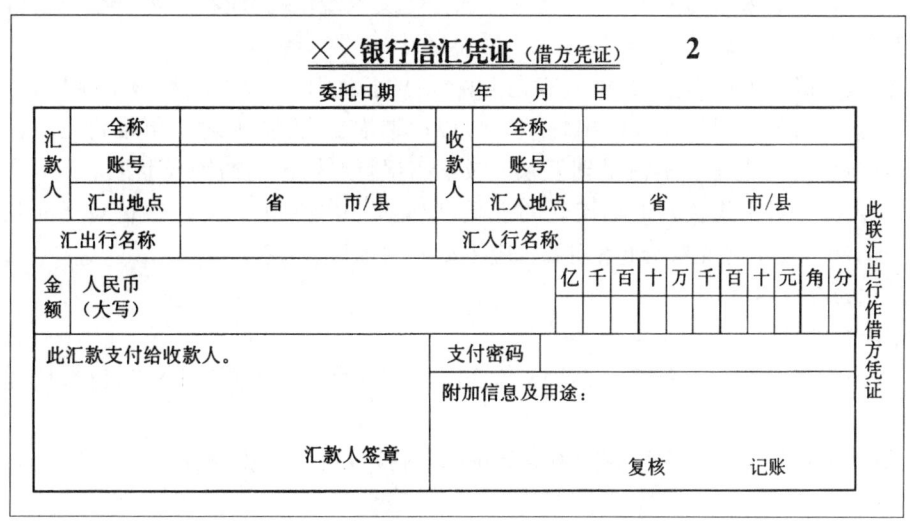

图2-14　信汇凭证

电汇是银行以电报、电传或环球银行间金融电讯网络方式指示代理行将款项支付给指定收款人的结算方式电汇凭证的格式如图 2-15 所示。

××银行电汇凭证（借方凭证）　　**2**

□普通　　□加急　　委托日期　　年　　月　　日

汇款人	全称		收款人	全称	
	账号			账号	
	汇出地点	省　　市/县		汇入地点	省　　市/县
汇出行名称			汇入行名称		
金额	人民币（大写）			亿 千 百 十 万 千 百 十 元 角 分	
此汇款支付给收款人。 汇款人签章			支付密码		
			附加信息及用途： 复核　　记账		

此联汇出行作借方凭证

图 2-15　电汇凭证

1. 汇兑的主要规定

(1) 汇兑的种类由汇款人选择使用。单位和个人的各种款项的结算，均可使用汇兑结算方式；汇兑不受金额起点限制。

(2) 汇兑凭证上记载收款人为个人的，收款人需要到汇入银行领取汇款，汇款人应在汇兑凭证上注明“留行待取”字样；信汇凭收款人签章支取的，应在信汇凭证上预留其签章。

(3) 汇兑的委托日期必须是汇款人向汇出银行提交汇兑凭证的当日。

(4) 汇款人和收款人均为个人，需要在汇入银行支取现金的，应在信汇、电汇凭证的“汇款金额”大写栏，先填写“现金”字样，后填写汇款金额。

(5) 汇款人确定不得转汇的，银行应在汇兑凭证“备注”栏注明“不得转汇”字样。

(6) 汇款人对汇出银行尚未汇出的款项可以申请撤销；汇款人对汇出银行已经汇出的款项可以申请退汇。转汇银行不得受理汇款人或汇出银行对汇款的撤销或退汇。

(7) 汇入银行对于收款人拒绝接受的汇款，应立即办理退汇。汇入银行对于向收款人发出取款通知，经过 2 个月无法交付的汇款，应主动办理退汇。

2. 汇兑的会计核算

1) 汇出行的处理

(1) 接受委托。汇款人向银行办理汇兑结算时，应填写信汇凭证提交银行，该凭证一式四联。

(2) 审查汇兑凭证。汇出行受理汇兑凭证时，应认真审查有关内容。审查无误后，办理款项支付。

(3) 转账处理。转账交付的，会计分录为：

借：单位活期存款——汇款人户
　　贷：待清算辖内往来

现金交付的，会计分录为：

借：现金
　　贷：应解汇款——汇款人户

借：应解汇款——汇款人户
　　贷：待清算辖内往来

转账后，汇出行将汇兑凭证加盖联行专用章，转交本行清算中心，向汇入行传递划收款信息。

2）汇入行的处理

汇入行接到经本行清算中心转来的电子汇划收款凭证时，应严格审查，确认无误后按下列手续处理：

（1）直接收账的，会计分录为：

借：待清算辖内往来或有关科目
　　贷：单位活期存款——收款人户

（2）不直接收账的，会计分录为：

借：待清算辖内往来或有关科目
　　贷：应解汇款——收款人户

登记应解汇款登记簿时，银行在汇兑凭证或"电子汇划收款补充报单"上编列应解汇款顺序号，将第四联汇兑凭证或"电子汇划收款补充报单"留存保管，另以便条通知收款人来行办理取款手续。

（3）需要支取现金的，会计分录为：

借：应解汇款——收款人户
　　贷：现金

（4）需要转汇的，应重新办理汇款手续，其收款人及汇款用途必须是原汇款的收款人和用途，会计分录为：

借：应解汇款——收款人户
　　贷：待清算辖内往来或有关科目

3．退汇的处理

汇款人由于某种原因要求退汇，或收款人拒收汇款，或汇入银行向收款人发出取款通知后，超过银行规定的期限无人受领汇款，可以办理原汇款的退回。

1）汇款人申请退汇的处理

（1）汇出行的处理。汇款人要求退汇时，必须是收款人未在汇入行开立账户的，否则银行不予受理。退回时由原汇款人出具正式函件或本人身份证明，连同原信汇、电汇回单，向汇出行办理申请退回。汇出行接到退汇的函件或身份证明及回单，填制"退汇通知书"寄汇入行。

（2）汇入行的处理。汇入行接到"退汇通知书"，如该笔汇款已转入"应解汇款"科目，并查

明尚未解付的,应与收款人联系索回便条,办理转账手续。其会计分录为:

借:应解汇款——收款人户
  贷:待清算辖内往来/同城票据清算

如该笔汇款已经解付,应在"退汇通知书"上说明并通知汇出行。

(3)汇出行收到退汇的处理。汇出行收到汇入行发来的退汇信息时,根据本行清算中心转来的记账凭证转账处理。其会计分录为:

借:待清算辖内往来/同城票据清算
  贷:单位活期存款——原汇款人户

如汇款人未在银行开立账户,会计分录为:

借:待清算辖内往来/同城票据清算
  贷:其他应付款——原汇款人户

同时,另填便条通知汇款人来行领款。

汇款人领取款项时,填制一联现金付出凭证支付现金,会计分录为:

借:其他应付款——原汇款人户
  贷:现金

2)汇入行主动退汇的处理

(1)汇入行的处理。汇入行对于收款人拒绝接受的汇款,在注明拒收理由并签章后,应即办理退汇;对于向收款人发出取款通知,但由于收款人住址迁移或其他原因,该笔汇款超过两个月无人受领的,汇入行可以主动办理退汇。

退汇时,汇入行应填制一联特种转账借方凭证和两联特种转账贷方凭证,并在凭证上注明"退汇"字样,第四联信汇凭证作借方凭证附件办理转账。其会计分录为:

借:应解汇款——原收款人户
  贷:待清算辖内往来/同城票据清算

一联特种转账贷方凭证加盖联行专用章连同另一联特种转账贷方凭证随同汇划贷方报单寄原汇出行。

(2)原汇出行的处理。原汇出行接到原汇入行寄来的汇划贷方报单及所附第二联特种转账贷方凭证,以加盖原汇入行联行专用章的一联特种转账贷方凭证代贷方凭证办理转账;另一联特种转账贷方凭证加盖转讫章代收账通知交原汇款人。其会计分录为:

借:待清算辖内往来或有关科目
  贷:单位活期存款——原汇款人户

(二)委托收款业务的核算

委托收款是指收款人委托银行向付款人收取款项的结算方式。委托收款结算款项的划回方式,分为邮寄(邮划)和电报划回(电划)两种。

1. 委托收款的主要规定

(1)单位和个人凭已承兑商业汇票、债券、存单等付款人债务证明办理款项的结算,均可以使用委托收款结算方式。

(2) 委托收款在同城、异地均可以使用。

(3) 委托收款结算,不受金额起点限制。

(4) 委托收款结算款项的划回方式由收款人根据需要选择使用。

(5) 在同城范围内,收款人收取公用事业费或根据国务院的规定,可以使用同城特约委托收款,并且必须具有收付双方事先签订的经济合同,由付款人向开户行授权,并经开户行同意,报经中国人民银行当地分支机构批准。

2. 委托收款的会计核算

1) 收款人开户行受理委托收款的处理

收款人办理委托收款时,应填制邮划或电划委托收款凭证(简称托收凭证),其格式如图2-16所示,一式五联。收款人在第二联委托收款凭证上签章后,连同有关委托收款凭证和债务证明提交开户行。

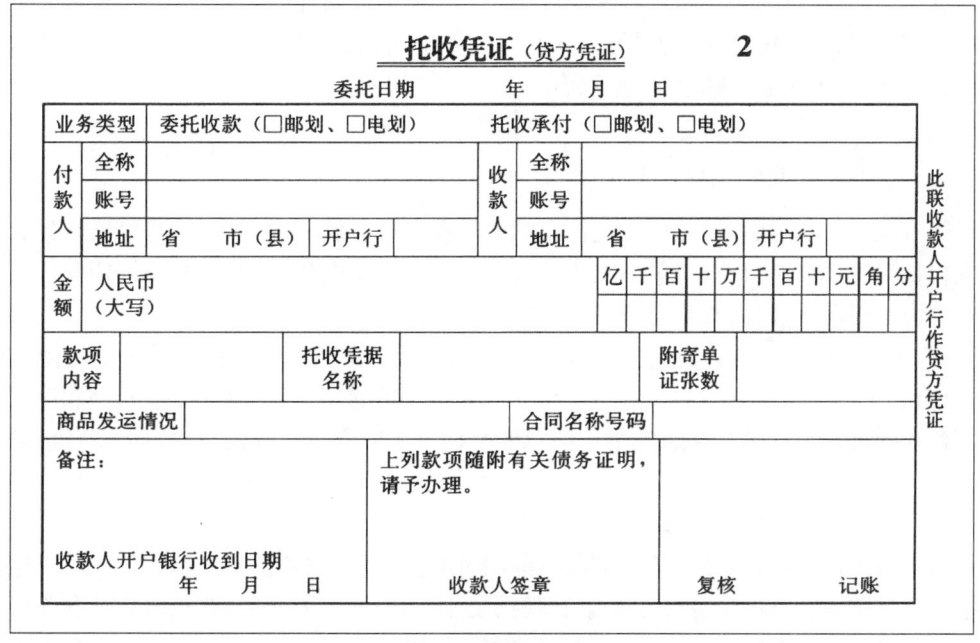

图 2-16 托收凭证格式

收款人开户行收到凭证后,应按照规定和填写凭证的要求认真审核,确认无误后,将第一联凭证加盖业务公章退回收款人;将第二联凭证专夹保管,并据以登记"发出委托收款凭证登记簿";将第三联凭证加盖带有联行行号的结算专用章,连同第四、第五联及有关债务证明,一并寄付款人开户行。

2) 付款人开户行的处理

付款人开户行收到收款人开户行寄来的邮划或电划第三至第五联委托收款凭证及有关债务证明时,应审查是否属于本行的凭证。银行审查无误后,分别作如下处理:

(1) 付款人为银行付款的处理。以银行为付款人的,对托收凭据已到期并在付款期限内的,应在收到寄来托收凭证和有关债务证明的当日将款项支付给收款人,对托收凭据未到期的,等到期日将款项主动支付给收款人。其会计分录为:

借：应解汇款——××户
　　贷：待清算辖内往来［或有关科目］

银行在第四联托收凭证填注支付日期后，作贷方凭证的附件，并销记收到托收凭证登记簿。

（2）付款人为单位付款的处理。以单位为付款人的，付款人开户行接到托收凭证和有关债务证明时，按照有关办法规定需要将有关债务证明留存或交给付款人的，应将第五联托收凭证加盖业务公章及时交给付款人。付款人应于接到付款通知的当日书面通知银行付款。

付款人未在接到付款通知的次日起 3 日内通知银行付款的，视同付款人同意付款，银行应于付款人签收日的次日起第四天上午开始营业时，将款项划给收款人。具体按以下两种手续处理：

第一，付款人账户足够支付全部款项。银行接到付款人的付款通知书时，或银行未接到付款人付款通知书，在付款人签收日的次日起第 4 天上午开始营业时，付款人账户足够支付全部款项的，以第三联托收凭证作借方凭证，如留存债务证明的，其债务证明和付款通知书作为借方凭证的附件，办理转账。其会计分录为：

借：单位活期存款——付款人户
　　贷：待清算辖内往来［或有关科目］

转账后，银行在收到托收凭证登记簿上填明转账日期。属于邮划款的，将第四联托收凭证填注支付日期后，随邮划贷方报单寄交收款人开户行。属于电划款的，应根据第四联托收凭证填制电划贷方报单，凭以向收款人开户行拍发电报。

第二，付款人账户不足以支付全部款项。银行在托收凭证和收到托收凭证登记簿上注明退回日期和"无款支付"字样，并填制三联付款人未付款项通知书，将第一联通知书和第三联托收凭证留存备查，第二、第三联通知书连同第四联托收凭证寄给收款人开户行。留存债务证明的，一并寄出。

（3）付款人拒绝付款的核算。

付款人为单位的，银行在付款人签收日的次日起 3 日内，收到付款人填制的四联拒绝付款理由书以及付款人持有的债务证明和第五联托收凭证，经核对无误后，在托收凭证和收到托收凭证登记簿备注栏注明"拒绝付款"字样，并将第一联拒绝付款理由书加盖业务公章作为回单退还付款人，将第二联拒绝付款理由书连同第三联托收凭证一并留存备查，将第三、第四联拒绝付款理由书连同债务证明和第四、第五联托收凭证一并寄收款人开户行。

付款人为银行提出的拒绝付款，比照付款人为单位的拒付处理。

3）收款人开户行办理委托收款划回的处理

（1）付款人有款项支付的处理。收款人开户行接到付款人开户行寄来的邮划贷方报单以及所附的第四联托收凭证，应将留存的第二联凭证与第四联进行核对。审查无误后，银行在第二联托收凭证上填注转账日期，并作贷方凭证办理转账。其会计分录为：

借：待清算辖内往来［或有关科目］
　　贷：单位活期存款——收款人户

转账后，银行将第四联托收凭证加盖转讫章作收账通知交给收款人，并销记发出托收凭证登记簿。

(2) 付款人无款支付的处理。收款人开户行接到付款人开户行寄来的第四联托收凭证和第二、第三联付款人未付款项通知书及债务证明,抽出留存的第二联托收凭证,在凭证备注栏注明"无款支付"字样,销记发出托收凭证登记簿。然后银行将第四联托收凭证及一联未付款项通知书以及收到的债务证明退还收款人。收款人签收后,收款人开户行将一联未付款项通知书连同第二联托收凭证一并保管备查。

(3) 付款人拒绝付款的处理。收款人开户行接到第四、第五联托收凭证及有关债务证明和第三、第四联拒绝付款理由书,核对无误后,抽出留存的第二联托收凭证并在备注栏注明"拒绝付款"字样,销记发出托收凭证登记簿,并将第四、第五联托收凭证及有关债务证明和第四联拒绝付款理由书一并退给收款人。收款人签收后,收款人开户行将第三联拒绝付款理由书连同第二联托收凭证一并保管备查。

(三) 托收承付业务的核算

托收承付是指根据购销合同由收款人发货后委托银行向异地付款人收取款项,由付款人向银行承兑付款的结算方式。

1. 托收承付的主要规定

(1) 使用托收承付结算方式的收付款单位,必须是国有企业、供销合作社,以及经营管理较好并经开户银行审查同意的城乡集体所有制工业企业。

(2) 办理托收承付结算的款项,必须是商品交易,以及因商品交易而产生的劳务供应的款项。代销、寄销、赊销商品的款项,不得办理托收承付结算。

(3) 收付双方使用托收承付结算必须签有符合《中华人民共和国民法典》规定的购销合同,并在合同上订明使用托收承付结算方式。

(4) 托收承付结算每笔金额起点为1万元。新华书店系统每笔金额起点为1 000元。托收承付结算金额没有最高限额控制。

(5) 办理托收承付结算,必须重合同、守信用。收付双方办理托收承付结算,收款人对同一付款人发货托收累计3次收不回货款的,收款人开户银行应暂停收款人向该付款人办理托收;付款人累计3次提出无理拒付的,付款人开户银行应暂停其向外办理托收。

2. 托收承付的会计核算

托收承付结算与委托收款结算相比,在凭证联次、凭证用途、结算流程和会计核算上基本相同。

(1) 收款人开户行受理托收承付。收款人办理托收时,应填制邮划或电划托收承付凭证。收款人在第二联托收承付凭证上签章后,将有关托收承付凭证和有关单证提交开户行。收款人开户行收到上述凭证后,应认真审查有关内容,经审查无误后,根据第二联托收承付凭证登记"发出托收承付凭证登记簿",其余处理手续与收款人开户行受理委托收款的处理手续基本相同。

(2) 付款人开户行的处理手续。付款人开户行接到收款人开户行寄来的托收承付凭证及交易单证时,应审查付款人是否在本行开户,所附单证的张数与凭证的记载是否相符。经审查无误后,银行在凭证上填注收到日期和承付期,及时通知付款人。

首先,对于全额付款的处理手续。付款人在承付期满日开户行营业终了前,账户有足够资金支付全部款项的,付款人开户行应在次日上午开始营业时,办理划款手续。此时付款人开户行的处理手续与委托收款时付款人为单位的处理手续基本相同。托收承付可以提前承付、多承付或部分付款。

其次,对于逾期付款的处理手续。付款人在承付期满日开户行营业终了前,账户无款支付的,付款人开户行应在托收承付凭证和"发出托收承付凭证登记簿"备注栏注明"逾期付款"字样,并填制三联"托收承付结算到期未收通知书"。待付款人账户有款可一次或分次扣收款时,比照付款的有关手续处理,将逾期付款的款项和赔偿金一并划给收款人。赔偿金金额的计算公式为:

$$赔偿金金额=逾期付款金额×逾期天数×赔偿金率$$

赔偿金实行定期扣付,每月计算一次,于次月 3 日单独划给收款人。在月内有部分付款的,其赔偿金随同部分支付的款项划给收款人,对尚未支付的款项,月终再计算赔偿金,于次月 3 日内划给收款人。

最后,对于全部拒绝付款或部分拒绝付款的处理手续。付款人在承付期内,如有正当理由,可以向银行提出全部或部分拒绝付款。付款人在承付期内提出全部拒绝付款时,应填具一式四联全部或部分拒绝付款理由书,连同有关拒付证明、托收承付凭证和单证送交开户行。经银行审查,不同意拒付的,要实行强制扣款;对无理的拒付而增加银行审查时间的,银行应按规定扣收赔偿金。然后银行将第三、第四联拒绝付款理由书和第四、第五联托收承付凭证及有关单证一并寄收款人开户行。

(3) 收款人开户行办理托收款划回的处理手续。收款人开户行托收的款项划回的处理比照委托收款款项收回的处理手续。

四、信用卡业务的核算

(一)信用卡的概念

信用卡是指商业银行向个人和单位发行的,凭以向特约单位购物、消费和向银行存取现金,且具有消费信用的特制载体卡片。信用卡按使用对象分为单位卡和个人卡,按信誉等级分为金卡和普通卡。

(二)信用卡的重要规定

(1) 凡在中国境内金融机构开立基本存款账户的单位可申领单位卡。单位卡可申领若干张,持卡人资格由申领单位法定代表人或其委托的代理人书面指定和注销。单位卡账户的资金一律从其基本存款账户转账存入,不得交存现金,不得将销货收入的款项存入其账户。

(2) 单位卡可以办理商品交易或劳务供应款项的结算,但是不得用于 10 万元以上的商品交易、劳务供应款项的结算。单位卡一律不得支取现金。

(3) 个人申领信用卡。凡具有完全民事行为能力的公民可申领个人卡。个人卡账户的资金以其持有的现金存入,或以其工资性款项及属于个人的劳务报酬收入转账存入。严禁将单位的款项存入个人卡账户。

(4) 信用卡的透支额的限定。信用卡透支额,金卡最高不得超过 1 万元,普通卡最高不得超过 5 000 元。信用卡透支期限最长为 60 天。持卡人使用信用卡不得恶意透支。

(5) 信用卡透支计息。贷记卡透支按月计收复利,准贷记卡透支按月计收单利,透支利率为日利率万分之五,并根据中国人民银行的此项利率调整而调整。信用卡备用金存款利息,按照中国人民银行规定的活期存款利率及计息办法计算。

(6) 信用卡丧失,持卡人应立即持本人身份证件或其他有效证明,并按规定提供有关情况,向发卡银行或代办银行申请挂失。发卡银行或代办银行审核后办理挂失手续。持卡人办理电话挂失后,应及时补办书面挂失手续。办妥书面挂失手续后,持卡人方可补领新卡。

(三) 信用卡业务的会计核算

1. 信用卡发卡的核算

个人和单位申领信用卡,应按发卡机构要求正确、完整、真实地填写申请表和提交发卡机构要求的相关申请资料,经银行审查符合条件,并按银行要求交存一定金额的备用金后,银行为申领人开立信用卡存款账户,与发卡机构签订领用合约。

收到卡片后,可通过营业网点柜面、电话银行、网上银行、手机银行办理卡片启用。卡片启用后应立即在卡片背面签名栏签名,并在用卡时按规定使用此签名,否则应自行承担后果和损失。

1) 单位卡发卡的处理

(1) 申请人在发卡银行开户的处理。转账办理的,由申请人向银行填制支票及进账单,经发卡银行审查无误后按照支票结算的有关手续处理,另填制一联特种转账贷方凭证,作收取手续费贷方凭证。其会计分录为:

借:单位活期存款——基本存款账户
　　贷:单位活期存款——单位信用卡户

按规定收取年费的,打印结算凭证业务收费凭证,回单交申请人。其会计分录为:

借:单位活期存款——单位信用卡户
　　贷:中间业务收入——信用卡手续费

(2) 申请人不在发卡银行开户的处理。申请人不在发卡银行开户的,须向银行填交支票及进账单,经发卡银行审查无误,选择相应汇划渠道办理转账,按照支票结算的有关手续处理,另填制一联收取手续费的特种转账贷方凭证。其会计分录为:

借:待清算辖内往来[或有关科目]
　　贷:单位活期存款——单位信用卡户

收取手续费的会计处理与上面相同。

2) 个人卡发卡的处理

个人申领信用卡,需向发卡银行交验身份证件,申领手续同单位卡。申请人交存现金的,银行收妥现金后发信用卡,也可由发卡机构邮寄给申请人。其会计分录为:

借:现金
　　贷:活期储蓄存款——个人信用卡户

收取年费的会计分录与单位相同。申请个人转账存入的,手续比照单位卡。

发卡银行在办理信用卡发卡手续时,应登记信用卡账户开销户登记簿和发卡清单,并在发卡单上记载领卡人身份证号码,由领卡人签收。

2. 信用卡付款的核算

1) 特约单位开户行的处理

特约单位办理信用卡进账时,应根据签购单汇总填制汇计单和进账单,并提交签购单。特约单位开户行收到特约单位送来的进账单和汇计单及签购单时,应按有关规定认真审查,无误后,根据签购单上压印的全国联行行号或填注的分辖行号和同城票据交换号分别不同情况处理。

(1) 特约单位与持卡人在同一行处开户的,直接办理转账。银行将第一、第三联进账单和第一联汇计单盖章退交特约单位,以第二联签购单作借方凭证,以第二联进账单作贷方凭证,第三联签购单作其附件,另外填制一联特种转账贷方传票作收取手续费的贷方凭证,第二联汇计单作附件,直接办理转账。第三联汇计单、第四联签购单留存。其会计分录为:

　　借:单位活期存款——单位信用卡户/活期储蓄存款——个人信用卡户
　　　贷:单位活期存款——特约单位户
　　　　　中间业务收入——信用卡手续费

(2) 特约单位与持卡人在同一城市不同行处开户和异地跨系统银行发行的信用卡,需待款项收妥后办理转账。银行将第一、第三联进账单和第一联汇计单盖章退给特约单位,以第二联进账单作贷方凭证,第三联签购单作其附件,另外填制一联特种转账贷方传票作收取手续费的贷方凭证,第二联汇计单作附件,第四联签购单留存。同时,银行将第二联签购单加盖业务公章,连同第三联汇计单向持卡人开户行或特约单位所在地的跨系统发卡银行通汇行提出票据交换,对跨系统银行发行的信用卡需待款项收妥后办理转账。其会计分录为:

　　借:待清算辖内往来[或有关科目]
　　　贷:单位活期存款——特约单位户
　　　　　中间业务收入——信用卡手续费

(3) 特约单位与持卡人在不同城市的系统内行处开户。银行将第一、第三联进账单和第一联汇计单盖章退给特约单位,以第二联进账单作贷方凭证,第三联签购单作其附件,另填制一联特种转账贷方传票作收取手续费的贷方凭证,第二联汇计单作附件,第四联签购单留存。同时,银行将第二联签购单加盖转讫章连同第三联汇计单随资金汇划借方报单寄持卡人开户行。其会计分录为:

　　借:待清算辖内往来
　　　贷:单位活期存款——特约单位户
　　　　　中间业务收入——信用卡手续费

2) 持卡人开户行的处理

持卡人开户行收到同城交换或资金汇划寄来的第二联签购单和第三联汇计单时,应认真审查,无误后,第二联签购单作借方凭证,第三联汇计单留存。其会计分录为:

　　借:单位活期存款——单位信用卡户/活期储蓄存款——个人信用卡户
　　　贷:待清算辖内往来[或有关科目]

持卡人开户行收到签购单,发现持卡人信用卡账户不足支付的,其不足支付部分纳入"其他短期贷款"科目核算。起息日自签单日或银行记账日起,本金或利息未还清又透支的,透支日期连续计算。透支利息按最后期限或最高透支额的最高利率档次计算。

3. 信用卡支取现金的核算

1) 发卡行的会计处理

银行接到持卡人交来的信用卡和身份证后,应重点审查信用卡的真伪、有效期限,是否为单位卡,持卡人是否为身份证上的本人,审核无误后,办理信用卡支取现金手续。其会计分录为:

　　借:活期储蓄存款——个人信用卡户
　　　贷:现金

2) 代理行受理信用卡取现的会计处理

参加同城票据交换和系统内联行往来的代理行,对持卡人持信用卡支取现金,应要求其提交身份证件,并审查以下内容:信用卡的真伪及有效期,持卡人身份证件的照片或卡片上的照片是否与本人相符,该信用卡是否被列入止付名单等。经办人员在取现单上填写持卡人取现的金额、身份证件号码、代理行名称和代号等内容,交由持卡人签名,然后核对其签名与信用卡上的签名是否一致,是否与身份证件的姓名相同。持卡人取现金额超过限额的,应办理索权手续,并将发卡行给的授权号填入取现单有关栏目内。代理行向系统内的发卡银行办理资金划付,向持卡人开户行或代理行所在地的跨系统发卡行通汇行提出票据交换。其会计分录为:

借:待清算辖内往来[或有关科目]
　　贷:应解汇款——持卡人户

支付现金时,另填制一联现金付出传票。会计分录为:

借:应解汇款——持卡人户
　　贷:现金

4. 信用卡销卡的核算

持卡人不需要继续使用信用卡的,在还清透支本息后,应信用卡主动到发卡银行办理销户。发卡银行确认持卡人具备销户条件时,也可以通知持卡人来行办理销户手续。个人卡销户,可以转账结清,也可以提取现金;单位卡销户,信用卡账户余额必须转入其基本存款账户,不得提取现金。

1) 单位卡销户

持卡人应向发卡银行提交授权单位的销户证明和《基本存款账户信息表》及单位卡,银行审查无误后,编制转账凭证,按规定计付利息,持卡人签名后结清账户。信用卡备用金存款利息,按照中国人民银行规定的活期存款利率及计息办法计算。其会计分录为:

借:单位活期存款——申请人信用卡户利息支出
　　贷:单位活期存款——申请人基本存款户

2) 个人卡销户

个人持卡人应向发卡银行提交个人身份证件及信用卡,银行审查无误后,编制转账单,按规定计付利息,持卡人签名后结清账户。其会计分录为:

借:活期储蓄存款——申请人信用卡户利息支出
　　贷:现金/活期储蓄存款——申请人户

第五节 外汇业务的核算

一、外汇与汇率

(一) 外汇的概念

我国于2008年8月5日实施的新修订的《中华人民共和国外汇管理条例》规定,外汇是指以外币表示的可以用作国际清偿的支付手段和资产,主要包括:外国货币,如纸币和铸币;外币支付凭证,如票据、银行存款凭证、邮政储蓄凭证等;外币有价证券,如政府债券、公司债券、股票等;其他外汇资产。

从动态角度来看,外汇是指国际汇兑的行为,即通过银行等金融机构将一个国家的货币兑换成另一个国家的货币,借以清偿国际债权债务关系的行为。从静态角度来看,广义的外汇是指一切以外国货币表示的国外资产,狭义的外汇是指以外币表示的可用于国际结算的支付手段。

(二)外汇汇率

外汇汇率简称汇率,又称汇价、牌价,是指一种货币折算成另一种货币的比率,或是以一种货币表示另一种货币的价格。外汇汇率的确定,应先选用一种货币作为折合标准。根据选用本国货币还是外国货币作为标准来表示外汇汇率的方法不同,汇率的标价方法可分为以下两种。

1)直接标价法

直接标价法是指以一定单位的外国货币作为标准来折算本国货币的标价方法。我国和世界上大多数国家都采用直接标价法,如1美元=6.5720元。采用直接标价法,如折合成本国货币的数量增加,说明本国货币币值下降,外国货币币值相对上升,即外汇汇率上升或本币汇率下降;反之,折合成本国货币的数量减少,说明本国货币币值上升,外国货币币值相对下降,即外汇汇率下降或本币汇率上升。外汇汇率的升降与本国货币数额增减变动的方向是一致的。

2)间接标价法

间接标价法是指以一定单位的本国货币作为标准来折算外国货币的标价方法。现只有美国、英国、澳大利亚和新西兰等少数国家采用间接标价法,如美国外汇的标价,1美元=0.8460欧元。采用间接标价法,如折合成外国货币的数量增加,表示外国货币币值下降,本国货币的币值上升,即外汇汇率下降或本币汇率上升;反之,折合成外国货币的数量减少,表示外国货币币值上升,本国货币的币值下降,即外汇汇率上升或本币汇率下降。外汇汇率的升降与本国货币增减变化的方向是相反的。

为了便于标价和记账,人民币和外汇业务所涉及的外币一般均以简写符号表示。人民币、美元、日元、欧元、英镑的货币缩写分别为 CNY、USD、JPY、EUR、GBP。

(三)汇率的种类

从银行买卖外汇的角度划分,汇率可分为买入汇率、卖出汇率、中间汇率和现钞汇率。

(1)买入汇率与卖出汇率。买入汇率也称买入价,是指银行向同业或客户买入外汇时所使用的汇率。卖出汇率也称卖出价,是指银行向同业或客户卖出外汇时所使用的汇率。

(2)中间汇率。中间汇率也称中间价,是银行外汇买入价与卖出价的算术平均值。各种新闻媒体报道的外汇行情通常使用中间价。

(3)现钞汇率。现钞汇率也称现钞买卖价,是指银行买入或卖出外币现钞时所使用的汇率。从理论上讲,现钞买卖价与外币支付凭证、外币信用凭证等外汇形式买卖价应该相同。但在现实中,现钞买入价一般低于现汇买入价2%~3%,而现钞卖出价大于或等于现汇卖出价。

二、商业银行的外汇业务

(一)外汇业务的内容

目前我国外汇指定银行经营的外汇业务主要有:①外汇存款业务。②外汇贷款业务。

③外汇汇款业务。④外汇兑换业务。⑤外汇同业拆借。⑥外汇借款业务。⑦发行或代理发行股票以外的外币有价证券。⑧买卖或代理买卖股票以外的外币有价证券。⑨外币票据的承兑和贴现。⑩贸易和非贸易结算。⑪外汇担保业务。⑫自营及代客外汇买卖业务。⑬外汇信用卡的发行和代理国外信用卡的发行及付款业务。⑭资信调查、咨询和见证业务。⑮国家外汇管理局批准的其他外汇业务。

（二）外汇分账制

我国银行因涉及的外汇币种多，核算要求高，一般采用外汇分账制记账。外汇分账制又称原币记账法或多种货币制，是指经营外汇业务的银行，采用原币（各种实际收付的外币）为计量单位，对每种货币的收付，各设置一套明细账和总账，平时将所收到的外币，按照不同原币，分别填制凭证、记载账目、编制报表的一种记账方法。

1. 采用外汇分账制的核算方法

它是指对外汇业务按币别分别建立一套独立的账务系统。对各种外币（有本位币牌价的外币）的收支，平时都以原币为记账货币填制凭证、登记账簿、编制报表，每种货币各自成立账务系统，各有一整套会计账簿和财务报表。

2. 设置"外汇买卖"科目

"外汇买卖"是外汇分账制下的一个特定科目，遇有外汇交易而涉及两种货币时，需使用"外汇买卖"科目，并在本位币账和外币账上同时反映，以联系和平衡不同货币之间的账务。

实行外汇分账制，各种不同货币分设账簿报表，因而能完整反映各类外币资金的变化情况，有利于外汇资金的运用和管理。

三、外汇交易业务的核算

外汇交易又称外汇兑换，是指按一定的汇率卖出一种外汇或买入一种外汇的行为，即将一国货币兑换成另一国货币的行为。

（一）科目设置

银行进行外汇交易应设置"外汇买卖"科目，属于共同类科目，用以核算银行发生的外汇交易的兑换业务。当银行买入外汇时，借记"现金——外币"等有关科目，贷记"外汇买卖"（外币）科目；银行相应付出人民币时，借记"外汇买卖"（人民币）科目，贷记"现金——人民币"等有关科目。当银行卖出外汇时，借记"外汇买卖"（外币）科目，贷记"现金——外币"等有关科目；银行相应收入人民币时，借记"现金——人民币"等有关科目，贷记"外汇买卖"（人民币）科目。"外汇买卖"科目下的外币和人民币在填制传票构成分录和记载账簿时，均应完整地加以反映。

（二）外汇交易的会计核算

1. 结汇业务的核算

结汇是指境内企事业单位、机关和社会团体按国家外汇管理政策的规定将外汇收入按银行挂牌的汇率结售给银行。届时银行收取外汇，兑给人民币。

买入外汇业务包括买入外币现钞和买入现汇两种情况，其账务处理的形式是相同的，即借记"现金——外币"等有关科目，贷记"外汇买卖"（外币）科目；同时，按买入汇率折算后借记"外汇买卖"（人民币）科目，贷记"活期储蓄存款"等有关科目。但使用的外汇买入汇率有钞买汇率和汇买汇率之分，必须予以充分注意。

【例2-24】 2023年8月31日，王明先生持有1000美元到中国银行徐汇支行兑换人民币现钞,当日中国银行公布的外汇牌价如表 2-2 所示。

要求:编制中国银行徐汇支行该项业务的会计分录。

表 2-2　　　　　　　　　　　中国银行美元外汇牌价

货币名称	现汇买入价	现钞买入价	现汇卖出价	现钞卖出价	中行折算价
美元	714.450 0	708.640 0	717.480 0	717.480 0	708.790 0
港元	91.080 0	90.360 0	91.440 0	91.440 0	90.330 0
日元	6.711 7	6.503 2	6.7611	6.7648	6.684 5

【解析】 中国银行徐汇支行根据买入外币的金额登记外币账,按现钞买入价 USD 100=CNY 708.640 0,办妥兑换手续,编制会计分录为:

　　借:现金——美元　　　　　　　　　　　　　　　　　　　　　　　　　USD 1 000
　　　　贷:外汇买卖[钞买价708.640 0]　　　　　　　　　　　　　　　　　　USD 1 000
　　借:外汇买卖[钞买价708.640 0]　　　　　　　　　　　　　　　　　　　　7 086.4
　　　　贷:现金——人民币　　　　　　　　　　　　　　　　　　　　　　　7 086.4

2. 售汇业务的核算

售汇是指企事业单位、机关和社会团体需要外汇,需持有效凭证,如进口合同或境外金融机构的支付通知等,到指定银行用人民币购汇,银行付给企业外汇。

卖出外汇业务包括卖出外汇现钞和卖出现汇两种情况,其账务处理形式是相同的,即按卖出汇率折算后借记"现金——人民币"等有关科目,贷记"外汇买卖"(人民币)科目;借记"货币兑换"(外币)科目,贷记"现金——外币"等有关科目。银行卖出外汇现钞和现汇的价格是相同的。

【例 2-25】 2023 年 8 月 31 日,中国银行徐汇支行按规定兑换给新光机械厂出国考察所需要的 1 000 美元现钞,当日中国银行公布的外汇牌价参见表 2-2。

要求:编制中国银行徐汇支行该项业务的会计分录。

【解析】 中国银行徐汇支行应以现钞卖价 USD 100=CNY 717.480 0 进行业务核算,办妥兑换手续,编制会计分录为:

　　借:现金——人民币　　　　　　　　　　　　　　　　　　　　　　　　7 174.8
　　　　贷:外汇买卖[现钞卖价717.480 0]　　　　　　　　　　　　　　　　　7 174.8
　　借:外汇买卖[钞卖价717.480 0]　　　　　　　　　　　　　　　　　　　USD 1 000
　　　　贷:现金——美元　　　　　　　　　　　　　　　　　　　　　　　USD 1 000

3. 套汇业务的核算

套汇是指将一种外汇兑换成另一种外汇的业务。我国的套汇做法原则上通过人民币核算,即通过买入一种外汇,同时卖出一种外汇的方式折算的。在账务处理上,对收入的一种外币按买入价折成人民币填制外汇交易传票,然后将折合的人民币按另一种外币的卖出价折算出另一种外币的金额,填制外汇交易传票。一般来说,这两套外汇交易传票的人民币应该相等,如因折算发生尾差,可计入当期损益。

【例 2-26】 2023 年 8 月 31 日,中国银行徐汇支行根据东风公司的要求,从其港元账户提取 2 000 港元,并兑换日元现钞,当日中国银行公布的外汇牌价参见表 2-2。

要求：编制中国银行徐汇支行该项业务的会计分录。

【解析】 中国银行徐汇支行现钞买价 HKD 100＝CNY 90.360 0 买入客户的港币现钞，再以现钞卖价 JPY 100＝CNY 6.764 80 0 卖给东风公司日元现钞，编制会计分录为：

借：现金——港币 　　　　　　　　　　　　　　　　　　　　　　　HKD 2 000
　　贷：外汇买卖[钞买价 90.360 0] 　　　　　　　　　　　　　　　　HKD 2 000
借：外汇买卖[钞买价 90.360 0] 　　　　　　　　　　　　　　　　　　1 807.2
　　贷：外汇买卖[钞卖价 6.764 8] 　　　　　　　　　　　　　　　　　1 807.2
借：外汇买卖[钞卖价 6.764 8] 　　　　　　　　　　　　　　　　　　JPY 26 714.76
　　贷：现金——日元 　　　　　　　　　　　　　　　　　　　　　　JPY 26 714.76

四、外汇存款业务

外汇存款是指单位或个人将其所持有的外汇资金存入银行，并于以后随时或约定期限存取，银行按约定支付一定利息的一项负债业务。外汇存款是银行外汇资金的主要来源之一。银行办理外汇存款业务，一方面可以吸收和利用外汇资金，作为银行外汇贷款的资金来源，满足国家和企业使用外汇资金的需要；另一方面为驻华机构、外资企业、外国人及华侨、港澳台同胞提供服务，对加强国内外经济联系，促进我国对外政治经济文化的发展，也有着重要的作用。

(一) 单位外汇存款开户及存入的核算

单位外汇存款账户是指境内单位和驻华机构以可自由兑换货币在银行开立的账户，包括经常项目外汇账户和资本项目外汇账户。经常项目外汇账户是指用于经常项目外汇收支或经外汇管理局批准的资本项目外汇支出的账户，包括外汇结算账户、开证保证金账户等。境内机构原则上只能开立一个经常项目外汇账户。境内机构经常项目外汇账户的限额统一采用美元核定。资本项目外汇账户是指用于资本项目外汇收支的账户，包括贷款（外债及转贷款）专户、还贷专户、发行外币股票专户、外汇资本金账户、投资款临时专户、资本变现专户、B股交易专户等。境内单位、驻华机构一般不允许开立外币现钞账户。

为方便单位外汇存款业务的会计核算，一般设置"单位活期存款""单位定期存款"科目。

1. 单位活期外汇存款开户及存入的处理

(1) 以结算专用凭证转账存入外币时，会计分录为：

借：汇入汇款或有关科目[外币]
　　贷：单位活期存款[外币]

(2) 以外币现钞存入，或以不同于开户货币的币种存入时，需要通过套汇处理，会计分录为：

借：现金[外币]
　　贷：外汇买卖——钞买价[外币]
借：外汇买卖——钞买价[人民币]
　　贷：外汇买卖——汇卖价[人民币]
借：外汇买卖——汇卖价[外币]
　　贷：单位活期存款——××户[外币]

2. 支取的核算

支取存款时,存折户填写取款凭条,支票户填写支票,并加盖预留印鉴,银行审查后办理取款手续。

(1) 从现汇账户支取原币现钞时,会计分录为:

借:单位活期存款[外币]
  贷:外汇买卖——汇买价[外币]

借:外汇买卖——汇买价[人民币]
  贷:外汇买卖——汇卖价[人民币]

借:外汇买卖——汇卖价[人民币]
  贷:现币[外币]

(2) 以原币汇往国外或国内异地,直接办理,并按规定收费标准计收等值人民币手续费,会计分录为:

借:单位活期存款——××户[外币]
  贷:汇出汇款[或有关科目,外币]

(3) 以存款货币外的另一种货币支取或汇出国外。当支取或汇出国外货币与原存款货币不同时,需按照汇买价、汇卖价套汇后办理,会计分录为:

借:单位活期存款——××户[A外币]
  贷:外汇买卖——汇买价[A外币]

借:外汇买卖——汇买价[人民币]
  贷:外汇买卖——汇卖价[人民币]

借:外汇买卖——汇卖价[B外币]
  贷:汇出汇款[或有关科目,B外币]

3. 利息的计算

除了国库款项和属于财政预算拨款性质的经费预算单位存款不计息,其他性质的单位存款均计付利息。单位活期外汇存款按季结息,结息日为每季末月的 20 日;单位定期外汇存款利随本清,到期日前遇利率调整不分段计息。单位外汇存款计息方法与人民币相同,按不同币种活期存款利息,采用积数计息法或余额表计息法计算利息。

(二) 个人外汇存款的核算

个人外汇存款为银行为吸收国内外自然人的外汇资金而开办的一项外汇存款业务,包括乙种外汇存款和丙种外汇存款。乙种外汇存款的对象为居住在外国或港澳台地区的外国人、外籍华人、华侨、港澳台同胞、短期来华旅游、居住在中国境内的驻华使领馆外交官、驻华代表机构外籍人员、外国专家学者、留学生等外国人,以及按国家规定允许将外汇留存给居住在国内的中国人。丙种外汇存款的对象为中国境内的居民,包括归侨、侨眷和港澳台同胞的亲属。

乙种和丙种外汇存款,按存取期限方式的不同,可分为个人外汇活期存款和个人外汇定期存款两种。个人外汇活期存款为存折户,可随时存取。个人外汇活期存款的起存金额为不低于人民币 100 元的等值外汇。个人外汇定期存款为记名式存单,可分为 1 个月、3 个月、6 个月、1 年和 2 年等多种档数,采取一次存入、整存整取的办法。

1. 个人外汇存款开户和存入的核算

开户时,存款人凭本人有效身份证件由银行开立存折、存单或借记卡。存款人填写外币存款申请书,写明户名、地址、存款种类、金额等,连同外汇或现钞交存银行。银行审核无误后办理存折户或支票户的开户手续。

(1) 以外币现金或汇入汇款存入时,会计分录为:

借:现金/汇入汇款[外币]
　　贷:活(定)期外汇存款——××户[外币]

(2) 以国内外汇入的汇款或托收的外币票据收妥存入。当存款人将国内外汇入的汇款或托的外币票据收妥存入现汇账户时,会计分录为:

借:存放境外同业[或有关科目,外币]
　　贷:汇入汇款[外币]

借:汇入汇款[外币]
　　贷:活(定)期外汇存款——××户[外币]

2. 支取款项的核算

(1) 当存款人从外汇活期储蓄存款现钞账户或现汇账户中支取外币现钞时,会计分录为:

借:活期外汇存款——××户[外币]
　　贷:现金[外币]

(2) 当存款人从外汇定期储蓄存款现钞账户或现汇账户中支取外币现钞时,银行应计算应付存款利息,办理转账,会计分录为:

借:定期外汇存款——××户[外币]
　　应付利息[外币,已提取部分]
　　利息支出——储蓄存款利息支出户[外币,当期未提取部分]
　　贷:现金[外币]

借:应交税费——应交增值税(进项税额)
　　贷:其他应付款

3. 汇出汇款的核算

银行在办理现汇账户的汇出汇款业务时,应签发结算凭证,办理账务划转手续。若客户销户,则银行还需计算外汇定期或活期储蓄存款利息。其会计分录为:

借:活(定)期外汇存款——××户[外币]
　　应付利息/利息支出[外币,销户时核算]
　　贷:汇出汇款[外币]

汇出行在收到汇入行的解付通知书后,应冲销"汇出汇款"科目卡片账。汇出行应编制的会计分录为:

借:汇出汇款[外币]
　　贷:存放境外同业[或有关科目,外币]

同时,按规定收取等值人民币邮电费、汇款手续费,会计分录为:

借：现金[人民币]
　　贷：手续费及佣金收入——汇费收入户[人民币]
　　　　业务及管理费——邮电费[人民币]

【例 2-27】 客户小明持外汇管理部门的批准证明,从其活期存款美元外汇账户支取 8 000 英镑的等值美元,申请用信汇方式汇往英国以英镑交学费。按有关要求办妥汇款手续,交中国银行徐汇支行审核无误后,办理汇出汇款。当天的美元汇买价为 USD 100＝CNY 655.94,英镑汇卖价为 GBP 100＝CNY 1 059.9。

要求：编制中国银行徐汇支行该项业务的会计分录。

【解析】 会计分录为：

借：活期外汇存款——小明户　　　　　　　　　　　　　　　　USD 12 926.79
　　贷：外汇买卖[汇买价]　　　　　　　　　　　　　　　　　USD 12 926.79

借：外汇买卖[汇买价]　　　　　　　　　　　　　　　　　　　84 792
　　贷：外汇买卖[汇卖价]　　　　　　　　　　　　　　　　　84 792

借：外汇买卖[汇卖价]　　　　　　　　　　　　　　　　　　　GBP 8 000
　　贷：汇出汇款　　　　　　　　　　　　　　　　　　　　　GBP 8 000

借：现金　　　　　　　　　　　　　　　　　　　　　　　　　847.92
　　贷：手续费及佣金收入——汇费收入户[1‰]　　　　　　　847.92

4. 利息的计算

个人外汇储蓄存款利息按外汇银行公布的个人外币存款利率计付。存款遇利率调整,活期存款按支取日或结息日活期存款利率计息,定期存款按存入日定期存款利率计息。定期存款到期续存,按续存日的定期存款利率计息;到期未支取又不办理续存手续,过期部分按支取日的活期存款利率计息。定期存款提前支取,按支取日活期存款利率计息。具体的利息计算方法与人民币储蓄存款相同。

五、外汇贷款业务

外汇贷款是我国银行利用筹集的外汇资金对企业发放的贷款,是商业银行的一项重要资产业务。它不同于人民币贷款业务,外汇银行发放外汇贷款要承受外汇汇率的风险,为了减少汇率风险对银行的影响,商业银行主要发放短期外汇贷款,而长期外汇贷款目前主要由政策性银行如中国进出口银行办理。

短期外汇贷款是外汇银行办理的以外币为计量单位的 1 年以内(含 1 年)的外汇贷款。外汇银行目前发放的是短期外汇浮动利率贷款,贷款对象是能够创造外汇收入,有偿还能力并具备贷款条件的企业。外汇贷款有以下特点：

(1)贷外汇还外汇,贷什么货币,还什么货币。贷款使用的货币由借款人选择,汇率风险由借款人承担。

(2)实行浮动利率,收取承担费。利率按伦敦银行同业拆借利率(LIBOR)加银行管理费计算得出,不定期公布。浮动利率随国际资金市场的供求关系变化而浮动,按 1 个月、3 个月或 6 个月浮动。

(3)借款单位必须具有外汇收入或其他外汇来源。

(4) 一般不产生派生性存款。外汇贷款批准后,具体的发放使用参照国际惯例。贷款发放是从贷款账户直接对外支付,不存在贷款转作存款以对外支付,因而不会形成借款单位的派生性存款。

下面着重介绍现汇贷款的会计核算。

现汇贷款是指借款人根据业务需要采用信用证、托收或汇款等结算方式,在国际市场上需适用商品,向银行申请额度内的外汇贷款或单笔外汇贷款。在贷款到期时,借款人以外汇收其他外汇来源偿还本息。

现汇贷款的会计核算主要包括贷款发放、计收利息、到期偿还三个环节,在核算中主要通过"(中)期外汇贷款"科目核算。该科目属于资产类科目,用于核算银行经办的1年(含1年)烟外汇贷款的发放和收回。该科目的借方反映外汇贷款的发放和利息转入本金,贷方反映到期烟的外汇贷款。余额反映在借方,表明外汇贷款尚未到期。

1. 贷款发放的核算

(1) 使用贷款对外支付。借款人直接使用贷款对外付汇,不派生存款,会计分录为:

借:短(中)期外汇贷款——××户[外币]
　　贷:存放境外同业或有关科目[外币]

(2) 使用非贷款货币对外支付。若借款人以非贷款货币对外付汇,会计分录为:

借:短(中)期外汇贷款——××户[贷款外币]
　　贷:外汇买卖[汇买价,贷款外币]

借:外汇买卖[汇买价,人民币]
　　贷:外汇买卖[汇卖价,人民币]

借:外汇买卖[汇卖价,支付货币]
　　贷:存放境外同业或有关科目[支付货币]

2. 现汇贷款的计息及核算

现汇贷款的利率可根据合同规定,采用浮动利率、固定利率和优惠利率按季或按月结息。在结息时,应根据不同的贷款利率算出结息期内的应收利息,由银行填制外汇贷款结息凭证办理转账。在结息期计收的利息,应区别不同情况进行处理。

1) 借款人以外汇存款偿还利息

银行应编制的会计分录为:

借:活期外汇存款——××户[外币]
　　贷:利息收入——××贷款利息收入户[外币]

2) 将利息转为贷款本金

借款人不以原币偿还贷款利息,可按与银行达成的协定,将利息转为贷款本金,会计分录为:

借:短(中)期外汇贷款——××户[外币]
　　贷:利息收入——××贷款利息收入户[外币]

3) 借款人不能正常归还贷款利息

(1) 当借款人不能主动偿还正常或逾期贷款利息,还本付息专户无足够余额,并且逾期未

超过90天时,会计分录为:

借:应收利息[外币]
　　贷:利息收入——××贷款利息收入户[外币]

当借款人付息时,会计分录为:

借:活期外汇存款——××户[外币]
　　贷:应收利息[外币]

(2) 现汇贷款应收利息超过90天仍未收回的,呆滞、呆账贷款计提的应收未收利息,都不再纳入表内核算,而是通过表外"应收未收利息"科目核算,会计分录为:

收:应收未收利息——××借款人户[外币]

3. 现汇贷款本金偿还的核算

(1) 用外汇存款偿还。借款人用外汇存款偿还贷款本金时,会计分录为:

借:活期外汇存款——××户[外币]
　　贷:短(中)期外汇贷款——××户[外币]

(2) 用人民币购汇偿还。借款人经批准用人民币买汇偿还贷款本金时,会计分录为:

借:单位活期存款——××户[人民币]
　　贷:外汇买卖——汇卖价[人民币]

借:外汇买卖——汇卖价[外币]
　　贷:短(中)期外汇贷款——××户[外币]

(3) 用非贷款货币偿还。借款人用非贷款货币的外汇存款偿还时,会计分录为:

借:活期外汇存款——××户[还款外币]
　　贷:外汇买卖[汇买价,还款外币]

借:外汇买卖[汇买价,人民币]
　　贷:外汇买卖[汇卖价,人民币]

借:外汇买卖[汇卖价,贷款外币]
　　贷:短(中)期外汇贷款——××户[贷款外币]

课堂结账测试

班级_____ 姓名_____ 学号_____ 日期_____ 得分_____

一、单项选择题(每小题 5 分,共 45 分)

1. 某单位存入银行定期存款 10 万元,定期 1 年,利率 1.75%,7 月 20 日到期,该单位于 8 月 16 日支取,支取日活期存款利率为 0.3%,其利息为( )元。
   A. 1 750 B. 1 772.5 C. 1 800 D. 1 872.5

2. 下列各项中,可以用于存款余额变动频繁的存款账户的是( )。
   A. 余额表计息法 B. 账页计息法
   C. 逐笔结息 D. 利随本清

3. 下列各项中,不计提贷款损失准备的贷款是( )。
   A. 信用贷款 B. 担保贷款 C. 抵押贷款 D. 委托贷款

4. 非应计贷款是指贷款本金或利息逾期( )天没有收回的贷款。
   A. 30 B. 60 C. 90 D. 120

5. 由出票银行签发的,由其在见票时按实际结算金额无条件支付给收款人或持票人的票据是( )。
   A. 支票 B. 银行本票 C. 银行汇票 D. 商业汇票

6. 转账办理银行汇票的出票时,应( )科目。
   A. 借记"汇出汇款" B. 贷记"汇出汇款"
   C. 借记"应解汇款" D. 贷记"现金"

7. 因出票人账户不足支付而将不足支付的款项转入出票人逾期贷款的票据是( )。
   A. 银行本票 B. 银行汇票
   C. 商业承兑汇票 D. 银行承兑汇票

8. 在汇兑结算方式中,汇入行对留行待取的款项,应先转入( )。
   A. 其他应付款 B. 其他应收款
   C. 汇出汇款 D. 应解汇款

9. 委托收款结算银行在办理划款时,付款人账户不足支付全部款项,正确的处理方式是( )。
   A. 按逾期支付处理 B. 按无款支付处理
   C. 不作处理 D. 按拒绝支付处理

二、多项选择题(每小题 5 分,共 20 分)

1. 存款业务的种类按照期限长短可分为( )。
   A. 单位存款 B. 活期存款
   C. 个人储蓄存款 D. 定期存款

2. 单位活期存款利息的具体计算方法有( )。

A. 余额表计息法　　　　　　　　B. 账页计息法
　　C. 月积数计息法　　　　　　　　D. 固定基数计息法
3. 按银行发放贷款的自主程度不同,银行贷款可以分为(　　)。
　　A. 自营贷款　　B. 委托贷款　　C. 信用贷款　　D. 特定贷款
4. 下列关于银行本票的表述中,正确的有(　　)。
　　A. 银行本票是付款人签发的,承诺自己在见票时无条件支付确定的金额给收款人或持票人的票据
　　B. 申请人或收款人为单位的,银行不得为其签发现金银行本票
　　C. 目前,银行本票为不定额本票,无金额起点限制
　　D. 现金银行本票不得背书转让,但可以挂失;转账银行本票允许背书转让,但不可以挂失

三、判断题(每小题 5 分,共 35 分)

1. 单位银行结算账户的存款人只能在一家银行开立一个基本存款账户,不允许在多家银行开立基本存款账户。(　　)
2. 零存整取定期储蓄存款只能全部提前支取,不能部分提前支取。(　　)
3. 借款人因故不能按期归还贷款时,中长期贷款必须于到期日前 1 个月,由借款人向银行提出贷款展期的书面申请。(　　)
4. 质押和抵押是有区别的。抵押不转移抵押物的占有,而动产质押转移质押物的占有。抵押中没有权利抵押,权利不能作为抵押物,但是权利可以作为质押物。(　　)
5. 票据金额以中文大写和阿拉伯数字小写同时记载,两者必须一致,两者不一致的,以大写为准。(　　)
6. 汇兑结算只适用于在银行开立账户的汇款人汇划各种款项。(　　)
7. 托收承付结算中,付款人在承付期满日银行营业终了时,如无足够资金支付货款,其不足部分视为拒付。(　　)

第三章　证券公司会计

知识导航

证券公司会计
- 证券公司业务概述
  - 证券的概念和种类
  - 证券公司及其主要业务
  - 证券公司业务核算的特点
- 证券经纪业务的核算
  - 证券经纪业务的内容
  - 科目设置
  - 资金专户的核算
  - 代理买卖证券业务
  - 代理兑付证券业务
- 证券自营业务的核算
  - 科目设置
  - 自营证券买卖的核算
  - 自营证券减值准备的核算
- 证券承销业务的核算
  - 科目设置
  - 全额承购包销方式承销证券的核算
  - 余额承购包销方式承销证券的核算
  - 代销方式承销证券的核算
- 其他证券业务的核算
  - 科目设置
  - 买入返售证券的核算
  - 卖出回购证券的核算
  - 受托资产管理的核算
  - 融资融券业务的核算

学习目标

1. 认知目标
(1) 了解证券公司的主要业务。
(2) 掌握证券自营业务的种类和会计核算方法。
(3) 掌握代理买卖证券、代理兑付证券等证券经纪业务的会计核算方法。
(4) 掌握证券承销业务的种类和会计核算方法。
2. 技能目标
(1) 以不同类型的证券业务培养细心负责的品质,多视角分析、举一反三的能力。

(2) 结合证券公司业务培养创新思维,培养与时俱进的能力。

3. 情感目标

(1) 养成认真、严谨、规范的工作态度。

(2) 培养学生探索新知识的兴趣。

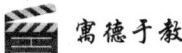 **寓德于教**

更好发挥核心中介功能 主动强化金融国企担当

2023年以来,党中央国务院围绕当前经济复苏的薄弱环节和重点领域,密集出台了一系列稳增长政策,财政、货币政策持续发力,释放了推动经济运行持续好转的强有力政策信号。国泰君安作为大型综合性证券公司,秉持"金融报国"理念,深入学习领会中央政治局会议精神,将持续提高自身专业能力和运营效率,更好发挥核心中介功能,以高昂的精神和扎实的工作,积极贯彻落实证监会的系列政策措施。

2023年8月18日,证监会贯彻落实中央"活跃资本市场,提振投资者信心"的新部署、新要求,推出了标本兼治、重点突出、稳字当头、发挥合力的一揽子政策措施,为证券行业找准未来改革发展方向提供了指引,也将为资本市场进一步高质量发展提供更强大的支撑。

作为大型综合性证券公司,国泰君安将如何积极贯彻落实证监会的系列政策措施?

一是积极挖潜,按照市场化原则,继续合理降低经纪业务佣金费率与经手费下调等政策,形成合力,更好惠及广大投资者。二是将数字化转型向纵深推进,持续打造三大客户服务平台,特别是优化君弘智投服务体系,提升数字化财富管理服务的覆盖率和可得性,助力提升中小投资者获得感。三是发挥并不断提高机构业务专业优势,加大对ETF、科创板股票、REITs、债券等各类标的的做市服务,助力提升市场流动性和价格发现功能。

公司表示,面向未来,国泰君安将深入贯彻党的二十大精神,主动强化金融国企担当,不断做强、做优主责主业,筑牢"综合服务平台、领先数字科技、稳健合规文化"核心能力三支柱,全面培育"科创金融、普惠金融、区域金融、绿色金融、跨境金融"五大特色优势,向着"受人尊敬、全面领先、具有国际竞争力的现代投资银行"愿景目标砥砺前行,为经济社会发展和中国特色现代资本市场建设贡献更大的金融力量。

资料来源:中国证券报·中证网,2023-08-21,《国泰君安党委书记、董事长贺青:更好发挥核心中介功能 主动强化金融国企担当》,https://www.cs.com.cn/xwzx/hg/202308/t20230821_6362268.html。

第一节 证券公司业务概述

一、证券的概念和种类

证券是指各类记载并代表了一定权利的法律凭证。它用以证明持有人有权依其所持凭证记载的内容而取得应有的权益。从一般意义上说,证券是指用以证明或设定权利所做成的书面凭证,表明证券持有人或第三者有权取得该证券拥有的特定权益。

证券按其性质不同,可分为有价证券和无价证券两类。有价证券又有广义和狭义之分。广义的有价证券根据其体现的信用性质,可分为商品证券、货币证券和资本证券;狭义的有价证券专指资本证券,主要包括股票、债券及其衍生品,如基金证券、可转换证券等。无价证券也称凭证证券,是指本身不能使持有人或第三者取得一定收入的证券,如借据、收据、购物券、供应证等。

目前,我国证券市场所交易的证券种类限于资本证券,而不包括货币证券和其他财务证券。证券市场上发行和流通的资本证券主要包括股票、债券、证券投资基金券以及经国务院依法认定的其他证券。

二、证券公司及其主要业务

(一) 证券公司的概念

证券公司是指依照我国《公司法》和《证券法》的规定,经国务院证券监督管理机构审查批准设立的从事证券经营业务的有限责任公司或者股份有限公司。证券公司不仅是证券市场上最重要的中介机构,还是证券市场的主要参与者,承担着代理证券发行、代理证券买卖、资产管理以及证券咨询等重要职能。

根据我国《证券法》的规定,国家对证券公司实行分类管理,分为综合类证券公司和经纪类证券公司。证券公司应该根据经批准从事的业务范围,按照企业会计准则的有关规定进行相关业务的会计核算。综合类证券公司的证券业务可以覆盖证券经纪业务、证券自营业务、证券承销业务和经国务院证券监督管理机构核定的其他证券业务四种。而经济类证券公司只允许专门从事证券经纪业务,即只能从事代理客户买卖股票、基金、可转换公司债券和认股权证等业务。

(二) 证券公司的主要业务

1. 证券经纪业务

证券经纪是指证券公司接受客户的委托,代客买卖有价证券的行为。证券经纪业务是证券公司最基本的一项业务。证券公司作为中介人,代为办理证券买卖,它只是根据委托人对证券品种、价格和交易数量的委托进行证券交易。委托办理的过程大致有办理股东账户、开户、委托和交割四个步骤。

2. 证券自营业务

证券自营是证券公司为本公司买卖证券、赚取差价并承担相应风险的行为。由于证券市场的高收益性和高风险性,证券公司的自营业务具有一定的投机性,业务风险较大。

3. 证券承销业务

证券承销是指证券公司接受证券发行人的委托,代理证券发行人发行证券的行为。它是综合类证券公司的一项主要业务。

4. 证券投资咨询业务

综合类证券公司还可以为客户提供有关资产管理、负债管理、风险管理、流动性管理、投资组合设计、估价等多种咨询服务。有时候咨询服务是包含在证券承销、经纪和基金管理业务中的。

5. 并购业务

证券公司作为客户公司的并购顾问,辅助客户物色目标公司,设计并购方案,代表客户接洽目标公司;证券公司也可以帮助客户公司设计防卫措施,抵御敌意收购。

6. 受托投资管理业务

证券公司根据有关法律法规和投资委托人的投资意愿,作为受托投资管理人,与委托人签订受托投资管理合同,以委托人委托的资产在证券市场上从事股票、债券等金融工具的组合投资,从而实现委托资产收益的最大化。

7. 证券基金管理业务

证券公司可以作为基金的发起人发起和设立基金;可以作为基金管理者管理自己发行的基金;也可以作为基金的承销人,帮助其他基金发行人向投资者发售基金收益凭证;还可以接受基金发起人的委托作为基金的管理人,帮助管理基金,并据此获得一定的佣金收入。

三、证券公司业务核算的特点

证券公司属于金融企业,但其业务内容与商业银行、保险公司等其他金融企业不同,有其自身的特点。

1. 业务针对性强

证券业务所涉及的单位从业务性质上可分成三大类:一是以证券公司为主体,包括各类投资信托公司及非银行金融机构所属证券部等证券经营机构;二是以证券交易所为主体,包括各地证券交易中心等证券中介机构;三是证券登记公司、登记结算公司和投资咨询公司等证券服务机构。由于这些机构业务性质、经营范围和涉及的对象均不同,使用的会计科目及账务处理既有区别又有联系,有的甚至借贷方向相反。例如,"结算备付金"科目,对证券公司来说属于资产类科目,而对证券服务机构来说属于负债类科目。

2. 价值变动频繁

各类证券是证券公司主要的流动资产,其金额都记入表内科目中,但数量都在表外科目中核算。各类证券的实际价值并非账面价值,其真正价值应该是市价。因此,对于证券本身这种流通性很强、价格波动频繁的特殊金融商品,如何准确、真实、及时地反映各类证券的实际价值,并且能实事求是地反映证券经营机构的实际经营状况至关重要。

3. 清算关系复杂

商品买卖中买卖双方的地位相对稳定,而证券交易中无论是充当经纪人的证券经营机构,还是作为客户的投资人在整个证券市场中地位是不稳定的,时而买入某种证券,时而卖出某种证券,它们不断地充当应收证券者或者应付证券者,这给资金或证券的清算带来了难度。一笔证券买卖成交后,从卖方的角度看,交易所对证券商是应收证券、应付价款;投资人对证券商是应付证券、应收价款。而从买方的角度看,则正好相反。可见,清算关系是因人而异、根据买卖地位而变化的,会计核算必须明确对象。

第二节 证券经纪业务的核算

证券经纪业务是证券公司通过其设立的证券营业部接受客户委托,按照客户的要求,代理客户买卖证券的业务,包括代理买卖证券、代理兑付证券和代理保管证券。在证券经纪业务中,证券公司不垫付资金,不赚差价,只收取一定比例的佣金作为其业务收入。

一、证券经济业务的内容

代理买卖证券是指证券公司接受客户委托,代理客户进行证券交易并收取手续费和佣金,分为代理买入证券和代理卖出证券;代理兑付证券是指证券公司接受客户(国家或企业等债券发行单位)的委托兑付到期的国债、企业债券及金融债券等,并向发行单位收取手续费;代理保管证券是指证券公司接受客户委托,代客户保管证券并收取手续费或免费代为保管。

在代理业务中,代理买卖证券业务、代理兑付证券业务纳入账内核算;而代理保管证券业务,是证券公司为方便客户开展的一项服务性项目,而且代理保管的有价证券也不属于证券公司的财产,因此,证券公司在收到代保管的证券时,不将其纳入表内核算,而只在专设的备查簿中设置"代保管证券"这一表外科目进行记录。代理保管证券收取的手续费,在提供保管服务完成时确认为手续费及佣金收入。本节主要介绍代理买卖证券和代理兑付证券的核算。

二、科目设置

证券经纪业务主要是对代理买卖证券和代理兑付证券进行核算,因此根据代理业务的经济内容不同,证券经纪业务主要设置以下会计科目,各会计科目及其主要核算内容如表3-1所示。

表3-1　　　　　　　　证券经纪业务的会计科目及其主要核算内容

类别	会计科目	主要核算内容
资产类	代理兑付证券	核算证券公司接受委托、代理国家或企业兑付到期的证券。借方登记已兑付的各类到期证券,以及因委托单位未拨付或拨付不足证券兑付资金、客户兑付时垫付的资金;贷方登记国家或企业拨付的委托兑付证券资金,以及向委托单位交付已兑付的证券并收回垫付的资金。期末借方余额,反映公司接受委托代理兑付到期的证券实际已兑付的金额。本科目应按委托单位和证券种类进行明细核算
资产类	结算备付金	核算证券公司为证券交易的资金清算与交收而存入指定清算代理机构的款项。借方登记证券公司存入清算代理机构的款项,贷方登记从清算代理机构收回资金的数额。期末借方余额,反映公司和客户存入指定清算代理机构尚未使用的款项。本科目应按清算代理机构设置明细账,分"自有""客户"等项目进行明细核算
负债类	代理兑付证券款	核算证券公司代理国家或企业等单位兑付证券业务而收到委托单位预付的兑付证券资金。借方登记代理兑付的资金,贷方登记收到委托单位的兑付资金。期末贷方余额,反映公司已收到但尚未兑付的代理兑付证券款余额。本科目应按委托单位和证券种类进行明细核算
负债类	代理买卖证券款	核算证券公司接受客户委托,代客户买卖股票、债券和其他有价证券由客户交存的款项。证券公司收到客户交来的款项,借记"银行存款"等科目,贷记本科目。客户提取存款,作相反的会计处理。期末贷方余额,反映客户交存的代买卖证券款项的余额。本科目应按客户类别进行明细核算

三、资金专户的核算

证券公司代理客户进行证券买卖,客户将款项交存证券公司,证券公司应设立资金专户,将代理买卖证券款与公司自有资金严格区分使用,不得随意挪用和占用客户资金。

(1) 客户开设资金专户并交来存款时,会计分录为:

借:银行存款
　　贷:代理买卖证券款

(2) 客户日常存款的会计分录与上述交来存款的会计分录相同,而取款的会计分录则相反。

(3) 按季计提客户存款利息时,会计分录为:

借:利息支出
　　贷:应付款项——应付客户资金利息

客户资金专户统一结息时,会计分录为:

借:应付款项——应付客户资金利息[已提利息部分]
　　利息支出[未提利息部分]
　　贷:代理买卖证券款

(4) 客户结息销户时,应先结清利息,会计分录为:

借:应付款项——应付客户资金利息
　　贷:银行存款

提款销户时,会计分录为:

借:代理买卖证券款
　　贷:银行存款

(5) 证券公司为客户在证券交易所开设清算资金专户时,会计分录为:

借:结算备付金——客户
　　贷:银行存款

四、代理买卖证券业务

代理买卖证券业务是指证券公司接受客户委托,代理客户进行证券买卖的业务。公司代理客户买卖证券收到的款项,必须全额存入指定的商业银行,并在"银行存款"科目中单设明细科目进行核算,不能与本公司的存款混淆。公司在收到代理客户买卖证券款项的同时应当确认为一项负债,与客户进行相关的结算。公司代理客户买卖证券所收取的手续费,应当在与客户办理买卖证券款项清算时确认为手续费及佣金收入。

1. 代理认购新股的核算

(1) 证券公司收到客户委托认购新股的款项,根据开户银行的收账通知办理核算,会计分录为:

借:银行存款——客户
　　贷:代理买卖证券款

(2) 新股认购开始,证券公司应将款项划转清算代理机构,会计分录为:

借:结算备付金——客户
　　贷:银行存款——客户

(3)客户向证券公司办理申购手续时,公司与证券交易所清算资金,会计分录为:

借:代理买卖证券款
　　贷:结算备付金——客户

(4)证券交易所完成中签认定工作,将未中签资金退给公司代理的客户,会计分录为:

借:结算备付金——客户
　　贷:代理买卖证券款

(5)证券公司将未中签的款项划回,会计分录为:

借:银行存款——客户
　　贷:结算备付金——客户

(6)证券公司将中签项的款项退给客户,会计分录为:

借:代理买卖证券款
　　贷:银行存款——客户

2. 代理买卖证券的核算

证券公司接受客户委托买卖证券,客户存入款项以及向证券交易所为客户开立买卖证券资金清算专户,其会计分录均与新股认购相同。

通过证券交易所代理买卖证券应分别按以下两种情况进行账务处理:

(1)如果买入证券成交总额大于卖出证券成交总额,按买卖证券成交价的差额,加代扣代缴的印花税费和应向客户收取的佣金等费用,借记"代理买卖证券款"科目,贷记"结算备付金——客户"科目。其会计分录为:

借:代理买卖证券款
　　贷:结算备付金——客户

同时,

借:手续费及佣金支出——代理买卖证券手续费支出
　　结算备付金——自有
　　贷:手续费及佣金收入——代理买卖证券手续费收入
　　　　应交税费——应交增值税(销项税额)

(2)如果卖出证券成交总额大于买入证券成交总额,按买卖成交价的差额,减代扣代缴的相关税费和应向客户收取的手续费等后的余额,借记"结算备付金——客户"科目,贷记"代理买卖证券款"科目。其会计分录为:

借:结算备付金——客户
　　贷:代理买卖证券款

同时,

借:手续费及佣金支出——代理买卖证券手续费支出
　　结算备付金——自有
　　贷:手续费及佣金收入——代理买卖证券手续费收入
　　　　应交税费——应交增值税(销项税额)

3. 代理配股派息的核算

(1) 采用当日向证券交易所解交配股款的,在客户提出配股要求时,会计分录为:

借:代理买卖证券款
　　贷:结算备付金——客户

(2) 采用定期向证券交易所解交配股款的,在客户提出配股要求时,会计分录为:

借:代理买卖证券款
　　贷:其他应付款——应付客户配股款

(3) 与证券交易所清算配股款时,按配股金额,会计分录为:

借:其他应付款——应付客户配股款
　　贷:结算备付金——客户

(4) 代理客户领取现金股利和利息时,会计分录为:

借:结算备付金——客户
　　贷:代理买卖证券款

(5) 按规定向客户统一结息时,会计分录为:

借:利息支出
　　应付利息
　　贷:代理买卖证券款

五、代理兑付证券业务

1. 代理兑付到期无记名证券的核算

(1) 证券公司收到委托单位拨来兑付证券款时,会计分录为:

借:银行存款
　　贷:代理兑付证券款

(2) 证券公司收到客户交来的实物券时,会计分录为:

借:代理兑付证券
　　贷:银行存款

(3) 兑付期结束,将已兑付的证券集中交给发行单位,按代理兑付的证券本息与委托单位办理结算时,会计分录为:

借:代理兑付证券款
　　贷:代理兑付证券

(4) 证券公司代理兑付证券时,若委托单位尚未拨付兑付资金而由公司垫付的,在收到客户交来的证券时,会计分录为:

借:代理兑付证券
　　贷:银行存款

(5) 向委托单位交回已兑付的证券并收回垫付的资金时,会计分录为:

借：银行存款
　　贷：代理兑付证券

2. 代理兑付到期记名证券的核算

（1）证券公司收到委托单位的兑付资金时，会计分录为：

借：银行存款
　　贷：代理兑付证券款

（2）收到客户交来的证券，兑付证券本息时，会计分录为：

借：代理兑付证券款
　　贷：银行存款

3. 手续费收入的核算

（1）如果证券公司向委托单位单独收取代理兑付证券手续费的，会计分录为：

借：应收款项[或银行存款]
　　贷：手续费及佣金收入——代理兑付证券手续费收入
　　　　应交税费——应交增值税（销项税额）

（2）手续费与兑付款一并汇入的，在收到款项时，会计分录为：

借：结算备付金[或银行存款]
　　贷：代理兑付证券款
　　　　其他应付款——预收代理兑付证券手续费

（3）兑付证券业务完成后，确认手续费收入时，会计分录为：

借：其他应付款——预收代理兑付证券手续费
　　贷：手续费及佣金收入——代理兑付证券手续费收入
　　　　应交税费——应交增值税（销项税额）

第三节　证券自营业务的核算

证券自营业务是指证券公司以自己的名义使用公司自有资金和依法筹集的资金买卖证券以达到获利目的的业务。证券自营业务按其经营形式可分为两种，一种是场内交易，另一种是场外交易。场内交易也称交易所交易，它是最重要、最集中、最组织化的证券交易活动，是一种有固定场所、固定时间并有一定规则的证券买卖活动。场外交易是指不在交易所内交易，而在交易所市场以外进行的证券交易的总称。证券自营业务具体又包括买入证券业务和卖出证券业务。

一、科目设置

证券公司自营业务应设置"交易性金融资产""其他债权投资""投资收益""信用减值损失"等科目，各会计科目及其主要核算内容如表3-2所示。

表 3-2　　　　　　　　证券自营业务的会计科目及其主要核算内容

类别	会计科目	主要核算内容
资产类	交易性金融资产	核算证券公司为了交易目的所持有的债券投资、股票投资和基金投资等交易性金融资产的公允价值。借方登记取得交易性金融资产的成本和公允价值的有利变动,贷方登记出售交易性金融资产时结转的成本和公允价值的不利变动。期末借方余额,反映证券公司持有的交易性金融资产的公允价值。本科目按金融资产的类别和品种,分"成本""公允价值变动"等项目进行明细核算
	债权投资	核算证券公司以摊余成本计量的债权投资的账面余额。借方登记取得的债权投资的成本和利息调整,贷方登记出售持有至到期的摊余成本。期末余额在借方,反映证券公司以摊余成本计量的债权投资的账面余额。本科目按债权投资的类别和品种,分"面值""利息调整""应计利息"等项目进行明细核算
	其他债权投资	核算证券公司以公允价值计量且其变动计入其他综合收益的金融资产。借方登记取得的其他债权投资的成本和利息调整,贷方登记出售其他债权投资时结转的成本和公允价值的不利变动。期末借方余额,反映证券公司持有的债权投资的公允价值。本科目按金融资产的类别和品种,分"成本""利息调整""公允价值变动"等项目进行明细核算
	其他权益工具投资	核算证券公司指定为以公允价值计量且其变动计入其他综合收益的非交易性权益工具投资的公允价值。期末余额在借方,反映证券公司其他权益工具投资的公允价值。本科目可按其他权益工具投资的类别和品种,分"成本""公允价值变动"等项目进行明细核算
所有者权益类	其他综合收益	核算根据企业会计准则规定未在损益中确认的各项利得和损失
损益类	投资收益	核算证券公司自营证券业务确认的投资收益或投资损失。债券投资期间取得的利息收入,可在"利息收入"科目核算
	公允价值变动损益	核算证券公司交易性金融资产、交易性金融负债、衍生工具等公允价值变动形成的应计入当期损益的利得或损失。本科目可按"交易性金融资产""交易性金融负债""衍生工具"等项目进行明细核算。期末,应将本科目余额转入"本年利润"科目,结转后本科目无余额
	信用减值损失	核算证券公司根据准则要求的各项金融工具减值准备所形成的预期信用损失

二、自营证券买卖的核算

证券公司自营买入的证券,除了形成长期股权投资的,应根据新金融工具确认和计量准则的规定,将自营买入的证券根据其管理证券的业务模式和证券的合同现金流量特征划分为三类:①以摊余成本计量的金融资产。②以公允价值计量且其变动计入其他综合收益的金融资产。③以公允价值计量且其变动计入当期损益的金融资产。

(一)以摊余成本计量的金融资产的核算

根据金融工具确认和计量准则的规定,金融资产同时符合下列条件的,应当分类为以摊余成本计量的金融资产:企业管理该金融资产的业务模式是以收取合同现金流量为目标。该金融资产的合同条款规定,在特定日期产生的现金流量,仅为对本金和以未偿付本金金额为基础的利息的支付。

首先,证券公司取得债权投资时,会计分录为:

借:债权投资——面值
　　应收利息
　　应交税费——应交增值税(进项税额)[可以抵扣的进项税额]
借或贷:债权投资——利息调整[借贷方差额]
　　贷:结算备付金——自有[实际支付的金额]

收到上述支付价款中包含的债券利息时,会计分录为:

借:结算备付金——自有
　　贷:应收利息

其次,在持有期间,资产负债表日按实际利率计算债权投资各期利息收入和账面余额。

(1) 债权投资为分期付息、一次还本债券投资的,会计分录为:

借:应收利息[按票面利率计算的应收未收利息]
借或贷:债权投资——利息调整[借贷方差额]
　　贷:投资收益[按账面余额和实际利率计算的利息收入]

(2) 债权投资为一次还本付息债券投资的,会计分录为:

借:债权投资——应计利息[按票面利率计算的应收未收利息]
借或贷:债权投资——利息调整[借贷方差额]
　　贷:投资收益[按账面余额和实际利率计算的利息收入]

最后,债权投资到期收回时,分为两种情况处理。

(1) 债权投资为分期付息、一次还本债券投资时,会计分录为:

借:结算备付金——自有
　　贷:债权投资——面值

(2) 债权投资为一次还本付息债券投资时,会计分录为:

借:结算备付金——自有
　　贷:债权投资——面值
　　　　　　——应计利息

(二) 以公允价值计量且其变动计入其他综合收益的金融资产的核算

1. 一般情形

根据金融工具确认和计量准则的规定,金融资产同时符合下列条件的,应当分类为以公允价值计量且其变动计入其他综合收益的金融资产:①企业管理该金融资产的业务模式既以收取合同现金流量为目标又以出售该金融资产为目标。②该金融资产的合同条款规定,在特定日期产生的现金流量,仅为对本金和以未偿付本金金额为基础的利息的支付。

对证券公司而言,其自营买入的债券,如果其管理该债券的业务模式既以收取合同现金流量为目标又以出售该债券为目标,则该债券应当分类为以公允价值计量且其变动计入其他综合收益的金融资产。

(1) 证券公司取得其他债权投资时，会计分录为：

借：其他债权投资——成本[面值或本金]
　　应收利息[已到付息期但尚未领取的利息]
　　应交税费——应交增值税(进项税额)[可以抵扣的增值税进项税额]
借或贷：其他债权投资——利息调整[借贷方差额]
　　贷：结算备付金——自有[实际支付的金额]

收到上述支付价款中包含的债券利息时，会计分录为：

借：结算备付金——自有
　　贷：应收利息

(2) 在持有期间，于资产负债表日，采用实际利率法计算利息，计入投资收益。
第一种情况，其他债权投资为分期付息、一次还本债券投资的，会计分录为：

借：应收利息[按票面利率计算的应收未收利息]
借或贷：其他债权投资——利息调整[借贷方差额]
　　贷：投资收益[按账面余额和实际利率计算的利息收入]

证券公司应收取的利息，按规定应缴纳增值税的，还应计算增值税销项税额，并进行账务处理，后续相同业务省略。

收到债券利息时，会计分录为：

借：结算备付金——自有
　　贷：应收利息

第二种情况，其他债权投资为一次还本付息债券投资的，会计分录为：

借：其他债权投资——应计利息[按票面利率计算的应收未收利息]
借或贷：其他债权投资——利息调整[借贷方差额]
　　贷：投资收益[按账面余额和实际利率计算的利息收入]

(3) 在持有期间，于资产负债表日，将其他债权投资公允价值变动产生的利得或损失，计入其他综合收益。其他债权投资的公允价值高于其账面余额的，按其差额编制会计分录：

借：其他债权投资——公允价值变动
　　贷：其他综合收益——其他债权投资公允价值变动

公允价值低于其账面余额的差额，作相反的会计分录。

(4) 在持有期间，于资产负债表日，评估其他债权投资的信用风险自初始确认后是否已显著增加，并采用预期信用损失法确认减值损失，计提减值准备。计提的减值准备记入"其他综合收益——信用减值准备"科目的贷方，不影响其他债权投资的账面价值。会计分录为：

借：信用减值损失
　　贷：其他综合收益——信用减值准备

(5) 出售其他债权投资时，将所取得的价款与其账面价值的差额，计入投资收益；同时，将

原计入其他综合收益的公允价值变动累计额转出,计入投资收益。会计分录为:

　　借:结算备付金——自有[实际收到的金额]
　　　　贷或借:其他债权投资[成本、公允价值变动、利息调整、应计利息]
　　　　贷或借:投资收益[借贷方差额]

　同时,

　　借或贷:其他综合收益——其他债权投资公允价值变动
　　　　贷或借:投资收益[原计入其他综合收益的公允价值变动累计额]

　2. 指定为以公允价值计量且其变动计入其他综合收益的金融资产的核算

　　根据金融工具确认和计量准则的规定,在初始确认时,除了符合前述条件的金融资产应当分类为以公允价值计量且其变动计入其他综合收益的金融资产,企业还可以将非交易性权益工具投资指定为以公允价值计量且其变动计入其他综合收益的金融资产,并确认股利收入。该指定一经作出,不得撤销。

　　对证券公司而言,其自营买入的不打算近期出售的股票以及持有的对被投资企业不具有控制、共同控制或重大影响的股权或限售股票等,可以指定为以公允价值计量且其变动计入其他综合收益的金融资产。此外,股票投资股利收入属于非保本收入,不征收增值税。

　(1)证券公司取得其他权益工具投资时,会计分录为:

　　借:其他权益工具投资——成本
　　　　应收股利[已宣告但尚未发放的现金股利]
　　　　应交税费——应交增值税(进项税额)[可以抵扣的增值税进项税额]
　　　　贷:结算备付金——自有[实际支付的金额]

　收到上述支付价款中包含的已宣告发放的现金股利时,会计分录为:

　　借:结算备付金——自有
　　　　贷:应收股利

　(2)在持有期间,被投资单位宣告发放现金股利时,会计分录为:

　　借:应收股利[被投资单位宣告发放的现金股利×持股比例]
　　　　贷:投资收益

　(3)在持有期间,于资产负债表日,将其他权益工具投资公允价值变动计入其他综合收益。其他权益工具投资的公允价值高于其账面价值的,按其差额编制会计分录:

　　借:其他权益工具投资——公允价值变动
　　　　贷:其他综合收益——其他权益工具投资公允价值变动

　公允价值低于其账面价值的差额,作相反的会计分录。

　(4)出售其他权益工具投资时,将所取得的价款与其账面价值的差额,计入其他综合收益;同时,将累计确认的其他综合收益转为留存收益,不计入当期损益。会计分录为:

　　借:结算备付金——自有[实际收到的金额]
　　　　贷或借:其他权益工具投资(成本、公允价值变动)[账面价值]
　　　　贷或借:其他综合收益——其他权益工具投资公允价值变动[借贷方差额]

同时，

借或贷：其他综合收益——其他权益工具投资公允价值变动
　　贷或借：盈余公积——法定盈余公积
　　　　　　利润分配——未分配利润

股权转让收入不征收增值税，但是二级市场股票转让属于金融商品转让，应按规定缴纳增值税。具体账务处理前文已述，这里不再重复。

（三）以公允价值计量且其变动计入当期损益的金融资产的核算

根据新金融工具确认和计量准则的规定，企业分类为以摊余成本计量的金融资产和以公允价值计量且其变动计入其他综合收益的金融资产之外的金融资产，应当分类为以公允价值计量且其变动计入当期损益的金融资产。

对证券公司而言，其以交易目的自营买入的债券、股票、基金和权证等，应当分类为以公允价值计量且其变动计入当期损益的金融资产。

（1）证券公司取得交易性金融资产时，会计分录为：

借：交易性金融资产——成本［公允价值］
　　投资收益［不含增值税的交易费用］
　　应交税费——应交增值税（进项税额）［可以抵扣的增值税进项税额］
　　应收股利［或应收利息］
　贷：结算备付金——自有［实际支付的金额］

收到上述支付价款中包含的已宣告发放的现金股利或债券利息时，会计分录为：

借：结算备付金——自有
　贷：应收股利［或应收利息］

（2）在持有期间，确认股利收入或利息收入时，会计分录为：

借：应收股利［或应收利息］
　贷：投资收益

收到现金股利或债券利息时，会计分录为：

借：结算备付金——自有
　贷：应收股利［或应收利息］

（3）在持有期间，于资产负债表日，将交易性金融资产公允价值变动产生的利得或损失，计入当期损益。交易性金融资产的公允价值高于其账面价值的，按其差额编制会计分录：

借：交易性金融资产——公允价值变动
　贷：公允价值变动损益

公允价值低于其账面价值的差额，作相反的会计分录。

（4）出售交易性金融资产时，将实际收到的金额与其账面价值的差额，确认为投资收益。会计分录为：

借：结算备付金——自有［实际收到的金额］
借或贷：交易性金融资产——公允价值变动［该明细科目的账面价值］

借或贷：投资收益［借贷方差额］
　　贷：交易性金融资产——成本［取得成本］

三、自营证券减值准备的核算

证券公司应当在资产负债表日对以公允价值计量且其变动计入当期损益的金融资产以外的金融资产的账面价值进行检查，有客观证据表明该金融资产发生减值的，应当确认减值损失。其他权益工具投资发生减值的，在确认减值损失时，应当将原先直接计入所有者权益的公允价值下降形成的累计损失一并转出，计入减值损失。

确定其他权益工具投资发生减值的，按应减记的金额，借记"资产减值损失"科目；按应从所有者权益中转出原计入资本公积的累计损失金额，贷记"资本公积——其他资本公积"科目；按其差额，贷记"其他权益工具投资——公允价值变动"科目。

对于已确认减值损失的其他权益工具投资，在随后会计期间公允价值已上升且客观上与确认原减值损失事项有关的，原确认的减值损失应当予以转回，计入当期损益。但是，转回后的账面价值不应超过假定不计提减值准备情况下该金融资产在转回日的摊余成本。其会计分录为：

借：其他权益工具投资——公允价值变动
　　贷：资产减值损失

但其他权益工具投资为股票等权益工具投资的（不含在活跃市场上没有报价、公允价值不能可靠计量的权益工具投资），借记"其他权益工具投资——公允价值变动"科目，贷记"资本公积——其他资本公积"科目。

第四节　证券承销业务的核算

证券承销业务是指证券公司在一级市场接受发行单位的委托，代为办理发售各类证券的业务，如代国家发售国库券、国家重点建设债券，代企业发行集资债券和股票、基金等。按照我国《证券法》的规定，发行人向不特定对象公开发行的证券，法律、行政法规规定应当由证券公司承销的，发行人应当同证券公司签订承销协议。

证券承销业务采取代销或者包销方式。证券代销是指证券公司代发行人发售证券，在承销期结束时，将未售出的证券全部退还给发行人的承销方式。在代销业务中证券公司向委托人收取手续费。证券包销是指证券公司将发行人的证券按照协议全部购入或者在承销期结束时将售后剩余证券全部自行购入的承销方式。证券公司在代销、包销期内，对所代销、包销的证券应当保证先行出售给认购人，证券公司不得为本公司预留所代销的证券和预先购入并留存所包销的证券。

证券承销业务根据与发行人确定的发售方式不同，具体又分为全额承购包销方式的承销业务、余额承购包销方式的承销业务和代销方式的承销业务。

一、科目设置

证券承销业务应设置"代理承销证券""代理承销证券款"科目进行核算，各会计科目及其主要核算内容如表 3-3 所示。

表 3-3　　　　　　　证券承销业务的会计科目及其主要核算内容

类别	会计科目	主要核算内容
资产类	代理承销证券	核算证券公司接受委托代理发行的股票、债券等证券的价值。借方登记代理承销证券的承购价,贷方登记发行期结束后结转的已销售代理承销证券的成本、未售出证券转为自营金融资产的成本。期末借方余额,反映证券公司尚未售出的代理承销证券的价值。本科目应按委托单位和代发行证券的种类进行明细核算。
负债类	代理承销证券款	核算证券公司接受委托,采用余额承购包销方式或代销方式承销证券所形成的、应付证券发行人的承销资金。贷方登记证券公司受托代理发行证券时的认购款项,借方登记证券公司向委托方支付代发行的证券款项。期末贷方余额,反映证券公司承销证券应付未付给委托单位的款项余额。本科目应按委托单位和证券的种类进行明细核算。

二、全额承购包销方式承销证券的核算

全额承购包销是指证券公司与证券发行单位签订合同或协议,由证券公司按合同或协议确定的价格将证券从发行单位购进,并向发行单位支付全部款项,然后按一定价格在证券一级市场发售证券的一种代理发行方式。这种发行方式可确保发行单位及时获得所需的资金,但对证券公司来说,却要承担全部发行风险。证券公司向发行单位承购证券的价格可能低于、等于或高于证券面值,由双方在协议中确定,但发售价格由证券公司确定,发行单位原则上不干预,证券公司主要是从中赚取证券买卖的差价。

证券公司按照承购价购入证券时,将其确认为金融资产;将证券转售给投资者时,按发行价格进行资金结算;发行期结束时,如有未售出证券,则应按承购价转为公司的自营证券进行核算与管理。

（1）证券公司根据协议认购全部证券,按承购价向委托发行单位支付全部证券款项,会计分录为：

借：交易性金融资产[或其他权益工具投资]
　　贷：银行存款

（2）证券公司将证券向市场发售或转售给投资者,按发行价办理核算。同时,按照承购价结转售出证券的实际成本,差额确认为投资收益,会计分录为：

借：银行存款
　　贷：交易性金融资产[或其他权益工具投资]
　　　　投资收益[差价]

（3）发行期结束,未售出的证券按自营证券进行管理,按照自营证券有关规定进行会计核算。

三、余额承购包销方式承销证券的核算

余额承购包销是指发行人委托承销机构在约定期限内发行证券,到销售截止日期未售出

的余额由承销商按协议价格认购的一种代理发行方式。余额承购包销实际上是先代理发行，后全额承购包销，是代销和全额承购包销的结合。

证券公司以余额承购包销方式进行承销业务的，收到代发行单位发售的证券时，在备查簿中记录承销证券的情况，即在备查簿中登记代销证券的发行单位、承销价格、承销数量、承销期限等有关项目。证券承销期内，按承销价格销售证券。承销期结束后，与发行单位结算承销证券款项和手续费，如果有未发售完的证券，按规定由证券公司认购。代发行证券收取的手续费，应于承销期结束后，与发行单位结算发行价款时确认为手续费及佣金收入。

（一）承销无记名证券的核算

（1）证券公司收到委托单位委托发行的证券时，应将其作为重要凭证保管，不需要在账内同时确认为一项资产和一项负债，只需在备查簿中记录承销证券的情况。

（2）证券公司在约定的期限内售出证券时，应按承销价格记账，会计分录为：

借：银行存款
　　贷：代理承销证券款

（3）未售出部分按规定由证券公司认购，转为自营证券或长期投资，会计分录为：

借：交易性金融资产[或其他权益工具投资]
　　贷：代理承销证券款

（4）承销期结束，证券公司将募集资金付给委托单位并收取手续费，会计分录为：

借：代理承销证券款
　　贷：银行存款
　　　　手续费及佣金收入——代理承销证券手续费收入
　　　　应交税费——应交增值税（销项税额）

同时，冲销备查账簿中登记的承销证券。

【例3-1】甲证券公司与A公司签订合同，约定甲证券公司以余额承购包销的方式承销A公司发行的无记名证券，承购价共计85 000 000元。甲证券公司在约定期限内售出该证券的90%，按发行价的2%收取手续费。发行结束后，依据合同规定，将未售出的债权转为交易性金融资产，并将所集资金返还给A公司（不考虑增值税）。

要求：编制甲证券公司相关具体会计分录。

【解析】甲证券公司的账务处理如下：

（1）收到A公司证券时，在备查簿中登记承销证券的情况。

（2）售出证券时，会计分录为：

借：银行存款　　　　　　　　　　　　　　　　　　　　　76 500 000
　　贷：代理承销证券款　　　　　　　　　　　　　　　　　　76 500 000

（3）按承购价将未售出证券转为交易性金融资产时，会计分录为：

借：交易性金融资产　　　　　　　　　　　　　　　　　　　8 500 000
　　贷：代理承销证券款　　　　　　　　　　　　　　　　　　8 500 000

（4）返还所集资金和收取手续费时，会计分录为：

借：代理承销证券款		8 500 000
贷：银行存款		8 330 000
手续费及佣金收入——代理承销证券手续费收入		170 000

(二) 承销记名证券的核算

(1) 证券公司通过证券交易所上网发行的，在证券上网发行日，根据承销合同确认的证券发行总额，按承销价格，在备查簿中记录承销证券的情况。

(2) 证券公司与证券交易所交割清算，按网上实际发行数量和承销价格计算的承销款减去上网费用后的余额，作会计分录：

借：结算备付金
　　其他应收款——应收代垫委托单位上网费
　贷：代理承销证券款

(3) 承销期结束，证券公司将承销证券款项交付委托单位并收取承销手续费和代垫上网费用时，按承销价格作会计分录：

借：代理承销证券款
　贷：其他应收款——应收代垫委托单位上网费
　　　手续费及佣金收入
　　　结算备付金

同时，冲销备查账簿中登记的承销证券。

(4) 承销期结束，如有未售出的证券，应当比照承销无记名证券的相关规定进行处理。

(5) 证券公司通过柜台承销证券的账务处理，应当比照承销无记名证券的相关规定进行处理。

四、代销方式承销证券的核算

代销方式承销证券是指证券公司接受发行单位委托，按照规定的条件，在约定的期限内，代为向投资者销售证券，发行期结束后，若债券未按原定发行额售出，未售部分退回发行单位，代销券的证券公司向委托人收取手续费，不承担任何发行风险。在代销过程中，承销机构与发行人只是代理委托关系，承销机构不承担销售风险，因此代销佣金很低。代销发行比较适合于那些信誉好知名度高的大中型企业，它们的证券容易被社会公众接受，它们用代销方式可以降低发行成本。

证券公司以代销方式进行承销业务的，收到代发行单位发售的证券时，应在备查簿中记录承销证券的情况。备查簿中登记代销证券的发行单位、承销价格、承销数量、承销期限等有关项目。证券承销期内，证券公司按承销价格销售证券。承销期结束后，证券公司与发行单位结算承销证券款项和手续费，如果有未发售完的证券，应退还给发行单位。代发行证券收取的手续费，应于发行结束后，与发行单位结算发行价款时确认为手续费及佣金收入。

证券公司采用代销方式承销证券，收到代销证券、承销期内发售证券、承销期结束划转销售款项及收取手续费的账务处理与采用余额包销方式承销证券相同。只是在承销期结束后，如有未售的证券，在采用代销方式承销证券时，证券公司应将未售出的证券退还给发行单位，并冲销备查簿中登记承销证券。

（1）证券公司收到发行单位交来的代销证券，在发行期开始前，可以作为重要凭证保管，不作账务处理。发行期开始，应按照面值或协议价入账。采用代销方式承销证券的，应将未售出的证券退还委托单位，并冲销备查账簿中登记的承销证券，会计分录为：

借：代理承销证券
　　贷：代理承销证券款

（2）发售证券时，会计分录为：

借：银行存款
　　贷：代理承销证券

（3）发行结束后，将代销证券款交给委托单位，同时应由委托单位付给手续费。手续费可以从发行证券款中扣除，也可以单独结算收取，由双方协商。如果从发行证券款中扣留，会计分录为：

借：代理承销证券款
　　贷：银行存款
　　　　手续费及佣金收入

如果是单独结算，会计分录为：

借：代理承销证券款
　　贷：银行存款

借：银行存款
　　贷：手续费及佣金收入

（4）发行结束后，如果有未售出证券，应退还给发行单位，会计分录为：

借：代理承销证券款
　　贷：代理承销证券

第五节 其他证券业务的核算

其他证券业务是指证券公司经批准在国家许可的范围内进行的经纪、自营和承销业务以外的其他与证券有关的业务。例如，买入返售证券业务、卖出回购证券业务、受托资产管理业务、融资融券业务等与证券业务有关的业务。

一、科目设置

证券公司从事买入返售证券、卖出回购证券、受托资产管理等其他证券业务，应设置"买入返售金融资产""卖出回购金融资产款""代理业务资产""代理业务负债"等会计科目进行核算，各会计科目及其主要核算内容如表3-4所示。

表 3-4　　　　　　　其他证券业务的会计科目及其主要核算内容

类别	会计科目	主要核算内容
资产类	买入返售金融资产	核算证券公司按返售协议约定先买入再按固定价格返售给卖出方的证券等金融资产所融出的资金。借方登记证券公司按规定买入返售证券实际支付的款项,贷方登记证券返售时转出的账面余额。期末借方余额,反映证券公司已经买入尚未到期返售证券的摊余成本。本科目应按买入返售金融资产的类别和融资方进行明细核算
资产类	代理业务资产	核算证券公司不承担风险的代理业务形成的资产,如受托理财业务进行的证券投资和受托贷款等。证券公司的代理买卖证券、代理承销证券、代理兑付证券不在本科目核算。借方登记用代理业务资金购买证券的实际成本、卖出证券发生的亏损以及结转的投资收益,贷方登记结转已售证券的成本、卖出证券形成的收益以及结转的投资损失。期末借方余额,反映证券公司代理业务资产的价值。本科目应按委托单位、资产管理类别(如定向、集合和专项资产管理业务)、贷款对象,分"成本""已实现未结算损益"等项目进行明细核算
负债类	卖出回购金融资产款	核算证券公司按回购协议先卖出再按固定价格买入的证券等金融资产所融入的资金。贷方登记证券公司按规定卖出证券实际收到的款项,借方登记证券回购时转出的账面余额。期末贷方余额,反映证券公司尚未到期的卖出回购证券款。本科目应按卖出回购金融资产的类别和融资方进行明细核算
负债类	代理业务负债	核算证券公司不承担风险的代理业务收到的款项,如受托投资资金、受托贷款资金等。证券公司的代理买卖证券款、代理承销证券款、代理兑付证券款,不在本科目核算。贷方登记收到的代理业务款项和属于委托单位的投资收益,借方登记受托投资过程中应由委托单位负担的损失和按规定划转、核销或退还委托单位的代理业务资金。期末贷方余额,反映证券公司收到的代理业务资金。本科目可按委托单位、资产管理类别(如定向、集合和专项资产管理业务)等进行明细核算

二、买入返售证券的核算

买入返售证券业务是指证券公司与其他企业以合同或协议的方式,按一定价格买入证券,到期日再按合同规定的价格将该批证券返售给对方,以获取买入价与卖出价的差价收入的业务。证券公司应于买入某种证券时,将实际发生的成本确认为一项资产;证券到期返售时,将返售价格与账面价值的差额,确认为当期收入。这实际上是以证券为依据向交易对方融通资金,而证券并未真正转移。

(一) 买入返售证券

证券公司根据返售协议购入返售证券时,应按实际支付的款项和交易费用之和确定买入返售证券的初始确认金额,会计分录为:

借:买入返售金融资产
　　贷:结算备付金

(二) 期末计息或分红

(1) 资产负债表日,计提买入返售证券利息收入、现金股利时,会计分录为:

借:买入返售金融资产
　　贷:利息收入[或投资收益]

(2) 收到支付的买入返售证券的利息、现金股利时,会计分录为:

借：结算备付金
　　贷：买入返售金融资产

（三）返售证券

按照协议，在返售到期日，按合同规定的价格将该批证券返售给对方时，会计分录为：

借：结算备付金
　　贷：买入返售金融资产
　　　　利息收入[或投资收益]

（四）交易违约

在交易对方违约的情况下，如企业有权取得本应按固定价格返售的证券等资产的，会计分录为：

借：交易性金融资产
　　结算备付金
　　贷：买入返售金融资产

同时，按其差额借记或贷记"利息收入""投资收益"等科目。

三、卖出回购证券的核算

卖出回购证券业务是指证券公司与其他企业以合同或协议的方式，按照一定价格卖出证券，到期日再按合同规定的价格买回该批证券，以获得一定时期内资金的使用权的业务。证券公司应于卖出证券时，将实际收到的款项确认为一项负债；证券到期购回时，将实际支付的款项与卖出证券时实际收到款项的差额，确认为当期费用。这项业务一般是证券公司持有证券，但急需资金，因此将证券暂时卖给某单位以取得资金，协议规定期满后再购回，是券商解决暂时性资金不足的一项措施，属于短期融通资金业务。在此类业务中，一般卖出价低于回购价，差额为资金使用费，而证券并未真正转移。

（一）卖出回购证券

证券公司根据回购协议卖出回购证券时，应按实际收到的金额入账，会计分录为：

借：结算备付金
　　贷：卖出回购金融资产款

（二）期末计息

资产负债表日，证券公司应计算确定卖出回购证券的利息费用，会计分录为：

借：利息支出
　　贷：卖出回购金融资产款

（三）回购证券

按照协议，在回购到期日，按合同规定的价格将该批证券从对方回购，会计分录为：

借：卖出回购金融资产款
　　利息支出
　　贷：结算备付金

(四) 交易违约

在交易对方违约的情况下,会计分录为:

借:卖出回购金融资产款
　　结算备付金
　　贷款损失准备
　　贷:交易性金融资产

同时,按其差额借记或贷记"投资收益"等科目。

四、受托资产管理的核算

受托资产管理业务是指证券公司接受委托,负责经营管理受托资产的业务。证券公司受托经营管理资产,应按实际受托资产的款项,同时确认为一项资产和一项负债;合同到期,与委托单位结算收益或损失时,按合同规定比例计算的应由证券公司享有的收益或承担的损失,确认为当期的收益或损失。

(1) 收到代理业务款项时,会计分录为:

借:结算备付金——客户
　　贷:代理业务负债

(2) 用代理业务资金购买证券时,会计分录为:

借:代理业务资产——成本
　　贷:结算备付金——客户

(3) 将购买的证券卖出,按实际收到价款核算时,会计分录为:

借:结算备付金——客户
　　贷:代理业务资产——成本
　　　　　　　　　——已实现未结算损益[按卖出证券收到的款项与成本之间的差额计价入账,已实现未结算收益计入贷方,已实现未结算损失计入借方]

(4) 定期或在委托合同到期时与委托客户进行结算。

首先,定期或委托合同到期与委托客户进行结算时,按合同约定比例计算其代理业务资产收益中属于委托客户的收益和属于证券公司的收益,并结转已实现未结算的损益。其会计分录为:

借:代理业务资产——已实现未结算损益
　　贷:代理业务负债
　　　　手续费及佣金收入——受托客户资产管理业务收入

其次,代理业务资产发生亏损时,按合同约定比例计算其代理业务资产损失中属于委托客户的损失和属于证券公司的损失,并结转已实现未结算的损益。其会计分录为:

借:代理业务负债
　　手续费及佣金支出——受托客户资产管理业务支出
　　贷:代理业务资产——已实现未结算损益

最后,到期时退还委托管理的资金及损益。其会计分录为:

借:代理业务负债
　　贷:银行存款

五、融资融券业务的核算

融资融券业务是指向客户出借资产供其买入上市证券或出借上市证券供其卖出,并收取担保物的经营活动。为正确反映融资融券业务,证券公司应增设"贷款"一级科目,按照客户名称设立二级科目,下设"融资业务""融券业务"三级明细科目;增设"银行存款——融资专用"二级科目,反映向客户融出的资金及客户归还的资金;增设"结算备付金——客户信用交易担保资金"二级科目,按客户进行明细核算,反映客户交存的、担保证券公司因向客户融资融券所生债权的资金;增设"交易性金融资产——融券专用"二级科目,反映公司持有的拟向客户融出的证券和客户已归还的证券;增设"代买卖证券款——信用客户"二级科目,按客户进行明细核算,反映客户未能归还的融资款及利息;增设"应收款项——融券价格变动"二级科目,按客户进行明细核算,反映证券公司已融出证券价格变动。

(一)融资业务的核算

(1)当证券公司将拟向客户融出的资金存入融资专用资金账户时,证券公司总部(以下简称公司总部)应编制的会计分录为:

借:银行存款——融资专用
　　贷:银行存款——自有资金

(2)证券公司按一定比例向客户收取融资业务保证金存入客户信用交易担保资金账户,如为普通客户则需证券公司营业部(以下简称营业部)将客户从普通客户转为信用客户,如为信用客户则直接存款。

第一种情况,将客户信用交易担保资金从普通账户取出,营业部应编制的会计分录为:

借:代买卖证券款——信用客户
　　贷:银行存款——客户[或结算备付金——客户]

第二种情况,将客户从普通客户转为信用客户,营业部应编制的会计分录为:

借:结算备付金——客户信用交易担保资金
　　贷:代买卖证券款——信用客户

第三种情况,如客户直接为营业部信用客户,则直接按第二种情况进行账务处理。

(3)按照协议向客户发放贷款,营业部应同时增加客户信用资金。公司总部应编制的会计分录为:

借:贷款——客户(融资业务)
　　贷:银行存款——融资专用

同时,营业部应编制的会计分录为:

借:结算备付金——客户信用交易担保资金
　　贷:代买卖证券款——信用客户

(4) 信用客户每日证券交易资金清算、证券交收结果由客户所在营业部进行记账。同时，公司总部将信用客户清算交收结果报开户银行。如果卖出证券金额大于买入证券金额，即为卖差，营业部应编制的会计分录为：

借：结算备付金——信用客户
　　手续费及佣金支出
　　贷：代买卖证券款——信用客户
　　　　手续费及佣金收入

如果卖出证券金额小于买入证券金额，即为买差，营业部应编制的会计分录为：

借：代买卖证券款——信用客户
　　手续费及佣金支出
　　贷：结算备付金——信用客户
　　　　手续费及佣金收入

(5) 证券公司逐日计算客户交存的担保物价值与所欠债务比例，当该比例低于最低维持担保比例时，应当通知客户在一定时期内补交差额。客户缴款时，营业部应编制的会计分录为：

借：结算备付金——客户信用交易担保资金
　　贷：代买卖证券款——信用客户

(6) 若融资融券合同到期，客户未能及时补交差额，证券公司按照约定处置担保物，处置资金将优先用于归还客户所欠本金和利息，剩余部分归还客户。将客户所欠本金利息取出，营业部应编制的会计分录为：

借：代买卖证券款——信用客户
　　贷：结算备付金——信用客户

客户还款时，公司总部应编制的会计分录为：

借：银行存款——融资专用
　　贷：贷款——客户（融资业务）
　　　　利息收入——融资利息收入

(7) 客户不再从事融资融券交易，将客户从信用客户转为普通客户，营业部应编制的会计分录为：

借：代买卖证券款——信用客户
　　贷：结算备付金——信用客户

公司总部应编制的会计分录为：

借：银行存款——融资专用
　　贷：代买卖证券款——信用客户

(8) 融资融券合同到期，客户归还借款及利息，营业部应编制的会计分录为：

借：代买卖证券款——信用客户
　　贷：结算备付金——信用客户

公司总部应编制的会计分录为：

借：银行存款——融资专用
　　贷：贷款——客户（融资业务）
　　　　利息收入——融资利息收入

（9）如果到期客户未能还清贷款，则将未能归还部分计入应收客户融资款，公司总部应编制的会计分录为：

借：银行存款——融资专用
　　应收款项——客户（融资业务）
　　贷：贷款——客户（融资业务）
　　　　利息收入——融资利息收入

（10）期末，对客户未能还清的应收款项计提减值准备，公司总部应编制的会计分录为：

借：信用减值损失——坏账准备
　　贷：坏账准备

（二）融券业务的核算

（1）证券公司将拟向客户融出的证券存入融券专用证券账户，公司总部应编制的会计分录为：

借：交易性金融资产——融资专用
　　贷：交易性金融资产

（2）证券公司通过非交易过户方式将拟融出证券过户至客户名下（按照转出日市价），公司总部应编制的会计分录为：

借：贷款——客户（融资业务）
　　应收款项——客户（融资价格变动）
　　贷：交易性金融资产——融资专用

（3）信用客户每日证券交易资金清算、证券交收结果由客户所在营业部进行记账，同时公司总部将信用客户清算交收结果报开户银行。

第一种情况，如为卖差，则营业部应编制的会计分录为：

借：结算备付金——信用客户
　　手续费及佣金支出
　　贷：代买卖证券款——信用客户
　　　　手续费及佣金收入

第二种情况，如为买差，则营业部应编制的会计分录为：

借：代买卖证券款——信用客户
　　手续费及佣金支出
　　贷：结算备付金——信用客户
　　　　手续费及佣金收入

（4）按日根据客户证券市值（包括送股）变动对交易性金融资产进行相应调整。如果市值

增加,公司总部应编制的会计分录为:

借:贷款——客户——融资业务
　　贷:应收款项——客户(融券价格变动)

(5) 交易性金融资产分红派息,公司总部应编制的会计分录为:

借:贷款——客户(融资业务)
　　贷:投资收益

(6) 融资融券协议到期,客户归还融入的证券。

首先,客户从信用账户归还融券利息,营业部应编制的会计分录为:

借:代买卖证券款——信用客户
　　贷:结算备付金——信用客户

其次,公司收到融券利息收入,公司总部应编制的会计分录为:

借:银行存款——融资专用
　　贷:利息收入——融券利息收入

最后,客户还券,公司总部应编制的会计分录为:

借:交易性金融资产——融资专用
　　贷:贷款——客户融资业务
　　　　应收款项——客户(融资价格变动)

(7) 将拟不用作融券交易的证券账户转入自营账户,公司总部应编制的会计分录为:

借:交易性金融资产
　　贷:交易性金融资产——融资专用

(8) 融资融券协议到期客户未能归还融入的部分证券,公司总部应编制的会计分录为:

借:交易性金融资产——融券
　　应收款项——客户(融券)
　　　　　　——客户(融券利息)
　　贷:贷款——客户(融资业务)
　　　　利息收入——融券利息收入
　　　　应收款项——客户(融资价格变动)

(9) 期末,对证券公司拟融出证券余额及已融出的证券进行检查,根据公允价值调整账面价值。如果公允价值低于账面价值,按其差额,公司总部应编制的会计分录为:

借:公允价值变动损益——交易性金融资产
　　贷:交易性金融资产

如果公允价值大于账面价值,则作相反的会计分录。

(10) 期末,对客户未能归还的证券计提减值准备,公司总部应编制的会计分录为:

借:信用减值损失——坏账准备
　　贷:坏账准备

课堂结账测试

班级_____ 姓名_____ 学号_____ 日期_____ 得分_____

一、单项选择题(每小题 5 分,共 40 分)

1. 向客户出借资产供其买入上市证券或出借上市证券供其卖出,并收取担保物的经营活动属于(　　)。
   A. 证券承销与保荐业务　　　　　B. 证券经纪业务
   C. 融资融券业务　　　　　　　　D. 证券自营业务

2. 《证券法》规定,我国证券公司的组织形式为(　　)。
   A. 私营合伙企业　　　　　　　　B. 有限责任公司或股份有限公司
   C. 私营独资企业　　　　　　　　D. 非法人组织

3. "买入返售金融资产"科目属于(　　)科目。
   A. 资产类　　　　　　　　　　　B. 负债类
   C. 共同类　　　　　　　　　　　D. 损益类

4. "代理兑付证券款"科目属于(　　)科目。
   A. 资产类　　　　　　　　　　　B. 负债类
   C. 共同类　　　　　　　　　　　D. 损益类

5. (　　)是指发行人委托承销机构在约定期限内发行证券,到销售截止日期未售出的余额由承销商按协议价格认购。
   A. 代销　　　　　　　　　　　　B. 全额承购包销
   C. 包销　　　　　　　　　　　　D. 余额承购包销

6. 下列各项中,不属于经济业务所使用的会计科目的是(　　)。
   A. "结算备付金"　　　　　　　　B. "代理兑付证券"
   C. "代理业务资产"　　　　　　　D. "银行存款"

7. 下列各项中,属于代销和包销相结合的方式的是(　　)。
   A. 全额承购包销　　　　　　　　B. 余额承购包销
   C. 代销　　　　　　　　　　　　D. 其他

8. 下列各项中,不属于证券业务核算特点的是(　　)。
   A. 业务针对性强　　　　　　　　B. 业务的变动性
   C. 清算关系复杂　　　　　　　　D. 价值变动频繁

二、多项选择题(每小题 10 分,共 20 分)

1. 下列各项中,属于负债类科目的有(　　)。
   A. "买入返售金融资产"　　　　　B. "代理业务资产"
   C. "卖出回购金融资产款"　　　　D. "代理业务负债"

2. 下列关于代销方式承销证券核算的说法中,正确的有(　　)。

A. 发行期结束后,若债券未按原定发行额售出,未售部分退回发行单位
B. 代销券的证券公司向委托人收取手续费
C. 代销券的证券公司应当承担发行风险
D. 承销机构与发行人之间是委托关系

三、判断题(每小题 5 分,共 40 分)

1. 根据我国《证券法》的规定,国家对证券公司实行分类管理,分为综合类证券公司和经纪类证券公司。 (　)
2. 场内交易也称交易所交易,它是最重要、最集中、最组织化的证券交易活动,是一种有固定场所、固定时间并有一定规则的证券买卖活动。 (　)
3. 证券承销业务根据与发行人确定的发售方式不同,具体又分为全额承购包销方式的承销业务、余额承购包销方式的承销业务和代销方式的承销业务。 (　)
4. 我国证券市场所交易的证券种类限于资本证券,而不包括货币证券和其他财务证券。 (　)
5. 若融资融券合同到期,客户未能及时补交差额,证券公司按照约定处置担保物,处置资金将优先用于归还客户所欠本金和利息,剩余部分归还客户。 (　)
6. 代销方式承销证券的,代销证券的证券公司承担发行风险。 (　)
7. 出售其他权益工具投资时,将所取得的价款与其账面价值的差额,计入其他综合收益;同时,将累计确认的其他综合收益转为当期损益。 (　)
8. 代理兑付业务中,证券公司收到委托单位拨来兑付证券款时,应当借记"银行存款"科目,贷记"代理兑付证券款"科目。 (　)

第四章　信托投资公司会计

知识导航

信托投资公司会计
- 信托投资公司概述
  - 信托的概念
  - 信托业务的种类
  - 信托公司的经营特征
  - 信托的会计要素
  - 信托公司的会计核算
  - 信托项目的会计核算
- 信托存款及委托存款业务的核算
  - 信托存款与委托存款
  - 信托存款业务的核算
  - 委托存款业务的核算
- 信托贷款及委托贷款业务的核算
  - 信托贷款与委托贷款
  - 信托贷款业务的核算
  - 委托贷款业务的核算
- 信托投资及委托投资业务的核算
  - 信托投资与委托投资
  - 信托投资业务的核算
  - 委托投资业务的核算
- 其他信托业务的核算
  - 财产信托的核算
  - 投资基金信托的核算
  - 公益信托的核算
  - 拆出信托资金的核算
  - 信托损益的核算

学习目标

1. 认知目标
(1) 了解信托的概念、信托业务的种类及信托的会计要素。
(2) 掌握信托存款与委托存款、信托贷款与委托贷款、信托投资与委托投资的会计核算方法。
(3) 掌握其他信托业务及信托损益的核算方法。
2. 技能目标
(1) 以不同类型的信托投资业务培养细心负责的品质,多视角分析、举一反三的能力。

(2) 结合信托投资业务的新兴事务培养创新思维,培养与时俱进的能力。
3. 情感目标
(1) 怀敬业精神,执事敬、事思敬、修己以敬。
(2) 学习与践行精益、专注、创新的工匠精神。

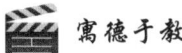 **寓德于教**

高质量信托服务助力乡村振兴

为深入贯彻党的二十大精神,全面推进乡村振兴,全面建设社会主义现代化国家,最艰巨、最繁重的任务仍然在农村。深化农村土地制度改革,赋予农民更加充分的财产权益。完善农业支持保护制度,健全农村金融服务体系。

2023年6月11日,在由中国银保传媒、中国乡村发展志愿服务促进会、中国农业发展银行联合举办的"金融帮扶助力乡村特色优势产业高质量发展"论坛上,作为重要的金融子行业之一,信托业正发挥信托的制度优势,拓展助力乡村振兴的多元模式。

一方面,发挥慈善信托的优势,以乡村教育振兴助力共同富裕。中国外贸信托长期践行公益慈善事业,发挥慈善信托财产独立、量身定制、灵活管理、持久存续、多方监管等制度优势,坚持用信托的方式去做慈善,设立了多项全国首单创新的慈善信托项目。截至目前,已捐助信托财产规模接近3 000万元,创新采用"慈善信托+公益基金会"的双平台模式,通过支持困难学生、乡村教师、乡村教育基础设施等方式促进乡村的教育振兴。

另一方面,深化产融结合,助力农业产业链、供应链高质高效发展。作为金融工具,信托能够与农业产业链深度融合,这是中国外贸信托作为中国中化成员企业在农业金融上的核心优势。农业产业链上下游的农民和中小涉农企业普遍具备广泛的金融服务需求,而融资的难、繁、贵一直以来都是"拦路虎",中国外贸信托通过深入农业产业链,精准抓住需求,结合农户和企业的生产场景,挖掘产业链和供应链的大数据资源,创造性地设立了针对农户客群的风控模型,设计出了一系列高适配性的普惠金融产品,包括农资方面的"农资贷""农机贷""农地贷"以及"收粮贷""农享贷"等一系列特色金融产品。

资料来源:中国信托业协会,2023-06-13,《中国外贸信托总经理卫濛濛:高质量信托服务助力乡村振兴》,http://www.xtxh.net/xtxh/industry/index.htm。

第一节 信托投资公司概述

现代信托制度起源于英国,在美国得到了发展,并更加盛行。信托投资公司作为典型的非银行金融机构,对社会经济的发展具有非常重要的作用,同时也具有金融业的高风险性。

一、信托的概念

信托,具有"信用"和"委托"的双重含义。《中华人民共和国信托法》将信托定义为:信托是指委托人基于对受托人的信任,将其财产权委托给受托人,由受托人按委托人的意愿,以自己的名义,为受益人的利益或者特定目的进行管理或者处分的行为。信托是社会经济发展到一定阶段的产物,是随着商品货币关系的发展而发展的。信托是以资产为核心、以信任为基础、以委托为方式的财产管理制度。

信托是多边信用关系,必须具备委托人、受托人、受益人三方当事人。委托人是提出信托要求者,也是信托资产的所有者,其为了一定的目的,将属于自己的资金财产授权受托人代为经营与管理,是信托行为的起点。受托人是有经营能力的信托机构,接受委托人的委托,并按照委托人的指示对信托资产进行管理和处理的当事人,是信托行为的桥梁。受益人是享受信托资产利益的一方,由委托人指定,可以是第三方,也可以是委托人自己,但不可以是受托人,是信托行为的终点。

信托有广义和狭义之分。广义的信托包括商品信托和金融信托,狭义的信托就是指金融信托。金融信托是一种具有融资和融物以及融资与财产管理相结合的金融性质的信托业务,是金融业的一个重要组成部分,标的物主要是委托人的资金或财产等。

二、信托业务的种类

按不同的标准,信托业务可分为不同的种类。

(一) 按信托业务内容划分

信托业务按业务内容不同,可分为"信托""代理"和"租赁"三大类。

信托类业务是指财产所有人作为委托人,在信任的基础上,将财产委托给受托人,并要求后者按契约中的信托目的,对信托财产进行有效的管理、运用,或作妥善的处理的业务。

代理类业务是指信托行为的双方依其既定的信托目的,由一方授权另一方代为办理一定的经济事务的业务。

租赁类业务是指承租者以付出租金为代价,在一定期限内获得出租者某种物品的使用权,从而达到融资、融物的目的的业务。

(二) 按信托事项的法律立场划分

以信托事项的法律立场为标准,信托业务可以分为民事信托和商事信托。

民事信托(又称非营业信托)是指信托事项所涉及的法律依据在民事法律范围之内的信托。例如,涉及个人财产的管理、抵押、变卖,遗产的继承和管理等方面事项的信托为民事信托。

商事信托(又称营业信托)是指信托事项所涉及的法律依据在商法规定的范围之内的信托。商法主要包括公司法、票据法、海事法、保险法等。例如,公司的设立、改组、合并、兼并、解散、清算,有价证券的发行、还本付息等方面事项的信托均为商事信托。

(三) 按委托人划分

信托业务按委托人的不同,可分为个人信托和法人信托。

个人信托是以个人为委托人而设立的信托,如受托管理财物、代办证券投资、执行个人遗嘱等。个人信托又可分为生前信托和身后信托两种。前者是指委托人生前与信托机构签订信托契约,委托信托机构在委托人在世时就开始办理有关的事项,主要包括财产信托、代办事务信托等;后者则是指信托机构受托办理委托人去世后的各项事务,主要与执行遗嘱、遗产管理,代人寿保险者在身后领取赔款,未成年人监护等方面的事务有关。

法人信托是指由具有法人资格的企业、公司、社团等作为委托人办理的信托业务,如委托代办股票、债券,代分红利、股息,代收回债务,代办财务事项等,主要业务有证券发行信托业务、商务管理信托业务、设备(动产)信托业务和收益债券发行信托业务等。

(四) 按受益对象划分

信托业务按受益对象的不同,可分为私益信托和公益信托。按受益人是否为委托人本人,亦可分为自益信托和他益信托。

私益信托是指完全为委托人自己或其指定的受益人的利益而设定的信托。私益信托一般可以预先指定具体受益人。

公益信托设定的目的是促进和赞助社会公益事业,其受益人是社会公众中符合特定条件的人士或团体。

(五) 按信托的标的物划分

信托业务按标的物的不同,可分为资金信托、实物信托、债权信托和经济事务信托。

资金信托是一种以货币资金为标的物的信托业务。

实物信托是一种以动产或不动产为标的物的信托业务。动产是指原材料、设备、物资、交通工具和机器等;不动产是指住宅、厂房、仓库、土地等。

债权信托是以债权凭证为标的物的信托业务,如代为清理和收付债款、代收人寿保险赔款(人寿保险单也是一种债权凭证)等。

经济事务信托是以委托代办各种经济事务为内容的、委托凭证为标的物的信托业务,如专利代理、会计代理。

(六) 按信托关系成立的方式划分

以信托关系成立的方式为标准,信托业务可以分为自由信托和法定信托。

自由信托是指信托三方关系人依照信托法规,按自己的意愿自由协商而设立的信托。自由信托又分为契约信托和遗嘱信托。契约信托是依照委托人和受托人所订契约而设立的;遗嘱信托是依照个人遗嘱而设立的。这种信托的事务范围、处理方针等均在信托契约或遗嘱中订立明确。

法定信托是指由司法机关依其权力指派确定信托关系人而建立的信托。法定信托又分为鉴定信托和强制信托。鉴定信托是指信托关系的形成无明确的信托文件为依据,而由司法机关对信托财产或经济事务以及信托关系人鉴定认可;强制信托则是指不考虑信托关系人的意愿,由司法机关依公平正义的原则,按照法律政策强制性建立的信托。

三、信托公司的经营特征

信托公司的经营特征,自然取决于它所承担的信托使命。如前所述信托的定义,就决定了信托公司经营业务活动的显著特点。

具体来说,信托公司由政府金融监管机构批准设立,经营银行储蓄存款、银行结算、证券经纪上市承销以及保险业务之外的金融业务。信托公司的自有资金贷款业务类似商业银行的贷款业务,也存在股权投资、证券投资、国债回购与返售业务、同业拆借、融资租赁以及担保业务。在信托业务方面,信托财产的形态多种多样。信托资金运用方式,包括贷款、股权投资、证券投资、权益投资、融资租赁等,且金融创新在不断丰富着信托品种。

四、信托的会计要素

信托的会计要素包括信托资产、信托负债、信托权益、信托项目收入、信托项目费用、信托项目利润及信托终止。

1. 信托资产

信托资产是指根据信托文件的要求，由受托人受托管理、运用、处分信托财产而形成的各项资产，包括银行存款、短期投资、应收账款、长期股权投资、客户贷款、固定资产、无形资产等。

信托项目对委托人未终止确认的信托资产，应设置备查账簿进行登记（包括信托财产的性质，信托设立日的账面原价或余额，已计提的减值准备，信托文件约定的价值、信托期间等），并按本办法的规定予以确认和计量。如果委托人未终止确认的信托财产为固定资产、无形资产，仍应由委托人计提折旧或进行摊销，信托项目不应对固定资产或无形资产计提折旧或进行摊销。如果委托人未终止确认的信托财产为权益法核算的长期股权投资，仍由委托人采用权益法核算，信托项目不应对该长期股权投资采用权益法核算。在会计期末，信托项目对委托人未终止确认的信托财产不应计提减值准备。

2. 信托负债

信托负债是指信托项目管理、运用、处分信托财产而形成的负债，包括应付受托人报酬、应付受益人收益、应付托管费、卖出回购信贷资产款等。

3. 信托权益

信托权益是指信托受益人在信托财产中享有的经济利益，其金额为信托资产减去信托负债后的余额，包括实收信托、资本公积、未分配利润等。

4. 信托项目收入

信托项目收入是指信托项目管理、运用、处分信托财产而形成的收入。信托项目收入包括利息收入、投资收益、租赁收入和其他收入。信托项目收入不包括为第三方或受托人代收的款项。

5. 信托项目费用

信托项目费用是指信托文件约定的由信托项目承担的各项费用。信托文件中没有作出约定的，信托项目费用是指受托人与委托人协商达成的书面协议所约定的由信托项目承担的各项费用。

6. 信托项目利润

信托项目利润是指信托项目在一定会计期间的经营成果。信托项目利润应按信托文件的约定分配给信托受益人。

7. 信托终止

受托人应对信托项目作出处理信托事务的清算报告。受益人或者信托财产的权利归属人在信托文件约定的期限内对清算报告无异议的，受托人对信托项目就清算报告所列事项解除责任，并按信托文件的规定书面通知受益人或信托财产归属人，取回信托清算后的全部信托财产，但法律、行政法规另有规定者除外。

对于信托终止的情况，信托财产归属于信托文件规定的人。信托文件未规定的，信托财产按下列顺序确定归属：

（1）受益人或其继承人。受益人可以是自然人、法人或者依法成立的其他组织。

（2）委托人或其继承人。已核销的信托资产在信托终止清算后又收回的，应返还给信托文件规定的信托财产归属人。如果信托文件未规定这种情况下的信托财产归属人，也应按照上述顺序确定归属。

对于未被取回的信托财产在由受托人负责保管期间取得的收益,应归属于信托财产的归属人,发生的保管费用由归属人承担。

由于信托公司开展的各项业务存在一定风险并可能导致资本损失,其应当按照各项业务规模的一定比例计算风险资本并与净资本建立对应关系,确保各项业务的风险资本有相应的净资本来支撑。

国家金融监督管理总局(原中国银行业监督管理委员会)发布的《信托公司净资本管理办法》规定,信托公司的净资本不得低于人民币 2 亿元,并应当持续符合下列风险控制指标:净资本不得低于各项风险资本之和的 100%;净资本不得低于净资产的 40%。信托公司应当在充分计提各类资产减值准备的基础上,按照国家金融监督管理总局规定的信托公司净资本计算标准来计算净资本。

五、信托公司的会计核算

(一) 信托公司会计核算的思路

信托公司需要按照"信托财产和固有财产分别核算,突出信托项目为独立会计主体"的原则,既规范信托项目,又规范各个信托当事人(委托人、受托人、受益人)的会计核算行为。全新信托业务会计核算的基本理念主要表现在信托项目的设计思路上:作为一个单独的会计主体,独立核算信托财产的管理、运用和处分情况,即信托资产、信托负债、信托权益、信托收入、信托费用和信托利润的核算;独立编制会计报表,独立提供报表附注;在信托终止时,受托人应编制清算报告,依法清算信托项目。

信托公司会计主体地位的确立,意味着每个信托项目对应一本账,即每家信托机构除了有一本机构本身的账簿(自营),还会有若干本信托项目账簿。这与其他金融机构和非金融机构的理财业务结构有明显的区别:其他契约型的理财产品本身(除了证券投资基金)没有会计主体资格,不能单独设账,只能在理财机构的账簿上作为代理业务核算。

基于"信托项目会计主体"的基本假设,设立信托资产、信托负债、信托权益、信托项目收入、信托项目费用、信托项目利润 6 个会计要素(办理信托业务的受托人,其自身也会发生收入、成本和利润,因此信托项目的后 3 个会计要素都要加上"项目"二字,以示区别)。

(二) 信托业务会计核算的特点

信托投资公司因接受信托而取得的财产,以及因信托资产的管理、处分或者其他情形而取得的财产,被称为信托资产。信托资产不属于信托投资公司的自有财产,也不属于信托投资公司对受益人的负债。信托投资公司终止时,信托资产不属于其清算资产。信托投资公司的自有资产与信托资产应分开管理、分别核算。信托投资公司管理不同类型的信托业务,应分别按项目设置信托业务明细账进行核算管理。

信托投资公司对不同信托资产按来源和运用设置相应的会计科目进行核算。来源类科目应按类别、委托人等设置明细账,具体分为短期信托资产来源、长期信托资产来源。短期信托资产来源是指不超过 1 年的信托资产来源,包括短期信托存款、代缴税金、待分配信托收益、应付受托人收益及应付其他受益人款项等。长期信托资产来源是指 1 年以上的信托资产来源,包括长期信托存款、委托存款、财产信托、公益信托、投资基金信托、有价证券信托等。

运用类科目应按其类别、使用人和委托人等设置明细账,具体分为短期信托资产运用、长期信托资产运用。短期信托资产运用是指不超过1年的信托资产运用,包括信托货币资金、拆出信托资金、短期信托贷款、短期信托投资、信托财产等。长期信托资产运用是指1年以上的资金运用,包括长期信托贷款、委托贷款、长期信托投资、信托租赁财产等。

六、信托项目的会计核算

信托投资公司的信托项目是指受托人根据信托文件的约定,单独或者集合管理运用、处分信托财产的基本单位。这时必须将信托项目这一特殊主体作为独立的会计核算主体,以持续经营为前提,独立核算信托财产的管理运用和处分情况。各信托项目应单独记账、单独核算、单独编制财务报告。不同信托项目科目设置、资金划拨、账簿记录等方面相互独立。

信托财产是受托人承诺信托而取得的财产;受托人因信托财产的管理运用、处分或者其他情形而取得的财产,也归入信托财产。信托财产应与属于受托人所有的财产(以下简称固有资产)相区别,不得归入受托人的固有财产或者成为固有财产的一部分。

(一)信托项目初始设立时的核算

在设立信托时,受托人在取得信托资产的同时,也相应取得了信托权益,需要设置专门反映信托权益的"实收信托"科目来核算。

会计处理上,信托项目所产生的财产被称为信托项目的信托资产,即由受托人管理运用、处分信托财产而形成的各项资产,包括银行存款、交易性金融资产、应收账款、长期股权投资、客户贷款、固定资产、无形资产等。

"实收信托"科目用于核算信托项目取得的信托财产的初始价值。如受益人要求将应付未来受益人收益转增实收信托,也可通过本科目核算。委托人以现金设立信托的,按实际收到的金额,借记"银行存款"科目,贷记本科目。如委托人以非现金资产设立信托,按信托文件约定的价值,借记有关科目,贷记本科目。按受益人要求将应付未付的受益人收益转增实收信托,借记"应付受益人收益"科目,贷记本科目。本科目应按受益人设置明细科目,进行明细核算。"实收信托"科目期末余额在贷方,反映信托项目实收信托的余额。

设立信托时,信托财产的入账原则是以信托文件约定的价值借记各相应信托资产的会计科目,同时,贷记"实收信托"科目。

【例4-1】 国通信托投资公司与某机械工业公司签订信托合同,受托管理其组合资产。信托文件约定的价值表明:具有现金流收益权信托实质的实物信托50 000 000元、债券信托30 000 000元、资金信托2 000 000元。

要求:在全面审查信托双方签署的信托合同后,根据文件约定的价值入账,编制会计分录。

【解析】 编制会计分录如下:

借:银行存款	2 000 000
固定资产	50 000 000
其他应收款	30 000 000
贷:实收信托	82 000 000

(二)信托项目对外运用时的核算

信托项目投资是指信托公司以投资者身份,直接参与企业的投资及其经营成果的分配,并承担相应的经济责任的业务,其资金主要来源于信托公司的自有资金及各种信托存款。

信托公司对现有项目进行审查初选,对初选项目进行评估,就可否投资提出结论性意见。在决定投资后,信托公司与被投资单位签订投资合同。信托投资的收益全部归信托公司,风险亦由其承担。信托投资包括短期信托投资和长期信托投资。短期信托投资是指能够随时变现并且持有时间不准备超过1年的信托投资,包括股票、债券、基金投资等。长期信托投资是指短期信托投资以外的信托投资,包括股权投资、债权投资等。

常见的信托项目资产对外投放包括以下四种情况:

(1) 在信托财产被使用时,如果是固定资产,存在着对所使用资产依照相关规定计提折旧和减值准备的事项,当然,这需要区分委托人是否终止确认信托财产。

(2) 在利用信托项目的资产实施对外投资时,通常需要视其具体投资形式,采取相应措施进行会计核算。

(3) 在利用信托项目的资金投放于短期债券时,需要对短期投资持有期间利息或股利收入进行核算。

(4) 在利用信托项目的资金投放于短期投资时,需要根据其资产的具体形态(如买入返售资产、短期拆借等)进行相应的收入核算。

【例4-2】 国通信托投资公司接受A公司存入资金4 000 000元用于投资D公司,经协商,国通信托投资公司收到委托资金对外投资收取投资额的2%作为手续费,相关增值税尚未支付。

要求:编制国通信托投资公司的相关会计分录。

【解析】 编制会计分录如下:

(1) 设立信托项目,收到投资资金时:

借:银行存款　　　　　　　　　　　　　　　　　　　　　　　　　4 000 000
　　贷:实收信托——A公司委托存款　　　　　　　　　　　　　　 4 000 000

(2) 对外投资时:

借:长期股权投资——D公司　　　　　　　　　　　　　　　　　　4 000 000
　　贷:银行存款　　　　　　　　　　　　　　　　　　　　　　　 4 000 000

(3) 收取手续费时:

借:银行存款　　　　　　　　　　　　　　　　　　　　　　　　　　80 000
　　贷:手续费及佣金收入——委托投资手续费收入[4 000 000×2%]　 80 000

借:其他应收款　　　　　　　　　　　　　　　　　　　　　　　　　 4 800
　　贷:应交税费——应交增值税(销项税额)　　　　　　　　　　　　 4 800

(三) 信托项目日常运营时的核算

信托项目的日常运营,是整个信托项目托管过程中不可缺少的一个环节,包括信托项目的信托收入、信托费用,也包括相应的信托负债的核算。

信托项目收入是指信托项目管理运用、处分信托财产而形成的收入。信托项目收入包括利息收入、投资收益、租赁收入和其他收入。信托项目收入不包括为第三方或受托人代收的款项。

【例 4-3】 国通信托投资公司在 2023 年 1 月 5 日接受乙科技开发公司的组合资产信托项目,收到存入资金 2 000 000 元、机器设备 4 000 000 元。经过市场调研,当即拟将现金 2 000 000 元托管于某商业银行认购金融债券,将机器设备租赁给某电子制造商,并于年度中期收到商业银行的收益回报 90 000 元、电子制造商的设备租金 100 000 元。依照信托契约条款,国通信托投资公司可收取信托项目收入的 5% 作为受托人报酬,并计提债券收益的 2% 作为银行托管费,相关增值税金额尚未支付。

要求:编制国通信托投资公司的相关会计分录。

【解析】 编制会计分录如下:

(1) 2023 年 1 月 5 日,设立信托项目时:

借:银行存款	2 000 000
固定资产	4 000 000
贷:实收信托——方向组合资产信托项目	6 000 000

(2) 2023 年 1 月 5 日,对外运营信托财产时:

借:债权投资——某商业银行金融债券	2 000 000
贷:银行存款	2 000 000

对经营租赁的机器设备不进行会计核算,只对其进行相应的备查记录即可。

(3) 2023 年 6 月 30 日,收到投资收益时:

受托人报酬=信托项目收入×5%=90 000×5%+100 000×5%=9 500(元)

银行托管费=债券收益×2%=90 000×2%=1 800(元)

机器设备租赁收入的增值税销项税额=100 000×13%=13 000(元)

借:银行存款	190 000
贷:应付受托人报酬——委托投资手续费收入	9 500
应付托管费	1 800
利息收入——方向组合资产信托项目	83 700
租赁收入——方向组合资产信托项目	95 000
借:其他应收款	13 000
贷:应交税费——应交增值税(销项税额)	13 000

(四) 信托权益形成时的核算

信托项目的信托权益,是指信托受益人在信托财产中享有的经济利益,其金额为信托资产减去信托负债后的余额,包括实收信托、资本公积、未分配利润等。

信托项目利润是指信托项目在一定会计期间的经营成果。信托项目利润应按信托文件的约定,分配给信托受益人。

信托终止,受托人应对信托项目作出处理信托事务的清算报告。受益人或者信托财产的权利归属人在信托文件约定的期限内对清算报告无异议的,受托人对信托项目就清算报告所列事项解除责任,并按信托文件的规定书面通知受益人或信托财产归属人,取回信托清算后的全部信托财产。

第二节 信托存款及委托存款业务的核算

一、信托存款与委托存款

信托存款的资金来源基本限于非直接经营单位可自行支配的专项资金。按我国《金融信托投资机构资金管理暂行规定》的规定，信托机构可吸收以下五种1年期以上的信托存款，具体包括财政部门委托投资或贷款的信托资金、企事业主管部门委托投资或贷款的信托资金、劳动保险机构的劳保基金、科研单位的科研基金及各种学会、基金会的基金。信托存款每笔资金都单独管理、独立核算。信托机构对信托存款的运用效益决定信托存款的收益，并且其收益由信托机构按合同规定支付给委托人本人或委托人指定的第三人。

信托存款的委托人对信托资金不指定运用范围，由信托机构负责管理、运用并负责保本付息；委托人保本之外，收取固定收益；信托机构的收益则来自支付委托利息外的资金营运的多余收入，而不是收取的手续费。

委托存款是指委托人将定额资金委托给信托机构，由其在约定期限内按规定用途进行营运，营运收益扣除一定信托报酬后全部归委托人所有的信托业务。它与一般的信托货币资金存在许多实质性的差异。

二、信托存款业务的核算

客户提出申请，填写《存款委托书》后，信托机构应审查其资金来源，审查合乎规定后，与客户签订《信托存款协议书》，写明信托存款金额、期限、信托收益支付方法、指定受益人、手续费率等。信托机构为委托人开立账户，委托人将信托存款划转到信托机构开立的银行账户，信托机构签发相应存款凭证给委托人。

（一）科目设置

信托机构为全面反映和监督对信托存款的吸收、归还、付息及结余情况，应设置"代理业务负债——信托存款""应付利息""利息支出"等科目，各会计科目及其主要核算内容如表4-1所示。

表4-1 信托存款业务的会计科目及其主要核算内容

类别	会计科目	主要核算内容
负债类	代理业务负债——信托存款	核算金融企业不承担风险的代理业务收到的款项，包括受托投资资金和受托贷款资金等。本科目应按存款类别和客户设置明细科目
负债类	应付利息	核算金融企业按权责发生制计提的应付未付利息。贷方反映应计提的存款利息，借方反映实际支付的存款利息。期末贷方余额，反映应付未付利息。本科目应按存款客户设置明细科目
损益类	利息支出	核算金融企业存款利息支出。借方反映预提的应付利息或实际支付的各项利息，会计期末应将本科目的借方发生额从贷方转入"本年利润"科目的借方，期末无余额。本科目应按存款客户设置明细科目

(二)账务处理

(1) 开户。信托公司接受客户的委托,为客户开立信托存款账户时,会计分录为:

借:银行存款[或存放中央银行款项、吸收存款]
　　贷:代理业务负债——××单位信托存款户

(2) 计息。信托存款是定期存款,原则上在期满后利随本清,但在存款期内根据权责发生制原则定期计算应付利息,会计分录为:

借:利息支出——××信托存款利息支出户
　　贷:应付利息——××单位户

(3) 到期支取。存款单位在信托存款期满后,凭信托存款单向信托机构提取存款,并结清利息。存款单位因各种客观原因与信托机构协商后,可提前支取,但利率按银行同期活期存款利率计算。到期支取时,会计分录为:

借:代理业务负债——××单位信托存款户
　　应付利息——××单位信托存款户
　　利息支出——信托存款利息支出
　　贷:银行存款

【例 4-4】 2022 年 3 月 1 日,国通信托投资公司收到 B 公司存入信托存款 10 000 000 元,存期为 1 年,年利率为 3‰,采取利随本清的结息方式。2023 年 3 月 1 日,B 公司前来支取存款本金和利息。

要求:编制国通信托投资公司的相关会计分录。

【解析】 编制会计分录如下:

(1) 2022 年 3 月 1 日,信托投资公司接受存款时:

借:银行存款　　　　　　　　　　　　　　　　　　　　　　　10 000 000
　　贷:代理业务负债——B 公司信托存款户　　　　　　　　　　　　10 000 000

(2) 2022 年 3 月 1 日,支付 B 公司到期存款时:

借:代理业务负债——B 公司信托存款户　　　　　　　　　　　　10 000 000
　　利息支出——信托存款利息支出[10 000 000×3‰]　　　　　　　　300 000
　　贷:银行存款　　　　　　　　　　　　　　　　　　　　　　10 300 000

三、委托存款业务的核算

客户与信托机构商定办理委托业务后,双方应签订《委托存款协议书》,标明存款的资金来源、金额、期限及双方的责任等。信托机构根据协议书为客户开立委托存款账户,由客户将委托存款资金存入在信托机构开立的银行账户,信托机构则向客户开出"委托存款单"。

(一)科目设置

信托机构为全面反映和监督委托存款业务情况,应设置"代理业务负债——委托存款户""应付利息""利息支出"等科目。

其中,"代理业务负债——委托存款户"科目属于负债类科目,其贷方反映信托机构代客户向指定的单位或项目进行贷款或投资而收到客户存入的款项,借方反映归还的委托资金,期末贷方余额反映尚未归还的委托存款资金。委托存款按委托业务持续时间的不同，分为长期委托存款和短期委托存款。本科目应按存款客户设置明细科目。

（二）账务处理

（1）开户。委托存款开户时的会计分录为：

借：银行存款
　　贷：代理业务负债——××单位委托存款户

（2）计息。委托存款计息时，信托存款是按银行同期活期存款利率，按季给委托存款计息，计息的基数是委托存款与委托贷款余额的轧差数，会计分录为：

借：利息支出——××委托存款利息支出户
　　贷：应付利息——××单位委托存款户

借：应交税费——应交增值税（进项税额）
　　贷：其他应付款

（3）支取。委托存款支取时，委托人可随时支取委托存款，但只能限制在委托存款余额与委托贷款余额的轧差数之内。信托机构收到委托人支取委托存款的通知后，将款项划入委托人的银行账户。支取时，会计分录为：

借：代理业务负债——××单位委托存款户
　　贷：银行存款

【例4-5】 2023年3月2日，国通信托投资公司接受D公司委托存款1 000 000元。

要求：编制国通信托投资公司接受委托存款的会计分录。

【解析】 编制会计分录如下：

借：银行存款　　　　　　　　　　　　　　　　　　　　　　　1 000 000
　　贷：代理业务负债——D公司委托存款户　　　　　　　　　　　1 000 000

第三节　信托贷款及委托贷款业务的核算

一、信托贷款与委托贷款

信托贷款是指信托机构运用自有资金、信托存款或筹集的其他资金，对自行审定的企业和项目自主发放贷款的业务。贷款的对象、用途、期限和利率等都由信托机构根据国家政策自行确定，贷款的风险责任也由信托机构承担。它的性质和用途与银行贷款相似，但更灵活、方便、及时。信托贷款的用途主要是解决企业某些正当、合理而银行限于制度规定又无法支持的资金需求。

委托贷款是指信托机构接受委托人的委托，在委托人存入的委托存款额度内，按委托人指定的对象、用途、期限、利率及金额发放贷款，监督使用并到期收回本息的业务。由于信托资金的运用对象、运用范围等均由委托人事先指定，信托机构对委托贷款能否达到预期收益以及到期能否收回不负任何经济责任。

二、信托贷款业务的核算

借款单位向信托机构提出申请后,由信托机构进行审查。审查决定贷款后,由借款单位出具借据,并按要求出具贷款担保,然后与信托机构签订《信托借款合同》,合同内写明贷款的金额、期限、利率等。贷款到期,信托机构收回本息。如借款单位确有困难不能还款,应在到期前提出申请,有担保的还需原担保单位承诺担保,经信托机构审查同意办理一次续展,续展期最长不超过半年。

(一)科目设置

信托贷款业务核算时应设置"贷款——信托贷款""应收利息""利息收入"等科目,各会计科目及其主要核算内容如表4-2所示。

表4-2　　　　　　　　　信托贷款业务的会计科目及其主要核算内容

类别	会计科目	主要核算内容
资产类	贷款——信托贷款	核算信托项目管理运用、处分信托财产而持有的各项贷款。借方登记信托机构发放的信托贷款本金,贷方登记收回的信托贷款本金。期末借方余额,表示发放信托贷款的余额,具体分为期限不超过1年的短期信托贷款和1年期的长期信托贷款。本科目应按贷款客户进行明细核算
资产类	应收利息	核算金融企业信托项目应收取的利息,包括债权投资、拆出资金、贷款、买入返售证券、买入返售信贷资产计提的利息等。借方登记信托机构应向借款单位应收利息收取的利息,贷方登记实际收回或预收的利息。期末借方余额,表示应收未收的利息。本科目应按往来客户设置明细账
损益类	利息收入	核算金融企业的贷款利息收入。贷方登记发生的各项贷款利息收入,期末贷方余额结转至"本年利润"科目的贷方,结转之后本科目应无余额。本科目应按往来客户设置明细账

(二)账务处理

(1)贷款发放。开户时的会计分录为:

借:贷款——短期[或中长期]贷款(××单位信托贷款户)
　　贷:银行存款

(2)贷款计息。信托机构按季根据每个借款单位的借款积数分别计算利息,会计分录为:

借:应收利息
　　贷:利息收入——××贷款利息收入户
　　　　应交税费——应交增值税(销项税额)

(3)贷款收回。信托贷款到期后,信托机构要及时收回信托贷款本金,会计分录为:

借:银行存款
　　贷:贷款——短期[或中长期]贷款(××单位信托贷款户)
　　　　应收利息——××贷款利息收入户

【例 4-6】 国通信托投资公司给 A 公司办理信托贷款 300 万元,年利率为 6.5%,期限为 1 年,采取利随本清的结算方式,假设增值税税率为 6%。

要求:编制国通信托投资公司办理信托贷款业务的会计分录。

【解析】 编制会计分录如下:

(1) 贷款发放时:

借:贷款——短期贷款(A 公司信托贷款户) 　　　　　　　　　　　3 000 000
　　贷:银行存款　　　　　　　　　　　　　　　　　　　　　　　　3 000 000

(2) 到期收回贷款本息时:

A 公司信托贷款利息收入 = (3 000 000 × 6.5%) ÷ 1.06 = 183 962.26(元)

借:银行存款 　　　　　　　　　　　　　　　　　　　　　　　　3 195 000.00
　　贷:贷款——A 公司信托贷款户 　　　　　　　　　　　　　　　3 000 000.00
　　　　利息收入——A 公司信托贷款利息户 　　　　　　　　　　　183 962.26
　　　　应交税费——应交增值税(销项税额) 　　　　　　　　　　　11 037.74

三、委托贷款业务的核算

由委托人向信托机构提出办理委托贷款的申请,信托机构审查同意后与委托人签订委托贷款合同。委托人按合同规定向信托机构交存委托基金,信托机构为其开立委托存款户,专项存储。信托机构按委托人指定的对象或项目、金额、期限及利率等发放贷款,并督促借款单位按期归还贷款。委托期满,信托机构将已收回的委托贷款和尚未发放的委托存款退还给委托人,并收取规定的手续费。手续费按委托金额和期限征收,付款方式、时间由双方商定。需要注意的是,如有到期未收回的委托贷款,信托机构应保留相应的委托存款资金,待委托贷款全部收回后再予以全部归还。

(一) 科目设置

委托贷款业务核算时应设置"代理业务资产——委托贷款""应付受托人报酬""手续费及佣金收入——委托贷款手续费收入"等科目,各会计科目及其主要核算内容如表 4-3 所示。

表 4-3　　　　　　　　　委托贷款业务的会计科目及其主要核算内容

类别	会计科目	主要核算内容
负债类	代理业务资产——委托贷款	核算金融企业接受客户委托代理发放的贷款。借方反映委托贷款的发放,贷方反映委托贷款的收回。期末借方余额,反映委托贷款的实有额。本科目应按委托客户设置明细账
	应付受托人报酬	核算金融企业委托贷款应付给委托方的贷款利息。贷方反映受贷方交来的应付给委托方的贷款利息(不含受托方按合同规定收取的手续费),借方反映交付给委托方的委托贷款利息。期末贷方余额,反映已收回但尚未交给委托方的委托贷款利息,它是公司的一项短期债务。本科目应按委托单位设置明细账
损益类	手续费及佣金收入——委托贷款手续费收入	核算信托机构收取的手续费。贷方反映各项手续费收入,期末将贷方余额结转至"本年利润"科目的贷方,结转之后本科目应无余额

(二) 账务处理

(1) 发放贷款。委托贷款的发放,事先要由委托人通过书面形式通知信托机构,内容包括贷款单位名称、贷款用途、贷款金额、贷款时间、贷款利率等。借款单位按规定要向信托机构报送有关资料,并填写借据,签订借款合同。然后,信托机构将贷款款项划到借款单位的银行账户里,会计分录为:

借:代理业务资产——××单位委托贷款户
　　贷:银行存款

(2) 收取手续费。信托机构向委托人收取手续费,作为委托贷款业务的劳务收入。手续费计算基数以委托贷款额为准,按双方商定的比率收取,会计分录为:

借:银行存款
　　贷:手续费及佣金收入——委托贷款手续费收入
　　　　应交税费——应交增值税(销项税额)

如果按存贷利差收取手续费,则在按季计算贷款利息时一并收取,会计分录为:

借:银行存款
　　贷:应付账款——××单位户
　　　　手续费及佣金收入——委托贷款手续费收入
　　　　应交税费——应交增值税(销项税额)

(3) 结息。信托机构负责按季收取利息,在委托贷款到期时付给委托单位。
收息时的会计分录为:

借:银行存款
　　贷:应付利息——××单位户

到期付给委托单位,会计分录为:

借:应付利息——××单位户
　　贷:银行存款

(4) 到期收回。委托贷款到期时,由信托机构负责收回,会计分录为:

借:银行存款
　　贷:代理业务资产——××单位委托贷款户

(5) 终止委托。如果协议规定贷款收回后终止委托,则将款项划转到委托方的存款账户,会计分录为:

借:代理客户负债——××单位户
　　贷:银行存款

【例 4-7】 国通信托投资公司接受 B 公司委托,发放给天贸公司委托贷款 1 500 000 元,年利率为 7%,期限为 1 年,双方约定信托投资公司在放款时按照贷款金额的 1.5% 收取手续费。

要求：编制国通信托投资公司的相关会计分录。

【解析】 编制会计分录如下：

(1) 发放贷款时：

借：代理业务资产——天贸公司委托贷款户　　　　　　　　　　　　　　　　1 500 000
　　贷：银行存款　　　　　　　　　　　　　　　　　　　　　　　　　　　1 500 000

(2) 收取手续费时：

借：银行存款　　　　　　　　　　　　　　　　　　　　　　　　　　　　　22 500.00
　　贷：利息收入——B公司信托贷款利息户　　　　　　　　　　　　　　　　21 226.42
　　　　应交税费——应交增值税(销项税额)　　　　　　　　　　　　　　　　1 273.58

(3) 贷款到期，信托公司代为收回贷款本息时：

借：银行存款　　　　　　　　　　　　　　　　　　　　　　　　　　　　　1 605 000
　　贷：代理业务资产——天贸公司　　　　　　　　　　　　　　　　　　　　1 500 000
　　　　应付利息——B公司户　　　　　　　　　　　　　　　　　　　　　　　105 000

第四节　信托投资及委托投资业务的核算

一、信托投资与委托投资

信托投资是指信托机构以投资者的身份，直接参与企业的投资及其经营成果的分配，并承担相应的经济责任的业务。其资金主要来源于信托机构的自有资金及各种信托存款，而非委托投资用于明确的投资对象的专项资金。

信托机构先对现有项目进行审查初选，在初选项目上进行评估，再对可否投资提出结论性意见。决定投资后，信托机构与被投资单位签订投资合同，合同一般应写明投资项目的内容、规模、方式、投资金额、参与投资的方式和具体条件及投资各方收益的分配方法等。信托机构将认定的投资资金按期足额划入合资企业账户，并定期或不定期地对资金的使用进行检查，促使投资项目按时施工、按时投产、按时竣工，尽快产生效益。信托投资的收益全部归信托机构，风险亦由其承担。

信托投资包括短期信托投资和长期信托投资。短期信托投资是指能够随时变现并且持有时间不准备超过1年的信托投资，包括股票、债务、基金等。长期信托投资是指短期信托投资以外的信托投资，包括股权投资、债权投资等。

委托投资是指委托人将资金事先存入信托机构作为委托投资基金，委托信托机构按其指定的对象、方式进行投资，并对资金的使用情况、被投资企业的经营管理和利润分配等进行管理和监督的业务。信托机构要对受托资金进行单独管理、单独核算，按期结清损益，在扣除规定的费用之外，损益归委托人所有。委托既可以直接投资于企业，也可用于购买股票、债券等有价证券。

二、信托投资业务的核算

(一) 科目设置

信托投资业务核算时应设置"交易性金融资产""其他债权投资""其他权益工具投资""投资收益"等科目,各会计科目及其主要核算内容如表4-4所示。

表4-4　　　　　　　　信托投资业务的会计科目及其主要核算内容

类别	会计科目	主要核算内容
资产类	交易性金融资产	核算企业为交易目的持有的债券投资、股票投资、基金投资等交易性金融资产的公允价值。本科目按交易性金融资产的类别和品种,分"成本""公允价值变动"等项目进行明细核算
资产类	其他债权投资	核算企业持有的其他债权投资的公允价值。本科目按其他债权投资的类别和品种,分"面值""利息调整""应计利息""公允价值变动"等项目进行明细核算
资产类	其他权益工具投资	核算企业持有的其他权益工具投资的公允价值。本科目按其他权益工具投资的类别和品种,分"成本""公允价值变动"等项目进行明细核算
损益类	投资收益	核算企业确认的投资收益或投资损失。金融企业债券投资期间取得的利息收入,可在"利息收入"科目核算

(二) 账务处理

1. 交易性金融资产的核算

(1) 取得交易性金融资产。信托公司对外投资取得交易性金融资产的,按其公允价值入账,会计分录为:

借:交易性金融资产——成本
　　投资收益——交易费用
　　应收利息[已到付息期但尚未领取的利息]/应收股利[已宣告但尚未发放的现金股利]
　贷:银行存款[或存放中央银行款项,或结算备付金]

(2) 资产持有期间获得收益。交易性金融资产持有期间被投资单位宣告发放的现金股利,或在资产负债表日按债券投资的票面利率计算的利息,会计分录为:

借:应收股利[或应收利息]
　贷:投资收益[或利息收入]

(3) 资产负债表日的计量。资产负债表日,交易性金融资产按公允价值计量,其公允价值与账面价值的差额,会计分录为:

借或贷:交易性金融资产——公允价值变动
　贷或借:公允价值变动损益

(4) 出售交易性金融资产。信托公司出售交易性金融资产,会计分录为:

借:银行存款[或存放中央银行款项,或结算备付金;实际收到的金额]
  贷:交易性金融资产[账面价值]
  贷或借:投资收益[差额]

2. 其他债权投资的核算

(1) 信托企业取得其他债权投资。信托公司对外投资取得其他债权投资的,按其公允价值和发生的相关交易费用入账,会计分录为:

借:其他债权投资——面值[债券面值]
     ——应计利息[买价中包含的到期一次付息债券尚未到期的利息]
    (或贷)——利息调整[差额,也可能在贷方]
  应收利息[买价中包含的已到付息期尚未领取的分期付息债券利息]
  应交税费——应交增值税(进项税额)[可抵扣的增值税进项税额]
  贷:银行存款[或存放中央银行款项,或结算备付金;实际支付的金额]

(2) 信托企业收到买价中包含的分期付息债券利息。按实际收到的利息,会计分录为:

借:银行存款[或存放中央银行款项,或结算备付金]
  贷:应收利息

(3) 信托企业对其他债权投资资产负债表日的计量。

首先,确认投资收益。信托公司对外投资取得其他债权投资,期末应按摊余成本乘以实际利率确认投资收益,会计分录为:

借:应收利息/债权投资——应计利息[票面利息]
  贷:投资收益[按摊余成本和实际利率计算确定的利息收入]
  贷或借:其他债权投资——利息调整[差额]

其次,按公允价值计量。信托公司对外投资取得其他债权投资,期末按公允价值计量,公允价值变动计入其他综合收益,会计分录为:

借:其他债权投资——公允价值变动[公允价值上升的金额]
  贷:其他综合收益

若为公允价值下降,则作与上述相反的会计分录。

(4) 信托企业处置其他债权投资。按实际收到价款与其账面价值的差额计入投资收益,同时将原计入其他综合收益的金额转入投资收益,会计分录为:

借:银行存款[或存放中央银行款项,或结算备付金;实际收到的款项]
  贷:其他债权投资——面值[债券面值]
     ——应计利息[到期一次付息债券已计提的利息]
    其他债权投资——利息调整[利息调整借差/贷差余额,也可能在借方]
    其他债权投资——公允价值变动[累计公允价值变动金额,也可能在借方]
  贷或借:投资收益[差额]

借或贷:其他综合收益[持有期间累计确认的其他综合收益]
  贷或借:投资收益

3. 其他权益工具投资的核算

(1) 信托企业取得其他债权投资。信托公司对外投资取得其他债权投资的,按其公允价值和发生的相关交易费用入账,会计分录为：

借：其他权益工具投资——成本[不包含已宣告尚未发放现金股利的交易价格＋不包含可抵扣增值税进项税额的交易费用]
　　应收股利[交易价格中包含的已宣告尚未发放现金股利]
　　应交税费——应交增值税(进项税额)[可抵扣的增值税进项税额]
　贷：银行存款[或存放中央银行款项,或结算备付金；支付的总金额]

(2) 信托企业收到买价中包含的分期付息债券利息。按实际收到的利息,会计分录为：

借：银行存款[或存放中央银行款项,或结算备付金]
　贷：应收利息

(3) 信托企业持有其他权益工具投资期间收益的确认。按宣告发放的现金股利确认投资收益,会计分录为：

借：应收股利[在宣告发放现金股利中享有的份额]
　贷：投资收益

借：银行存款[或存放中央银行款项,或结算备付金；实际收到的款项]
　贷：应收股利

(4) 信托企业对其他权益工具投资资产负债表日的计量。信托公司对外投资取得其他权益工具投资,期末按公允价值计量,公允价值变动计入其他综合收益,会计分录为：

借：其他权益工具投资——公允价值变动[公允价值上升金额]
　贷：其他综合收益

若为公允价值下降,则作与上述相反的会计分录。

(5) 信托企业处置其他权益工具投资。按实际收到价款与其账面价值的差额计入留存收益,同时将原计入其他综合收益的金额转入留存收益,会计分录为：

借：银行存款[或存放中央银行款项,或结算备付金；实际收到的处置价款]
　贷：其他权益工具投资——成本
　贷或借：其他权益工具投资——公允价值变动
　贷或借：盈余公积[差额×10％]
　贷或借：利润分配——未分配利润[差额×90％]

借或贷：其他综合收益[处置部分原计入其他综合收益的累计利得或损失]
　贷或借：盈余公积
　　　　　利润分配——未分配利润

三、委托投资业务的核算

委托投资业务是信托机构接受企业的委托资金,按其指定的对象、范围和用途进行投资,信托机构受托监督投资资金的使用、被投资企业的经营状况及利润分配等的业务。委托投资的收益全部归委托人所有,信托机构一般只收取一定比例的手续费,投资的风险也由委托人承担。

(一) 科目设置

委托投资业务核算时应设置"代理业务资产——委托投资""手续费及佣金收入——委托投资手续费收入"等科目,各会计科目及其主要核算内容如表4-5所示。

表 4-5 委托投资业务的会计科目及其主要核算内容

类别	会计科目	主要核算内容
资产类	代理业务资产——委托投资	核算信托机构受客户委托代理客户进行的投资。借方反映受客户委托投出的资金,贷方反映收回的投资。期末借方余额,反映尚未收回的委托投资。本科目按委托单位和投资种类设置明细账
损益类	手续费及佣金收入——委托投资手续费收入	核算信托机构取得的手续费。贷方反映各项手续费收入,期末将贷方余额结转至"本年利润"科目的贷方,结转之后本科目应无余额

(二) 账务处理

(1) 委托投资。信托公司接受委托,收到委托资金对外投资时,会计分录为:

借:银行存款
　　贷:代理业务负债——××单位委托存款户

借:代理业务资产——委托投资(××投资单位户)
　　贷:银行存款

(2) 分红。委托投资分得的红利划到信托机构的银行账户,并转入委托人的委托存款账户时,会计分录为:

借:银行存款
　　贷:代理业务负债——××单位委托存款户

(3) 收取手续费。开办委托投资业务,信托公司收取手续费的核算与经办委托贷款业务收取手续费的核算相同,会计分录为:

借:银行存款
　　贷:手续费及佣金收入——委托投资手续费收入
　　　　应交税费——应交增值税(销项税额)

【例 4-8】 国通信托投资公司接受 A 公司存入资金 3 000 000 元,投资于 C 公司,经协商,信托投资公司收取投资额 2% 的手续费。

要求:编制国通信托投资公司委托投资业务的会计分录。

【解析】 编制会计分录如下:

(1) 收到投资资金时：

借：银行存款 3 000 000
  贷：代理业务负债——A公司委托存款户 3 000 000

(2) 对外投资时：

借：代理业务资产——委托投资(C公司户) 3 000 000
  贷：银行存款 3 000 000

(3) 收取手续费时：

借：银行存款[3 000 000×2%] 60 000.00
  贷：手续费及佣金收入 56 603.77
    应交税费——应交增值税(销项税额) 3 396.23

第五节 其他信托业务的核算

信托业务除了前几节介绍的，还包括财产信托、投资基金信托、公益信托、拆出信托资金、信托损益等业务。

一、财产信托的核算

财产信托是委托人将自己的动产、房产以及知识产权等财产、财产权，委托给信托投资公司按照约定的条件和目的进行管理和处置。财产信托应按委托人、财产种类进行明细核算。其具体的账务处理如下：

(1) 接受信托资产时，会计分录为：

借：固定资产
  贷：代理业务负债

(2) 终止财产信托时，会计分录为：

借：代理业务负债
  贷：固定资产

(3) 信托财产租赁时，会计分录为：

借：经营(或融资)租出固定资产
  贷：固定资产

(4) 计提租金收入时，会计分录为：

借：应收经营(或融资)租赁款
  贷：租赁收入
    应交税费——应交增值税(销项税额)

(5) 计提受托人报酬时，会计分录为：

借：业务及管理费
　　贷：应付账款

(6) 信托投资公司支付报酬时，会计分录为：

借：应付账款
　　贷：银行存款

二、投资基金信托的核算

投资基金信托是指信托投资公司受托经办国家有关法规允许从事的投资基金业务。其具体的账务处理如下：

(1) 批准办理时，会计分录为：

借：银行存款
　　贷：投资基金信托

(2) 终止时，会计分录为：

借：投资基金信托
　　应付受托人报酬
　　贷：银行存款

三、公益信托的核算

公益信托是信托投资公司为公益目的而设立的信托。公益项目包括救济贫困，扶助残障人士，发展教育、科技、体育、文化、艺术事业，发展医疗卫生事业，保护生态环境，发展其他有利于社会的公共事业。

当信托投资公司办理公益信托业务时，按实际收到的金额或财产价值编制会计分录：

借：银行存款
　　贷：公益信托

公益信托应按信托类别、委托人进行明细分类核算。

四、拆出信托资金的核算

(1) 信托公司拆出信托资金时，会计分录为：

借：拆出资金——××单位户
　　贷：银行存款

(2) 信托公司收到拆出信托资金利息时，会计分录为：

借：银行存款
　　贷：信托收入——拆出资金利息收入
　　　　应交税费——应交增值税（销项税额）

(3) 信托公司收回拆出信托资金时，会计分录为：

借：银行存款
　　贷：拆出资金——××单位户

五、信托损益的核算

(一) 信托收入的核算

信托收入包括信托投资收入、信托贷款利息收入、信托租赁收入、拆出信托资金利息收入手续费收入等。信托投资公司在发生信托收入时，借记"银行存款"等科目，贷记"利息收入""投资收益"等科目。

信托收入应按委托人和收入类别(即信托投资收入、信托贷款利息收入、手续费收入、拆出信托资金利息收入、信托租赁收入等)进行明细核算。

(二) 信托费用的核算

信托费用分为可直接归属于某项信托资产的信托费用和不可直接归属于某项信托资产的信托费用两种。前者属于因办理某项信托资产业务而发生的费用，可直接归属于该项信托资产，由该项信托资产承担；后者不属于因办理某项信托资产业务而发生的费用，不可直接归属于该项信托资产，由信托投资公司承担。

若发生由信托资产承担的费用，借记"营业费用"科目，贷记"银行存款"等科目。信托费用应按委托人和信托费用的类别等进行明细核算。

(三) 信托业务赔偿的处理

由于从事信托业务使受益人或信托投资公司受到损失的，按损失产生的不同原因分情况处理。

(1) 属于信托投资公司违反信托目的、违背管理职责、管理信托事务不当造成信托资产损失的，以信托赔偿准备金赔偿。信托投资公司本身的会计处理为：

借：信托赔偿准备金
　　贷：相关科目

(2) 属于委托人自身原因导致其信托资产遭到司法查封、冻结并且需要以其信托资产对第三人进行补偿的，仅能以其信托资产(扣除原约定费用和对未到期信托资产进行处置的违约金及相关费用后的资产)为限。

(四) 信托损益的结转

期末，信托收入和信托费用应转入信托损益科目，会计分录为：

借：信托收入
　　贷：本年利润

借：本年利润
　　贷：信托费用

期末，信托投资公司应将未分配给受益人和委托人的信托收益结转为待分配信托收益，会计分录为：

借：本年利润
　　贷：利润分配

【例 4-9】 2021 年，国通信托投资公司共获得信托投资收入 6 000 000 元、信托贷款利息收入 5 000 000 元、手续费收入 5 500 000 元，发生各种信托费用 8 000 000 元、日常办公费用 900 000 元。

要求：编制国通信托投资公司结转损益类的会计分录。

【解析】 编制会计分录如下：

(1) 结转信托费用科目：

借：本年利润　　　　　　　　　　　　　　　　　　　　　　　　　8 900 000
　　贷：营业费用　　　　　　　　　　　　　　　　　　　　　　　　8 000 000
　　　　管理费用　　　　　　　　　　　　　　　　　　　　　　　　　 900 000

(2) 结转信托收入科目：

借：投资收益　　　　　　　　　　　　　　　　　　　　　　　　　6 000 000
　　利息收入　　　　　　　　　　　　　　　　　　　　　　　　　　5 000 000
　　其他收入——手续费收入　　　　　　　　　　　　　　　　　　　5 500 000
　　贷：本年利润　　　　　　　　　　　　　　　　　　　　　　　 16 500 000

(3) 结转待分配信托收益：

借：本年利润　　　　　　　　　　　　　　　　　　　　　　　　　7 600 000
　　贷：利润分配　　　　　　　　　　　　　　　　　　　　　　　　7 600 000

课堂结账测试

班级_____ 姓名_____ 学号_____ 日期_____ 得分_____

一、单项选择题(每小题 5 分,共 45 分)

1. 以委托人自己为受益人的信托称为(　　)。
   A. 委托类信托　　　　　　　　B. 代理类信托
   C. 自益信托　　　　　　　　　D. 他益信托
2. "信托贷款"科目属于(　　)科目。
   A. 资产类　　B. 负债类　　C. 共同类　　D. 损益类
3. 下列各项中,不属于信托业务的关系人的是(　　)。
   A. 委托人　　B. 担保人　　C. 受托人　　D. 受益人
4. "委托存款"科目属于(　　)科目。
   A. 资产类　　B. 负债类　　C. 共同类　　D. 损益类
5. 信托贷款的利息是信托机构的(　　)。
   A. 利息支出　　B. 利息收入　　C. 应付账款　　D. 应付利息
6. 下列各项中,指定信托受益人的是(　　)。
   A. 法人　　　　　　　　　　　B. 自然人
   C. 具有民事行为能力的人　　　D. 委托人
7. 下列关于信托业务的说法中,正确的是(　　)。
   A. 信托业务按照受益对象不同分为公益信托和私益信托
   B. 信托业务按照服务对象不同分为个人信托和团体(法人)信托
   C. 信托业务按照财产种类不同分为股权信托和债权信托
   D. 信托业务按照性质不同分为信托和委托
8. 下列关于信托的说法中,正确的是(　　)。
   A. 信托一般涉及三方关系人,分别是委托人、受托人和使用方
   B. 信托贷款是指按照委托人指定的对象、项目、用途、期限、金额、利率发放的贷款
   C. 信托业务中,由委托人原因造成的损失由受托人承担,从费用类科目支出
   D. 与信托贷款的受托人相比,委托贷款的受托人所承担的风险较小
9. 根据信托法律制度的规定,受托人因处理信托事务而对第三人所负债务,以(　　)承担。
   A. 受托人固有财产　　　　　　B. 信托财产
   C. 受托人固有财产和信托财产　D. 委托人财产

二、多项选择题(每小题 5 分,共 20 分)

1. 下列各项中,以信托事项的法律立场为标准划分的有(　　)。
   A. 民事信托　　B. 商事信托　　C. 公家信托　　D. 私人信托
2. 下列各项中,属于信托职能的有(　　)。

A. 财产事务管理职能　　　　　　　B. 融通资金职能
　　C. 社会投资职能　　　　　　　　　D. 社会福利职能
3. 下列关于业务会计核算特点的说法中,正确的有(　　)。
　　A. 信托投资公司的自有资产与信托资产应分开管理、分别核算
　　B. 信托资产不属于信托投资公司的自有财产
　　C. 信托资产不属于信托投资公司对受益人的负债
　　D. 信托投资公司终止信托时,信托资产不属于其清算资产
4. 下列关于实收信托的说法中,正确的有(　　)。
　　A. 委托人以现金设立信托的,按实际收到的金额,借记"银行存款"科目,贷记"实收信托"科目
　　B. 委托人以非现金资产设立信托的,按信托文件约定的价值,借记有关科目,贷记"实收信托"科目
　　C. 按受益人要求将应付未付的受益人收益转增实收信托,借记"应付受益人收益"科目,贷记"实收信托"科目
　　D. "实收信托"科目期末余额在借方,反映信托项目实收信托的余额

三、判断题(每小题 5 分,共 35 分)

1. 信托业务是指受托人自主筹集资金,按委托人的具体要求对其进行运用。　　　　(　　)
2. 委托存款的所有权属于委托人,因此委托人对于委托存款可以根据需要随时支取。
　　　　　　　　　　　　　　　　　　　　　　　　　　　　　　　　　　　(　　)
3. 信托贷款是指按照委托人指定的对象、项目、用途、期限、金额、利率发放的贷款。(　　)
4. 信托存款一般为固定存期,因而不能提前支取。　　　　　　　　　　　　　(　　)
5. 信托存款的委托人对信托资金不指定运用范围,信托存款由信托机构负责管理运用并保本付息。　　　　　　　　　　　　　　　　　　　　　　　　　　　　　　(　　)
6. 信托项目收入是指因信托项目管理运用、处分信托财产而形成的收入。信托项目收入包括利息收入、投资收益、租赁收入、其他收入,以及为第三方或受托人代收的款项。(　　)
7. 由于信托资金的运用对象、运用范围等均由委托人事先指定,信托机构对委托贷款能否达到预期收益及到期能否收回不负任何经济责任。　　　　　　　　　　　　(　　)

第五章 租赁公司会计

知识导航

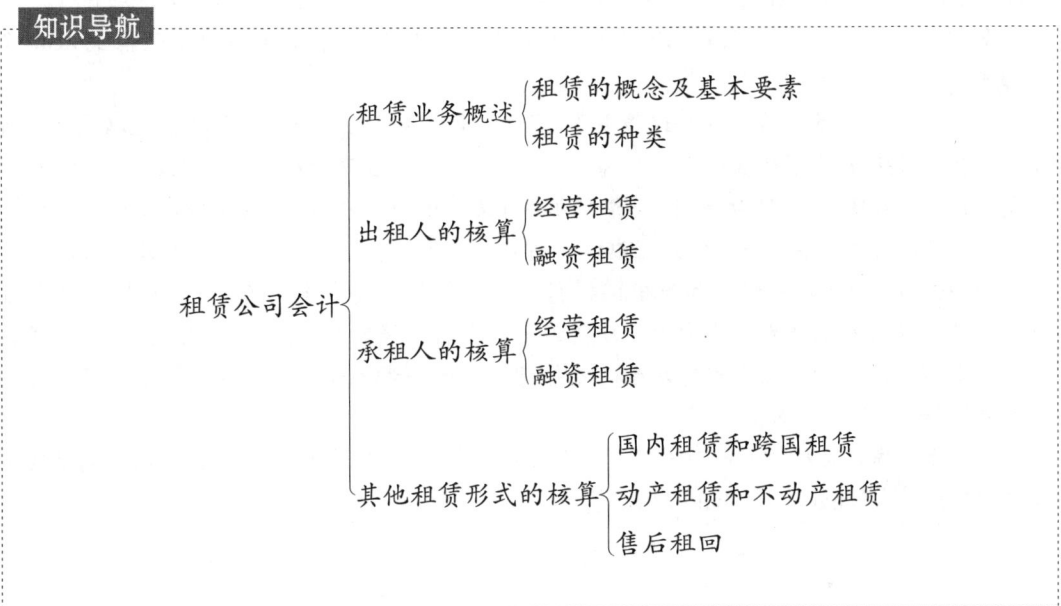

学习目标

1. 认知目标
(1) 了解租赁的特征和租赁业务的种类。
(2) 了解其他租赁形式的会计核算内容。
2. 技能目标
(1) 掌握出租人和承租人开展经营租赁和融资租赁的账务处理方法。
(2) 掌握经营租赁、融资租赁和其他租赁形式的会计核算原则。
3. 情感目标
(1) 培养严谨、细致、规范、认真的职业态度。
(2) 树立实事求是的学风和职业道德。

寓德于教

"租购并举"——住房制度改革的方向

党的二十大报告提出，坚持房子是用来住的、不是用来炒的定位，加快建立多主体供给、多渠道保障、租购并举的住房制度。值得注意的是，这一表述与党的十九大报告一致。不同之处在于，党的十九大以来，我国住房制度改革旨在"提高保障和改善民生水平"，党的二十大提出的目标则是"增进民生福祉,提高人民生活品质"。对此,中指研究院指数事业部市场研究总监陈文静向《华夏时报》记者指出,这表明中央将继续发力完善住房供应端制度政策,并大力推动住房租赁市场发展,完善"购+租""市场+保障"的住房体系。

2015年年底,中央经济工作会议即首次提及发展住房租赁市场,并强调将"租购并举"确立为我国住房制度改革的主要方向;2017年7月,住建部等九部委联合印发相关文件,提出了培育机构化、规模化住房租赁企业,建设政府住房租赁交易服务平台,增加租赁住房有效供应等措施,并选取广州、深圳、南京等12个城市作为首批开展住房租赁试点的人口净流入城市。

2020年12月,中央经济工作会议强调要"解决好大城市住房突出问题",提出包括高度重视保障性租赁住房建设,加快完善长租房政策,逐步使租购住房在享受公共服务上具有同等权利,规范发展长租房市场等;2021年6月,国务院办公厅又提出加快完善以公租房、保障性租赁住房、共有产权住房为主体的住房保障体系,随后,中央加快金融、财税、土地等相关配套政策落地。

2022年2月,中国人民银行和原中国银行保险监督管理委员会发布《关于保障性租赁住房有关贷款不纳入房地产贷款集中度管理的通知》,之后银保监会、住建部联合发布《关于银行保险机构支持保障性租赁住房市场发展的指导意见》,进一步加强对保障性租赁住房建设运营的金融支持等。

资料来源:华夏时报,2022-10-22,《二十大报告再提"租购并举","新五年"住房制度改革方向不变》,https://baijiahao.baidu.com。

第一节 租赁业务概述

一、租赁的概念及基本要素

(一) 租赁的概念

租赁是取得资产使用权的一种方式。租赁与买卖的区别在于让渡的权利不同:租赁只让渡标的物的占有权、使用权和收益权,而买卖则让渡标的物包括处分权在内的完整所有权。正因为如此,适于买卖的标的物的类别范围远大于适于租赁的标的物的类别范围。例如,水泥和股票可以买卖,却不能租赁。租赁与借贷的区别在于让渡的标的物的类别不同。如果标的物不是有体物而是货币(一般等价物),那就是借贷。

租赁将所有权与使用权分离,从而为所有权与使用权各要素间的灵活组合提供了很大的空间和时间,因此各种租赁方式可以根据特定目标灵活组合,以满足多种特定目的的需要,实现购买所不具备的特殊功效。《企业会计准则第21号——租赁》中将租赁定义为,在约定的期间内,出租人将资产使用权让与承租人,以获取租金的协议。

(二) 租赁的基本要素

1. 租赁的识别

在合同开始日,企业应当评估合同是否为租赁或者包含租赁。合同被评估为租赁,需要满足以下要素:①存在一定期间。②存在已识别资产。③资产供应方向客户转移对已识别资产使用权的控制。其中,"一定期间"可以表示为已识别资产的使用量。"已识别资产"的定义和已识别资产使用权的判断标准解释如下。

1) 已识别资产

(1) 对资产的指定。已识别资产通常由合同明确指定,也可以在资产可供客户使用时隐形指定。

(2) 物理可区分。如果资产的部分产能在物理上可区分(如建筑物的一层),则该部分产能属于已识别资产。

(3) 实质性替换权。即使合同已对资产进行指定,但如果资产供应方在整个使用期间拥有对该资产的实质替换权,则该资产不属于已识别资产。同时符合下列条件时,表明资产供应方拥有资产的实质替换权:①资产供应方拥有在整个使用期间替换资产的实际能力。②资产供应方通过行使替换资产的权利获得经济利益。

2) 客户是否控制已识别资产使用权的判断

为确定合同是否让渡了在一定期间内控制已识别资产使用的权利,企业应当评估合同中的客户是否有权获得在使用期间内使用已识别资产所产生的几乎全部经济利益,并有权在该使用期间主导已识别资产的使用。

(1) 客户是否有权获得因使用已识别资产所产生的全部经济利益。全部经济利益包括使用、持有或转租资产的直接和间接经济利益。

(2) 客户是否有权主导资产的使用。①客户有权在整个使用期间主导已识别资产的使用目的和使用方式。②已识别资产的使用目的和使用方式在使用期间已预先确定,并且客户有权在整个使用期间自行或主导他人按照其确定的方式运营该资产,或者客户设计了已识别资产(或资产的特定方面)并在设计时已预先确定了该资产在整个使用期间的使用目的和使用方式。

2. 租赁期

租赁期是指承租人有权使用租赁资产且不可撤销的期间。承租人有续租选择权,即有权选择续租该资产,且合理确定将行使该选择权的,租赁期还应当包含续租选择权涵盖的期间;承租人有终止租赁选择权,即有权选择终止该租赁资产,但合理确定将不会行使该选择权的,租赁期应当包含终止租赁选择权涵盖的期间。

(1) 租赁期开始日。租赁期开始日是指出租人提供租赁资产使其可供承租人使用的起始日期。租赁期自租赁期开始日起计算。

(2) 不可撤销期间。在确定租赁期和评估不可撤销期间时,企业应根据租赁条款约定确定可强制执行合同的期间。

(3) 续租选择权和终止租赁选择权。在租赁开始日,企业应当评估承租人是否合理确定行使续租或购买标的资产的选择权,或者将不行使终止租赁选择权。

(4) 对租赁期和购买选择权的重新评估。发生承租人可控范围内的重大事件或变化,且影响承租人是否合理确定将行使相应选择权的,承租人应对其是否合理确定将实行续租权、购买选择权或不行使终止租赁选择权进行重新评估,并根据评估结果修改租赁期。

二、租赁的种类

(一) 按性质不同进行分类

按性质不同,租赁可以分为融资租赁和经营租赁。此分类方式是以与租赁资产所有权有关的风险和报酬是否转移为依据来划分的。

1. 融资租赁

现代租赁以融资租赁为主,并在范围和方式上有了重大的发展。融资租赁实质上是融贸易、金融、租借为一体的一项综合性金融产品。出租人提供的是金融服务,而不是单纯的租借服务。承租人通过租入资产使其在没有资金的条件下取得了资产的使用权,扩大了生产。融资租赁所租赁的资产由承租人确定,出租人根据承租人的要求购入资产并拥有租赁资产的所有权,承租人根据租赁合同支付租金并取得资产的使用权。在租赁期间,承租人应承担租赁资产的保险费、维修费及折旧,租赁资产本身及其产生的损益和风险均由承租人承担。

融资租赁通常涉及出租人、承租人和供应商三方,其租赁资产价值高、租赁期长,租赁的程序也较为复杂。企业在采用融资租赁时,先要在对各个租赁公司资信情况有深入了解的基础上,选择信誉好的租赁公司,并向确定的租赁公司提出申请,说明租赁资产的名称、数量、性能、规格、交货期、付款方式等。租赁公司收到承租人的申请后,租赁双方将在租赁的程序及需要办理的相关手续、租金的计算方式、租金的支付期和支付方式等方面达成初步协议,在通过租赁项目审查以后,双方签订租赁合同。租赁资产的供货商根据供货合同规定的日期,将租赁的资产直接转交给承租人,承租人根据合同中规定的租金金额、支付日期、支付方式等条款,按期向租赁公司支付租金。在租赁期满时,租赁公司与承租人应根据租赁合同规定的有关条款,对租赁资产采取续租、留购或退还给租赁公司等相应处理措施。

1) 融资租赁的相关概念

(1) 最低租赁付款额。如果合同没有规定优惠购买选择权,最低租赁付款额是指在租赁期内,承租人应支付或可能被要求支付的各种款项,加上由承租人或与其有关的第三方担保的资产余值。

如果租赁合同规定了优惠购买选择权,最低租赁付款额是指在租赁期内承租人应支付的租金,以及因行使优惠购买选择权而支付的任何款项。

(2) 最低租赁收款额。它是指在租赁开始日最低租赁付款额加上与出租人和承租人无关但在财务上有能力担保的第三方对出租人担保的资产余值。

(3) 担保余值。就承租人而言,它是指由承租人或与其有关的第三方担保的资产余值。就出租人而言,它是指就承租人而言的担保余值加上独立于承租人和出租人但在财务上有能力担保的第三方担保的资产余值。

(4) 未担保余值。它是指租赁资产余值中扣除就出租人而言的担保余值以后的资产余值。

(5) 或有租金。它是指金额不固定,以时间长短以外的其他因素如销售百分比、使用量、物价指数等为依据计算的租金。

(6) 履约成本。它是指在租赁期内为租赁资产支付的如技术咨询费、服务费、人员培训费、维修费、保险费等各种使用成本。

(7) 租赁资产总额。它是指最低租赁收款额与未担保余值现值之和或者原账面价值。

2) 融资租赁的判断标准

在实际租赁发生时,当其满足下列一条或者数条标准时,就要将其视为融资租赁。

(1) 在租赁期届满时,租赁资产的所有权转移给承租人。如果在租赁合同中已经约好,或者根据其他条件,在租赁开始日就可以合理地判断出租赁期届满时,出租人会将租赁资产的所有权转移给承租人,则该项租赁应当认定为融资租赁。

(2) 承租人有购买租赁资产的选择权。所订立的购价预计远低于行使选择权时租赁资产的公允价值,因而在租赁开始日就可以合理地确定承租人将会使用这种选择权。这里的"远低于",一般是指购价低于或等于行使选择权时租赁资产的公允价值的5%。

(3) 租赁期占租赁资产尚可使用年限的大部分(75%及以上)。但是,如果租赁资产在开始租赁前的使用年限已超过该资产全新时可使用年限的大部分(75%及以上),则该条标准不适用。

(4) 就承租人来说,租赁开始日最低租赁付款额的现值几乎相当于租赁开始日租赁资产原账面价值(通常为最低租赁付款额现值占租赁资产原账面价值的90%及以上);就出租人来说,租赁资产的原账面价值,通常为最低租赁收款额现值占租赁资产原账面价值的90%。但是,如果租赁资产在开始租赁前的使用年限已超过该资产全新时可使用年限的大部分(75%及以上),则该条标准不适用。

(5) 租赁资产性质特殊,如果不作重新改制,只有承租人才能使用。这时可据此判断该租赁为融资租赁。

2. 经营租赁

经营租赁是指融资租赁以外的租赁,即承租方为生产经营中的短期需要或季节性需要向出租人短期租赁某类资产的租赁。采用经营租赁形式,资产的所有权不转移,租赁期满后,承租人有退租或续租的选择权,而不具有优惠购买选择权。

(二) 按是否享有纳税优惠进行分类

按是否享有纳税优惠,租赁可分为节税租赁和非节税租赁。

1. 节税租赁

节税租赁是指能够真正享受税收优惠待遇的租赁,出租人和承租人都能从国家提供的税收优惠中得到好处。例如,在一项租赁行为中,出租人可以获得加速折旧及投资减税等税收优惠政策;承租人支付的租金可以作为当期费用处理,减少了应纳税所得额,从而享受了纳税优惠政策。

2. 非节税租赁

非节税租赁又称销售式租赁,是指出租人通过租赁方式把资产分期售给承租人而获得收益的租赁形式。出租人可以从销售资产和获取利息两种途径获取收益。销售式租赁在合同中通常有承租人享受留购权条款,或者承租人支付的租金中包括获取租赁资产所有权的部分。承租人向出租人支付的租金,不能作为费用从成本中扣除。

(三) 按出租人资产来源不同进行分类

按出租人资产来源不同,租赁可以分为直接租赁、转租赁和回租。

1. 直接租赁

直接租赁是指由出租人在资金市场上筹资并向资产的制造商支付货款后取得该项资产,然后直接出租给承租人的一种租赁方式。采用直接租赁方式时,租赁双方应签订租赁合同,并根据承租人的订货要求,出租人与制造商签订资产的买卖合同。

2. 转租赁

转租赁是指由出租人从另一家租赁公司或直接从制造商那里租入资产后,再转租给承租人的一种租赁方式。这种租赁方式通常签订两次合同：一是租赁公司之间签订的租赁合同；二是租赁公司与承租人之间签订的转租赁合同。

3. 回租

回租是指承租人先将自己取得的资产卖给租赁公司，再以租赁的形式将资产租回使用的租赁形式。采用这种租赁方式通常是承租人资金比较紧张，而租赁资产又是企业正在使用的资产，因此资产出售只是一种形式，承租人可以通过分期支付租金的形式继续使用原来的资产。

（四）按融资货币不同进行分类

按融资货币不同，租赁可分为本币租赁和外币租赁。本币租赁是指以人民币为基础计算租金的租赁服务。外币租赁是指以外币为基础计算租金的租赁服务。

（五）按服务地区不同进行分类

按服务地区不同，租赁可分为境内租赁和跨境租赁。境内租赁是指出租人和承租人都在中华人民共和国境内的租赁业务。跨境租赁是指出租人或承租人有一方在中华人民共和国境外的租赁业务。

第二节 出租人的核算

一、经营租赁

（一）出租人应设置的会计科目

（1）"应收经营租赁款"科目。该科目用来核算企业采用经营租赁方式租出资产而应向承租人收取的租金以及向承租人收取的手续费。

（2）"经营租赁资产"科目。该科目用来核算企业为开展经营租赁购建的资产的实际成本，包括租赁资产的价款、贸易手续费、银行手续费、运输费、运输保险费、财产保险费、增值税等税款以及租前借款费用等。如果租赁资产是从境外购入的，还应包括境外运输费、境外运输保险费和进口关税。本科目下设置"已出租资产"和"未出租资产"两个二级科目，并按照承租单位相应设置明细账。

（3）"经营租赁资产累计折旧"科目。该科目用来核算企业采用经营租赁方式租出的资产的折旧计提情况。折旧发生时记入贷方，在资产最终报废清理时记入借方转销。期末余额在贷方，表明企业开展经营租赁资产折旧总额。租赁资产的折旧应按同类资产所采用的正常的折旧政策进行计提。

（4）"主营业务收入——租金收入"科目。该科目用来核算专门从事租赁业务的企业进行经营租赁而取得的收入。当出租人收取利息和手续费时，记入该科目的贷方，借方表明结转到"本年利润"科目的租赁收入净额。当出租人为非专业从事租赁业务的企业时，可设置"其他业务收入——经营租赁收入"科目。

（二）出租人的核算过程

（1）出租人购置用于租赁的资产时，应按实际支付的成本记账，会计分录为：

借：经营租赁资产——未出租资产
　　贷：银行存款

(2) 出租人与承租人签订租赁合同时,根据租赁合同出租资产,会计分录为:

借:经营租赁资产——已出租资产
　　贷:经营租赁资产——未出租资产

(3) 出租人为专业租赁公司的,其基本业务就是从事资产的租赁,因此在确认租赁收益时,记入"主营业务收入"科目,会计分录为:

借:应收经营租赁款〔或银行存款〕
　　贷:主营业务收入——租金收入

出租人为非专业租赁公司的,其业务收支应在其他业务收支项目中核算。

(4) 出租人对购入的租赁资产必须视同自有资产,每期应按企业自有的固定资产计提折旧,会计分录为:

借:业务及管理费
　　贷:经营租赁资产累计折旧

(5) 出租人在租赁期内发生的直接费用,如修理费用等,应计入损益进行核算,会计分录为:

借:业务及管理费
　　贷:银行存款

(6) 经营租赁资产租金的构成因素主要包括租赁资产的原价、租赁资产折旧、租赁期间的利息、租赁资产的维护费用、税金、保险金等。当出租人收到租金时,会计分录为:

借:银行存款
　　贷:应收经营租赁款

(7) 租赁期满收回资产时,会计分录为:

借:固定资产
　　贷:经营租赁资产——已出租资产

【例 5-1】 国通租赁公司将一台设备出租给某企业,价值为 500 000 元,使用年限为 10 年,租赁期为 5 年,每年年末收取租金 30 000 元,租赁过程发生直接费用 15 000 元。

要求:编制相应的会计分录。

【解析】 编制会计分录如下:

(1) 支付直接费用时:

借:业务及管理费　　　　　　　　　　　　　　　　　　　　　　　　15 000
　　贷:银行存款　　　　　　　　　　　　　　　　　　　　　　　　　　15 000

(2) 交付设备使用权时:

借:经营租赁资产——已出租资产　　　　　　　　　　　　　　　　500 000
　　贷:经营租赁资产——未出租资产　　　　　　　　　　　　　　　　500 000

(3) 每年确认租金时：

借：应收经营租赁款　　　　　　　　　　　　　　　　　　30 000
　　贷：主营业务收入——租金收入　　　　　　　　　　　　　　30 000

(4) 每年收到租金时：

借：银行存款　　　　　　　　　　　　　　　　　　　　　30 000
　　贷：应收经营租赁款　　　　　　　　　　　　　　　　　　　30 000

(5) 各年计提折旧时：

每年的折旧额＝500 000÷10＝50 000(元)

借：业务及管理费　　　　　　　　　　　　　　　　　　　50 000
　　贷：经营租赁资产累计折旧　　　　　　　　　　　　　　　　50 000

二、融资租赁

(一) 出租人核算的内容

1. 租赁开始日租赁债权的确认

在租赁开始日，出租人应当将租赁开始日最低租赁收款额作为应收融资租赁款的入账价值，并同时记录未担保余值，将最低租赁收款额与未担保余值之和同其现值之和的差额作为未实现融资收益。有关计算公式如下：

未实现融资收益＝(最低租赁收款额＋未担保余值)－(最低租赁收款额的现值＋未担保余值的现值)

2. 初始直接费用的处理

出租人承担的初始直接费用包括印花税、佣金、律师费、谈判费等，当其发生时确认为当期费用。

3. 未实现融资收益分配的账务处理

出租人收取的租金包含本金和利息两部分，应在租赁期内对租金进行分配。在分配未实现融资收益时，应当采用实际利率法计算当期确认的融资收入。

4. 关于报表的规定

出租人应当对融资租赁作如下披露：①资产负债表日后连续3个会计年度每年将收到的最低租赁收款额，以及以后年度将收到的最低租赁收款额总额。②未实现融资收益的余额。③分摊未实现融资收益所采用的方法。

(二) 出租人应设置的会计科目

(1) "融资租赁资产"科目。该科目用于核算出租人购入、租出以及收回租赁资产。购入时，按其实际成本，借记本科目；租出时，将最低租赁收款额与未担保余值的现值之和或原账面价值作为租赁资产成本，贷记本科目。

(2) "租赁保证金"科目。该科目用于核算企业开展融资性租赁业务时，根据合同规定收到的承租企业交来的保证金。本科目按承租单位设置明细账。

(3) "长期应收款——应收融资租赁款"科目。该科目用于核算采用融资租赁方式租出资产时应向承租人收取的租金金额。在租赁开始时,按最低租赁收款额作为出租人的债权登记在该科目的借方。按合同规定收取租金时,贷记本科目,期末余额一般在借方,表示尚待收取的租金总额。本科目按承租人设置明细分类科目。

(4)"未担保余值"科目。该科目用于核算租赁资产余值中扣除就出租人而言的担保余值以后的资产余值。

(5)"未实现融资收益"科目。该科目用于核算出租人在租赁期内应收的收益总额,并在租赁期内采用一定的方法进行分配。租赁开始日,应按最低收款额与最低租赁收款额与未担保余值之和的现值的差额,贷记"递延收益——未实现融资收益"科目,实际收到租金时,将本期确认的融资收益,借记本科目。

(6)"主营业务收入——融资收入"科目。该科目用于核算租赁公司租赁期内确认的融资收益。按每期确认的融资收益,借记"递延收益——未实现融资收益"科目,贷记本科目,期末结转至"本年利润"科目。

(三)出租人的核算过程

出租人的租赁业务过程,主要包括购入资产、资产租赁、资产到期收回、按期收回租金等环节,具体会计核算如下:

(1)租赁合同签订后,承租人按合同规定,向出租人支付租赁保证金,出租人收到保证金后的会计分录为:

借:银行存款
　　贷:租赁保证金

(2)出租人按照承租人在合同上指定的设备购入租赁物资时,应按实际支付的租赁设备的成本入账。购入租赁设备时,会计分录为:

借:融资租赁资产
　　贷:银行存款

(3)租赁开始日,出租人将租赁资产租给承租人的会计分录为:

借:应收融资租赁款——未担保余值
　　贷:融资租赁资产[最低租赁收款额与未担保余值现值之和或原账面价值]
　　　　未实现融资收益

(4)每期收到租金时,会计分录为:

借:银行存款
　　贷:应收融资租赁款

(5)确认利息收入时,会计分录为:

借:未实现融资收益
　　贷:主营业务收入——融资收入

【例5-2】 2023年年初,国通租赁公司购入设备一台,设备账面价值为700 000元,以融资租赁方式出租给某公司,租期为6年,承租人担保余值为100元,无未担保余值。每年年末等额支付租金 150 000 元,内含利率为 7.7%。

要求:编制出租方相应的会计分录。

【解析】

该租赁为融资租赁,故:

最低租赁收款额=150 000×6+100=900 100(元)

未实现融资收益=900 100-700 000=200 100(元)

出租人每期收到的租金中包含利息收入和租金本金两部分,据此编制应收租赁款的摊销及利息收入计算表,如表 5-1 所示。

表 5-1　　　　　　　　应收租赁款的摊销及利息收入计算表　　　　　　　　金额单位:元

日期(a)	租金(b)	确认的融资收入 (c=上期 e×7.7%)	租赁投资净额减少额 (d=b-c)	租赁投资净额余额 (e=上期 e-d)
2023 年 1 月 1 日				700 000.00
2023 年 12 月 31 日	150 000	53 900.00	96 100.00	603 900.00
2024 年 12 月 31 日	150 000	46 500.30	103 499.70	500 400.30
2025 年 12 月 31 日	150 000	38 530.82	111 469.18	388 931.12
2026 年 12 月 31 日	150 000	29 947.70	120 052.30	268 878.82
2027 年 12 月 31 日	150 000	20 703.67	129 296.33	139 582.49
2028 年 12 月 31 日	150 000	10 517.51	139 482.49	100.00
合计	900 000	200 100.00		

(1) 2023 年 1 月 1 日,确认租赁资产的价值及应收融资租赁款时,会计分录为:

借:长期应收款——应收融资租赁款　　　　　　　　　　　　　　　900 100
　　贷:融资租赁资产　　　　　　　　　　　　　　　　　　　　　　700 000
　　　　未实现融资收益　　　　　　　　　　　　　　　　　　　　　200 100

(2) 第 1 年年末,2023 年 12 月 31 日收到租金时,会计分录为:

借:银行存款　　　　　　　　　　　　　　　　　　　　　　　　　　150 000
　　贷:长期应收款——应收融资租赁款　　　　　　　　　　　　　　150 000

确认利息收入时,会计分录为:

借:未实现融资收益[700 000×7.7%]　　　　　　　　　　　　　　　53 900
　　贷:主营业务收入——融资收入　　　　　　　　　　　　　　　　53 900

(3) 2024 年 12 月 31 日,收到租金时,会计分录为:

借:银行存款　　　　　　　　　　　　　　　　　　　　　　　　　　150 000
　　贷:长期应收款——应收融资租赁款　　　　　　　　　　　　　　150 000

确认利息收入时,会计分录为:

借:未实现融资收益(603 900×7.7%)　　　　　　　　　　　　　46 500.30
　　贷:主营业务收入——融资收入　　　　　　　　　　　　　　　46 500.30

(4) 第3、第4年的会计分录比照上述处理。

(5) 租赁期满后,国通租赁公司行使优惠购买权,某租赁公司收取价款100元时,会计分录为:

借:银行存款　　　　　　　　　　　　　　　　　　　　　　　　100
　　贷:长期应收款——应收融资租赁款　　　　　　　　　　　　　100

第三节　承租人的核算

一、经营租赁

在经营租赁中,与租赁资产所有权有关的风险和报酬并未发生转移,而是由出租人承担,所以承租人的会计处理比较简单,以下仅作简要介绍。

经营租赁的租金应当在租赁期内的各期间按直线法确认为费用,承租人发生的直接费用应当确认为当期费用。

(一)承租人应设置的会计科目

(1)"业务及管理费——租赁费"科目。该科目用来核算应由承租人支付的各种费用,在期末应结转至"本年利润"科目的借方。

(2)"应付经营租赁款"科目。该科目用来核算每期应付而未付的租赁款,在期末支付租金的情况下使用。

(3)"长期待摊费用"科目。该科目用来核算租赁初期预付租金以待日后摊销的余额。

(二)承租人的核算过程

(1)承租人期初预付租金时,会计分录为:

借:长期待摊费用
　　贷:银行存款

(2)分期摊销预付的租金时,会计分录为:

借:业务及管理费
　　贷:长期待摊费用

(3)按期支付租金时,会计分录为:

借:业务及管理费
　　贷:银行存款

【例5-3】　国通信托投资公司采用经营租赁方式租入管理用设备一台,租期为3年。该设备的账面价值为 2 000 000 元,预计使用年限为 10 年,无残值。合同规定,租赁开始日租赁公司向该企业收取租金 140 000 元,第 1 年与第 2 年年末各收取租金 100 000 元,第 3 年年末收取 80 000 元,租赁期满时,租赁公司收回设备。

要求:编制相应的会计分录。

【解析】

(1) 预付租金时,会计分录为:

借:长期待摊费用　　　　　　　　　　　　　　　　　　　　　140 000
　　贷:银行存款　　　　　　　　　　　　　　　　　　　　　　　　　140 000

(2) 第 1 年年末支付租金并摊销时,会计分录为:

租金总额＝140 000＋100 000＋100 000＋80 000＝420 000(元)

每期应负担的租金费用＝420 000÷3＝140 000(元)

借:业务及管理费——租赁费　　　　　　　　　　　　　　　　140 000
　　贷:银行存款　　　　　　　　　　　　　　　　　　　　　　　　　100 000
　　　　长期待摊费用　　　　　　　　　　　　　　　　　　　　　　　40 000

(3) 第 2 年年末支付租金并摊销时,会计分录为:

借:业务及管理费——租赁费　　　　　　　　　　　　　　　　140 000
　　贷:银行存款　　　　　　　　　　　　　　　　　　　　　　　　　100 000
　　　　长期待摊费用　　　　　　　　　　　　　　　　　　　　　　　40 000

(4) 第 3 年年末支付租金并摊销时,会计分录为:

借:业务及管理费——租赁费　　　　　　　　　　　　　　　　140 000
　　贷:银行存款　　　　　　　　　　　　　　　　　　　　　　　　　80 000
　　　　长期待摊费用　　　　　　　　　　　　　　　　　　　　　　　60 000

二、融资租赁

(一)承租人核算的内容

承租人从出租人处租入资产,取得了资产的使用权。在融资租赁方式下,承租人要将租入的资产视同自有的资产予以管理并进行资本化处理,同时确认负债。对于租入的资产价值,按规定列入企业的资产类科目。承租人为租入固定资产而发生的运输费、途中保险费、安装调试费等一切与该租入资产达到使用状态有关的费用,以及为租入资产发生的改扩建支出减去在此过程中发生的变价收入后的差额,均应记入该资产的价值。租赁期满,若资产的所有权发生转移,承租人应将该固定资产由融资租入固定资产账户转入"固定资产"科目相应的明细科目中。

承租人应按租赁合同中所确定的支付租金的金额、时间、方式,向出租人支付租金。承租人分期支付租金时,应将租金中相当于资产价款的部分冲减长期负债,将利息支出等费用计入当期损益。

在融资租赁方式下,租赁期内发生的各种费用,如租赁资产的维修费、折旧费等,均应由承租人负担,在企业的费用类科目中核算,并应在会计报表上予以反映。

（二）承租人应设置的会计科目

（1）"长期应付款——应付融资租赁款"科目。该科目用于核算按规定向出租人缴付的租金总额，贷方登记发生额应付而未付的款项，即"最低租赁付款额"；借方登记已归还的应付融资租赁款，期末贷方余额表示企业尚未偿付的应付融资租赁款。本科目应按长期应付款的种类设置明细分类科目。

（2）"固定资产——融资租入固定资产"科目。该科目用于核算以融资性租赁方式租入的固定资产，对于融资租入固定资产的原始价值、安装费用和维修费用的确定，都比照自有资产处理。

在租赁开始日，承租人通常应当将租赁开始日租赁资产原账面价值与最低租赁付款额的现值两者中较低者作为租入资产的入账价值（这里的"入账价值"相当于固定资产的买价部分，不包括发生的相关费用等）。

（3）"累计折旧——融资租入固定资产折旧"科目。该科目核算企业对融资租入的固定资产所提的折旧。计提时，借记有关成本费用科目，如"制造费用"科目"管理费用"科目等，贷记"累计折旧——融资租入固定资产"科目。若期满时承租人购买该资产，则结转至"租入资产折旧"科目，借记本科目，贷记"累计折旧"科目。

（4）"财务费用"科目。该科目用于核算已确认利息支出和手续费。当费用发生或确认时，借记本科目，贷记有关科目，期末结转至"本年利润"科目。本科目应按不同的费用项目设置明细科目。

（5）"未确认融资费用"科目。该科目用于核算应付未付的利息和手续费，以待日后分摊。在租赁起租日，按照长期应付款与设备入账价值之间的差额，借记本科目；按规定每年确认并支付利息和手续费时，借记"财务费用"科目，贷记本科目，期末借方余额表示尚未支付的利息和手续费。

（三）承租人的核算过程

（1）租入设备时，会计分录为：

借：固定资产——融资租入固定资产［相当于固定资产的买价部分］
　　未确认融资费用
　　贷：长期应付款——应付融资租赁款

（2）承租人支付其他费用，如运输费用、安装费用、维修费用等，会计分录为：

借：固定资产——融资租入固定资产
　　贷：银行存款

（3）每期支付租金时，会计分录为：

借：长期应付款——应付融资租赁款
　　贷：银行存款

（4）确认利息费用时，会计分录为：

借：财务费用
　　贷：未确认融资费用

(5) 计提折旧时,会计分录为:

借:制造费用[或其他有关科目]
　　贷:累计折旧——融资租入固定资产折旧

(6) 租赁期满取得资产所有权时,会计分录为:

借:固定资产
　　贷:固定资产——融资租入固定资产

【例 5-4】　2023 年 1 月 1 日,国通公司从某租赁公司融资租入机器设备一台,账面价值为 700 000 元,租期为 6 年,预计剩余使用年限为 8 年。租金每年年末支付,每次支付 150 000 元,期末无残值。国通公司有优惠购买选择权 100 元,承租人采用直线法折旧,出租人的内含利率为 7.7%。

要求:编制承租人相应的会计分录。

【解析】

国通公司具有优惠购买权,因此该租赁为融资租赁。

最低租赁付款额＝150 000×6＋100＝900 100(元)

未确认融资费用＝900 100－700 000＝200 100(元)

承租人确定到期日将取得资产的所有权,故以 8 年计提折旧,每期折旧额为 87 500 元(700 000÷8)。

承租人每期支付的租金中包含利息费用和租赁负债本金的偿还两部分。据此,编制长期应付款的摊销及利息费用计算表,如表 5-2 所示。

表 5-2　　　　　　长期应付款的摊销及利息费用计算表　　　　　　金额单位:元

日期(a)	租金(b)	确认的融资费用 (c=上期 e×7.7%)	应付本金减少额 (d=b－c)	应付本金余额 (e=上期 e－d)
2023 年 1 月 1 日				700 000.00
2023 年 12 月 31 日	150 000.00	53 900.00	96 100.00	603 900.00
2024 年 12 月 31 日	150 000.00	46 500.30	103 499.70	500 400.30
2025 年 12 月 31 日	150 000.00	38 530.82	111 469.18	388 931.12
2026 年 12 月 31 日	150 000.00	29 947.70	120 052.30	268 878.82
2027 年 12 月 31 日	150 000.00	20 703.67	129 296.33	139 582.49
2028 年 12 月 31 日	150 000.00	10 517.51	139 482.49	100.00
2029 年 1 月 1 日	100.00			
合计	900 100.00	200 100.00	700 000.00	

(1) 2023 年 1 月 1 日,租入设备时,会计分录为:

借:固定资产——融资租入固定资产　　　　　　　　　　　700 000
　　未确认融资费用　　　　　　　　　　　　　　　　　　200 100
　　　贷:长期应付款——应付融资租赁款　　　　　　　　　　　　900 100

(2) 2023 年 12 月 31 日,支付租金时,会计分录为:

借:长期应付款——应付融资租赁款　　　　　　　　　　　150 000
　　　贷:银行存款　　　　　　　　　　　　　　　　　　　　　　150 000

(3) 2023 年年末,确认利息费用时,会计分录为:

借:财务费用　　　　　　　　　　　　　　　　　　　　　 53 900
　　　贷:未确认融资费用　　　　　　　　　　　　　　　　　　　 53 900

(4) 2023 年年末,计提折旧时,会计分录为:

借:制造费用　　　　　　　　　　　　　　　　　　　　　 87 500
　　　贷:累计折旧——融资租入固定资产折旧　　　　　　　　　　 87 500

(5) 以后年度的会计分录比照上述处理。

(6) 2029 年 1 月,支付 100 元时,会计分录为:

借:固定资产　　　　　　　　　　　　　　　　　　　　　　　 100
　　　贷:固定资产——融资租入固定资产　　　　　　　　　　　　　 100

同时,2023 年 12 月 31 日,国通公司应当对融资租赁作如下披露:

(1) 本公司租入该类设备的账面原值为 700 000 元,已提折旧 87 500 元,账面净值为 612 500 元。

(2) 本公司将在 2026—2028 年支付最低租赁付款额均为 150 000 元,2029 年最低租赁付款额为 100 元。2024—2028 年将支付的最低租赁付款总额为 750 100 元,未确认融资费用为 146 200 元。

(3) 未确认融资费用采用实际利率法进行分配,内含利率为 7.7%。

第四节　其他租赁形式的核算

一、国内租赁和跨国租赁

国内租赁和跨国租赁是按照租赁交易涉及的地理区域不同为标准划分的。

国内租赁是指租赁交易只涉及国内区域,即租赁交易中涉及的当事人同属一国居民。国内租赁是融通国内资金的租赁形式。

跨国租赁是指租赁交易的范围扩展到国外,即租赁交易中涉及的当事人分别属于不同的国家。跨国租赁是进行国际融资、扩大进出口贸易的一种手段。跨国租赁又分为进口租赁和出口租赁。进口租赁是指由国外引进租赁设备,租给国内承租人使用。进口租赁常常被用作引进国际先进设备、引进国际资金的手段。出口租赁是指将国内设备出租到国外,由国外承租人租用。出口租赁是扩大国内产品出口的一种途径。

二、动产租赁和不动产租赁

动产租赁是指以各种动产,如机器设备、运输工具、计算机等为对象进行的租赁。

不动产租赁是指以房屋、土地等不动产为对象进行的租赁。

三、厂商租赁、委托租赁、风险租赁、联合租赁

厂商租赁是指由设备生产厂商作为出租人为客户办理的,以自身生产的设备为租赁标的物的租赁交易。

委托租赁是指出租人接受委托人的资金或租赁标的物,根据委托人的书面委托,向委托人指定的承租人办理融资租赁业务。在租赁期内租赁标的物的所有权归委托人,出租人只收取手续费,不承担风险。

风险租赁是以风险企业为承租对象的租赁形式,风险租赁的出租人不仅可以得到租金和设备残值的收入,而且可以获得认购承租人股份的优先权。

联合租赁,类似银团贷款,即由两家以上租赁公司共同对一个项目进行联合融资,提供租赁服务。其联合的方式可以是紧密型的,也可以是松散型的;联合的主体可以是融资租赁公司,也可以是非融资租赁公司或其他战略投资人。

四、杠杆租赁

杠杆租赁业务的开展通常需要相关政策的支持,出租人一般只需提供全部设备金额20%~40%的投资,就可以获得设备的所有权,享受全额税收优惠。杠杆租赁多数是由一家租赁公司牵头作为主干公司,为超大型项目融资时经常采用。具体操作时,先要成立一个脱离租赁公司主体的操作机构——专为本项目成立的资金管理公司,承担项目总金额20%以上的资金,其余资金主要是吸收银行和社会闲散游资。由于采用杠杆租赁融资可享受税收好处,操作规范、综合效益好、租金回收安全、费用低,一般用于飞机、轮船、通信设备和大型成套设备的融资租赁。

五、售后租回

(一)售后租回交易的实质特征

售后租回交易是指卖主(即承租人)将一项自制或外购的资产出售后,又将该项资产从买主(即出租人)处租回。通过售后租回交易,资产的原所有者(即承租人)在保留对资产的占有权、使用权和控制权的前提下,分期支付租金,减少了当前的财务压力。资产的新所有者(即出租人)通过售后租回交易,获得了新的投资机会。

售后租回交易中的资产出售和租回由一揽子合同签订,实质上是同一项交易。因此,售后租回是一项融资行为而非销售行为,销售方在出售资产时,售价与账面价值间的差额,无论是售价高于资产账面价值还是售价低于资产账面价值,都是由于高估或者低估资产的价值造成的,出售资产的损益不应当确认为出售当期的损益,而应当作为未实现损益予以递延,分期摊销。

售后租回交易中,若与租赁资产有关的风险报酬转移给承租方,即形成融资租赁,否则将形成经营租赁。无论是承租人还是出租人,应该根据租赁的分类标准,将售后租回交易认定为融资租赁或经营租赁,将出售资产的损益在租赁期内按一定标准进行摊销。

(二) 售后租回交易形成融资租赁

如果售后租回交易形成一项融资租赁,那么承租人保留了与该项租赁资产所有权有关的全部风险和报酬,相当于承租人以该项资产为抵押担保获得了出租人提供的资金,售价与账面价值之间的差额(无论是售价高于还是低于资产的账面价值)在会计上均未实现,而应当予以递延,并按照租赁资产的折旧进度进行分摊,作为折旧费用的调整。

按折旧进度分摊是指在对该项租赁资产计提折旧时,按与该项资产计提折旧所采用的折旧率相同的比例对未实现的售后租回损益进行分摊。

承租人应当对融资租赁作如下披露:每类租入资产在资产负债表日的账面原值、累计折旧及账面净值;资产负债表日连续3个会计年度每年将收到的最低租赁收款额,以及以后年度将收到的最低租赁收款总额;未实现融资收益的余额;分摊未实现融资收益所采用的方法。

(三) 售后租回交易形成经营租赁

如果售后租回交易形成经营租赁,其售价与账面价值之间的差额(无论是高于还是低于资产的账面价值)应予以递延。与售后租回形成融资租赁不同的是,经营租赁的售后租回确认的递延损益应按照租金支付的比例进行分摊,作为租金费用的调整。但有确凿证据表明售后租回交易是按照公允价值达成的,售价与资产账面价值之间的差额应当计入当期损益。

按租金支付比例进行分摊是指在确定当期该项租赁资产的租金费用时,按照确认当期该项资产租金费用所采用的支付比例相同的比例对未实现售后租回损益进行分摊。

承租人应当对重大的经营租赁作如下披露:资产负债表日后连续3个会计年度每年将支付的不可撤销经营租赁的最低租赁付款额;以后年度将支付的不可撤销经营租赁的最低租赁付款额的总额。

售后租回无论是形成融资租赁还是形成经营租赁,承租人和出租人除了应当按照有关规定披露售后租回交易,还应对售后租回合同中的特殊条款作出披露。这里的"特殊条款"是指售后租回合同中规定的区别于一般租赁交易的条款,如租赁标的物的售价等。

(四) 售后租回交易的核算

(1) 承租人在出售资产时,按固定资产的账面净值,借记"固定资产清理"科目,按固定资产已提折旧,借记"累计折旧"科目,按已计提的减值准备,借记"固定资产减值准备"科目,按照固定资产的账面原值,贷记"固定资产"科目。

(2) 承租人收到出售资产的价款时,借记"银行存款"科目,贷记"固定资产清理"科目,当售价大于出售资产账面价值时,贷记"递延收益——未实现售后租回损益"科目,当售价小于出售资产账面价值时,借记"递延收益——未实现售后租回损益"科目。

(3) 租回资产时,若形成一项融资租赁,按照租赁资产的账面原值(出租人的账面价值)与最低租赁付款额的现值两者中较低者,借记"固定资产——融资租入固定资产"科目;若需要安装,则借记"在建工程"科目,按最低租赁付款额,贷记"长期应付款——应付融资租赁款"科目,按其差额,借记"未确认融资费用"科目。

若租回资产形成一项经营租赁,则在备查簿中予以登记。

(4) 分摊未实现售后租回损益时,若形成一项融资租赁,应按照租赁资产的折旧进度分摊未实现售后租回损益;若形成一项经营租赁,应按照租赁资产租金支付比例分摊未实现售后租回损益,借记或贷记"递延收益——未实现售后租回损益"科目,贷记"制造费用""业务及管理费""管理费用"等科目。

课堂结账测试

班级_____ 姓名_____ 学号_____ 日期_____ 得分_____

一、单项选择题(每小题 5 分,共 25 分)

1. 在租赁开始日,承租人通常应当将租赁开始日租赁资产的公允价值与( )两者中较低者作为租入资产的入账价值。
   A. 最低租赁付款额
   B. 最低租赁付款额的现值
   C. 最低租赁收款额
   D. 最低租赁收款额的现值

2. 甲公司于 2023 年 1 月 1 日采用经营租赁方式从乙公司租入设备一台,租期为 5 年,设备价值为 100 万元,租赁合同规定:第 1～4 年的租金分别为 10 万元、15 万元、20 万元和 25 万元;租金于每年年初支付,第 5 年免租金。2023 年,甲公司应就此项租赁确认的租赁费用为( )万元。
   A. 10   B. 14   C. 17.5   D. 20

3. 最低租赁付款额不包括( )。
   A. 承租人每期应支付的租金
   B. 承租人或与其有关的第三方担保的资产余值
   C. 或有租金和履约成本
   D. 期满购买价

4. 租赁开始日是指( )。
   A. 承租人进行会计处理的日期
   B. 租赁各方就主要租赁条款作出承诺日
   C. 租赁协议日与租赁各方就主要租赁条款作出承诺日中的较早者
   D. 租赁协议日与租赁各方就主要租赁条款作出承诺日中的较晚者

5. 承租人在融资租赁谈判和签订租赁合同过程中发生的、可直接归属于租赁项目的初始直接费用,如印花税、佣金等,应当( )。
   A. 计入当期费用
   B. 计入租入资产价值
   C. 计入其他应收款
   D. 部分计入当期费用,部分计入租赁成本

二、多项选择题(每小题 10 分,共 50 分)

1. 承租人在计算最低租赁付款额的现值选择折现率时,应考虑的因素有( )。
   A. 出租人租赁内含利率
   B. 租赁合同规定的利率
   C. 同期银行贷款利率
   D. 同期银行存款利率

2. 下列各项中,应于实际发生时计入当期损益的有( )。
   A. 融资租赁中的未确认融资费用
   B. 融资租赁中承租人发生的初始直接费用
   C. 融资租赁中的或有租金

D. 经营租赁中承租人发生的初始直接费用

3. 如果承租人有购买租赁资产的选择权,所订立的购价预计将远低于行使选择权时租赁资产的公允价值,则最低租赁付款额应包括(　　)。
   A. 购买价格
   B. 承租人应支付或可能被要求支付的各种款项
   C. 未担保余值
   D. 或有租金

4. 下列各项中,构成承租方融资租入的固定资产的入账价值基础的有(　　)。
   A. 租金
   B. 或有租金
   C. 初始直接费用
   D. 履约成本

5. 下列关于融资租赁的表述中,正确的有(　　)。
   A. 在融资租入固定资产达到预定可使用状态之前摊销的未确认融资费用应计入固定资产价值
   B. 在融资租入固定资产达到预定可使用状态之前摊销的未确认融资费用应计入财务费用
   C. 在编制资产负债表时,承租方的"未确认融资费用"应作为"长期应付款"的抵减项目
   D. 在编制资产负债表时,出租方的"未实现融资费用"应作为"长期应付款"的抵减项目

三、判断题(每小题 5 分,共 25 分)

1. 租赁与买卖的区别在于使用的权利不同。　　(　　)
2. 租赁期是指承租人有权使用租赁资产且不可撤销的期间。　　(　　)
3. 在经营租赁方式下,承租人要将租入的资产视同自有的资产予以管理并进行资本化处理,同时确认为负债。　　(　　)
4. 融资租赁的租金应当在租赁期内的各期间按直线法确认为费用,承租人发生的直接费用应当确认为当期费用。　　(　　)
5. 承租人先将自己取得的资产卖给租赁公司,然后再以租赁的形式将资产租回使用的租赁方式是转租赁。　　(　　)

第六章　期货公司会计

知识导航

```
                    ┌ 期货公司业务概述 ┌ 期货公司的业务内容
                    │                 │ 期货公司的结算制度
                    │                 └ 期货公司会计核算的内容
期货公司会计 ───────┤
                    │ 商品期货业务的核算 ┌ 商品期货业务会计科目的设置
                    │                   └ 商品期货业务的账务处理
                    │
                    └ 金融期货和期权概述 ┌ 金融期货概述
                                        └ 期权概述
```

学习目标

1．认知目标
(1) 了解期货公司的结算制度与会计核算的内容。
(2) 掌握商品期货业务会计核算的内容。
(3) 了解金融期货和期权的主要内容。
2．技能目标
(1) 培养学生创新的思维方式和领悟能力。
(2) 了解期货公司的现状，培养学生对时政热点的敏感度。
3．情感目标
(1) 养成学生严谨、客观、公正的职业道德。
(2) 增强学生认真务实的职业精神，提高岗位工作效率。

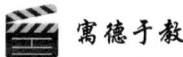

寓德于教

期货行业助力实体绿色低碳高质量发展

习近平总书记在党的二十大报告中强调"推动绿色发展，促进人与自然和谐共生"，为我国生态文明发展指明了方向，提供了根本遵循。为更好促进实体产业绿色转型、服务乡村振兴，帮助实体企业建立良好的金融风险管理机制，期货行业应从以下方面作出努力：

一是做绿色发展战略的践行者。期货行业应贯彻新发展理念，推动金融机构在资金融通、资源配置、风险管理和市场定价等方面的优势和特长，推动能源结构、产业结构、投资结构和人民生活方式等全方位的深刻变化，促进经济社会发展向全面绿色转型。

二是做绿色金融体系的推动者。期货行业应依托国家现有金融市场体系，聚焦绿色低碳发展,加快推进绿色低碳衍生品的研发和布局,构建多元化、系列化的绿色衍生品体系;促进衍生产品创新,探索包括碳远期、碳期权、碳债券、碳保险等产品,逐步扩大碳交易市场的规模,建设具有国际影响力的碳定价中心。

三是做绿色实体经济的服务者。期货行业应聚焦绿色低碳循环发展体系建设和基础设施绿色升级等领域,积极探索生态绿色领域跨区域创新投融资模式,优化金融服务方案,提升绿色金融服务的可获得性和可持续性;加强与化工、钢铁、纺织、光伏、能源等产业的产融协同,服务传统产业转型升级,协助新型绿色产业风险管理。

四是做绿色信息共享的引领者。期货行业应加强金融、环保、税务、信用、监管等领域的合作,不断强化绿色信息披露和数据共享,探索扩大环境、社会和公司治理(ESG)信息披露的应用范围;加强碳排放数据的收集、整理和标识,提升碳排放数据的全面性与准确性;加强与国内外绿色金融发展组织和金融机构的交流合作,形成一批值得学习和借鉴的范例,做好宣传与推广。

五是做乡村振兴发展的保障者。期货行业应努力探索绿色金融赋能社会治理的路径和方法,加强乡村实地考察和调研,创新金融产品和服务,满足乡村地区的金融需求,助力乡村振兴战略的顺利实施;不断完善"保险+期货"的模式,形成覆盖农业生产、销售、加工、贸易的全产业链服务;加强和各级政府的协同合作,发挥绿色金融的功能和优势,引"资"汇"智",培育新型农业、绿色农业等领域的金融业务,为农业产业提供更加便捷和可持续的金融支持。

资料来源:中国期货业协会,2023-08-08,《"期货行业助力实体绿色低碳高质量发展"倡议书发布》,http://www.cfachina.org/industrydynamics/esdzt/hydt/202308/t20230808_49424.html。

第一节 期货公司业务概述

一、期货公司的业务内容

期货公司是指代理客户从事期货交易的企业法人或由企业法人设立的分支机构。期货是市场经济发展的产物,是期货交易发展的一个不可或缺的组成部分,期货公司接受期货投资者的委托,按照客户下达的指令以自己的名义为期货投资者的利益进行期货交易并收取佣金。按目前的政策规定,期货公司只能代理客户进行期货交易,不得进行自营业务。符合条件的期货公司经批准也可以下设营业部。

《期货交易管理条例》规定,只有期货交易所会员才能进入交易所进行期货交易,所以那些想参与期货交易而自身又不是期货交易所会员的公司,只能委托有资格的期货公司进行期货交易,期货公司的基本业务程序是:在客户选择了合适的期货公司和经纪人后,期货公司就会按一定的标准严格审查客户的开户资格和财务状况,帮助客户开设一个期货交易账户。客户先要按规定交付一定数额的保证金,作为将来履约的保证。开户后,客户通过市场分析在一定的时机向期货公司下达交易指令,再由期货公司立即通知其在期货交易所的出市代表,场内出市代表则立即按照订单上的要求进行买卖交易,即依据电脑输入订单上要求的价格及数量,由计算机自动撮合成交。若期货合约成交,则由期货公司和期货交易所的结算部门进行合约结算。期货交易所根据当日交易的结算价,确定每笔交易合约应付的保证金金额,并计算出每位会员的保证金应调整数额。每日交易结束后,期货公司将根据期货交易所结算部门公布的结算价格相应调整客户的保证金,并收取有关费用。

期货公司作为代理客户在期货交易所进行交易的中介机构,它的主要职能为:①接受客户的委托,按照客户下达的指令代客户买卖期货合约,办理各种交易手续,按客户的要求提供期货服务。②向客户收取保证金,向期货交易所保证客户的履约责任,并随时向客户报告合约的交易情况和保证金的变化情况。③为客户提供市场行情,充当客户的交易顾问,为客户提供咨询服务或培训等。④代理客户进行实物交割。

二、期货公司的结算制度

由于期货公司的介入,期货交易分成两步:①期货公司与客户之间形成委托买卖关系,期货公司接受客户的买卖指令,然后将指令传送到期货交易所的交易场内,由其场内出市代表利用交易所提供的设施和服务进行交易。相应地,经纪人与客户之间发生一系列有关保证金、佣金和手续费的收取及支付业务。②期货交易所和期货公司之间发生与期货交易有关的保证金和手续费的收取及支付业务。

作为期货交易所与客户的中介,期货公司在期货交易中负有双重责任。期货公司的这种特殊地位决定了它在期货交易中面临的风险不容忽视,为此,期货公司都建有较完善的结算制度。

(一)与期货交易所对应的法规和制度

1. 登记结算制度

每份期货合约只有经过期货交易所登记、担保、结算,才能成为会计核算中的期货合约。

2. 保证金制度

保证金是确保买卖双方履约的一种财力保护。虽然期货交易所会计和期货公司会计都有内容相同的保证金制度,但它们具有不同的性质,在会计核算上有重要的区别。对于期货公司来说,保证金主要分为以下几种:

(1)基础保证金。期货公司要预先向期货交易所交纳一笔巨额的基础保证金,在一般情况下,这笔保证金不得用作交易保证金或结算款项,在期货公司退出期货交易所时,这笔基础保证金也随之归还。

(2)交易保证金。作为期货交易的代理者,期货公司要向期货交易所缴纳持仓合约占用的保证金,主要包括:①初始保证金。在新开仓时,期货公司要将一笔款项存入期货交易所,用以担保初始买卖的期货合约,其数额由期货交易所规定。②维持保证金。这是期货交易所规定交易者必须维持的最低保证金水平。一旦持仓合约价值变化,导致存入结算账户的资金余额低于维持保证金水平,期货公司就必须补交保证金以达到期货交易所的初始保证金水平。③追加保证金。期货公司补交的保证金就是追加保证金。

3. 每日结算无负债制度

在每日收市时,期货交易所对每位会员进行交易结算,计算出各结算会员当日的盈亏。期货公司代理的业务若发生亏损,则必须补交差额资金;若发生盈余,则期货交易所会将超过规定保证金水平的款项在第二天自动支付给各期货公司。

4. 违约处理制度

若期货公司破产或不能履约,期货交易所将根据违约处理制度来限制风险,保证履约。一一般说,期货公司会用交易保证金和结算准备金抵债,若仍不能完全弥补,则用期货公司的基础保证金补足差额。

(二) 与客户对应的法规和制度

1. 账户分立制度

期货公司应将所有客户交存的保证金在银行开立一个客户专用基金账户,为每一客户分别开立分账户。客户专用基金与期货公司自有资金不得相互混淆,各客户的资金也不能相互挪用。

2. 保证金制度

期货公司要求客户为每一笔交易缴纳保证金,以保证合约履行,保证金的水平由期货公司自行确定,一般比期货公司交给期货交易所的保证金比例略低。与期货公司交给期货交易所的保证金相对应,客户交给期货公司的交易保证金可分为三种:初始保证金、维持保证金和追加保证金。

3. 每日结算制度

期货公司对客户的未平仓合约及财务状况应进行逐日盯市、每日计算。对于发生亏损且保证金数额低于维持保证金水平的客户,期货公司要在下一个交易日开市前,书面通知客户结算状况,限期缴纳追加保证金。

4. 强制平仓制度

若客户在规定的时间内没有追加保证金,则期货公司有权对客户的未平仓合约进行强制平仓,直到账户中的保证金余额能够维持剩余头寸为止。

5. 手续费制度

无论交易者是买还是卖,都必须交付一笔手续费,其金额由期货交易所规定,有的按成交金额的比例收取,有的按合约张数收取。期货公司向客户收取的手续费构成了期货公司的主要业务收入来源。

期货交易是保证金交易,从参与期货交易的资金来讲,都是先以资金形态存在,然后因持仓而转化为合约占用形态,通过买进或卖出合约平仓了结交易,合约占用形态的资金又转化为货币资金形态。参与期货交易的资金都是按照这种顺序周而复始地运转,并在周转过程中增值或减值。与保证金的循环周转相联系,期货公司与期货交易所、客户之间均存在着手续费的支出和收入过程。

三、期货公司会计核算的内容

期货公司成立后,为了取得进入期货交易所交易的权利,必须取得期货交易所的会员资格。获得期货交易所会员资格后,期货公司还需缴纳年会费,以维持期货交易所的日常开支。为了获得入场交易的权利,期货公司还要向期货交易所购买席位并缴纳席位费。

完成了以上准备工作后,期货公司即可开办代理业务,在替客户下单开始交易前,首先要求客户缴纳一笔保证金,为即将开始的期货交易作担保。客户交来这笔资金后,期货公司要将其作为结算准备金转交给期货交易所。客户下达指令开始交易后,期货公司则根据客户的持仓和结算情况调整保证金。具体来说,期货公司的会计核算包括以下几部分内容:

(1) 与期货交易所有关业务的核算。与期货交易所有关的业务核算包括与会员席位有关的业务核算和与日常交易有关的业务核算。与会员席位有关的业务包括:期货公司为取得会员资格缴纳的会员资格费;会员资格进行转让时取得的损益;需要缴纳的基本席位以外的席位占用费及退还席位时收回的席位占用费;期货公司每年对期货交易所缴纳年会费的核算。与日常交易有关的业务包括:期货公司将期货保证金存入期货交易所;保证金的划回及提取;客户平仓后代扣的手续费;当不能用货币资金补充保证金时,提交质押物进行融资的业务;代理客户对未平仓合约进行实物交割;交易盈亏的结转。

（2）对客户业务的核算。对客户业务的核算包括:吸收客户期货保证金的核算;客户保证金清退的核算;平仓后从保证金中收取代理手续费的核算;对客户不能用货币资金追加保证金时接受保证金质押业务的核算;代理客户进行实物交割业务的核算;客户平仓盈亏的核算。

（3）其他业务的核算。其他业务的核算包括:期货公司按规定提取风险准备金及其支用的核算;由于各种原因形成的错单交易的核算;对期货公司存在结算差异的核算;对客户违约处罚的核算等。

第二节 商品期货业务的核算

一、商品期货业务会计科目的设置

期货合约中规定一定数量的某种商品的期货交易为商品期货交易,具体包括农产品期货交易、金属期货交易、能源期货交易等。

根据中国期货业协会于2007年6月发布的《期货公司会计科目设置及核算指引》,期货公司的主要会计科目如表6-1所示。

表6-1 期货公司的主要会计科目

资产类	负债类	所有者权益类	损益类
期货保证金存款	应付货币保证金	一般风险准备	手续费收入
应收货币保证金	应付质押保证金		佣金收入
应收质押保证金	应付手续费		佣金支出
应收结算担保金	应付佣金		提取期货风险准备金
应收风险损失款	期货风险准备金		业务及管理费——监管费、年会费、席位使用费、客户服务费、提取期货投资者保障基金等
应收佣金	应付期货投资者保障基金		
期货会员资格投资			

（1）"**期货保证金存款**"科目,核算期货公司收到客户(或会员分级结算制度下全面结算会员收到非结算会员)缴存的货币保证金及期货公司存入期货保证金账户的款项,可按银行存款账户进行明细核算。经中国证监会批准,期货交易所可以实行全员结算制度或者会员分级结算制度。实行全员结算制度的期货交易所会员均具有与期货交易所进行结算的资格,期货交易所对会员结算,会员对其受托的客户结算。实行会员分级结算制度的期货交易所由结算会

员和非结算会员组成,结算会员具有与期货交易所结算的资格,非结算会员不具有资格。期货交易所对结算会员结算,结算会员对非结算会员结算,非结算会员对其受托的客户结算。结算会员由交易结算会员、全面结算会员和特别结算会员组成。全面结算会员、特别结算会员可以为与其签订了结算协议的非结算会员办理结算业务。交易结算会员不得为非结算会员办理结算业务。

（2）"应收货币保证金"科目,核算期货公司向期货结算机构（经中国证监会批准,期货交易所可以实行全员结算制度或者会员分级结算制度,期货结算机构是指期货交易所或会员分级结算制度下的特别结算会员和全面结算会员）划出的货币保证金及由期货业务盈利形成的货币保证金,可按期货结算机构进行明细核算。

（3）"应收质押保证金"科目,核算期货公司代客户向期货交易所办理有价证券充抵保证金业务形成的可用于期货交易的保证金,可按期货结算机构进行明细核算。

（4）"应收结算担保金"科目,核算会员分级结算制度下结算会员（包括全面结算会员和交易结算会员）按规定向期货交易所缴纳的结算担保金,可按期货交易所进行明细核算。

（5）"应收风险损失款"科目,核算期货公司为客户垫付尚未收回的风险损失款,可按客户进行明细核算。

（6）"应收佣金"科目,核算期货公司应收取的与其经营活动相关的佣金,可按佣金支付对象进行明细核算。

（7）"应付货币保证金"科目,核算期货公司收到客户（或会员分级结算制度下全面结算会员收到非结算会员）缴存的货币保证金及由期货业务盈利形成的货币保证金,可按客户或会员分级结算制度下非结算会员进行明细核算。

（8）"应付质押保证金"科目,核算期货公司代客户向期货交易所办理有价证券充抵保证金业务形成的可用于期货交易的保证金,可按客户（或会员分级结算制度下非结算会员）和有价证券类别进行明细核算。

（9）"应付手续费"科目,核算期货公司为期货结算机构代收尚未支付的手续费,可按期货结算机构进行明细核算。

（10）"应付佣金"科目,核算期货公司应支付的与其经营活动相关的佣金,可按佣金支付对象进行明细核算。

（11）"期货风险准备金"科目,核算期货公司按规定以手续费收入的一定比例提取的期货风险准备金。

（12）"应付期货投资者保障基金"科目,核算期货公司按规定提取的期货投资者保障基金。

（13）"一般风险准备"科目,核算期货公司按规定以本年实现净利润的一定比例提取的一般风险准备。

（14）"手续费收入"科目,核算期货公司向客户收取的交易手续费、代理结算手续费、交割手续费、有价证券充抵保证金业务手续费收入,以及期货公司收到期货交易所返还、减免的手续费收入、可按交易手续费、代理结算手续费、交割手续费、有价证券充抵保证金业务手续费、期货交易所手续费返还、期货交易所手续费减免等,可按手续费类别进行明细核算。

（15）"佣金收入"科目,核算期货公司确认的佣金收入,可按佣金收入类别进行明细核算。

（16）"佣金支出"科目,核算期货公司发生的与其经营活动相关的佣金支出。

(17)"提取期货风险准备金"科目,核算期货公司按规定以手续费收入的一定比例提取的期货风险准备金。

关于"期货会员资格投资"和"业务及管理费"科目的介绍将在以下账务处理部分详细介绍。

二、商品期货业务的账务处理

1. 会员资格费的核算

期货公司开办期货代理业务,先要取得会员资格,会员资格的取得方式是向期货交易所认缴会员资格费。从会员资格费本身的性质来看,它是期货公司进入期货交易所交易的资格,也就是取得经纪资格和营业权利的代价,类似于公司的创建支出,它不同于一般费用,是一笔建设性投资。当期货经纪机构退出期货交易所时,可以在市场上公开出售这一会员资格。根据我国会计准则中的有关规定,考虑到期货交易中会员资格费的特殊性,设置"期货会员资格投资"科目,用于核算期货公司为取得会员资格而以缴纳会员资格费的形式对期货交易所形成的投资。期货公司为取得会员资格而缴纳会员资格费时,应按实际支付的款项作如下会计分录:

借:期货会员资格投资
　　贷:银行存款

【例6-1】 方正中期期货有限公司向上海证券交易所缴纳会员资格费500 000元,用银行存款支付。

要求:编制方正中期期货有限公司的相关会计分录。

【解析】 编制会计分录如下:

借:期货会员资格投资——上海证券交易所　　　　　　　　　　　　500 000
　　贷:银行存款　　　　　　　　　　　　　　　　　　　　　　　500 000

此外,若期货市场较为兴旺,也会存在期货经纪机构因某种原因以高价让渡会员资格的情况。期货公司转让或被取消会员资格,应按实际收到的转让收入或交易所实际退还的会员资格费借记"银行存款"科目,按期货公司会员资格投资的账面价值贷记"期货会员资格投资"科目,按其差额借记或贷记"投资收益"科目。在这种情况下,期货公司的会计分录为:

借:银行存款
借或贷:投资收益
　　贷:期货会员资格投资

【例6-2】 承[例6-1],方正中期期货有限公司在进行一段时期的期货业务后,决定转让其在该期货交易所的会员资格。经交易所理事会批准后,方正中期期货有限公司将其会员资格转让给东南期货有限公司,双方协商作价400 000元,转让手续已办妥,并收妥价款。

要求:编制方正中期期货有限公司的相关会计分录。

【解析】 编制会计分录如下:

借:银行存款　　　　　　　　　　　　　　　　　　　　　　　　400 000
　　投资收益　　　　　　　　　　　　　　　　　　　　　　　　100 000
　　贷:期货会员资格投资——上海证券交易所　　　　　　　　　500 000

2. 席位使用费的核算

企业在期货交易所认购了会员资格后,即成为期货交易所的会员,并取得了一个基本交易席位。若一个席位费不能满足交易需要,期货公司还想取得更多的席位,则必须申请并缴纳席位使用费。对于期货公司支付的席位使用费,应通过"业务及管理费——席位使用费"科目,核算企业为取得基本席位之外的席位而缴纳的席位使用费。当期货公司因经营需要,认为无须占用太多的交易席位时,可以向交易所退还申请增加的交易席位。此时,交易所应全额归还原来向会员收取的席位使用费。企业取得的基本席位之外的席位不得转让。

期货公司为取得基本席位之外的席位向交易所缴纳席位使用费时,会计分录为:

借:业务及管理费——席位使用费
　　贷:银行存款

如果期货公司退还席位,在收到交易所退还的席位使用费时,作相反的会计分录。

【例6-3】 方正中期期货有限公司在上海证券交易所除了获得基本席位,考虑其经营业务的需要,又购买了两个交易席位,并支付席位使用费30万元。

要求:编制方正中期期货有限公司的相关会计分录。

【解析】 编制会计分录如下:

借:业务及管理费——席位使用费　　　　　　　　　　　　　　　　　300 000
　　贷:银行存款　　　　　　　　　　　　　　　　　　　　　　　　　　300 000

3. 缴纳年会费的核算

期货公司应按期货交易所的规定,定期(一般是每年)向交易所缴纳年会费,以维持交易所为会员服务所必需的费用开支。年会费按占用席位和期货交易所理事会审议通过的标准向期货交易所缴纳。期货公司向交易所缴纳年会费时,按实际支付的款项作如下会计分录:

借:业务及管理费——年会费
　　贷:银行存款

【例6-4】 方正中期期货有限公司按规定向上海期货交易所一次性缴纳年会费5万元。

要求:编制方正中期期货有限公司的相关会计分录。

【解析】 编制会计分录如下:

借:业务及管理费——年会费　　　　　　　　　　　　　　　　　　　50 000
　　贷:银行存款　　　　　　　　　　　　　　　　　　　　　　　　　　50 000

4. 开仓、持仓与货币保证金的核算

1)期货公司与期货交易的保证金核算

期货交易所对会员单位实施严格的保证金制度,要求每一个会员单位必须在交易所结算部门存入资金,为期货合约买卖提供财力保证。期货公司向交易所缴纳的保证金按是否被合约占用,可分为结算准备金和交易保证金两类。

(1)结算准备金及其核算。结算准备金是指期货公司在期货交易所存入的、为交易结算预先准备的款项,是尚未被合约占用的保证金。从资金管理角度还可进一步分为基础保证金和可用保证金。期货交易所通常要求期货公司将基础保证金一次性存入保证金账户,会员单位在正常交易过程中一般不动用基础保证金,也不允许交易所动用。可用保证金中的大部分

是期货公司在下单买卖合约前存入交易所的款项,再加上尚未提取的平仓盈利款和期货公司为将来交易需要增加存入的款项,期货公司对这部分保证金拥有支配权,可以随时划回。不过,期货公司划回保证金必须经交易所结算部门批准。

期货公司也可将基础保证金和用于结算准备的保证金都作为结算准备金,设一个账户进行管理。在这种情况下。交易所只是在结算准备金账户中确定一个基本金额,在正常的交易中不允许使用,只有在会员单位其他保证金不足时方可动用。交易所对会员单位可开仓头寸的控制是按结算准备金账户中的金额扣除基础保证金部分后的差额来确定的。

【例6-5】 方正中期期货有限公司在交易所下单买卖合约前,向上海证券交易所的保证金账户存入800 000元。上海证券交易所要求会员单位存入的保证金中应保持500 000元不可动用(即基础保证金),只能在追加保证金不足时才可运用这笔资金。

要求:编制方正中期期货有限公司的相关会计分录。

【解析】 编制会计分录如下:

借:应收货币保证金——上海证券交易所　　　　　　　　　　　　800 000
　　贷:银行存款[或期货保证金存款]　　　　　　　　　　　　　　　800 000

如果方正中期期货有限公司在上海证券交易所做多,但买入合约后价格一路下跌,在某一结算日形成的浮动亏损为200 000元。方正中期期货有限公司存入的保证金总额为800 000元,已被合约占用200 000元,基础保证金占用500 000元,还有100 000元可用于支付浮动亏损。在这种情况下,上海证券交易所要求方正中期期货有限公司追加保证金100 000元。若方正中期期货有限公司不能及时追加保证金到位,上海证券交易所就会动用基础保证金先抵补这一部分浮动亏损。

方正中期期货有限公司向上海证券交易所支付追加保证金的会计分录为:

借:应收货币保证金　　　　　　　　　　　　　　　　　　　　　100 000
　　贷:银行存款[或期货保证金存款]　　　　　　　　　　　　　　　100 000

根据持仓合约的变化及浮动盈亏情况,交易所会减少结算准备金余额,并增加交易保证金余额,或者相反。在交易所要求追加保证金时。期货公司应尽快补足被动用的基础保证金,借记"应收货币保证金"科目,贷记"银行存款"科目或者"期货保证金存款"科目。

(2)交易保证金及其核算。交易保证金是被合约占用的保证金,它随着交易量及结算价的变动而变动。交易保证金的增加一般是由于期货公司开新仓或持仓合约发生异常变化,交易所要求增加交易保证金(如接近交割期,交易所为了保证合约的履行,一般要求增加保证金)。交易保证金的减少是通过对冲平仓或实物交割了结期货交易,导致合约占用的保证金被退回结算准备金账户而实现的。

交易保证金还可进一步分为初始保证金、维持保证金和追加保证金。新开仓时,从结算准备金账户中划转出的部分保证金被称为初始保证金。随着交易的进行,在每日收盘后,期货交易所结算部门将根据当时的盈亏情况调整会员单位的保证金账户。若有盈利,则增加保证金金额;若有亏损,则减少保证金金额。维持账户的最低保证金被称为维持保证金。若会员单位可用保证金账户出现亏损或因持有未平仓合约数量过多而使其保证金数额低于维持保证金水平,就必须在规定的时间内再存入一笔款项,以增加交易保证金,使其达到初始保证金水平。这种补交的保证金就是追加保证金。

客户向期货公司下达开仓指令后,若开仓合约成交,则期货交易所结算部门就会根据成交合约市价的一定比例,将结算准备金账户中的可用保证金划转到交易保证金中。对于这部分被划转的保证金,期货公司失去了使用权,不能再将其用于开新仓或弥补交易亏损。开新仓的经济业务本身并不涉及期货公司的账务处理,交易所结算部门对结算准备金向交易准备金的划转并不涉及期货交易所与期货公司间的资金运动,期货公司无须作出会计处理,只需通过结算部门的每日结算反映在结算单据上。

期货公司按客户的指令开仓买入或卖出合约后,尚未对冲平仓前的状态被称为持仓。在持仓过程中,合约市价处于不断变化中,形成浮动盈亏。当浮动亏损达到一定程度时,可能会导致可用保证金低于结算准备金的最低水平,此时交易所就会发出追加保证金通知,期货公司需要追加保证金。在每天交易结束后,交易所要计算每个会员的当日结算准备金金额,当会员的结算准备金低于最低准备金余额时,该结果就被视为交易所向会员发出的追加保证金通知,交易所通过结算银行从会员的专用资金账户中划扣。期货公司支付追加保证金时,会计分录为:

借:应收货币保证金
　　贷:银行存款[或期货保证金存款]

【例6-6】 方正中期期货有限公司在上海证券交易所进行期货交易。12月13日,方正中期期货有限公司持有的期货合约全线下跌,发生浮动亏损800 000元,当日未发生保证金存取及开仓和平仓业务,上一交易日的结算准备金余额为1 200 000元,上海证券交易所要求的结算准备金的最低余额为500 000元。

要求:编制方正中期期货有限公司的相关会计分录。

【解析】

方正中期期货有限公司当日的结算准备金余额为400 000元。应追加的保证金为100 000元,因此上海证券交易所从方正中期期货有限公司专用账户划拨资金。

方正中期期货有限公司的会计分录为:

借:应收货币保证金——上海证券交易所　　　　　　　　　　　　　100 000
　　贷:银行存款[或期货保证金存款]　　　　　　　　　　　　　　　　100 000

2) 期货公司与客户的保证金核算

客户向期货公司缴纳的保证金是其履约的财力担保。与交易所对会员单位的保证金制度不同,目前我国期货公司一般不要求客户缴纳基础保证金,只要求客户缴纳交易保证金。因此,期货公司收到的客户开户金实际上就是客户最初存入期货公司准备用于下单买卖合约的保证金。期货公司对客户的开户金额一般规定一个下限,客户可以根据自己将要进行交易的数量向期货公司预存一定数额的保证金。期货公司必须为每一个客户开设保证金账户,进行明细分类核算。

期货公司对收到的客户保证金应通过"应付货币保证金"科目核算。收到客户划入的保证金时,期货公司应按实际划入的款项作如下会计分录:

借:期货保证金存款
　　贷:应付货币保证金

客户划出保证金时,作相反的会计分录。

【例6-7】 方正中期期货有限公司收到亿滋国际公司的开户保证金2 000 000元,将其设专户存入银行。

要求:编制方正中期期货有限公司的相关会计分录。

【解析】 编制会计分录如下:

借:期货保证金存款　　　　　　　　　　　　　　　　　　　　　　2 000 000
　　贷:应付货币保证金——亿滋国际公司　　　　　　　　　　　　　　2 000 000

如果亿滋国际公司在进行一段时间的交易后,因需要资金向方正中期期货有限公司申请将未被合约占用的保证金划出200 000元。此时,方正中期期货有限公司的会计分录为:

借:应付货币保证金——亿滋国际公司　　　　　　　　　　　　　　　200 000
　　贷:期货保证金存款　　　　　　　　　　　　　　　　　　　　　　200 000

期货公司代客户下单成交后,将成交合约应占用的保证金从客户缴存的保证金账户中划出,形成交易保证金,期货公司划转的客户交易保证金数额一般是在交易所划转的基础上略有增加。交易保证金的划转只是用于结算需要,以确定是否需要追加保证金,并不涉及期货公司与客户之间的真实资金运动,因此不涉及期货公司与客户之间保证金的账务处理。

随着交易的进行,在每日收盘后,期货公司将根据客户当日的盈亏情况调整客户的保证金账户。若有盈利,则增加保证金金额;若有亏损,则减少保证金金额。按交易所规定、会员的交易保证金账户必须维持最低的保证金额度。期货公司对客户也有相似的风险管理要求,若客户保证金账户在划转交易保证金后出现亏损,或者因持有未平仓合约数量过多或合约价格向不利于客户的方向变动而使客户出现浮动亏损,导致其保证金数额低于维持保证金水平,该客户就必须在规定的时间内再存入一笔款项,使保证金数额达到应有的水平,即须追加保证金。

【例6-8】 方正中期期货有限公司代理亿滋国际公司在大连商品交易所从事大豆期货交易。5月20日,方正中期期货有限公司收取客户保证金120 000元。5月28日,方正中期期货有限公司接受客户指令以每吨2 300元的价格开新仓卖出9月期货合约100手,每手10吨,共计1 000吨。方正中期期货有限公司按5%的比率收取保证金。5月28日的结算价与成交价相同。5月29日的结算价为每吨2 270元(不考虑手续费)。

要求:编制方正中期期货有限公司的相关会计分录。

【解析】

(1) 5月20日,客户存入保证金时,方正中期期货有限公司的会计分录为:

借:期货保证金存款　　　　　　　　　　　　　　　　　　　　　　　120 000
　　贷:应付货币保证金——亿滋国际公司　　　　　　　　　　　　　　120 000

(2) 5月28日,开新仓,按成交价计算,开新仓合约应占用的保证金为115 000元(2 300×100×10×5%),由于当日收盘价与成交价相同,当日可用的保证金大于合同占用的保证金,故无须追加保证金,无须进行账务处理。

(3) 5月29日,发生浮动亏损,即:

期货价格下跌发生的浮动亏损=(2 270−2 300)×100×10=−30 000(元)

当日保证金余额=120 000−115 000−30 000=−25 000(元)

由于浮动亏损,该客户在方正中期期货有限公司的保证金可运用部分已成负数。方正中期期货有限公司要求该客户在5月30日开盘前补交发生的浮动亏损30 000元。方正中期期货有限公司收到追加保证金的会计分录为：

借：期货保证金存款　　　　　　　　　　　　　　　　　　　　　　30 000
　　贷：应付货币保证金——亿滋国际公司　　　　　　　　　　　　　　30 000

3）结算准备金存款利息的核算

期货公司存入交易所的结算准备金是尚未被期货合约占用的保证金，对期货公司来讲，这种结算准备金相当于在交易所的一种存款，因此交易所应支付相应的存款利息。在一般情况下，交易所是按同期银行活期存款利率向期货公司支付结算准备金的存款利息。

交易所向期货公司支付的结算准备金存款利息是通过会员的保证金账户直接划转的。期货公司收到交易所划转的保证金存款利息后，应借记"应收货币保证金"科目，贷记"利息收入"科目。

【例6-9】 在第二季度末，方正中期期货有限公司在上海证券交易所存入的结算准备金余额为800 000元，其中，基础保证金为600 000元，可用保证金为200 000元。方正中期期货有限公司收到上海证券交易所支付的第二季度利息为2 000元（设按年利率1‰支付），并将该笔存款利息从保证金账户中划出（增值税税率为6%）。

要求：编制方正中期期货有限公司的相关会计分录。

【解析】

（1）方正中期期货有限公司收到交易所支付的利息时，会计分录为：

借：应收货币保证金——上海证券交易所　　　　　　　　　　　　　2 000.00
　　贷：利息收入　　　　　　　　　　　　　　　　　　　　　　　　1 886.79
　　　　应交税费——应交增值税（销项税额）　　　　　　　　　　　　113.21

（2）方正中期期货有限公司将该笔存款利息从保证金账户中划出时，会计分录为：

借：银行存款　　　　　　　　　　　　　　　　　　　　　　　　　2 000
　　贷：应收货币保证金——上海证券交易所　　　　　　　　　　　　2 000

5. 平仓盈亏的核算

通过买入或卖出而建仓的合约，以对冲平仓的形式予以了结是期货交易中最普通的业务。持仓合约通过对冲了结可能出现三种情况：①平仓价等于开仓价，整个交易过程不盈不亏。②多头的平仓价高于开仓价或空头的平仓价低于开仓价，实现平仓盈利。③多头的平仓价低于开仓价或空头的平仓价高于开仓价，实现平仓亏损。期货交易所对会员单位合约所实现的平仓盈亏通过结算准备金账户进行保证金的划转，期货公司对上述三种情况的处理各不相同。

（1）不盈不亏。当平仓价等于开仓价时，整个交易过程不盈不亏，此时，交易所对期货公司的结算业务只是将原合约占用的交易保证金划转为不被合约占用的结算准备金。因此，期货公司不需要对这类业务进行账务处理，只需要将结算单据作为资料备查即可。

（2）平仓盈利。在平仓盈利的情况下，交易所对期货公司的结算包括两部分：一是因平仓会员实现的盈利增加其结算准备金；二是将原合约占用的交易保证金划转为不被合约占用的结算准备金。这里无须进行账务处理。

期货公司对平仓实现的盈利通过"应收货币保证金"和"应付货币保证金"科目核算，按期货交易所结算单据载明的平仓盈利金额,借记"应收货币保证金"科目,贷记"应付货币保证金"科目。

【例6-10】 方正中期期货有限公司代理亿滋国际公司在郑州商品交易所从事大豆期货交易。3月5日,方正中期期货有限公司按客户指令买入5月到期的大豆合约40手,共200吨,成交价为每吨2 400元,持仓到5月15日,客户下达平仓指令,将大豆合约全部平仓了结。大豆合约的平仓成交价为每吨2 500元(不考虑手续费)。

要求:编制方正中期期货有限公司的相关会计分录。

【解析】

客户的平仓盈利=(2 500-2 400)×200=20 000(元)

方正中期期货有限公司的会计分录为:

借:应收货币保证金——郑州商品交易所 20 000
　　贷:应付货币保证金——亿滋国际公司 20 000

(3)平仓亏损。在平仓亏损的情况下,交易所对期货公司的结算包括两部分:一是因平仓会员实现的亏损减少其结算准备金;二是将原合约占用的交易保证金划转为不被合约占用的结算准备金。这里无须进行账务处理。

期货公司对平仓实现的亏损通过"应收货币保证金"和"应付货币保证金"科目核算,按期货交易所结算单据载明的平仓亏损金额,借记"应付货币保证金"科目,贷记"应收货币保证金"科目。

【例6-11】 方正中期期货有限公司代理元禾汽车有限公司在上海期货交易所从事铜期货交易。3月5日,方正中期期货有限公司按客户指令卖出8月到期的铜期货20手,共100吨,成交价为每吨17 000元。3月15日,8月铜期货因国际市场影响价格上涨,该客户为减少风险决定先平掉10手。平仓成交价为每吨18 000元(不考虑手续费)。

要求:编制方正中期期货有限公司的相关会计分录。

【解析】

客户的平仓亏损=(18 000-17 000)×50=50 000(元)

方正中期期货有限公司的会计分录为:

借:应收货币保证金——元禾汽车有限公司 50 000
　　贷:应付货币保证金——上海期货交易所 50 000

6.手续费的核算

在期货交易中,手续费是由提供期货交易服务的一方向接受服务的一方收取的服务报酬。期货交易所按成交情况向其会员单位收取手续费,期货公司也按成交情况向客户收取手续费。在我国期货交易中,手续费是单边收取,不管交易者是买入还是卖出,是开新仓还是对冲平仓,只要合约成交都必须按一定的标准缴纳手续费。按现行制度规定,期货交易所向会员收取的手续费不能超过成交合约金额的5‰。期货公司向客户收取的手续费一般不应低于其向交易所上交的部分。在实务中,交易所对不同期货品种收取的手续费标准不同,不同的期货公司向客户收取手续费的标准也不一样。

期货公司向客户收取的手续费(除去上缴给交易所的部分)构成了期货公司的营业收入。

手续费的具体收取方法有多种,有的是规定每张合约有一个绝对的手续费金额,手续费总额按成交手数的多少确定;有的则是按成交合约的交易金额的一定比例收取。期货公司向客户收取的手续费并非全部归期货公司所有,所以在进行账务处理时应区别对待。

期货公司向客户收取交易手续费、交割手续费时,按实际划转的款项,借记"应付货币保证金"科目;按实际划转的款项中属于期货公司收入的部分,贷记"手续费收入"科目;属于为交易所代收代付的部分,贷记"应付手续费"科目。

向交易所支付手续费时,应按结算单据列明的金额,借记"应付手续费"科目,贷记"应收货币保证金"科目。

【例6-12】 方正中期期货有限公司代理亿滋国际公司在大连商品交易所从事大豆期货交易。12月13日,一次成交100手,共计1 000吨,买入成交价为每吨2 500元,大连商品交易所收取大豆合约的交易手续费为每手7元,方正中期期货有限公司向客户收取的手续费为每手10元(增值税税率为6%)。

要求:编制方正中期期货有限公司的相关会计分录。

【解析】

(1) 方正中期期货有限公司从客户保证金账户中划转手续费时,会计分录为:

借:应付币保证金——亿滋国际公司   1 000.00
    贷:应付手续费——大连商品交易所   400.00
        手续费收入   566.04
        应交税费——应交增值税(销项税额)   33.96

(2) 大连商品交易所从该期货公司的结算准备金账户中划转手续费时,会计分录为:

借:应付手续费——大连商品交易所   400
    贷:应付货币保证金——大连商品交易所   400

(3) 12月31日,结转营收入,方正中期期货有限公司的会计分录为:

借:手续费收入   566.04
    贷:营业利润   566.04

7. 实物交割的核算

实物交割是标准仓单的转手过程,具体是指期货合约到期时,交易双方通过该期货合约所载商品所有权的转移,了结未平仓合约的过程。当然,大部分期货交易是通过对冲平仓了结合约的,实物交割只占全部期货交易的2%~3%。由于期货交易是标准化合约的交易,作为交割的货物必须符合合约规定的商品标准和数量标准。

实物交割是期货交易和现货交易的交叉点,完整的实物交割程序可分为两步:①实物交割双方先按最后交易日的交割结算价将合约对冲平仓,完成期货交易过程。②实物交割双方按最后交易日的实物结算价进行实物商品的现货交易。实物交割过程可分第一通知日、最后交易日和最后交割日三个时间段。第一通知日是进入交割月份的第一营业日,期货公司收到交易所发出的准备交割通知单。在第一通知日,卖方也可能已开始准备实物交割,并向交易所提交交货通知单。交易所按买方合约持仓时间长短、交割量大小、交割地点等因素,由计算机按优化和节约的原则自动撮合配对。第一通知日后,交易所一般会将保证金的水平逐步提高,以保证合约的正常履行,降低交割风险。最后交易日是交割月份的某一天,是未平仓合约可以对冲平仓的最后一个交易日,在最后交易日后仍未平仓的合约必须进行实物交割。最后交割日是交割期的最后一个工作日,实物交割必须在最后交割日前完成。第一通知日后的第一个工作日到最后交割日前的一段时间为交割期,在此期间的任何一个工作日都可进行实物交割。

由于市场的逐日盯市制度,结算价变动引起的盈亏在每日的期货交易账户中已经有所反映,在最后交易日结束后、买卖双方发生实物交割时,均以最后交易日的结算价作为双方应收或应付的货款。对于以实物交割了结的合约,应按交割结算价额先进行对冲平仓处理。

期货公司代理买方客户进行实物交割的,应按交易所计算的实物交割货款金额向客户收取。收到交易所转来的由卖方提供的实物仓单及增值税专用发票,应及时转交给买方客户。期货公司代理卖方客户进行实物交割的,应按交易所的交割规定及时向交易所提供实物仓单,并向买方开出增值税专用发票。收到交易所结转的实物交割货款时,应及时划转给客户。

代理买方客户进行实物交割的,依据交易所提供的交割单据,按实际划转支付的交割贷款金额(含增值税税额),借记"应付货币保证金"科目,贷记"应收货币保证金"科目。代理卖方客户进行实物交割的,依据交易所交割单据,按实际划转收到的交割货款,借记"应收货币保证金"科目,贷记"应付货币保证金"科目。

实物交割中有时会出现某一方违约的行为,即交割违约。例如,卖方客户不能按时向交易所提交货物仓单、提供的提货凭单因手续不全提不到货、所交的实物质量不符合规定等都属于交割违约,而买方客户不能及时足额地将货款汇入交易所账户、不按提货日规定的期限提货等也属于交割违约。对交割违约行为,交易所往往对违约方处以交易金额一定比例的违约金和罚款。

期货公司在代理客户进行实物交割时发生的违约罚款,通过"应收风险损失款——客户罚款"科目进行核算。代理客户向交易所缴纳的违约罚款支出,借记"应收风险损失款——客户罚款",贷记"应收货币保证金"科目;实际从客户保证金中划转违约罚款支出,借记"应付货币保证金"科目,贷记"应收风险损失款——客户罚款"科目。

【例6-13】 方正中期期货有限公司代理亿滋国际公司在大连商品交易所从事大豆期货的套期保值,于5月15日买入10月到期合约100手,每手10吨,共计1 000吨,成交价为每吨2 200元,保证金率为5%。进入交割月后,亿滋国际公司准备进行实物交割,有关资料如下:第一通知日后,大连商品交易所将保证金比例一次性提高到30%,第一通知日前的保证金累计金额为600 000元。第一通知日的结算价为每吨2 220元,最后交易日的结算价为每吨2 300元,前一交易日的结算价为每吨2 280元。大连商品交易所要求支付的交割手续费为每手25元。亿滋国际公司未能按时将交割款汇入大连商品交易所,按规定被处以交易额1‰的罚款。

要求:编制方正中期期货有限公司的相关会计分录。

【解析】

(1) 5月15日,收到亿滋国际公司支付保证金110 000元。假设亿滋国际公司在方正中期期货有限公司的保证金专户中有足额存款,足够支付新开仓合约的保证金,期货公司与亿滋国际公司间无账务处理的必要。

(2) 第一通知日后,按大连商品交易所规定追加交割保证金。

亿滋国际公司应交保证金=2 220×1 000×30%=666 000(元)

应追加保证金=666 000−600 000=66 000(元)

方正中期期货有限公司的会计分录为：

借：应收货币保证金——大连商品交易所　　　　　　　　　　　　66 000
　　贷：银行存款　　　　　　　　　　　　　　　　　　　　　　66 000

(3) 按最后交易日的交割结算价将合约对冲平仓处理。对亿滋国际公司而言，其平仓盈利为：

平仓盈利＝(2 300－2 200)×1 000＝100 000(元)

由于大连商品交易所与方正中期期货有限公司之间实行逐日盯市制度，其结算的平仓盈利为：

平仓盈利＝(2 300－2 280)×1 000＝20 000(元)

方正中期期货有限公司的会计分录为：

借：应收货币保证金——大连商品交易所　　　　　　　　　　　　20 000
　　结算差异　　　　　　　　　　　　　　　　　　　　　　　　80 000
　　贷：应付货币保证金——亿滋国际公司　　　　　　　　　　　100 000

(4) 实际应向大连商品交易所支付交割货款 2 300 000 元，方正中期期货有限公司代亿滋国际公司存在大连商品交易所结算账户中的保证金总额为 766 000 元(666 000＋100 000)，尚需追加 1 534 000 元。方正中期期货有限公司收到亿滋国际公司追加的货款后划转给大连商品交易所，会计分录为：

借：银行存款　　　　　　　　　　　　　　　　　　　　　　　1 534 000
　　贷：应付货币保证金——亿滋国际公司　　　　　　　　　　　1 534 000

借：应付货币保证金——亿滋国际公司　　　　　　　　　　　　1 534 000
　　贷：应收货币保证金——大连商品交易所　　　　　　　　　　1 534 000

(5) 设方正中期期货有限公司未能按时将交割款汇入大连商品交易所被处以罚款，大连商品交易所先从其结算准备金账户中扣除。此时，方正中期期货有限公司的会计分录为：

借：应收风险损失款——客户罚款　　　　　　　　　　　　　　　15 340
　　贷：应收货币保证金——大连商品交易所　　　　　　　　　　15 340

收到客户缴纳的交割违约款时，方正中期期货有限公司的会计分录为：

借：应收货币保证金——亿滋国际公司　　　　　　　　　　　　　15 340
　　贷：应收风险损失款——客户罚款　　　　　　　　　　　　　15 340

8. 提取和使用期货风险准备金

由于期货行业的高风险性，国家允许期货公司提取风险准备金，用以应对随时可能出现的风险。按现行制度规定，期货公司应按向客户收取的手续费净收入(即手续费收入总额扣除为交易所代收代付部分余额)的 5% 提取。期货公司按规定以手续费收入的一定比例提取风险准备金时，按实际提取的金额，借记"提取期货风险准备金"科目，贷记"期货风险准备金"科目。

期货公司代理客户进行期货交易，可能发生错单，如下单员向计算机输入客户指令时输错了方向，将买单下成了卖单，或者输错数量、价格等。按现行财务制度的规定，错单合约平仓产生的亏损，按结算单据列明的金额，借记"期货风险准备金"科目，贷记"应付货币保证金"科目；错单平仓实现的盈利，作相反的会计分录。

期货公司出现风险事故应分清责任。因期货公司自身原因造成的风险损失,应按照相关规定追究相关当事人的责任,按应由当事人负担的金额,借记"其他应收款"科目;按应由期货公司负担的金额,借记"期货风险准备金"科目;按实际向交易所或客户划转的金额,贷记"应收货币保证金"或"应付货币保证金"科目。

因客户责任造成的风险损失,需要期货公司代为客户垫付时,按实际向交易所划转的金额,借记"应收风险损失款——客户垫付"科目,贷记"应收货币保证金"科目;向客户收回垫付的风险损失款时,借记"应付货币保证金"科目,贷记"应收风险损失款——客户垫付"科目;按规定对难以收回的风险损失垫付款予以核销时,借记"期货风险准备金"科目,贷记"应收风险损失款——客户垫付"科目。

因客户有违约、违规等行为对其实施的罚款,在客户支付罚款前,借记"应收风险损失款——客户罚款"科目,贷记"营业外收入"科目;实际收到客户支付的罚款时,借记"银行存款"科目,贷记"应收风险损失款——客户罚款"科目。

期货公司应按规定以本年实现净利润的一定比例提取一般风险准备。按提取的一般风险准备的金额,借记"利润分配——提取一般风险准备"科目,贷记"一般风险准备"科目。期货公司发生风险损失,使用一般风险准备弥补的,借记"一般风险准备"科目,贷记"利润分配——一般风险准备补亏"科目。

【例6-14】 方正中期期货有限公司在10月代理期货业务的手续费净收入为1 000 000元,按5‰的比例提取风险准备金。

要求:编制方正中期期货有限公司的相关会计分录。

【解析】 编制会计分录如下:

借:提取期货风险准备金　　　　　　　　　　　　　　　　　　　　　　　　50 000
　　贷:期货风险准备金　　　　　　　　　　　　　　　　　　　　　　　　　　50 000

【例6-15】 亿滋国际公司向方正中期期货有限公司下达交易指令,买入大连商品交易所的10月大豆期货100手,共计1 000吨,指定价位为每吨2 200元,下单员将其错输成每吨2 300元,这笔错单在当天收市后被发现。按方正中期期货有限公司的规定,该错单应在第二天开市后尽快对冲平仓,平仓成交价为每吨2 250元。错单交易造成的损失经批准由下单员承担50%,其余50%用风险准备金弥补。

要求:编制方正中期期货有限公司的相关会计分录。

【解析】
(1) 错单合约平仓后,计算其形成的亏损额:

亏损=(2 300－2 250)×1 000=5 000(元)

方正中期期货有限公司的会计分录为:

借:应付货币保证金　　　　　　　　　　　　　　　　　　　　　　　　　　50 000
　　贷:应收货币保证金——大连商品交易所　　　　　　　　　　　　　　　　50 000

(2) 对经批准后的弥补方式,方正中期期货有限公司的会计分录为:

借:其他应收款　　　　　　　　　　　　　　　　　　　　　　　　　　　　25 000
　　期货风险准备金　　　　　　　　　　　　　　　　　　　　　　　　　　25 000
　　贷:应付货币保证金——亿滋国际公司　　　　　　　　　　　　　　　　　50 000

【例6-16】 方正中期期货有限公司代理客户在上海期货交易所进行铝期货交易,因客户对市场变化判断失误,导致损失 600 000 元,由期货公司先为客户垫付。后垫款无法核销。

要求:编制方正中期期货有限公司的相关会计分录。

【解析】

(1) 为客户垫付交易损失款时,方正中期期货有限公司的会计分录为:

借:应收风险损失款——客户垫付　　　　　　　　　　　　　　　　　600 000
　　贷:应收货币保证金——上海期货交易所　　　　　　　　　　　　　　　　　600 000

(2) 为客户垫付款确认无法收回予以核销时,方正中期期货有限公司的会计分录为:

借:期货风险准备金　　　　　　　　　　　　　　　　　　　　　　　600 000
　　贷:应收风险损失款——客户垫付　　　　　　　　　　　　　　　　　　　　600 000

9. 质押保证金的核算

期货交易所与期货公司间的资金往来一般采用货币资金进行结算。根据交易所的规定,会员单位也可采用质押的形式取得保证金。质押是指会员单位提出申请并经交易所批准,将持有的权利凭证移交交易所,作为会员履行保证金的担保。质押只可应用于会员保证金的担保,会员发生的交易亏损、费用、税金等,只能用货币资金结算。

可用于质押的权利凭证仅限于国债和交易所注册的标准仓单,以及中国证监会认定的其他有价证券。质押价的确定方法为:以国债质押的,按抵充日前一交易日该品种上交所和深交所收盘价中的较低价格作为基准价;以标准仓单质押的,以抵充日前一交易日该标准仓单对应品种最近交割月份期货合约的结算价作为基准计算价值。

用作质押的可上市流通的国债或标准仓单存入交易所后,其所有权并未发生转移,仍归期货公司或客户所有,一旦有了足够的货币资金作为保证金,期货公司就可以赎回质押物。对于质押物的核算,可以不单独设置一级科目,而是作为报表补充资料予以披露;对于质押物完整的业务过程,可以通过质押物备查登记作出全面、完整的反映;对于获取的质押物额度可通过结算部门来掌握,不进行单独的会计核算。

除了可向期货交易所质押保证金,期货公司也可以代客户向期货交易所办理有价证券充抵保证金。客户委托期货公司向交易所提交有价证券办理充抵保证金业务时,期货公司应按期货交易所核定的充抵保证金金额,借记"应收质押保证金"科目,贷记"应付质押保证金"科目。

有价证券价值发生增减变化,期货交易所相应调整核定的充抵保证金金额时,期货公司按调整增加数,借记"应收质押保证金"科目,贷记"应付质押保证金"科目;按照调整减少数,借记"应付质押保证金"科目,贷记"应收质押保证金"科目。

期货交易所将有价证券退还给客户时,期货公司按期货交易所核定的充抵保证金金额,借记"应付质押保证金"科目,贷记"应收质押保证金"科目。

客户到期不能及时追加保证金,期货交易所处置有价证券时,期货公司按期货交易所核定的充抵保证金金额,借记"应付质押保证金"科目,贷记"应收质押保证金"科目;按处置有价证券所得款项金额,借记"应收货币保证金"科目,贷记"应付货币保证金"科目。

《期货交易所管理办法》规定,客户以有价证券充抵保证金的,会员应当将收到的有价证券提交期货交易所。非结算会员的客户以有价证券充抵保证金的,非结算会员应将收到的有价证券提交结算会员,由结算会员提交期货交易所。

第三节 金融期货和期权概述

金融期货与期权是金融领域的新生事物。作为衍生金融工具的主要品种,金融期货与期权的发展方兴未艾,本节仅参照发达国家的金融期货和期权业务进行介绍。

一、金融期货概述

金融期货是20世纪70年代初才产生的一个新的期货类别,然而它后来居上,其发展速度之快、运用程度之广泛,是其他任何期货品种都无法比拟的。目前,在期货交易比较发达的国家和地区,金融期货在整个期货交易中占据着重要的地位。

以外汇、利率和股票指数等金融工具为标的物的期货合约的交易活动,被称为金融期货交易。这些金融工具主要包括以下几种。

1. 外汇期货

外汇期货是指协议双方同意在未来某一时期根据约定价格——汇率,买卖一定标准数量某种外汇的可转让的标准化协议。外汇期货涉及的币种主要有日元、英镑、欧元、美元等。

2. 利率期货

利率期货是指协议双方同意在约定的未来某个日期,按约定条件买卖一定数量的某种长短期信用工具的可转让的标准化协议。利率期货交易的对象有长期国债、政府住宅抵押证券、中期国债、短期国债等。

3. 股票指数期货

股票指数期货是指协议双方同意在未来某一时期,按约定的价格买卖股票指数的可转让的标准化合约。最具代表性的股票指数有美国的道琼斯指数和标准普尔500指数、英国的伦敦《金融时报》工商业普通股股票价格指数、中国香港的恒生指数、日本的日经指数等。

二、期权概述

期权也是20世纪70年代以来国际金融创新中发展起来的又一种新的金融交易形式。自期权产生以来,其发展十分迅速,应用也非常广泛,尤其是在金融风险管理中,已成为一种颇受投资者欢迎的套期保值新工具。

期权是指在未来一定时期可以买卖的权利,是买方向卖方支付一定金额(指权利金)后拥有的在未来一段时间内(指美式期权)或未来某一特定日期(指欧式期权)以事先规定好的价格(指敲定价格)向卖方购买(指看涨期权)或出售(指看跌期权)一定数量特定标的物的权利,但不负有必须买进或卖出的义务。期权交易事实上就是这种权利的交易,期权买方有执行的权利,也有不执行的权利,可以灵活选择。

期权合约是指期权买方向期权卖方支付了一定数额的权利金后获得的在规定的期限内按事先约定的敲定价格买进或卖出一定数量相关商品期货合约权利的一种标准化合约。期权合约的构成要素主要有期权买方、期权卖方、权利金、敲定价格、通知日和到期日等。

按期权的权利来划分,主要有看涨期权、看跌期权和双向期权三种。

(1) 看涨期权是指期权的买方享有在规定的有效期限内按某一具体的敲定价格买进某一特定数量的相关商品期货合约的权利，但不同时负有必须买进的义务。

(2) 看跌期权是指期权的买方享有在规定的有效期限内按某一具体的敲定价格卖出某一特定数量的相关商品期货合约的权利，但不同时负有必须卖出的义务。

(3) 双向期权是指期权的买方既享有在规定的有效期限内按某一具体的敲定价格买进某一特定数量的相关商品期货合约的权利，又享有在商定的有效期限内按同一敲定价格卖出某一特定数量的相关商品期货合约的权利。

期权的履约有以下三种情况：

(1) 买卖双方都可以通过对冲的方式实现履约。

(2) 买方也可以将期权转换为期货合约的方式履约（在期权合约规定的敲定价格水平获得一个相应的期货头寸）。

(3) 任何期权到期不用，自动失效。如果期权是虚值，期权买方就不会行使期权，直至期权到期失效。这样期权买方最多损失所交的权利金。

买进一份敲定价格的看涨期权，在支付一笔很少的权利金后，便可享有买入相关期货的权利。一旦价格上涨，期权买方即可履行看涨期权，以低价获得期货多头，然后按上涨的价格水平高价卖出相关期货合约，以获得差价利润。如果价格不但没有上涨，反而下跌，则可放弃或低价转让看涨期权，期权买方的最大损失为权利金。看涨期权的买方之所以买入看涨期权，是因为买方通过对相关期货市场价格变动的分析，认定相关期货市场价格大幅上涨的可能性很大，所以买入看涨期权，并支付一定数额的权利金。一旦市场价格大幅上涨，那么期权买方将会因低价买进期货而获取较大的利润，大于其买入期权所付的权利金数，最终获利；期权买方也可以在市场以更高的权利金价格卖出该期权合约，从而对冲获利。当看涨期权买方对相关期货市场的价格变动趋势判断不准确时，一方面，如果市场价格只有小幅上涨，买方则可履约或对冲，获取一点利润，弥补权利金支出的损失；另一方面，如果市场价格下跌，买方则不履约，其最大损失是支付的权利金数额。

期权交易与期货交易之间既有区别又有联系，它们的联系是：①两者均是以买卖远期标准化合约为特征的交易。②在价格关系上，期货市场价格对期权交易合约的敲定价格及权利金确定均有影响。一般来说，期权交易合约的敲定价格是以期货合约所确定的远期买卖同类商品交割价为基础，而两者价格的差额又是权利金确定的重要依据。③期货交易是期权交易的基础。期权交易的内容一般为买卖一定数量期货合约的权利，期货交易越发达，期权交易的开展就越具有基础，因此期货市场的发育成熟和规则完备为期权交易的产生和发展创造了条件。期权交易的产生和发展又为套期保值者和投机者进行期货交易提供了更多可选择的工具，从而扩大和丰富了期货市场的交易内容。④期货交易可以做多、做空，交易者不一定进行实物交收。期权交易同样可以做多、做空，买方不一定要实际行使这个权利，也可以把这个权利转让出去；卖方也不一定非履约不可，可以在期权买入者尚未行使权利前，通过买入相同期权解除他所承担的责任。⑤由于期权的标的物为期货合约，期权履约时买卖双方会得到相应的期货头寸。

课堂结账测试

班级_____ 姓名_____ 学号_____ 日期_____ 得分_____

一、单项选择题(每小题 5 分,共 65 分)

1. "应收货币保证金"科目期末借方余额,反映期货公司从期货结算机构(　　)。
   A. 可用于期货交易的保证金　　　B. 收回的结算担保金额
   C. 尚未收回的货币保证金金额　　D. 尚未支付的货币保证金金额

2. 期货经纪公司应按期货交易所的规定,定期缴纳年会费,缴纳的年会费按实际支付的款项应记入(　　)科目。
   A. "应付账款"　　　　　　B. "管理费用"
   C. "财务费用"　　　　　　D. "其他业务成本"

3. "应付手续费"科目按(　　)进行明细核算。
   A. 期货结算机构　　　　　B. 客户或分级结算制度下非结算会员
   C. 佣金支付对象　　　　　D. 期货交易所

4. 下列各项中,不属于"手续费收入"科目核算的是(　　)。
   A. 收取手续费　　B. 结转手续费　　C. 返还手续费　　D. 减收手续费

5. 若期货经纪公司破产或不能履约,交易所将根据违约处理制度来限制风险,保证履约,一般用(　　)和(　　)抵债。
   A. 交易保证金;基础保证金　　　B. 交易保证金;结算准备金
   C. 基础保证金;结算保证金　　　D. 基础保证金;维持保证金

6. 下列各项中,与客户相关的会计制度的是(　　)。
   A. 每日结算无负债制度　　　B. 保证金制度
   C. 违约处理制度　　　　　　D. 账户分立制度

7. 下列各项中,不是期货交易相关的会计制度决定的是(　　)。
   A. 每日结算无负债制度　　　B. 保证金制度
   C. 违约处理制度　　　　　　D. 账户分立制度

8. 基础保证金在一般情况下(　　)。
   A. 可以用作交易保证金,但结算经济公司退出期货交易时这笔基础保证金不归还
   B. 不可以用作交易保证金,结算经济公司退出期货交易时这笔基础保证金也不归还
   C. 可以用作交易保证金,结算经济公司退出期货交易时这笔基础保证金也不归还
   D. 不可以用作交易保证金,但结算经济公司退出期货交易时这笔基础保证金归还

9. 下列各项中,由客户交给客户的是(　　)。
   A. 初始保证金　　B. 基础保证金　　C. 开户保证金　　D. 买卖保证金

10. "期货保证金存款"科目可按银行(　　)进行核算。
    A. 存款账户　　B. 贷款账户　　C. 现金账户　　D. 保证金账户

11. 在期货交易中,通过平仓买入的合约,最普遍的了结方式是( )。
   A. 对冲平仓　　　　B. 冲销入库　　　　C. 抵押平仓　　　　D. 冲销抵押
12. 经纪公司对平仓实现的盈亏,通过( )和( )科目进行核算。
   A. "应收货币保证金";"应付货币保证金"　　B. "应收期货保证金";"应付期货保证金"
   C. "应收账款";"应付账款"　　　　　　　　D. "应收保证金";"应付保证金"
13. 因客户责任造成的风险,需要经纪公司代为客户垫付时,按实际向交易所划转的金额。下列经纪公司的会计处理中,正确的是( )。
   A. 贷记"应付风险损失款——客户垫付"科目
   B. 借记"应收风险损失款——客户垫付"科目
   C. 贷记"应付保证金"科目
   D. 借记"应收保证金"科目

二、多项选择题(每小题 7 分,共 35 分)

1. 下列各项中,与期货交易中客户相关的会计制度有( )。
   A. 账户分立制度　　　　　　　　B. 保证金制度
   C. 每日结算制度　　　　　　　　D. 强制平仓制度
2. 下列各项中,主要核算期货公司向客户收取的有( )。
   A. 交易手续费　　　　　　　　　B. 代理结算手续费
   C. 交割手续费　　　　　　　　　D. 有价证券充抵保证金业务手续费收入
3. 下列各项中,属于资产类科目的有( )。
   A. "衍生金融工具——金融期货"　　B. "金融期货保证金"
   C. "应付金融期货款"　　　　　　　D. "期货保证金存款"
4. 南方期货公司签订了一份为期 5 个月的外汇期货合同,合同规定为投入外汇期货 5 000 000 元,交易所规定的保证金缴存比例为 15%。该期货公司应作的会计处理包括( )。
   A. 借:金融期货工具——外汇　　　　　　　　　　5 000 000
   B. 借:金融期货保证金——外汇　　　　　　　　　　750 000
   C. 贷:银行存款　　　　　　　　　　　　　　　　750 000
   D. 借:衍生金融工具——金融期货(外汇)　　　　　5 000 000
5. 下列关于交易席位占用费的说法中,正确的有( )。
   A. 交易席位占有费是会员占有基本席位,按既定标准向交易所一次性交纳的占用费
   B. 公司在期货交易所认购了会员资格后,成为期货交易所会员,只能获得一个基本交易席位
   C. 企业交纳席位占有费和退还席位占有董事,通过"应收席位费"科目核算
   D. 交纳的席位占用费只能退,不能转让

第七章　基金管理公司会计

知识导航

基金管理公司会计
- 基金管理公司业务概述
  - 证券投资基金的概念
  - 证券投资基金的分类
  - 证券投资基金的当事人
  - 证券投资基金的运行程序
- 基金发行与赎回的核算
  - 证券投资基金发行的核算
  - 开放式基金申购和赎回的核算
- 基金投资业务的核算
  - 证券投资基金组合概述
  - 科目设置
  - 股票投资的核算
  - 债券投资的核算
  - 资产支持证券投资的核算
  - 基金投资的核算
  - 权证投资的核算
  - 远期投资的核算
- 基金业务损益的核算
  - 基金收入的核算
  - 基金费用和税收的核算
  - 基金的收益与分配核算

学习目标

1. 认知目标
(1) 了解证券投资基金的概念和分类。
(2) 掌握证券投资基金发行的会计核算方法。
(3) 掌握基金投资业务的会计核算方法。
2. 技能目标
(1) 以不同类型的基金管理公司业务培养细心负责、多视角分析、举一反三的能力。
(2) 结合基金管理公司业务的新兴事务培养创新思维,培养与时俱进的能力。
3. 情感目标
(1) 怀敬业精神,执事敬、事思敬、修己以敬。
(2) 学习与践行精益、专注、创新的工匠精神。

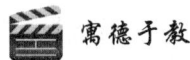 **寓德于教**

基金行业绿色投资体系日益完善

2023年5月23日上午,第四届中国资产管理武夷峰会在福建省南平市召开,大会以"发展高质量绿色资管,助推中国式现代化"为主题,探讨新形势下资管行业的绿色发展之策,助力实体经济的转型升级。中国证券投资基金业协会副会长付惟龙在峰会上发表主旨演讲。付惟龙表示,基金行业绿色投资体系日益完善,绿色投资热情不断高涨。党的十八大以来,绿色发展理念深入人心,绿色低碳产业蓬勃兴起,绿色金融体系加快构建,绿色证券信息披露规范不断完善,为绿色投资发展提供了强大动力。

付惟龙指出,基金行业持续深化绿色可持续投资理念,主动布局绿色投资和ESG战略。据统计,截至2022年年末,具有绿色可持续ESG投资方向的公私募基金达到1 294只,规模合计8 692.76亿元,与2020年相比,规模增加了31%。其中,公募基金通过专业化整合价值、价格投资和风险管理,在参与绿色资产IPO、发债和二级市场定价等方面发挥了不可替代的作用。绿色主题相关公募基金有272只,管理规模超过3 826亿元。

此外,私募证券和股权基金通过对被投企业开展绿色资产评估和投前净值调查,与被投企业联合开展社会责任项目等方式,推动被投企业积极践行社会责任,驱动技术突破,产业创新,重塑产业生态。截至2022年年末,与绿色主题相关的私募基金有1 022只,管理规模超过4 826亿元,其中股权创投基金规模占比超过90%。

资料来源:中国经济网,2023-05-23,《付惟龙:基金行业绿色投资体系日益完善》,http://finance.ce.cn/bank12/scroll/202305/23/t20230523_38557731.shtml。

第一节 基金管理公司业务概述

一、证券投资基金的概念

证券投资基金是一种利益共享、风险共担的集合证券投资方式,即通过公开发售基金份额,募集资金由基金托管人托管、由基金管理人管理和运用资金,为基金份额持有人的利益,以资产组合的方式进行证券投资活动的基金。

基金可以最广泛地吸收社会闲散资金,汇成规模巨大的投资资金,交给专业机构投资于各种金融工具,以谋取资产的增值。基金通过多元化的投资组合,一方面借助资金庞大和投资者众多的优势,使每个投资者面临的投资风险变小;另一方面又利用不同投资对象之间收益率变化的相关性,达到分散投资风险的目的。基金实行专业理财制度,由受过专门训练、具有比较丰富证券投资经验的专业人员制定投资策略和投资组合风险,从而最大限度地避免投资决策失误,提高投资收益。

二、证券投资基金的分类

1. 按照基金单位是否可以增加或赎回分类

按照基金单位是否可以增加或赎回,证券投资基金可以分为封闭式基金和开放式基金。

封闭式基金的发行总额和存续期是事先确定的,在发行完毕后的规定期限内,除非发生扩募等特殊情况,否则基金单位总数保持不变。基金的存续期是从成立之日起到结束之日止的整个期间,我国规定封闭式基金的存续期不得少于5年,最低募集数额不得少于2亿元。封闭式基金在证券交易所上市,投资者不能对基金进行申购或赎回,如果要购买或出售所持的基金份额,只能在证券交易市场或柜台市场公开转让,其转让价格由市场供求决定,价格波动较大。

开放式基金的发行总额不固定,基金单位可以根据基金发展需要追加发行,投资者也可根据市场状况和自己的投资决策决定卖出或买入该基金单位份额。开放式基金不在证券交易所上市,但投资者可以在国家规定的营业场所,依据基金单位净值申购或者赎回一定数量的基金单位,开放式基金的规模也随投资者的买卖而变化。由于随时可能发生基金的赎回,开放式基金必须保持足够的现金或者国家债券,以备支付赎金。所以,与封闭式基金相比,开放式基金进行长期投资会受到一定限制。

2. 按照组织形式的不同分类

按照组织形式的不同,证券投资基金可以分为公司型基金和契约型基金。

公司型基金是一种专门的股份公司,依法成立,以营利为目的,通过发行股票将集中起来的资本投资于各种有价证券。公司型基金在组织结构、筹资、利润分配等方面与股份有限公司类似。公司型基金发行普通股票,供投资人购买并享有收益,而后基金将集中起来的资金进行专业性投资管理,以此分散风险、提高收益。基金公司就是基金本身,募集一个基金就成立一家公司,基金投资人就是公司股东。基金的实际管理和经营由管理公司负责,管理公司也称投资顾问,由其负责基金的投资组合和日常经营活动。

契约型基金又称信托型基金。契约型基金不成立公司,一般由基金管理公司、基金托管机构和投资者签订基金契约,并依据基金契约发行受益凭证,同时设立基金并运作。契约型基金筹集资金的方式一般是发行基金受益券或者基金单位,表明投资人对基金资产的所有权,投资人借以参与投资权益的分配。与公司型基金相比,契约型基金不具有法人资格,不能通过向银行借款来扩大基金运营规模。

美国的基金多为公司型基金,我国香港、台湾地区以及英国、日本等国多为契约型基金。《中华人民共和国证券投资基金法》规定的基金属于契约型基金。

3. 按照基金经营目标的不同分类

按照基金经营目标的不同,证券投资基金可以分为积极成长型基金、成长型基金、成长及收入型基金、平衡型基金、收入型基金等。

积极成长型基金也称高成长投资基金或最大成长投资基金,这类基金把追求最大资本利得作为投资目标,当期收入不在其考虑范围之内,通常投资风险很大。此类基金一般投资于具有资本增值潜力的小盘、成长型公司的股票。

成长型基金又称长期成长基金,这类基金追求资本的长期增值,因此将资产主要投资于资信好、具有资本增值潜力、运转良好的公司。

成长及收入型基金以既能提高当期收入又能实现资本长期成长为目标,兼顾长期资本增值与稳定的股利收入。为实现这一目标,成长及收入型基金的投资策略与成长型基金相比要保守一些,主要投资于运转良好、具有未来成长性并且能长期稳定支付股利的普通股。

平衡型基金是指具有多重投资目标的投资基金。这类基金主要有三个投资目标,即确保投资者的投资本金、支付当期收入、实现资本与收入的长期增长。此类基金一般将基金资产按比例投资于债券、优先股、普通股等各种证券。平衡型基金的资本成长潜力不如成长型基金，但它能满足投资者的双重投资目标，既追求当前收入又注重资本成长，从而大大降低了投资本金损失的风险。

收入型基金不以资本增值为目标，它追求能为投资者带来高水平的当期收入，其投资对象主要是能带来稳定收入的各种证券。收入型基金保证了投资者投资目标的实现，降低了投资本金遭受损失的风险，同时也丧失了投资于风险较大，但具有成长潜力的有价证券的机会，削弱了基金的发展能力。

4. 按照投资对象的不同分类

按照投资对象的不同，证券投资基金可以分为股票基金、债券基金、货币市场基金、期货基金、期权基金、指数基金等。

股票基金是以股票为主要投资对象的基金，包括优先股基金和普通股基金。优先股基金是一种可以获得稳定收益、风险较小的股票基金，其投资对象以各公司发行的优先股为主，收益主要来自股利收入；普通股基金以追求资本利得和长期资本增值为投资目标，风险比优先股基金高。股票基金既可以赚取资本收益，又可使资本增值，但风险也比较高。根据股票基金所投资的股票种类不同，可以将股票基金划归到积极成长型基金、成长型基金和成长及收入型基金中。

债券基金是以债券为投资对象的基金，规模稍小于股票基金。债券是一种获利稳定、风险较小、长短期皆宜的有价证券，因此投资于债券的基金可以保证投资者获得稳定的投资收益，而且面临的风险也比较小。一般情况下，债券基金会定期派息，基金回报率比较稳定，但往往比较低。

货币市场基金是指在货币市场上，以短期有价证券作为投资对象的一种基金。该基金主要投资于短期货币工具，如国库券、政府短期债券、商业票据、银行可转让存单等短期有价证券。货币市场是一个低风险、高流动性的市场，因此货币市场基金具有收益高、流动性强、购买限额低、资本安全性高的特点。

期货基金是以各类期货品种作为主要投资对象的一种基金。期货是一种合约，只需一定的保证金即可买进合约，是一种高收益、高风险的投资方式，具有较强的投机性，这使得期货基金具有可以以较小的投资获得较高收益，同时也要承担较大风险的特点。

期权基金是指以能分配股利的股票期权作为投资对象的基金。期货也是一种合约，是指在一定时期内按约定的价格买入或卖出一定数量的某种投资标的的权利。如果市场价格变动有利，期权持有者就会行使期权；反之，则会放弃期权。期权基金的风险较小，其投资目的是获取最大的当期收入，适合于收入稳定的投资者。

指数基金是指以某种证券市场价格指数（如沪深 300 指数、标普 500 指数、纳斯达克 100 指数、日经 225 指数等）作为投资对象的投资基金，并以该指数的成份股为投资对象，通过购买该指数的全部或部分成份股构建投资组合，以追踪标的指数表现的基金产品。

5. 按资本来源与运用地域的不同分类

按资本来源与运用地域的不同，证券投资基金可以分为国际基金、海外基金、国内基金、国家基金和区域基金等。

国际基金是指资本来源于国内，并投资于国外市场的投资基金。

海外基金也称离岸基金，是指资本来源于国外，并投资于国外市场的投资基金。

国内基金是指资本来源于国内,并投资于国内市场的投资基金。

国家基金是指资本来源于国外,并投资于某一特定国家的投资基金。

区域基金是指投资于某个特定地区的投资基金。

三、证券投资基金的当事人

1. 基金发起人

基金发起人是以基金的设立和组建为目的,采取必要的措施和步骤来设立及组建基金的法人。契约型基金的发起人在基金成立后一般成为该基金的管理人,或组建一家专门的基金管理公司来管理该基金。在公司型基金中,发起人是基金管理公司的主体,通过发行股票募集资金,股东即为基金持有人。国外基金的发起人大多数为有实力的金融机构,可以是一个也可以是多个机构。在我国,基金的主要发起人为按照国家有关规定设立的证券公司、信托投资公司及基金管理公司,基金发起人的数目为两个以上。

2. 基金持有人

基金持有人是基金单位的持有者,他们是基金投资人,也是基金资产的最终拥有人,享有基金资产的一切权益,并对此资产负有限责任。基金持有人的权利是通过在基金持有人大会上行使表决权实现的。通常来说,当修改基金契约、提前终止基金、更换基金托管人、更换基金管理人等情况出现时,应当召开基金持有人大会。出席基金持有人大会的基金持有人根据其持有基金单位的数量行使表决权,也可授权其他人代表其出席基金持有人大会。

3. 基金管理人

基金管理人是根据法律法规及基金章程或基金契约的规定,运用基金资产,凭借专门的知识与经验进行科学的投资组合决策,以期望所管理的基金资产不断增值,使基金持有人获得尽可能多收益的机构。在我国,基金设立后一般委托基金管理公司进行管理。

基金管理公司是适应契约型基金的操作而产生的基金经营机构。基金管理公司的主要发起人应当是依法设立的证券公司或信托公司,其他市场信誉较好、运作规范的机构也可以作为发起人参与基金管理公司的设立。基金管理公司既可以采取有限责任公司的组织形式,又可以采取股份有限公司的组织形式。

4. 基金托管人

经批准设立的基金,应当委托商业银行作为基金托管人托管基金资产。为了保障广大投资者的权益,防止基金资产挪作他用,基金组织必须实行经营与保管严格分开的原则。根据这一原则,基金管理公司只负责基金的日常管理和操作,对投资者提供基金买卖和咨询服务,下达投资决策指令。基金托管人必须将其托管的基金与自有资产严格分开,对不同基金分别设置账户,实行分账管理,根据基金管理公司的指令对基金资产进行处理。

5. 基金承销人

基金承销人是基金管理人的代理人,代表基金管理人与基金持有人进行基金单位的买卖活动。基金承销人一般由商业银行、证券公司、信托投资公司或保险公司担任,也可以由基金管理人进行直接销售。

在美国,大多数开放式基金的发行都是先通过经纪商批发,再由他们零售给投资者,有些大的投资基金还设有自己的基金销售公司。在日本,基金的承销公司则为指定的证券公司。在我国,封闭式基金的发行一般仍由证券公司作为发行协调人,基金获准上市交易后,也由证券公司代理基金的买卖、交割和收益分配。

四、证券投资基金的运行程序

证券投资基金的运行程序包括发起和设立、发行或赎回基金、投资管理、信息披露、收益分配等几个方面。

发起和设立基金,应由基金发起人向国务院证券监督管理机构提出设立基金申请,并提交申请报告、基金合同草案、基金托管协议草案、招募说明书草案及有关证明文件等,经国务院证券监督管理机构审查核准后方可设立。

发行基金即向投资者出售基金,可以由基金发起人自己办理,也可委托经国务院证券监督管理机构认定的其他机构代为办理。发行基金期间募集的资金应当存入专门账户,在基金发行行为结束前,任何人不得动用。投资人缴纳认购基金单位的款项时,基金合同成立。基金募集期限届满,封闭式基金募集的基金份额总额达到核准规模的80%以上,开放式基金募集的基金份额总额超过核准的最低募集份额总额,并且基金份额持有人人数符合国务院证券监督管理机构规定的,基金管理人应当自募集期限届满之日起10日内聘请法定验资机构验资,自收到验资报告之日起10日内,向国务院证券监督管理机构提交验资报告,办理基金备案手续,并予以公告,同时,基金合同生效。赎回基金即为基金管理人应投资者要求买回基金单位。

基金管理人运用基金资产进行证券投资,应当采用资产组合的方式。资产组合的具体方式和投资比例,依照《中华人民共和国证券投资基金法》和国务院证券监督管理机构的规定在基金合同中约定。基金资产应当投资于上市交易的股票、债券以及国务院证券监督管理机构规定的其他证券品种。

信息披露是指基金管理人为了使投资者及时了解基金的运作情况,按照规定披露有关基金信息。按照规定,基金管理人应按期公布季度投资组合报告、中期报告、年度报告,并且每天还要公布开放式基金上一工作日的基金单位净值。

收益分配是指基金管理人对运用基金所产生的收益,按照契约规定进行分配。在基金运作过程中,必然产生收益,发生费用,形成基金损益。基金管理人必须严格按照基金契约规定计算基金收益、费用和进行收益分配。

第二节 基金发行与赎回的核算

一、证券投资基金发行的核算

(一)证券投资基金发行概述

证券投资基金发起人要设立或扩募基金,就必须向中国证监会提交必要的文件。在其设立或扩募基金的申请被中国证监会批准后,就要向投资者推销基金单位、募集资金,这被称为基金发行。基金发行按其选择投资者的不同,可以分为公募发行和私募发行;按是否通过券商或其他中介机构发行,可以分为自办发行和代理发行;按是否通过与证券交易所交易系统联网的全国各地的证券营业部向广大社会公众发售基金单位,可以分为网上发行和网下发行;按发行价格与票面面值的关系,可以分为溢价发行、平价发行和折价发行。

基金的设立申请被批准后,便开始向社会募集资金,这段时期被称为基金的募集期。封闭式基金的募集期为3个月,自该基金批准之日起计算。封闭式基金自批准之日起3个月内募集的资金超过该基金批准规模80%的,该基金方可成立;募集期满时所募集的资金少于该基金批准规模80%的,该基金不得成立。开放式基金自批准之日起3个月内净销售额超过2亿元的,该基金方可成立;自批准之日起3个月内净销售额少于2亿元的,该基金不得成立。如果基金未能成立,基金发起人必须承担基金募集费用,已募集的资金加计银行活期存款利息必须在30天内退还基金认购人。

(二) 科目设置

证券投资基金发行时采用"实收基金"科目进行核算。"实收基金"科目是权益类科目,核算对外发行基金份额所募集的总金额在扣除平准金分摊部分后的余额,期末贷方余额反映封闭式基金或开放式基金的基金单位总额。对分级/类基金等特定基金品种,可按不同级/类基金等设置明细账,进行明细核算。

(三) 封闭式基金的发行

封闭式基金应事先确定发行总额,在封闭期内基金单位总数不变,基金单位一旦募集完毕便不能赎回。投资者在证券市场上买卖基金单位的活动是投资者之间的业务,与封闭式投资基金无直接联系。其净资产与其他行业、企业的股东权益类似,只受基金经营活动的影响发生风险变动,如投资盈亏、派发红利等。因此,封闭式基金所有者权益的核算比较简单。

基金成立时,实收基金按实际收到的基金单位发行总额入账,基金发行收入扣除相关费用后的结余作为其他收入处理。无论是封闭式基金还是开放式基金,基金成立之前发生的开办费不应由基金资产承担。同样,投资者购买基金时支付的发行费用也不应计入基金资产和基金净资产。

基金的募集期结束,按照实际收到的金额,借记"银行存款"科目;按基金单位发行总额,贷记"实收基金"科目;按其差额,贷记"其他收入"科目。

(四) 开放式基金

开放式基金的基金单位总额不固定,基金单位总数随时增减。基金成立时,实收基金按实际收到的基金单位发行总额入账。基金的募集期结束,按照实际收到的金额,借记"银行存款"科目,贷记"实收基金"科目。

二、开放式基金申购和赎回的核算

(一) 基金合同生效日的核算

开放式基金的基金单位总额不固定,基金单位可以根据基金发展需要追加发行,投资者也可根据市场状况和自己的投资决策决定赎回或购买该基金单位份额。基金单位总额可能随时增减。开放式基金可以在规定的场所和开放时间内,由投资人向基金管理人申购基金单位,或者应基金投资人的要求,由基金管理人赎回投资人持有的基金单位。《开放式证券投资基金试点办法》第24条规定,开放式基金每周至少有一天应为基金的开放日,办理基金投资人申购、赎回、变更登记、基金之间转换等业务申请。开放式基金的申购价格和赎回价格是依据申购日或赎回日基金单位资产净值加、减有关费用计算得出的。

(二) 基金资产净值和基金单位资产净值的计算

基金资产净值是指在某一基金估值时点上,对全部基金资产进行估值的总市值扣除总负债以后的余额,即基金单位持有人的权益。对基金资产进行估值的过程就是按照公允价值计算基金资产价值的过程。基金单位资产净值是每一基金单位所代表的基金资产净值,应当按照开放日闭市后基金资产净值除以当日基金单位的余额数量计算。基金单位资产净值的计算公式为:

$$基金单位资产净值＝(总资产－总负债)÷基金单位总数$$

其中,总资产为基金持有的所有资产,包括银行存款、清算备付金、交易保证金、股票、债券及其他有价证券等,总资产按照当日的公允价值进行计算;总负债为基金在运作过程中所形成的各种应付款项、短期借款等;基金单位总数为开放日发行在外的基金单位的余额数量。

开放式基金的基金管理人——基金管理公司应于估值日计算基金资产净值和基金单位资产净值,并于每个开放日的第2天公告开放日基金单位资产净值。基金单位资产净值计算错误时,基金管理人应立即公告、予以纠正,计价错误偏差达到基金单位资产净值0.5%时,基金管理人应当通报基金托管人并报中国证监会备案。

(三) 科目设置

开放式基金申购和赎回业务的会计科目及其主要核算内容如表7-1所示。

表7-1　　　　　　开放式基金申购和赎回业务的会计科目及其主要核算内容

类别	会计科目	主要核算内容
资产类	应收申购款	核算基金管理公司应当收取基金投资人的收购款项。期末借方余额,反映尚未收回的有效申购款。本科目应按办理申购业务的机构设置明细账
负债类	应付赎回款	核算按规定应付基金份额持有人的赎回款和办理赎回业务机构的赎回款。期末贷方余额,反映尚未支付的基金赎回款。本科目应按办理赎回业务的销售机构或申请赎回业务的投资人设置明细账
权益类	损益平准金	核算由非利润转化而形成的损益平准项目,如申购款、转换转入款、赎回款、转换转出款中所含的未分配利润和公允价值变动损益。本科目可按损益平准金的种类进行明细核算,分为"已实现"和"未实现"进行明细核算

(四) 基金申购、转入确认日的核算

根据我国《开放式证券投资基金试点办法》的规定,在开放式基金的成立初期,需要有较长一段时间逐步依市场状况完成持股布局,所以在基金契约和招募说明书中一般都规定了只接受申购、不办理赎回的期限(即封闭期),但封闭期最长不得超过3个月。在封闭期结束后,投资者就可进行基金的申购和赎回。基金管理人应当在收到投资人申购、赎回申请之日起3个工作日内,对该交易的有效性进行确认。

开放式基金的投资者在进行申购时,是按购买的金额提出申请,而不是按购买的份额提出申请,即开放式基金的申购金额里包含了申购费用和净申购金额。投资者在进行申购时要缴纳申购费用,我国《开放式证券投资基金试点办法》规定申购费率不得超过申购金额的5%,申购费用可以在申购基金时收取,也可以在赎回时从赎回金额中予以扣除。办理申购业务的机构按规定收取的申购费用,如在基金申购时收取,则由办理申购业务的机构直接向投资人收取,不纳入基金会计核算范围;如在基金赎回时收取,则基金投资人赎回基金时从赎回款中抵扣。对某一笔申购金额可以买到的基金单位的计算方法如下:

$$申购费用 = 净申购金额 \times 申购费率$$
$$净申购金额 = 申购金额 - 申购费用$$
$$申购份数 = \frac{净申购金额}{申购当日基金单位资产净值}$$

（1）基金管理公司应在接受基金投资人有效申请之日起3个工作日内收回申购款项，尚未收回之前作为"应收申购款"入账。基金申购确认日，会计分录为：

借：应收申购款
　　贷：实收基金
　　　　未实现利得
　　　　损益平准金

（2）收到有效申购款时，会计分录为：

借：银行存款
　　贷：应收申购款

（五）基金赎回、转出日的核算

开放式基金可以根据基金管理运作的实际需要收取赎回费用，赎回费率一般不超过赎回金额的3‰，赎回费用在扣除基本手续费后，余额应当归基金所有。基金赎回是按份数赎回，即投资者在提出赎回申请时按卖出的份数提出申请，而不是按卖出的金额提出。基金赎回时投资者所得到的金额是赎回总额扣除赎回费用的部分。其计算公式为：

$$赎回总额 = 赎回份数 \times 赎回当日基金单位资产净值$$
$$赎回费用 = 赎回总额 \times 赎回费率$$
$$赎回金额 = 赎回总额 - 赎回费用$$

基金管理公司应当在接受基金投资人有效申请之日起7个工作日内支付赎回款项，未支付前作为"应付赎回款"入账。开放式基金按规定收取的赎回费用，其中的基本手续费部分归办理赎回业务的机构所有，未支付前作为"应付赎回费"入账；赎回费用在扣除基本手续费后的余额归基金所有，作为"其他收入"入账。

（1）在基金赎回确认日，按赎回款中含有的实收基金，会计分录为：

借：实收基金
　　损益平准金[赎回款中含有的未分配收益]
　　未实现利得[赎回款中含有的未实现利得]
　　贷：应付赎回款[应付投资人及销售机构赎回款]
　　　　其他收入——赎回费[赎回费用中属于基金所有的部分]

（2）支付投资人赎回款或向办理赎回业务的机构支付赎回费用时，会计分录为：

借：应付赎回款
　　贷：银行存款

如果在某一开放日，基金净赎回申请超过了上一日基金总份额的10%，即认为发生了巨额赎回。在出现巨额赎回时，如果基金管理公司认为有能力兑付投资人的全部赎回申请，则按正常赎回程序执行，对投资人的利益没有影响。如果基金管理公司认为兑付投资人的赎回申请有困难,则可在当日接受赎回比例不低于上一日基金总份额10%的前提下,对其余赎回申请延期办理。对于当日的赎回申请,应当按照单个账户赎回申请量占赎回申请总量的比例,确定当日受理的赎回份数,未受理部分可延至下一个开放日办理,并以该开放日的基金资产净值为依据计算赎回金额。投资者可在申请赎回时选择将当日未获受理部分予以撤销。如果连续发生巨额赎回,基金管理人则可以按照基金契约及招募说明书载明的规定,暂停接受赎回申请,已经接受的赎回申请可以延缓支付赎回款项,但不能超过正常支付时间20个工作日,并应在中国证监会指定的信息披露媒体上公告。

第三节 基金投资业务的核算

一、证券投资基金组合概述

证券投资基金成立以后,各类投资基金通常选择其认为最能取得投资效益的资产组合和经营运作方式。60%以上的基金资产投资于股票的,为股票基金;80%以上的基金资产投资于债券的,为债券基金;仅投资于货币市场工具的,为货币市场基金;投资于股票、债券和货币市场工具,并且股票投资和债券投资的比例不符合规定的,为混合基金。但是,不论其采用何种资产组合方式,基金投资于股票、债券的比例,不能低于该基金资产总值的80%;投资于国家债券的比例,不得低于该基金资产净值的20%。

二、科目设置

基金投资业务的会计科目及其主要核算内容如表7-2所示。

表7-2　　　　　　基金投资业务的会计科目及其主要核算内容

类别	会计科目	主要核算内容
资产类	股票投资	核算股票投资的实际成本和价值变动。本科目可按股票的种类,分"成本"和"股值增值"进行明细核算
	债券投资	对非货币市场基金,本科目核算债券投资的实际成本和价值变动(估值增值或减值),可按债券的种类,分"成本"和"估值增值"进行明细核算;对货币市场基金或中国证监会规定的特定基金品种,本科目核算实际利率摊余成本估算的公允价值,可按债券的种类,分"面值"和"折溢价"进行明细核算
	资产支持证券投资	对非货币市场基金,本科目核算资产支持证券投资的实际成本和价值变动(估值增值或减值),可按资产支持证券投资的种类,分"成本"和"估值增值"进行明细核算;对货币市场基金或中国证监会规定的特定基金品种,本科目核算实际利率摊余成本估算的公允价值,可按资产支持证券投资的种类,分"面值"和"折溢价"进行明细核算
	基金投资	核算基金投资的实际成本和价值变动(估值增值或减值)。本科目可按基金的种类,分"成本"和"估值增值"进行明细核算
	权证投资	核算权证投资的实际成本和价值变动(估值增值或减值)。本科目可按权证投资的种类,分"成本"和"估值增值"进行明细核算

(续表)

类别	会计科目	主要核算内容
负债类	应付交易费用	核算因证券交易而应支付的交易费用
共同类	证券清算款	核算因买卖证券、回购证券、申购新股、配售股票等业务发生的,应与证券登记结算机构或证券交易对手方办理资金结算的款项。本科目可按不同证券登记结算机构或证券交易对手方进行明细核算
共同类	远期投资	核算约定于到期日结算证券等标的物合约的公允价值。本科目应在远期合约的交易日开始按其公允价值进行初始确认,在远期合约有效期内对其进行估值、后续计量,在远期合约到期结算时终止确认。本科目可按远期合约的种类进行明细核算
损益类	交易费用	核算进行股票、债券、资产支持证券、基金、权证等交易过程中发生的交易费用

三、股票投资的核算

证券投资基金若在证券登记结算机构进行证券买卖交易,必须先在证券登记结算机构存入一定数额的款项以备进行证券交易时的资金交割与交收。为证券交易的资金交割与交收而存入证券登记结算机构的款项通过"结算备付金"科目核算。

1. 款项存入证券登记结算机构的核算

将款项存入证券登记结算机构时,会计分录为:

借:结算备付金
　　贷:银行存款

从证券登记结算机构收回资金时,作相反的会计分录。

2. 买入已有股票的核算

(1) 买入股票的交易日,一级费用、过户费、证券管理费、经手费、印花税为交易当天结算,需计入证券清算款中;二级费用、佣金计入应付的交易费用中,会计分录为:

借:股票投资——成本[股票的公允价值]
　　交易费用[应付的相关费用]
　　贷:证券清算款[应支付的证券清算款]
　　　　应付交易费用[应付的交易费用]

(2) 资金交收日,按实际交收的证券清算款记账,会计分录为:

借:证券清算款
　　贷:结算备付金[或银行存款]

3. 申购新股的核算

申购新股,应按新股的不同发行方式、不同资金结算方式分别进行账务处理。

1) 通过交易所网上申购

(1) 申购当日,会计分录为:

借:证券清算款——新股申购
　　贷:证券清算款

(2) 交收日,按实际交收的申购款记账,会计分录为:

借：证券清算款
　　贷：结算备付金［或银行存款］

（3）申购新股中签时，按确认的中签金额记账，会计分录为：

借：股票投资——成本
　　交易费用
　　贷：证券清算款
　　　　应付交易费用

（4）收到退回余款（未中签部分），会计分录为：

借：结算备付金
　　贷：证券清算款

2）线下申购

（1）预交申购款，按实际预交金额记账，会计分录为：

借：证券清算款
　　贷：银行存款

（2）申购新股确认日，按实际确认的申购新股金额记账，会计分录为：

借：股票投资——成本
　　交易费用
　　贷：证券清算款
　　　　应付交易费用

（3）实际确认的申购新股金额小于已经预交的申购款的，在收到退回余款时，会计分录为：

借：银行存款
　　贷：证券清算款

（4）实际确认的申购新股金额大于已经预交的申购款的，在补付申购款时，按支付的金额记账，会计分录为：

借：证券清算款
　　贷：银行存款

3）通过市值配售

通过市值配售的，确认日按确认的中签金额记账，会计分录为：

借：股票投资——成本
　　贷：证券清算款

4．持有期间分派的股票股利、配股权证、现金股利的核算

股票持有期间获得股票股利（包括送红股和公积金转增股本），应于除权除息日按股权登记日持有的股数及送股或转增比例，计算确定增加的股票数量。因持有股票而享有的配股权，配股除权日在配股缴款截止日之后的，在除权日按所配的股数确认未流通部分的股票投资，与已流通部分分别核算。配股除权日在配股缴款截止日之前的，按照配股权证的有关原则进行核算。

基金持有股票期间上市公司宣告发放现金股利，应于除权除息日记账，会计分录为：

借：应收股利
　　贷：投资收益——股利收益

5. 估值日的核算

估值日对持有的股票估值时,如为估值增值,则按当日与上一日估值增值的差额记账,会计分录为:

借:股票投资——估值增值
　　贷:公允价值变动损益

如为估值减值,则作相反的会计分录。

6. 卖出股票的核算

(1) 交易日的会计分录为:

借:证券清算款[收取的证券清算款]
　　交易费用[应付的相关费用]
　　股票投资——估值增值[结转的股票投资成本、估值增值或减值]
　　贷:股票投资——成本[结转的股票投资成本、估值增值或减值]
　　　　应付交易费用[应付的交易费用]
　　　　投资收益——股票投资收益[差额]

同时,将原计入该卖出股票的公允价值变动损益转入投资收益,以下结转均省略。

(2) 资金交收日按实际交收的证券清算款记账,会计分录为:

借:结算备付金
　　贷:证券清算款

四、债券投资的核算

(一) 非货币市场基金债券投资的主要账务处理

1. 买入债券

(1) 交易日的会计分录为:

借:债券投资——成本[债券的公允价值]
　　应收利息[支付价款中所包含的应收利息]
　　交易费用[应付的相关费用]
　　贷:证券清算款[应支付的金额]
　　　　应付交易费用[应付的交易费用]
　　　　银行存款[当日实际支付的金额]

(2) 资金交收日,按实际交收的金额记账,会计分录为:

借:证券清算款
　　贷:银行存款

2. 持有债券期间计息

(1) 每日按债券投资的票面利率计算确认利息收入,会计分录为:

借:应收利息
　　贷:利息收入——债券利息收入

(2) 债券派息日,按应收利息记账,会计分录为:

借:证券清算款
　　贷:应收利息

(3) 资金交收日,按收到的金额记账,会计分录为:

借:银行存款
　　贷:证券清算款

3. 估值日对持有债券的估值

如为估值增值,则按当日(不含应收利息)与上一日估值增值的差额记账,会计分录为:

借:债券投资——估值增值
　　贷:公允价值变动损益

如为估值减值,则作相反的会计分录。

4. 卖出债券

(1) 交易日的会计分录为:

借:证券清算款[应收或实收的金额]
　　交易费用[应付的相关费用]
　　债券投资——估值增值[结转的债券投资成本、估值增值或减值]
　　贷:债券投资——成本[结转的债券投资成本、估值增值或减值]
　　　　应收利息[应收或实收价款中包含的应收利息]
　　　　应付交易费用[应付的交易费用]
　　　　投资收益——债券投资收益[差额]

(2) 资金交收日按实际交收的证券清算款记账,会计分录为:

借:结算备付金[或银行存款]
　　贷:证券清算款

5. 债券到期

收回债券本金和利息时,会计分录为:

借:证券清算款[实际收到或应收的金额]
　　债券投资——估值增值[结转的估值增值或减值]
　　贷:债券投资——成本[债券投资成本]
　　　　应收利息[应收回的债券利息]
　　　　投资收益——债券投资收益[差额]

6. 可转换债券转股票

(1) 转股时,会计分录为:

借:股票投资——成本[可转换股票的公允价值]
　　证券清算款[应收取的现金余额返还]
　　交易费用[应付的相关费用]
　　债券投资——估值增值[结转的债券投资成本、估值增值或减值]
　　贷:债券投资——成本[结转的债券投资成本、估值增值或减值]
　　　　应收利息[已计利息部分]
　　　　应付交易费用[应付的交易费用]
　　　　投资收益——债券投资收益[差额]

(2) 资金交收日按实际收到的现金余额返还,会计分录为:

借:结算备付金[或银行存款]
　　贷:证券清算款

转股债券按移动加权平均法结转成本时,应考虑当日新买入的可转换债券。可转换债券转股当天卖出转股股票的,卖出的股票按转股前该股票的移动加权平均成本进行结转。

(二) 货币市场基金债券投资的主要账务处理

1. 买入债券

(1) 交易日,支付的交易费用,计入债券投资的账面价值,会计分录为:

借:债券投资——面值[债券的面值]
　　应收利息[支付价款中包含的应收利息]
　　债券投资——折溢价[差额]
　　贷:证券清算款[应支付的金额]
　　　　应付交易费用[应付的交易费用]
　　　　银行存款[实际支付的金额]

(2) 资金交收日按实际交收的金额记账,会计分录为:

借:证券清算款
　　贷:结算备付金[或银行存款]

2. 持有债券期间,每日确认利息收入

(1) 对贴现债券以外的其他债券,会计分录为:

借:应收利息[按票面利率计算确定的应收利息]
　　贷:利息收入——债券利息收入[按摊余成本和实际利率计算确定的利息收入]
　　　　债券投资——折溢价[差额]

(2) 对贴现债券,按摊余成本和实际利率计算确定的利息收入记账,会计分录为:

借:债券投资——折溢价
　　贷:利息收入——债券利息收入

(3) 债券派息日按应收利息记账,会计分录为:

借:证券清算款
　　贷:应收利息

资金交收日按收到的金额记账,会计分录为:

借:结算备付金[或银行存款]
　　贷:证券清算款

3. 卖出债券

(1) 交易日的会计分录为:

借:证券清算款[或银行存款,应收或实收的金额]
　　贷:债券投资——面值/折溢价[结转的债券投资面值和折溢价]
　　　　应收利息[应收或实收价款中包含的应收利息]
　　　　应付交易费用[应付的交易费用]
　　　　投资收益——债券投资收益[差额]

借：应付交易费用
　　贷：交易费用

（2）资金交收日按实际交收的证券清算款记账，会计分录为：

借：结算备付金［或银行存款］
　　贷：证券清算款

4. 定期计算摊余成本

货币市场基金存续期间，基金管理人应定期计算货币市场基金投资组合的摊余成本与其他可参考公允价值指标之间的偏离程度，并定期测试其他可参考公允价值指标确定方法的有效性。

投资组合的摊余成本与其他可参考公允价值指标产生重大偏离的，应按其他可参考公允价值指标对投资组合的账面价值进行调整，调整差额确认为公允价值变动损益，并按其他可参考公允价值指标进行后续计量。如基金份额净值恢复至 1 元，则可恢复使用摊余成本法估算公允价值。

5. 债券到期

到期收回债券本金和利息，会计分录为：

借：证券清算款［或银行存款，应收或实收的金额］
　　贷：债券投资——面值/折溢价［债券账面余额］
　　　　应收利息［应收回的债券利息］

五、资产支持证券投资的核算

基金取得资产支持证券支付的款项时，应当区分资产支持证券投资本金部分和资产支持证券投资收益部分。

对于非货币市场基金，收到的本金部分应冲减"资产支持证券投资——成本"科目；对于货币市场基金，收到的本金部分应冲减"资产支持证券投资——面值"科目，并相应结转至"资产支持证券投资——折溢价"科目。收到的收益部分冲减应计利息后的差额，应计入资产支持证券利息收入。其会计分录为：

借：资产支持证券投资——成本
　　　　　　　　　　——折溢价
　　交易费用
　　贷：证券清算款

借：资产支持证券投资——面值
　　　　　　　　　　——折溢价
　　交易费用
　　贷：银行存款

借：应收利息
　　贷：资产支持证券利息收入

借：资产支持证券利息收入
　　贷：资产支持证券投资——折溢价

对资产支持证券的付息延期,在确定其付息可能性仍很大的情况下,可不调整已确认的利息收入。其他与资产支持证券投资相关业务的账务处理比照债券投资。

六、基金投资的核算

1. 买入非上市交易的开放式基金

(1) 申购日按申购金额记账,会计分录为:

借:证券清算款
　　贷:银行存款

(2) 交易日(非上市交易的开放式基金的交易日为申购成功的确认日)的会计分录为:

借:基金投资——成本[基金的公允价值]
　　交易费用[应付的相关费用]
　　贷:证券清算款[应支付或实际支付的金额]
　　　　应付交易费用[应付的交易费用]

2. 本基金申购 ETF(交易所交易基金)

(1) 申购确认日的会计分录为:

借:基金投资——成本[基金的公允价值]
　　交易费用[应付的相关费用]
　　股票投资——估值增值[结转的股票或债券投资成本、估值增值或减值]
　　贷:股票投资——成本[结转的股票或债券投资成本、估值增值或减值]
　　　　证券清算款[应支付的金额]
　　　　应付交易费用[应付的交易费用]
　　　　投资收益——股票投资收益[差额]

(2) 资金交收日按实际交收的证券清算款记账,会计分录为:

借:证券清算款
　　贷:结算备付金

(3) 基金转换转入时,参照买入基金的处理,会计分录为:

借:基金投资——成本
　　贷:证券清算款

3. 持有基金期间分派的红利

(1) 除息日按照基金管理人宣告的分红派息比例或每万份收益确认红利收益,会计分录为:

借:应收股利
　　贷:投资收益——股利投资收益

(2) 实际收到现金红利,会计分录为:

借:结算备付金[或银行存款]
　　贷:应收股利

(3) 选择红利再投资,应在份额确认日根据注册登记机构确认的金额参照买入基金的账务处理,会计分录为:

借：基金投资——成本
　　贷：应收股利

4. 估值日

对持有的基金估值时，如为估值增值，则按当日与上一日估值增值的差额记账，会计分录为：

借：基金投资——估值增值
　　贷：公允价值变动损益

如为估值减值，则作相反的会计分录。

5. 卖出基金

（1）交易日（非上市交易的开放式基金的交易日为赎回成功的确认日）的会计分录为：

借：证券清算款［应收或实际收到的金额］
　　交易费用［应付的相关费用］
　　基金投资——估值增值［结转的基金投资成本、估值增值或减值］
　　贷：基金投资——成本［结转的基金投资成本、估值增值或减值］
　　　　投资收益——基金投资收益［差额］
　　　　应付交易费用［应付的交易费用］

（2）本基金赎回ETF时，在赎回成功的确认日，会计分录为：

借：股票投资——成本［股票或债券的公允价值］
　　证券清算款［应收的金额］
　　交易费用［应付的相关费用］
　　基金投资——估值增值［结转的基金投资成本、估值增值或减值］
　　贷：基金投资——成本［结转的基金投资成本、估值增值或减值］
　　　　应付交易费用［应付的交易费用］
　　　　投资收益——基金投资收益［差额］

（3）资金交收日按实际交收的证券清算款记账，会计分录为：

借：结算备付金［或银行存款］
　　贷：证券清算款

卖出基金的成本按移动加权平均法逐日结转。

（4）基金转换转出时，参照卖出基金的处理，会计分录为：

借：证券清算款
　　贷：基金投资——成本

基金管理公司买入返售金融资产和卖出回购金融资产的核算可参阅商业银行中间业务核算部分的相关内容。

七、权证投资的核算

1. 买入权证

（1）交易日的会计分录为：

借：权证投资——成本[权证的公允价值]
　　交易费用[应付的相关费用]
　　贷：证券清算款[应支付的证券清算款]
　　　　应付交易费用[应付的交易费用]

（2）资金交收日按实际交收的证券清算款记账，会计分录为：

借：证券清算款
　　贷：结算备付金[或银行存款]

2．缴纳保证金

按证券登记结算机构确定的金额记账，会计分录为：

借：存出保证金——权证保证金
　　贷：结算备付金[或银行存款]

3．估值日

对持有的权证估值时，如为估值增值，则按当日与上一日估值增值的差额记账，会计分录为：

借：权证投资——估值增值
　　贷：公允价值变动损益

如为估值减值，则作相反的会计分录。

4．卖出权证

（1）交易日的会计分录为：

借：证券清算款[应收金额]
　　交易费用[应付的相关费用]
　　权证投资——估值增值[结转的权证投资成本、估值增值或减值]
　　贷：权证投资——成本[结转的权证投资成本、估值增值或减值]
　　　　应付交易费用[应付的交易费用]
　　　　投资收益——权证投资收益[差额]

（2）资金交收日按实际交收的证券清算款记账，会计分录为：

借：结算备付金[或银行存款]
　　贷：证券清算款

5．权证行权

（1）认购权证，会计分录为：

借：股票投资[股票的公允价值]
　　交易费用[应付的相关费用]
　　权证投资——估值增值[结转的权证投资成本、估值增值或减值]
　　贷：权证投资——成本[结转的权证投资成本、估值增值或减值]
　　　　证券清算款[行权价款及相关费用合计]
　　　　应付交易费用[应付的交易费用]
　　　　投资收益——权证投资收益[差额]

（2）认沽权证以证券结算方式行权，会计分录为：

借:证券清算款[行权价款及费用的差额]
　　交易费用[应付的相关费用]
　　股票投资——估值增值[结转的股票投资成本、估值增值或减值]
　　权证投资——估值增值[结转的权证投资成本、估值增值或减值]
　贷:股票投资——成本[结转的股票投资成本、估值增值或减值]
　　　权证投资——成本[结转的权证投资成本、估值增值或减值]
　　　应付交易费用[应付的交易费用]
　　　投资收益——权证投资收益[差额]
　　　　　　——股票投资收益[差额]

(3) 权证以现金结算方式行权,会计分录为:

借:证券清算款[确定的金额扣减交易费用]
　　交易费用[应付的相关费用]
　　权证投资——估值增值[结转的权证投资成本、估值增值或减值]
　贷:权证投资——成本[结转的权证投资成本、估值增值或减值]
　　　应付交易费用[应付的交易费用]
　　　投资收益——权证投资收益[差额]

6. 放弃行权

放弃行权确定日的会计分录为:

借:权证投资——估值增值[结转的权证投资成本、估值增值或减值]
　贷:权证投资——成本[结转的权证投资成本、估值增值或减值]
　　　投资收益——权证投资收益[差额]

八、远期投资的核算

签订远期买入证券的合约时,应在备查簿中登记约定到期应收到的证券净价、利息及数量。签订远期卖出证券的合约时,应在备查簿中登记约定到期应付出的证券净价、利息及数量。

(1) 如为估值增值,则按当日与上一日估值增值的差额记账,会计分录为:

借:远期投资——估值增值
　贷:公允价值变动损益

如为估值减值,则作相反的会计分录。

(2) 对远期卖出证券的远期合约估值时,如为估值增值,则按当日与上一日估值增值的差额记账,会计分录为:

借:公允价值变动损益
　贷:远期投资——估值增值

如为估值减值,则作相反的会计分录。

远期合约到期结算时,在备查簿中予以注销,并将远期合约的公允价值变动损益转出。

第四节 基金业务损益的核算

一、基金收入的核算

1. 投资于股票所获收入

证券投资基金投资于股票就是为了获利,这种获利来源有两部分:一是股息和分红;二是股票价格的增长,即买卖股票所实现的差价收入。一般来说,投资于股票的基金,尤其是一些以积极成长为经营目的的基金所看重的并不是股票分配的股利,而是股票价格的增长,它们按照"低进高出"原则进行短线股票交易,以赚取股票的差价利润。

基金通过证券交易所购买股票进行投资,在持有股票期间因上市公司分红派息而确认的股利收入通过"股利收入"科目核算。股利收入应于除息日确认,并按上市公司宣告的分红派息比例计算的金额入账。对于基金持有的股票,应于除息日按上市公司宣告的分红派息比例计算确认股利收入,借记"应收股利"科目,贷记"股利收入"科目。

通过证券交易所买卖股票所实现的差价收入在"股票差价收入"科目核算。股票差价收入应于卖出股票成交日确认,并按卖出股票成交总额与其成本和相关费用的差额入账。在卖出股票成交日,按应收取的证券清算款,借记"证券清算款"科目;按结转的股票投资成本,贷记"股票投资"科目;按应付券商佣金,贷记"应付佣金"科目;按其差额,贷记或借记"股票差价收入"科目。

2. 投资于债券所获收入

证券投资基金投资于债券与投资于股票相似,其获利来源也分为两部分:一是债券利息收入;二是买卖债券所实现的差价收入。

基金进行债券投资,在持有债券期间实现的利息收入通过"债券利息收入"科目核算。在债券持有期间收到的自债券起息日或上次除息日至购买日的利息,不作为利息收入,直接冲减"应收利息"科目。债券的利息收入应在债券实际持有期内逐日计提,并按债券票面价值与票面利率计提的金额入账。对于买入的上市债券,在逐日计提持有期债券利息时,借记"应收利息"科目,贷记"债券利息收入"科目;在债券除息日,按应收利息,借记"证券清算款"科目,贷记"应收利息"科目;在资金交收日,按实收债券利息,借记"清算备付金"科目,贷记"证券清算款"科目。对于买入的非上市债券,在逐日计提持有期债券利息时,借记"应收利息"科目,贷记"债券利息收入"科目;收到债券利息时,借记"银行存款"科目,贷记"应收利息"科目。

买卖债券实现的差价收入通过"债券差价收入"科目核算。对于卖出上市债券的情况,于成交日确认债券差价收入,并按应收取的全部价款与其成本、应收利息和相关费用的差额入账;对于卖出非上市债券的情况,于实际收到价款时确认债券差价收入,并按应收取的全部价款与其成本、应收利息的差额入账。卖出上市债券时,按成交日应收取的证券清算款,借记"证券清算款"科目;按已计利息,贷记"应收利息"科目;按结转的债券投资成本,贷记"债券投资"科目;按其差额,贷记或借记"债券差价收入"科目。对于卖出非上市债券的情况,按实际收到的金额,借记"银行存款"科目;按结转的债券投资成本,贷记"债券投资"科目;按已计利息,贷记"应收利息"科目;按其差额,贷记或借记"债券差价收入"科目。

3. 存款利息收入

基金将货币资金存入银行或将清算备付金存入证券交易所就会产生存款利息收入,因存款而实现的利息收入通过"存款利息收入"科目核算。存款利息收入应逐日计提,并按本金与适用的利率计提的金额入账。逐日计提银行存款、清算备付金等各项存款利息时,借记"应收利息"科目,贷记"存款利息收入"科目。实际结息时,借记"银行存款""清算备付金"科目,贷记"应收利息"科目。

4. 买入返售证券收入

在国家规定的场所进行融券业务,实质上是通过购入债券并约定由卖出证券的一方在约定的日期回购证券来实现资金的融通。发生这种交易时,通常由买卖双方事先约定好回购日期和利息。在国家规定的场所进行融券业务而取得的收入通过"买入返售证券收入"科目核算。买入返售证券收入应在证券持有期内采用直线法逐日计提,并按计提的金额入账。买入返售证券在融券期限内逐日计提的利息,借记"应收利息"科目,贷记"买入返售证券收入"科目。

5. 其他收入

除了上述收入,在基金运作过程中还会发生其他一些收入项目,如赎回费用扣除基本手续费后的余额、配股手续费返还等。在基金运作过程中发生的其他各项收入,在"其他收入"科目核算。对于发生的其他收入,借记有关科目,贷记"其他收入"科目。

二、基金费用和税收的核算

(一) 基金费用的核算

1. 基金管理费

基金管理公司每年要从基金资产中提取一定的管理费,用于基金管理公司在该年度经营、管理基金过程中的各项必要开支。基金管理费按照基金资产净值的一定比例提取,基金管理费的提取比例为基金资产净值的 0.25%～2.5%,一般是逐日累计、按月支付。在提取基金管理人报酬(包括基金管理费和业绩报酬)时,将前一日基金资产净值乘以按当年实际天数折算的日管理费率计算。其计算公式如下:

$$基金管理费 = \frac{前一日基金资产净值 \times 年管理费率}{当年实际天数}$$

按基金契约和招募说明书的规定,计提的基金管理人报酬在"管理人报酬"科目核算。基金管理人报酬应按照基金契约和招募说明书规定的方法和标准计提,并按计提的金额入账。计提基金管理费和业绩报酬时,借记"管理人报酬"科目,贷记"应付管理人报酬"科目;支付基金管理人报酬时,借记"应付管理人报酬"科目,贷记"银行存款"科目。"应付管理人报酬"科目和"管理人报酬"科目都应按基金管理费和业绩报酬设置明细账,进行明细核算。

2. 基金托管费

基金托管人保管并处理基金资产也要收取一定的费用,即基金托管费。基金托管费的年费用标准一般为基金资产净值的 0.2%,计提方式为逐日累计、按月支付。其计算公式如下:

$$基金托管费 = \frac{前一日基金资产净值 \times 年托管费率}{当年实际天数}$$

按基金契约和招募说明书的规定,计提的基金托管费通过"基金托管费"科目核算。基金托管费应按照基金契约和招募说明书规定的方法和标准计提,并按计提的金额入账。计提基金托管费时,借记"基金托管费"科目,贷记"应付托管费"科目;支付基金托管费时,借记"应付托管费"科目,贷记"银行存款"科目。

3. 卖出回购证券支出

基金在国家规定的场所进行证券回购业务时,发生的卖出回购证券支出通过"卖出回购证券支出"科目核算。卖出回购证券支出应在该证券持有期内采用直线法逐日计提,并按计提的金额入账。卖出回购证券支出在融资期限内逐日计提的利息支出,借记"卖出回购证券支出"科目,贷记"应付利息"科目。

4. 利息支出

基金运作过程中发生的利息支出(如银行借款利息支出)在"利息支出"科目中核算。利息支出应在借款期内逐日计提,并按借款本金与适用的利率确定的金额入账。计提利息支出时,借记"利息支出"科目,贷记"应付利息"科目。

5. 其他费用

基金运作过程中发生的上述费用支出以外的其他各项费用,如注册登记费、上市年费、信息披露费用、持有人大会费用、审计费用、律师费用等,通过"其他费用"科目核算。

若发生的其他费用不影响估值日基金单位资产净值小数点后第五位,即发生的其他费用小于基金单位资产净值的十万分之一,发生时则直接计入基金损益,借记"其他费用"科目,贷记"银行存款"等科目。若发生的其他费用影响到估值日基金单位资产净值小数点后第五位,即发生的其他费用大于基金单位资产净值的十万分之一,则应采用待摊或预提的方法办理。采用待摊方法的,在发生时,借记"待摊费用"科目,贷记"银行存款"科目;在摊销时,借记"其他费用"科目,贷记"待摊费用"科目。采用预提方法的,在预提时,借记"其他费用"科目,贷记"预提费用"科目;在实际支付费用时,借记"预提费用"科目,贷记"银行存款"科目。

(二) 基金税收的核算

由于我国证券投资基金还处于起步阶段,在税收方面享受很多优惠政策。

(1) 所得税。我国目前对证券投资基金基本上是不征或免征所得税,但对基金投资人要征收所得税,具体征收办法如下:

对封闭式基金从证券市场中取得的收入,包括买卖股票、债券的差价收入,股票的股息、红利收入,债券的利息收入及其他收入,对这些收入暂不征收企业所得税。对开放式基金运用基金买卖股票、债券的差价收入暂免征收企业所得税。

基金取得的股票的股息、红利收入及企业债券的利息收入,由上市公司和发行债券的企业在向基金派发股息、红利、利息时代扣代缴20%的个人所得税。

对投资者从基金分配中获得的股票的股息、红利收入及企业债券的利息收入,由于上市公司和发行债券的企业在向基金派发股息、红利、利息时已经代扣代缴所得税,所以对于投资者从基金分配中取得的该部分收入暂不征收所得税。

对投资者从基金分配中获得的国债利息和买卖股票差价收入,在国债利息收入、个人买卖股票差价收入未恢复征收所得税之前,暂不征收所得税。对个人投资者从基金分配中获得的企业债券差价收入和储蓄存款利息,应按税法规定对个人投资者征收个人所得税,税款由基金在分配时依法代扣代缴。对企业投资者从基金分配中获得的债券差价收入,暂不征收企业所得税。

(2) 印花税。证券交易印花税是依据证券买卖成交额和印花税率缴纳的税款,是证券交易成本的组成部分,因此基金管理人运用基金买卖股票要按照0.2%的税率征收印花税。对投资者(包括个人和企业)买卖基金单位或申购和赎回基金单位,暂不征收印花税。

三、基金的收益与分配核算

1. 基金净收益

基金净收益是指基金收益扣除按照有关规定应扣除费用后的余额。本期实现的基金净收益(或基金净亏损)通过"本期收益"科目核算。期末,结转基金收益时,"股票差价收入""债券差价收入""股利收入""债券利息收入""存款利息收入""买入返售证券收入""其他收入"等科目的余额转入"本期收益"科目的贷方,"管理人报酬""基金托管费""卖出回购证券支出""利息支出""其他费用"等科目的余额转入"本期收益"科目的借方。本期收入和支出相抵后就可计算出本期实现的净损益。期末,本期实现的净收益转入"收益分配"科目的贷方,借记"本期收益"科目,贷记"收益分配——未分配收益"科目;若为净亏损,则作相反的会计分录。结转后本科目应无余额。

2. 收益分配

基金净收益扣除应纳税额就是基金可分配的收益。由于我国目前股票交易的印花税在股票交易的同时已经缴纳,目前基金可分配的收益就是基金净收益。基金收益分配应当采用现金分配形式,每年至少1次。基金收益分配比例不得低于基金净收益的90%。按规定分配给基金持有人的基金净收益及历年分配后(或弥补亏损后)的结存余额通过"收益分配"科目核算。

在除权日,根据基金收益分配方案,借记"收益分配——应付收益"科目,贷记"应付收益"科目。基金持有人用分配的红利再投资时,借记"应付收益"科目,贷记"实收基金""损益平准金""未实现利得"等科目。期末,本期实现的基金净收益应自"本期收益"科目转入"收益分配"科目,借记"本期收益"科目,贷记"收益分配——未分配收益"明细科目;若为净损失,则作相反的会计分录。会计处理时应将"损益平准金"科目的余额转入"收益分配"科目,借记"损益平准金"科目,贷记"收益分配——未分配收益"明细科目,同时将"收益分配——应付收益"明细科目的余额转入"收益分配——未分配收益"明细科目,借记"收益分配——未分配收益"科目,贷记"收益分配——应付收益"科目。

3. 以前年度损益的调整

本年度发生的以前年度损益的调整事项通过"以前年度损益调整"科目核算。本年度资产负债表日至财务会计报告批准报出日之间发生的报告年度损益的调整事项也在"以前年度损益调整"科目中核算。

本年度发生的以前年度损益的调整事项,应当调整本年度会计报表相关项目的年初数或上年实际数;在年度资产负债表日至财务会计报告批准报出日之间发生的报告年度损益的调整事项,应当调整报告年度会计报表相关项目的数字。调整增加的以前年度收益或调整减少的以前年度亏损,借记有关科目,贷记"以前年度损益调整"科目;调整减少的以前年度收益或调整增加的以前年度亏损,借记"以前年度损益调整"科目,贷记有关科目。经上述调整后,应同时将本科目的余额转入"收益分配——未分配收益"科目,若为贷方余额,则借记"以前年度损益调整"科目,贷记"收益分配——未分配收益"科目;若为借方余额,则作相反的会计分录。结转后,本科目应无余额。

课堂结账测试

班级_____ 姓名_____ 学号_____ 日期_____ 得分_____

一、单项选择题(每小题 5 分,共 40 分)

1. 下列各项中,不是货币市场基金投资工具的是( )。
   A. 国库券　　　　　　　　　　B. 银行短期存款
   C. 银行承兑汇票　　　　　　　D. 银行三年的定期存款

2. 发行总额不固定,基金单位可以根据基金发展需要追加发行,投资者也可根据市场状况和自己的投资决策决定卖出或买入该基金单位份额的基金类型是( )。
   A. 开放式基金　　B. 封闭式基金　　C. 公司型基金　　D. 契约型基金

3. "实收基金"科目属于( )科目。
   A. 资产类　　　　B. 负债类　　　　C. 权益类　　　　D. 损益类

4. "资产支持证券投资"科目属于( )科目。
   A. 资产类　　　　B. 负债类　　　　C. 权益类　　　　D. 损益类

5. 基金投资于股票、债券的比例不得低于该基金资产总值的( )。
   A. 20%　　　　　B. 30%　　　　　C. 50%　　　　　D. 80%

6. 基金在国家规定的场所进行证券回购业务时,发生的卖出回购证券支出通过( )科目核算。
   A. "证券清算款"　　　　　　　B. "基金托管费"
   C. "卖出回购证券支出"　　　　D. "买入返售证券支出"

7. 对投资者从基金分配中获得的国债利息和买卖股票差价收入,暂不征收( )。
   A. 增值税　　　　B. 所得税　　　　C. 消费税　　　　D. 印花税

8. 基金运作过程中发生的注册登记费、上市年费、信息披露费用等通过( )科目核算。
   A. "手续费"　　　　　　　　　B. "手续费及佣金支出"
   C. "其他费用"　　　　　　　　D. "财务费用"

二、多项选择题(每小题 5 分,共 20 分)

1. 债券到期收回本金和利息时,可能使用的科目有( )。
   A. "证券清算款"　B. "应收利息"　C. "债券投资"　　D. "银行存款"

2. 下列各项中,属于共同类科目的有( )。
   A. "资产支持证券投资"　　　　B. "交易费用"
   C. "证券清算款"　　　　　　　D. "远期投资"

3. 下列关于基金赎回费用计算公式的表述中,正确的有( )。
   A. 赎回总额=赎回份数×赎回当日基金单位资产净值
   B. 赎回金额=赎回当日卖出基金总额－赎回费用
   C. 赎回费用=赎回总额×赎回费率

D. 赎回金额＝赎回总额－赎回费用
4. 证券投资基金的当事人有( )。
   A. 基金发起人　　　　　　　　B. 基金持有人
   C. 基金管理人　　　　　　　　D. 基金承销人

三、判断题(每小题 5 分,共 40 分)

1. 按照组织形式的不同,证券投资基金可以分为公司型基金和契约型基金。( )
2. 期货只需一定的保证金即可买进合约,是一种低风险、低收益的投资方式。( )
3. 开放式基金可以根据基金管理运作的实际需要收取赎回费用,赎回费用在扣除基本手续费后,余额应当归基金所有。( )
4. 申购新股,如果通过交易所网上申购,则交收日应按实际交收的申购款记账,借记"证券清算款"科目,贷记"结算备付金"科目。( )
5. 基金取得资产支持证券支付的款项时,无须区分资产支持证券投资本金部分和资产支持证券投资收益部分。( )
6. 证券投资基金投资于债券的获利来源有债券利息收入和买卖债券所实现的差价收入。( )
7. 在我国,基金可分配的收益就是基金净收益。( )
8. 通过证券交易所买卖股票所实现的差价收入在"股票差价收入"科目中核算。( )

第八章　保险公司会计

知识导航

```
                            ┌ 保险业务概述 ┬ 保险业务的特点
                            │              └ 保险业务的分类
                            │
                            ├ 财产保险业务的核算 ┬ 财产保险业务保费收入的核算
                            │                    └ 财产保险业务赔款支出的核算
                            │
              保险公司会计 ─┤                    ┌ 人寿保险业务保费收入的核算
                            │                    │ 人寿保险业务保险金给付的核算
                            ├ 人身保险业务的核算 ┤ 人寿保险业务退保业务的核算
                            │                    └ 人身保险业务准备金的核算
                            │
                            │                    ┌ 再保险的含义和种类
                            └ 再保险业务的核算 ─┤ 分出业务的核算
                                                 └ 分入业务的核算
```

学习目标

1. 认知目标

(1) 了解保险业务的特点及分类。

(2) 掌握财产保险业务保费收入及支出的核算方法。

(3) 掌握人身保险业务的核算方法。

(4) 熟悉再保险业务的核算方法。

2. 技能目标

(1) 能够处理人身保险保费收入、赔付、退保及准备金的具体账务。

(2) 能够准确、高效处理财产保险业务的会计事项。

(3) 能够及时关注并学习保险业务的新政策、新准则,保证会计处理的准确性和前瞻性。

3. 情感目标

(1) 理解和欣赏保险行业的价值和重要性,认识到保险在风险管理、社会保障和经济发展中的关键作用,培养对保险行业的热情。

(2) 深入理解保险公司会计的基本原则、概念和技能,在实践中灵活运用。

(3) 认识到持续学习对职业发展和个人成长的重要性,能够主动寻求学习和发展的机会,培养持续学习的态度。

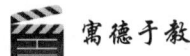 寓德于教

金融扶贫,保险先行

2012年12月,习近平总书记亲赴河北阜平慰问老区困难群众,考察扶贫开发工作,为老区脱贫致富指明了方向、坚定了信心。2014年4月,河北省金融办驻村工作组和阜平县委、县政府共同酝酿提出了金融扶贫的工作思路。人保财险快速跟进,总公司农险部、产品开发部赴阜平开展实地调研。2014年7月,河北省金融办印发《关于支持阜平创建金融扶贫示范县的实施意见》,为阜平确立了"金融扶贫、保险先行"的金融扶贫思路。人保财险在阜平以大力发展农业保险作为突破口,为贫困农户发展生产提供自然灾害事故和市场价格下跌双重保障,通过保险兜底,协助基层政府重塑信用体系,降低农户到期无法偿还贷款的风险,稳定金融机构的风险预期,建立"政府+保险+银行+农户(企业)"的金融扶贫模式,有效解决了金融机构经营成本高、风险大和农户贷款难、贷款贵、抵御市场风险能力弱的问题,以"保险引进去",推动"金融活起来",助力"产业兴起来",实现"群众富起来"。

资料来源:国家乡村振兴局官网,2020-11-11,《中国保险行业协会:发挥保险扶贫天然优势 扎实助力决战决胜脱贫攻坚》,https://www.nrra.gov.cn。

第一节 保险业务概述

一、保险业务的特点

保险公司的主要经营业务包括保险业务和投资业务。保险公司通过出售保单获得资金进行投资,在保单持有人发生保险事故时承担赔偿或给付责任。与一般企业的经营内容相比,保险业务具有以下特点:

(1) 保险产品具有特殊性。保险合同是对被保险人未来可能损失予以赔付的信用承诺。保险公司的经营活动一般不涉及一般的物质资料生产和交换活动,而是一种具有经济保障性质的特殊劳务活动。保险公司不同于一般工业企业或者商业企业,其产品是无形的。另外,保险产品也不同于一般的银行储蓄产品。

(2) 保险公司的经营内容是风险。是否承担了重大保险风险是判断是否属于保险业务的标准。按照国际会计准则的定义,保险风险是承保人从投保人处接收的风险,是签订合同之前就存在的风险。保险公司在出售保单之后,是否给付保险金、给付给谁、什么时候给付、给付多少都具有不确定性。另外,保险公司在设计保单时估计的市场利率、投资收益率等因素都有可能与实际不符,这些因素会带给保险公司更多的风险。

(3) 保险公司的经营成本支出与收入补偿顺序与一般企业相反。保险公司则是先收到保费,再支出各项赔款与给付,其业务发生的顺序是先有收入、后产生成本费用。因此,保险公司的会计处理需要基于特殊的方法、程序和假设,而利润的计算对会计估计的依赖非常强。

(4) 保险产品具有多样性。保险公司为了在市场竞争中取得优势,其产品的更新和设计是主要竞争手段。一般来说,保险公司会针对不同投保人群的需求有针对性地设计产品,所以

保险产品呈现多样化的特点。

二、保险业务的分类

1. 按保险对象分类

保险业务按保险对象分类,可以分为财产保险和人身保险。

财产保险是指投保人根据保险合同的约定,向保险人交付保险费,保险人按照保险合同的约定,对所承保的财产及其有关利益因自然灾害或意外事故造成的损失承担赔偿保险金责任的保险业务。财产保险多是短期保险业务,通常在1年或者1年以内,包括物质财产保险、责任保险等。财产保险的保险标的是各种物质财产及其有关利益,其价值一般都能用货币进行衡量,可以根据保险财产的实际价值和实际损失金额来确定保险金额和损失赔偿金额。财产保险承保的风险是自然灾害或者意外事故,其损失频率和程度很不规则。财产保险的保费收入和赔付支出很不稳定,要求其资金必须保持较高的流动性,实务经营上一般采用保留较多的现金、提取巨额风险准备金等措施以备赔付。

人身保险是指保险人通过与投保人签订保险合同,在向投保人收取一定的保险费后,在被保险人因疾病或者遭遇意外事故而致伤残或死亡,或保险期满时给付医疗费用或者保险金的保险业务。人身保险的保险期限较长,可达5年、10年甚至数十年,包括人寿保险(含年金保险)、健康保险和人身意外伤害保险。人身保险的保险标的是人的生命、身体或者劳动能力,其承保的是人的生死、伤害、疾病等,保险事故发生的概率较有规则,保费收入和保险金给付都较为稳定,对现金储备和再保险的要求较低,其积聚的巨额闲置资金可用于投资。

人不能以价值来衡量,因此人身保险和财产保险的区别在于:人身保险不是一种补偿性质的保险,而是一种定额保险。在通常情况下,人身保险的保险金额是根据被保险人的需要和缴纳保险费的多少来确定的。人身保险若按人的生命,可分为生存保险、死亡保险和生死两全保险;若按人的身体,可分为健康保险和伤害保险。

2. 按保险价值分类

保险业务按保险价值分类,可以分为定值保险和不定值保险。

定值保险又称约定价值保险,是指保险合同双方当事人事先确定保险标的价值,并在合同中载明以确定保险金最高限额的财产保险业务。定值保险合同成立以后,如果发生财产全部损失,无论保险标的的实际价值是多少,保险人都应该以合同约定的保险标的的价值作为计算赔偿金额的依据,而不必对保险标的重新估价。

不定值保险是指保险合同中不列明保险标的的实际价值,只列明保险金额作为最高赔偿金额的财产保险业务。保险人的赔偿责任依据标的发生损失的实际价值为准,按照保险金额与保险标的实际价值的比例赔偿其损失额。在不定值保险中,一旦保险事故发生,当事人双方根据保险金额和保险标的实际价值的相对大小关系,有超额保险、足额保险和不足额保险三种赔付方式。

3. 按业务承保方式分类

保险业务按业务承保方式分类,可以分为原保险和再保险。

原保险是指保险人向投保人收取保费,对约定的可能发生的事故因发生所造成的财产损失承担赔偿保险金责任,或者当被保险人死亡、伤残、疾病或达到合同约定的年龄、期限时承担给付保险金责任的保险业务。原保险是由保险人与投保人最初达成的保险协议。

再保险就是"保险的保险",也称分保,是指一个保险人(再保险分出人)分出一定的保费给另一个保险人(再保险接受人),再保险接受人对再保险分出人由原保险合同所引起的赔付成本及其他相关费用进行补偿的保险业务。

4. 按保险合同在合同延长期内是否承担赔付责任分类

保险业务按保险合同在合同延长期内是否承担赔付责任分类,可以分为非寿险业务和寿险业务。

在保险合同延长期内承担赔付责任的,应当确定为寿险保险合同。在保险合同延长期内不承担赔付责任的,应当确定为非寿险保险合同。保险合同延长期是指投保人自上一期保费到期日未缴纳保费,而保险人仍承担赔付责任的期间。一般来说,寿险包括1年以上的人寿保险和健康保险,非寿险包括财产保险、短期健康险、人身意外保险等。在我国,人寿保险公司在经营寿险业务的同时,也可以经营一些非寿险业务,如短期健康险、人身意外保险。财产保险公司一般只经营非寿险业务。

第二节 财产保险业务的核算

财产保险是保险人对被保险人的财产及其有关利益,在因发生保险责任范围内的灾害事故而遭受经济损失时给予赔偿的保险。财产保险中所指的财产除了包括固定资产、流动资产、在产品和产成品等有形财产,还包括信用及责任等无形财产。可见,财产保险是一种综合性保险,包括的范围极其广泛,通常有狭义财产保险(或称财产损失保险)、责任保险、信用保险和保证保险等。

一、财产保险业务保费收入的核算

(一)保费收入的核算

1. 保费收入的确认

保费收入是保险公司为履行原保险合同规定的义务而向投保人收取的对价收入。保费收入是保险公司最主要的收入项目。根据《企业会计准则第25号——原保险合同》的规定,保费收入应当在下列条件均满足时予以确认:

(1)原保险合同成立并承担相应的保险责任。

(2)与原保险合同相关的经济利益能够流入。

(3)与原保险合同相关的收入能够可靠地计量。

由于财产保险合同都是签单生效,即保险合同一经签订即告成立,同时保险公司开始承担保险责任,而且由于财产保险合同的期限一般较短,通常短于或等于1年,再加上保险金额可以确定、收取保费的可能性通常大于不能收取保费的可能性,在实际工作中,财产保险合同一般是签单时确认保费收入。但是,财产保险合同也存在签单日与承担保险责任日不一致的情况。在这种情况下,签单日收取的保费应作为预收保费处理,待承担保险责任时再转为保费收入。

财产保险合同提前解除的,保险人应当按照保险合同约定计算应退还投保人的金额,将其作为退保费,直接冲减保费收入。

2. 保费收入的计量

根据《企业会计准则第25号——原保险合同》的规定,非寿险原保险合同的保费收入金额应当根据原保险合同约定的保费总额确定。

3. 科目设置

为了反映和监督财产保险业务保费收入的增减变动情况,应设置"应收保费""预收保费"和"保户储金""保费收入"等科目进行核算,各会计科目及其主要核算内容如表8-1所示。

表8-1　　　　　　　　保费收入核算中主要会计科目及其主要核算内容

类别	会计科目	主要核算内容
资产类	应收保费	核算保险公司按照原保险合同约定应向投保人收取的保费。其借方反映保险公司发生的应收保费及已确认为坏账并转销的应收保费又收回的金额,贷方反映收回的应收保费及确认为坏账而冲销的应收保费。期末借方余额,反映保险公司尚未收回的保费
负债类	预收保费	核算保险公司收到的未满足保费收入确认条件的保费。其贷方反映预收的保费,借方反映保费收入实现时结转保费收入的金额。期末贷方余额,反映保险公司向投保人预收的保费
负债类	保户储金	核算保险公司收到投保人以储金本金增值作为保费收入的储金。保险公司收到投保人投资型保险业务的投资款,可将本科目改为"保户投资款"科目。保险公司应向投保人支付的储金或者投资增值款也在本科目中核算。其贷方反映收到投保人缴纳的储金,借方反映向投保人支付的储金。期末贷方余额,反映保险公司应付而未付的投保人储金
损益类	保费收入	核算保险公司承保业务确认的保费收入。其贷方反映保险公司确认的保费收入及分保费收入调整增加的金额,借方反映发生的退保费、续保时的折扣、无赔款优待及分保费收入调整减少的金额。期末,应将本科目余额转入"本年利润"科目,结转后本科目无余额。本科目可按保险合同和险种进行明细核算

4. 账务处理

在保险公司实务中,保险合同的生效和保费的收取之间有时间差,所以会计处理也不会完全相同。有时,保费在签发保单时一次性付清;有时,会先收到保费,而随后保险合同才生效;有时,投保人在保险合同生效日后的宽限期内支付保费。因此,保险公司应区分不同的情况进行相应的会计处理。

1) 签发保单时保费一次性付清的核算

【例8-1】　光华财产保险公司会计部门收到业务部门送来的货运险保费日报表和保费收据,以及银行转账支票100 000元,该业务签单生效时收到全部保费(增值税税率为6%)。

要求:根据保险合同签单生效约定,编制会计分录。

【解析】　编制会计分录如下:

借:银行存款　　　　　　　　　　　　　　　　　　　　　　　　　　100 000.00
　　贷:保费收入——货运险　　　　　　　　　　　　　　　　　　　　94 339.62
　　　　应交税费——应交增值税(销项税额)　　　　　　　　　　　　 5 660.38

2) 签发保单后在宽限期内保费一次性付清的核算

【例8-2】　光华财产保险公司会计部门收到业务部门交来的财产保险基本险保费日报

表,保费共计 20 000 元,约定 3 天后缴费(增值税税率为 6%)。

要求:编制收到保费日报表和保费时的会计分录。

【解析】 收到保费日报表时,该财产保险公司的会计分录为:

借:应收保费　　　　　　　　　　　　　　　　　　　　　　　　　20 000.00
　　贷:保费收入——基本险　　　　　　　　　　　　　　　　　　　18 867.92
　　　　应交税费——应交增值税(销项税额)　　　　　　　　　　　　1 132.08

3 天后收到保费时,该财产保险公司的会计分录为:

借:银行存款　　　　　　　　　　　　　　　　　　　　　　　　　20 000
　　贷:应收保费　　　　　　　　　　　　　　　　　　　　　　　　20 000

3) 预收保费的核算

如果保险客户提前缴纳保费,或者缴纳的保费在前、承担保险责任在后,那么保险公司收到的保费应作为预收保费入账。

【例 8-3】 光华财产保险公司会计部门收到业务部门交来的财产保险综合险日报表和保费收据存根,以及银行收款通知 40 000 元,该业务于下月 1 日起承担保险责任(增值税税率为 6%)。

要求:编制收到保费日报表、保费以及承担保险责任时的会计分录。

【解析】 向投保人预收保费时,该财产保险公司的会计分录为:

借:银行存款　　　　　　　　　　　　　　　　　　　　　　　　　40 000
　　贷:预收保费　　　　　　　　　　　　　　　　　　　　　　　　40 000

下月 1 日开始承担保险责任时,该财产保险公司的会计分录为:

借:预收保费　　　　　　　　　　　　　　　　　　　　　　　　　40 000.00
　　贷:保费收入——综合险　　　　　　　　　　　　　　　　　　　37 735.85
　　　　应交税费——应交增值税(销项税额)　　　　　　　　　　　　2 264.15

4) 分期缴费的核算

对于一些保额较高的客户或者大保户,保险公司为了保持自身经营发展,通常允许其分期缴纳保费。保单一旦签订,则全部保费确认为保费收入,未收款部分记入"应收保费"科目,待下期收款时再冲销。

【例 8-4】 光华财产保险公司与 B 企业签订一份保险合同,约定保费为 400 000 元,分期付款。保险公司已收到首款 40 000 元,余款分 9 期收回,每月为 1 期,每期收取 40 000 元(增值税税率为 6%)。

要求:编制分期收到保费时的会计分录。

【解析】 首期收到应收保费时,光华财产保险公司的会计分录为:

借:银行存款　　　　　　　　　　　　　　　　　　　　　　　　　40 000.00
　　应收保费　　　　　　　　　　　　　　　　　　　　　　　　　360 000.00
　　贷:保费收入　　　　　　　　　　　　　　　　　　　　　　　377 358.49
　　　　应交税费——应交增值税(销项税额)　　　　　　　　　　　　22 641.51

以后每期收到应收保费时,光华财产保险公司的会计分录为:

借：银行存款　　　　　　　　　　　　　　　　　　　　　　　　　40 000
　　贷：应收保费　　　　　　　　　　　　　　　　　　　　　　　　　40 000

（二）保费收入的调整

由于保险公司签发保单是以保险合同的约定日期作为保单生效日的，而保单年度与会计年度往往不一致，如果将本年收取的保费全部作为本年收入，则不符合权责发生制的会计原则。因此，会计上应将按照收付实现制确定的保费收入调整为权责发生制下的保费收入，该调整是通过计提未到期责任准备金进行的。

1. 科目设置

未到期责任准备金是指保险人为尚未终止的非寿险保险责任提取的准备金。根据《企业会计准则第25号——原保险合同》的规定，保险人应当在确认非寿险保费收入的当期，按照保险精算的金额提取未到期责任准备金作为当期保费收入的调整，并确认未到期责任准备金负债。提取未到期责任准备金的计算可以按照时间比例法，如1/2法、1/8法、1/24法、1/365法，也可以采用其他更为谨慎的方法。

未到期责任准备金的核算包括未到期责任准备金的计提、转销，以及将提取的未到期责任准备金结转至本年利润等内容，未到期责任准备金业务核算的会计科目及其主要核算内容具体如表8-2所示。

表8-2　　　　未到期责任准备金业务核算的会计科目及其主要核算内容

类别	会计科目	主要核算内容
负债类	未到期责任准备金	核算保险公司按规定提取的非寿险原保险合同未到期责任准备金。本科目的贷方登记按规定提取的未到期责任准备金，借方登记按规定冲减的未到期责任准备金。期末贷方余额，反映保险公司的未到期责任准备金
损益类	提取未到期责任准备金	核算保险公司提取的非寿险原保险合同未到期责任准备金和再保险合同分保未到期责任准备金。本科目的借方登记按规定提取的未到期责任准备金，贷方登记按规定冲减的未到期责任准备金。期末，应将本科目余额转入"本年利润"科目，结转后本科目无余额

2. 账务处理

1) 计提

保险人应当在确认非寿险保费收入的当期，按照保险精算确定的金额提取未到期责任准备金作为当期保费收入的调整，并确认未到期责任准备金负债，同时借记"提取未到期责任准备金"科目，贷记"未到期责任准备金"科目。

2) 转销

对于原保险合同提前解除的，保险人应当转销相关未到期责任准备金余额，计入当期损益，同时借记"未到期责任准备金"科目，贷记"提取未到期责任准备金"科目。

3) 期末结转

在会计期末，"提取未到期责任准备金"科目的借方余额应进行结转，借记"本年利润"科目，贷记"提取未到期责任准备金"科目。

【例8-5】　2023年4月，光华财产保险公司会计部门收到业务部门交来的财产基本险保费日报表、保费收据存根和银行收账通知等，该业务签单生效时收到全部保费，按照保险精算确定的未到期责任准备金金额为 6 000 000 元。

要求：编制光华财产保险公司的会计分录。

【解析】 2023 年 4 月，光华财产保险公司的会计分录为：

借：提取未到期责任准备金   6 000 000
　　贷：未到期责任准备金   6 000 000

2023 年年末，精算部门重新计算未到期责任准备金，12 月销售的保单增多，因此应增提未到期责任准备金 7 000 000 元，会计分录为：

借：提取未到期责任准备金   7 000 000
　　贷：未到期责任准备金   7 000 000

2023 年年末，结转提取未到期责任准备金余额时，光华财产保险公司的会计分录为：

借：本年利润   13 000 000
　　贷：提取未到期责任准备金   13 000 000

值得注意的是，在保险公司的利润表上，未到期责任准备金是保费收入的抵减项目。在保险公司利润表营业收入中已赚保费的计算是用保险业务收入减出保费，再减未到期责任准备金得出的。

（三）追偿款收入的核算

追偿款收入是指发生灾害事故使得保险标的受损，而该损失既属于保险责任范围又是由第三者的侵权行为所致，那么被保险人在向保险人索赔并取得保险赔款的同时，应将向第三者（责任方）追偿的权利转移给保险人，由保险人向第三者追偿。

收到应收代位追偿款时，保险人应按照收到的金额与相关应收代位追偿款账面价值的差额，调整当期赔付成本。

【例 8-6】 新颜冷链运输公司投保货运险后，在运输途中发生保险事故，某保险公司向该运输公司赔付 12 000 元。经查，此事故属于第三者责任。某保险人在支付赔款后，取得了向第三者追偿的权利，经多方努力，追回第三者赔款 10 000 元。

要求：编制该财产保险公司理赔和追偿的相关会计分录。

【解析】 支付赔款时，该财产保险公司的会计分录为：

借：赔付支出   12 000
　　贷：银行存款   12 000

取得了向第三者追偿的权利时，该财产保险公司的会计分录为：

借：应收代位追偿款   12 000
　　贷：赔付支出   12 000

追回赔款 10 000 元时，该财产保险公司的会计分录为：

借：银行存款   10 000
　　赔付支出   2 000
　　贷：应收代位追偿款   12 000

(四) 保户储金业务收入的核算

保户储金业务这种保费收取方式主要适用于财产保险业务中的两全保险,如家财两全险,即以家庭财产作为保险标的,当财产发生保险责任范围内的损失时,保险公司要给予赔款;若保险期满保险财产没有发生损失,保险公司则要返还保户全部保险金。这种既具有保险保障又具有储蓄性质的保险,其实质是将收取的保费作为储金,将本金所生利息或者投资收益作为保费收入。

【例 8-7】 光华财产保险公司会计部门收到业务部门交来的 5 年期家财两全险保户储金日结汇总表、储金收据及银行储金专户收账通知,共计 10 000 000 元,预定年利率为 2%,不计复利,到期一次还本付息(增值税税率为 6%)。

要求:编制该财产保险公司收到保户储金各阶段的相关会计分录。

【解析】 收到保户储金时,该财产保险公司的会计分录为:

借:银行存款——储金专户　　　　　　　　　　　　　　10 000 000
　　贷:保户储金　　　　　　　　　　　　　　　　　　　　　　10 000 000

每年末,按照预定年利率计算应收利息 200 000 元,该财产保险公司的会计分录为:

借:应收利息　　　　　　　　　　　　　　　　　　　　200 000.00
　　贷:保费收入　　　　　　　　　　　　　　　　　　　　　　188 679.25
　　　　应交税费——应交增值税(销项税额)　　　　　　　　　　11 320.75

第 5 年年末,保单到期、一次还本付息时,该财产保险公司的会计分录为:

借:银行存款——活期户　　　　　　　　　　　　　　11 000 000.00
　　贷:银行存款——储金专户　　　　　　　　　　　　　　10 000 000.00
　　　　应收利息　　　　　　　　　　　　　　　　　　　　800 000.00
　　　　保费收入　　　　　　　　　　　　　　　　　　　　188 679.25
　　　　应交税费——应交增值税(销项税额)　　　　　　　　11 320.75

返还储金时,该财产保险公司的会计分录为:

借:保户储金　　　　　　　　　　　　　　　　　　　　10 000 000
　　贷:银行存款——活期户　　　　　　　　　　　　　　　　10 000 000

二、财产保险业务赔款支出的核算

(一) 赔付支出的核算

保险赔款(简称赔款)是指保险标的发生了保险责任范围内的保险事故后,保险人向被保险人支付的损失补偿金。财产保险支出主要包括保险公司的理赔支出、手续费及佣金支出和营业费用、税金及附加、利息支出和其他支出等内容。

1. 科目设置

核算赔付支出,应设置"预付赔付款""损余物资""应收代为追偿款""赔付支出"等科目,赔付支出核算的会计科目及其主要核算内容如表 8-3 所示。

表 8-3　　　　　　　　　赔付支出核算的会计科目及其主要核算内容

类别	会计科目	主要核算内容
资产类	预付赔付款	核算保险公司在处理各种理赔案件过程中,按照保险合同约定预先支付的理赔款,再保险收入分入分保业务须支付的赔付款也在本科目核算。本科目的借方反映发生的预付赔付款数额,贷方反映结转为赔付成本的数额,期末余额为已预付但尚未结案的赔款
资产类	损余物资	核算保险企业按照原保险合同承担赔偿保险金责任后取得的损余物资成本。本科目的借方反映保险公司承担赔偿保险金责任取得的损余物资的金额,贷方反映处置损余物资转销的金额。本科目期末借方余额,反映保险公司承担赔偿保险金责任取得的损余物资的价值
资产类	应收代为追偿款	核算保险公司按照原保险合同约定承担赔偿保险金责任后确认的代位追偿款。保险公司承担赔偿保险金责任后确认的代位追偿款,借记本科目,贷记"赔付支出"科目;收回应收代位追偿款时,应按收到的金额,借记"银行存款"等科目。本科目期末借方余额,反映保险公司已确认但尚未收回的应收代为追偿款
损益类	赔付支出	核算保险公司按照保险条款规定支付的赔款等。本科目的借方反映确定赔款金额和实际发生的理赔费用、理赔中发生的诉讼费用等,贷方反映取得损余物资的金额、骗赔追回的赔款、可收回的追偿款数额。期末,应将本科目的余额转入"本年利润"科目,结转后本科目无余额

2. 账务处理

理赔人员在计算出赔偿金额后,应填制赔款计算书,连同被保险人签章的赔款收据交会计部门。会计部门在接到业务部门的理赔计算书后,应认真审查有关内容,审查无误后,根据不同情况分别处理。

【例 8-8】　新颜冷链运输公司投保的货运保险出险,业务部门交来赔款计算书,应赔款 30 000 元,光华财产保险公司开出转账支票支付赔款。

要求:编制该财产保险公司及时结案时赔付支出的相关会计分录。

【解析】　结案时,该财产保险公司的会计分录为:

借:赔付支出　　　　　　　　　　　　　　　　　　　　　　　　　　30 000
　　贷:银行存款　　　　　　　　　　　　　　　　　　　　　　　　　30 000

【例 8-9】　新颜冷链运输公司投保的财产保险基本险出险,因双方对实际损失存在争议,一时难以结案。经双方协商,光华财产保险公司先预付赔款 20 000 元,以银行转账支票付讫。后经调查,确定保险损失为 30 000 元,光华财产保险公司再以银行转账支票 10 000 元补足赔款。

要求:编制该财产保险公司预付赔付支出的相关会计分录。

【解析】　预付赔款时,该财产保险公司的会计分录为:

借:预付赔付款　　　　　　　　　　　　　　　　　　　　　　　　　20 000
　　贷:银行存款　　　　　　　　　　　　　　　　　　　　　　　　　20 000

补付赔款结案时,该财产保险公司的会计分录为:

借:赔付支出　　　　　　　　　　　　　　　　　　　　　　　　　　30 000
　　贷:预付赔付款　　　　　　　　　　　　　　　　　　　　　　　　20 000
　　　　银行存款　　　　　　　　　　　　　　　　　　　　　　　　　10 000

【例 8-10】 新颜冷链运输公司投保了企业财产保险后遭受火灾,损失 800 000 元,该公司将损失的物资作价 100 000 元归光华财产保险公司。该财产保险公司收回入库,同时将转账支票 800 000 元交给受损公司。随后,该财产保险公司将此部分损余物资以 90 000 元的价格出售。

要求:编制该财产保险公司出售损余物资的相关会计分录。

【解析】 支付赔款时,该财产保险公司的会计分录为:

借:赔付支出　　　　　　　　　　　　　　　　　　　　　　　800 000
　　贷:银行存款　　　　　　　　　　　　　　　　　　　　　　　800 000

损余物资收回入库时,该财产保险公司的会计分录为:

借:损余物资　　　　　　　　　　　　　　　　　　　　　　　100 000
　　贷:赔付支出　　　　　　　　　　　　　　　　　　　　　　　100 000

出售损余物资时,该财产保险公司的会计分录为:

借:银行存款　　　　　　　　　　　　　　　　　　　　　　　90 000
　　赔付支出　　　　　　　　　　　　　　　　　　　　　　　10 000
　　贷:损余物资　　　　　　　　　　　　　　　　　　　　　　　100 000

(二)未决赔款准备金的核算

未决赔款准备金是指保险人为非寿险保险事故已发生尚未结案的赔案提取的准备金,包括已发生已报案未决赔款准备金、已发生未报案未决赔款准备金和理赔费用准备金。根据《企业会计准则第 25 号——原保险合同》的规定,保险人应当在非寿险保险事故发生的当期,按照保险精算确定的金额提取未决赔款准备金,并确认未决赔款准备金负债。

1. 科目设置

未决赔款准备金的核算包括计提、充足性测试、冲减及期末结转等内容,涉及"未决赔款准备金"和"提取未决赔款准备金"两个科目,有关会计科目及其主要核算内容如表 8-4 所示。

表 8-4　　　　　　　　未决赔款准备金核算的会计科目及其主要核算内容

类别	会计科目	主要核算内容
负债类	未决赔款准备金	核算保险公司为已经发生非寿险保险事故并已提出保险赔款和已经理算完结但未赔付,以及已经发生非寿险保险事故但尚未提出保险赔款的赔案按规定提取的未决赔款准备金。本科目的贷方登记按规定提取的未决赔款准备金,借方登记按规定冲减的未决赔款准备金。期末贷方余额,反映保险公司的未决赔款准备金
损益类	提取未决赔款准备金	核算保险公司为已经发生非寿险保险事故并已提出保险赔款和已经理算完结但未赔付,以及已经发生非寿险保险事故但尚未提出保险赔款的赔案,按规定提取的未决赔款准备金。本科目的借方登记按规定提取的未决赔款准备金,贷方登记按规定冲减的未决赔款准备金。期末,应将本科目余额转入"本年利润"科目,结转后本科目无余额

2. 账务处理

1) 计提

投保人发生非寿险保险合同约定的保险事故当期,保险公司应按保险精算确定的未决赔款准备金进行业务处理,借记"提取未决赔款准备金"科目,贷记"未决赔款准备金"科目。

2) 充足性测试

保险人至少应当在每年年底对未决赔款准备金进行充足性测试。保险人按照保险精算确定的未决赔款准备金金额超过充足性测试日已提取的未决赔款准备金余额的,应按其差额补提未决赔款准备金;反之,则不调整。

3) 冲减

保险人确定支付赔付款项金额或者实际发生理赔费用的当期,应按冲减的相应未决赔款准备金余额进行会计处理,借记"未决赔款准备金"科目,贷记"提取未决赔款准备金"科目。

4) 期末结转

会计期末,"提取未决赔款准备金"科目的借方余额应进行结转,借记"本年利润"科目,贷记"提取未决赔款准备金"科目。

【例 8-11】 光华财产保险公司承保的货物险出险,按照保险精算确定的未决赔款准备金为 10 000 000 元。其中,已发生已报案未决赔款准备金金额为 4 000 000 元,已发生未报案未决赔款准备金金额为 5 000 000 元,理赔费用为 1 000 000 元。1 个月后,该财产保险公司以银行存款支付赔款 8 500 000 元。年终,该财产保险公司对未决赔款准备金进行充足性测试,按照保险精算重新确定的未决赔款准备金为 25 000 000 元,在充足性测试日已提取的未决赔款准备金余额为 23 500 000 元。

要求:编制该财产保险公司未决赔款准备金的相关会计分录。

【解析】 提取未决赔款准备金时,该财产保险公司的会计分录为:

借:提取未决赔款准备金　　　　　　　　　　　　　　　　　　10 000 000
　　贷:未决赔款准备金　　　　　　　　　　　　　　　　　　　　　10 000 000

支付赔款时,该财产保险公司的会计分录为:

借:未决赔款准备金　　　　　　　　　　　　　　　　　　　　10 000 000
　　贷:提取未决赔款准备金　　　　　　　　　　　　　　　　　　　10 000 000

借:赔付支出　　　　　　　　　　　　　　　　　　　　　　　　8 500 000
　　贷:银行存款　　　　　　　　　　　　　　　　　　　　　　　　8 500 000

在进行充足性测试时,该财产保险公司的会计分录为:

借:提取未决赔款准备金　　　　　　　　　　　　　　　　　　1 500 000
　　贷:未决赔款准备金　　　　　　　　　　　　　　　　　　　　　1 500 000

(三) 手续费及佣金支出的核算

手续费及佣金支出是指保险公司依据代办业务的险种,按照实收保费的一定比例向保险代理人支付的酬金。《企业会计准则第 25 号——原保险合同》规定,保险人在取得原保险合同过程中发生的手续费及佣金,应在发生时计入当期损益。

1. 科目设置

核算手续费及佣金支出,应设置"应付手续费及佣金"和"手续费及佣金支出"两个科目,有关会计科目及其主要核算内容如表8-5所示。

表8-5　　　　　　手续费及佣金支出核算的会计科目及其主要核算内容

类别	会计科目	主要核算内容
负债类	应付手续费及佣金	核算保险公司因销售保单应支付给代理保险业务的单位和个人及保险经纪人的劳务费用。其贷方反映本项负债的增加，实际支付时记入借方。期末余额一般在贷方，反映期末尚未支付的款项
损益类	手续费及佣金支出	核算保险公司按规定支付给代理保险业务的单位和个人及保险经纪人的劳务费用。其借方反映支付给代理保险业务的单位和个人及保险经纪人的劳务费用，贷方反映期末结转至"本年利润"科目的金额，结转后本科目无余额

2. 账务处理

【例8-12】　光华财产保险公司业务部门交来某保险代理人财产保险基本险业务保费收入日报表，保费收入为50 000元，并随同交来银行转账支票30 000元，余款下个月支付。手续费按5%计算，开出转账支票支付手续费1 500元（增值税税率为6%）。

要求：编制该财产保险公司支出手续费及佣金的相关会计分录。

【解析】　收到保费时，该财产保险公司的会计分录为：

借：银行存款　　　　　　　　　　　　　　　　　　　　　　　30 000.00
　　应收保费　　　　　　　　　　　　　　　　　　　　　　　20 000.00
　贷：保费收入　　　　　　　　　　　　　　　　　　　　　　47 169.81
　　　应交税费——应交增值税（销项税额）　　　　　　　　　2 830.19

支付和计提应付手续费时，该财产保险公司的会计分录为：

借：手续费及佣金支出　　　　　　　　　　　　　　　　　　　2 500
　贷：银行存款　　　　　　　　　　　　　　　　　　　　　　1 500
　　　应付手续费及佣金　　　　　　　　　　　　　　　　　　1 000

下个月代理人交来保费时，该财产保险公司的会计分录为：

借：银行存款　　　　　　　　　　　　　　　　　　　　　　　20 000
　贷：应收保费　　　　　　　　　　　　　　　　　　　　　　20 000

下个月支付手续费时，该财产保险公司的会计分录为：

借：应付手续费及佣金　　　　　　　　　　　　　　　　　　　1 000
　贷：银行存款　　　　　　　　　　　　　　　　　　　　　　1 000

（四）业务及管理费的核算

业务及管理费是指保险公司业务经营及管理工作中发生的各项费用，主要是指手续费、佣金支出、其他支出以外的其他费用。对此，保险公司需设置"业务及管理费"科目进行核算。"业务及管理费"科目属于损益类科目，借方反映业务经营及管理中发生的各项费用，贷方反映结转本年利润的数额，结转后本科目无余额。

【例8-13】　光华财产保险公司用银行存款支付印刷保单、信封等印刷费1 000元。

要求：编制该财产保险公司支出业务及管理费时的相关会计分录。

【解析】 支出印刷费时,该财产保险公司的会计分录为:

借:业务及管理费 1 000
　　贷:银行存款 1 000

(五)保险保障基金的核算

保险保障基金是按照我国《保险法》的规定,由保险公司向保险保障基金公司缴纳形成的,用于救助保单持有人、保单受让公司或者处置保险业风险的非政府性行业风险救助基金。保险公司缴纳保险保障基金时应记入"业务及管理费"科目。

【例8-14】 光华财产保险公司经营财产及责任保险、人身意外伤害保险等,当年自留保费收入为100 000 000元,按自留保费的0.8%提取保险保障基金800 000元。

要求:编制该财产保险公司保险保障基金的相关会计分录。

【解析】 计提保险保障基金时,该财产保险公司的会计分录为:

借:业务及管理费 800 000
　　贷:其他应付款 800 000

实际缴纳时,该财产保险公司的会计分录为:

借:其他应付款 800 000
　　贷:银行存款 800 000

第三节 人身保险业务的核算

人身保险是以人的生命、身体或劳动能力为保险标的,以被保险人的生死、伤害、疾病为保险事故的保险业务。人身保险具有储蓄性、保险金额定额给付的确定性、保险期限长期性等特点,这些特点决定了人身保险业务核算与财产保险业务核算存在差异,具有自己的特殊性。

根据我国《保险法》的规定,人身保险可以分为人寿保险、人身意外伤害保险和健康保险三大类。本书主要讲述人寿保险。

人寿保险是一种以人的生死为保险对象的保险,是被保险人在保险责任期内生存或死亡,由保险人根据契约规定给付保险金的一种保险。人寿保险主要包括定期人寿保险、终身人寿保险、生存保险和生死两全保险。

人寿保险业务主要包括保费收入的核算、保险金给付的核算、退保业务的核算和人身保险业务准备金的核算等内容。

一、人寿保险业务保费收入的核算

人寿保险业务保费收入的确认也应同时满足企业会计准则中所规定的三个确认条件。同时,准则还规定,对于寿险原保险合同,分期收取保费的,应当根据当期应收取的保费确定;一次性收取保费的,应当根据一次性应收取的保费确定。

1. 保费收入的确认与计量

寿险业务收入的确认也应同时满足《企业会计准则第 25 号——原保险合同》中所规定的三个确认条件。同时,对于寿险原保险合同规定分期收取保费的,应根据当期应收取的保费确定;对于寿险原保险合同规定一次性收取保费的,应根据一次性应收取的保费确定。

2. 科目设置

为了反映和监督人寿保险业务保费收入的增减变动情况,保险公司应设置"保费收入""预收保费""应收保费"等科目进行核算。

3. 账务处理

1) 预收保费的核算

【例 8-15】 小李投保平安保险公司的个人养老保险,约定每月交费 300 元。年初,小李通过银行转账全年保费 3 600 元(增值税税率为 6%)。

要求:编制平安保险公司预收保费时的相关会计分录。

【解析】 预收保费时,平安保险公司的会计分录为:

借:银行存款　　　　　　　　　　　　　　　　　　　　　　　3 600.00
　　贷:预收保费　　　　　　　　　　　　　　　　　　　　　　3 300.00
　　　　保费收入　　　　　　　　　　　　　　　　　　　　　　　283.02
　　　　应交税费——应交增值税(销项税额)　　　　　　　　　　　 16.98

2) 签发保单收到保费的核算

【例 8-16】 平安保险公司的会计部门收到银行转来的收账通知,收到 A 集团投保的团体养老保险,投保对象为集团所有的员工,共计 200 人,每人每月交费 20 元(增值税税率为 6%)。

要求:编制平安保险公司签发保单收到保费的相关会计分录。

【解析】 平安保险公司的会计分录为:

借:银行存款　　　　　　　　　　　　　　　　　　　　　　　4 000.00
　　贷:保费收入　　　　　　　　　　　　　　　　　　　　　　3 773.58
　　　　应交税费——应交增值税(销项税额)　　　　　　　　　　 226.42

3) 趸交保费的核算

按照权责发生制原则,趸交保费中有很大一部分不属于当期保费收入,具有预收保费的性质。但是,寿险合同一般按照收付实现制入账,因此,将趸交保费看作即期保费收入。

【例 8-17】 投保人以趸交保费方式投保普通寿险,缴纳现金 10 000 元,平安保险公司同意承保(增值税税率为 6%)。

要求:编制平安保险公司趸交保费的相关会计分录。

【解析】 平安保险公司的会计分录为:

借:银行存款　　　　　　　　　　　　　　　　　　　　　　　10 000.00
　　贷:保费收入　　　　　　　　　　　　　　　　　　　　　　9 433.96
　　　　应交税费——应交增值税(销项税额)　　　　　　　　　　 556.04

4) 应收保费的核算

对于寿险合同来说,合同约定分期缴纳保费的,对于宽限期内应收而未收的保费,保险公司应当确认保费收入和应收保费。如果在宽限期结束后投保人未及时缴纳续期保费而造成保险合同效力中止,应当在效力中止日终止确认保费收入。

二、人寿保险业务保险金给付的核算

人寿保险业务保险金给付是保险公司对投保人在保险期满或在保险期中支付保险金,以及对保险期内发生保险责任范围的意外事故按规定给付的保险金。人寿保险公司的主要义务就是当被保险人发生保险事故时,根据保险合同的约定给付保险金,因此,给付保险金是人寿保险公司经营业务的重要组成部分。

根据人身保险合同的规定,给付保险金分为满期给付、死伤医疗给付、年金给付三种。人寿保险公司在办理给付保险金时,应由投保人提供有关单证及证明。经业务部门审查核实后,填制"满期给付领取收据"或"死伤医疗给付领取收据"等,并由投保人签章后,连同保险分户卡一并送交会计部门。会计人员认真复核后,向投保人支付保险金。

(一)满期给付的核算

满期给付是指被保险人生存至保险期满时,保险公司给付的保险金。我国开办的养老保险,当被保险人达到退休年龄或约定的领取年龄,并且缴费期限达到条款规定的年限时,可以办理月领养老金手续。缴费期限不足规定年限者,应办理一次性领取养老金手续。满期给付是综合投保年龄、保险期限、交费时间和投保份数等因素,根据寿险数学精算出来的满期给付一般由被保险人本人受领。

现阶段,我国开办的人寿保险满期险种主要有简易人寿保险、团体人寿保险、普通个人生存保险、生死两全保险等。

1. 科目设置

为了反映和监督人寿保险业务满期给付的增减变动情况,保险公司主要应设置"满期给付"科目进行核算。本科目属于损益类科目,核算保险公司因人寿保险业务的被保险人生存至保险期满,企业按保险合同约定支付给被保险人的满期保险金。其借方登记所发生的满期给付金额,贷方登记按规定冲减的满期给付金额。期末,本科目余额应转入"本年利润"科目,结转后本科目无余额。本科目可按保险合同和险种进行明细核算。

2. 账务处理

(1)被保险人生存至期满,按保险条款规定支付保险金。

【例8-18】 王林投保简易人寿保险期满,持必要证件申请给付保险金20 000元。平安保险公司业务部门抽出该保户的业务资料(分户卡等),经检查核对无误后,填制"满期给付领取收据",连同分户卡一并交会计部门。会计人员复核后以现金支付保险金。

要求:编制平安保险公司给付保险金的相关会计分录。

【解析】 平安保险公司的会计分录为:

借:满期给付——简寿险　　　　　　　　　　　　　　　　　　　20 000
　　贷:库存现金　　　　　　　　　　　　　　　　　　　　　　　　　20 000

(2)在满期给付时,如有保护质押贷款本息未还清者,应将其未还清的贷款本息从应支付的保险金中扣除。

【例8-19】 王林投保金额为50 000元的两全保险期满,尚有8 000元的保单质押贷款未归还,该笔贷款应付利息为406元,平安保险公司会计部门将贷款及利息扣除后办理给付(增值税税率为 6%)。

要求：编制平安保险公司给付保险金的相关会计分录。

【解析】 平安保险公司的会计分录为：

借：满期给付——两全险　　　　　　　　　　　　　　　　　　　　50 000.00
　　贷：保户质押贷款——王林户　　　　　　　　　　　　　　　　8 000.00
　　　　利息收入——保户质押贷款利息收入户　　　　　　　　　　383.02
　　　　应交税费——应交增值税(销项税额)　　　　　　　　　　　22.98
　　　　银行存款　　　　　　　　　　　　　　　　　　　　　　　41 594.00

(3) 在保险合同规定的缴费宽限期内发生满期给付。

【例8-20】 某长期健康险保单的被保险人肖某因患重大疾病住院治疗,向平安保险公司提出给付申请,业务部门审查后同意给付保险金 80 000 元,但须扣除宽限期内已确认但尚未收到的保费 3 000 元和保单质押贷款 21 000 元,其中包括利息 1 000 元(未计提,含增值税)。

要求：编制平安保险公司给付保险金的相关会计分录。

【解析】 平安保险公司的会计分录为：

借：赔付支出——死伤医疗给付(长期健康险)　　　　　　　　　　80 000
　　贷：应收保费——肖某　　　　　　　　　　　　　　　　　　3 000
　　　　保户质押贷款——肖某　　　　　　　　　　　　　　　　20 000
　　　　利息收入　　　　　　　　　　　　　　　　　　　　　　943
　　　　应交税费——应交增值税(销项税额)　　　　　　　　　　57
　　　　库存现金　　　　　　　　　　　　　　　　　　　　　　56 000

(二) 死伤医疗给付的核算

死伤医疗给付是指被保险人在保险期内发生保险责任范围内的死亡、伤残等意外事故而按照规定给付的保险金,包括死亡给付、伤残给付和医疗给付三种。

1. 科目设置

死伤医疗给付的账务处理包括发生和期末结转死伤医疗给付两项内容,同时应考虑是否存在投保人贷款本息尚未还清和未交保费的情况,主要通过"死伤医疗给付"科目进行核算。本科目属于损益类科目,借方反映所发生的死伤医疗给付金额,贷方反映按规定冲减的死伤医疗给付金额。期末,本科目余额应结转至"本年利润"科目,结转后本科目无余额。

2. 账务处理

当被保险人在保险期间发生保险责任范围内的死亡、意外伤残、医疗事故而按照保险责任支付保险金时,应借记"死伤医疗给付"科目,贷记"银行存款"科目。发生死伤医疗保险时,如有贷款本息尚未还清者,应将其未还清的贷款本息从应支付的保险金中扣除,借记"死伤医疗给付"科目,贷记"保户质押贷款""利息收入""银行存款"等科目。在保险合同规定的缴费宽限期内发生死伤医疗给付的,借记"死伤医疗给付"科目,贷记"保费收入""利息收入""银行存款"等科目。期末结转至本年利润时,借记"本年利润"科目,贷记"死伤医疗给付"科目。

【例8-21】 某人寿保险保户王林因病死亡,其受益人提出死亡给付申请,平安保险公司业务部门审查同意给付全部保险金 100 000 元。该保户尚有未归还的贷款 10 000 元,借款利息 500 元，以及当月应交而未交的保费 300 元。会计部门审核后，支付了余额（增值税税率为 6%）。

要求：编制平安保险公司给付保险金的相关会计分录。

【解析】 平安保险公司的会计分录为：

借：死伤医疗给付	100 000.00
贷：保户质押贷款	10 000.00
银行存款	89 200.00
利息收入	471.70
保费收入	283.02
应交税费——应交增值税（销项税额）	45.28

（三）年金给付的核算

年金给付是指被保险人生存至规定的年龄，保险公司按照保险合同的约定分期支付给被保险人的给付金额。

1. 科目设置

年金给付核算的主要内容除了发生和期末结转年金给付两项内容，还应考虑是否存在投保人贷款本息尚未归还等情况，主要通过"年金给付"科目进行核算。本科目属于损益类科目，借方反映所发生的年金给付金额，贷方反映按规定冲减的年金给付金额。期末，本科目余额应结转至"本年利润"科目，结转后本科目无余额。

2. 账务处理

当被保险人生存至规定年龄，按保险合同条款规定支付年金时，借记"年金给付"科目，贷记"银行存款"或"库存现金"科目。在年金给付时，如有贷款本息尚未还清者，应将其尚未还清的贷款本息从应支付的保险金中扣除，借记"年金给付"科目，贷记"保户质押贷款""利息收入""银行存款"等科目。期末结转至本年利润时，借记"本年利润"科目，贷记"年金给付"科目。

【例 8-22】 王林投保终身年金保险，现已到约定年金领取年龄。该投保人持有关证件向保险公司办理了领取手续，按规定每月领取保险金 200 元。经审核无误，平安保险公司会计部门以现金支付。

要求：编制平安保险公司给付年金的相关会计分录。

【解析】 平安保险公司的会计分录为：

借：年金给付	200
贷：库存现金	200

三、人寿保险业务退保业务的核算

1. 确认与计量

根据《企业会计准则第 25 号——原保险合同》的规定，原保险合同提前解除的，保险人应当按照原保险合同约定计算确定应退还投保人的金额，并将其作为退保费计入当期损益。

2. 科目设置

为了反映和监督人寿保险退保业务，保险公司应设置"退保金"和"保费收入"等科目进行核算。按照约定，保险公司寿险原保险合同提前解除时应当退还投保人的保单现金价值在"退保金"科目核算,保险公司寿险原保险合同提前解除时应当退还投保人的不属于保单现金价值的款项及非寿险原保险合同提前解除时应当退还投保人的款项在"保费收入"科目中核算。

"退保金"科目属于损益类科目,借方反映寿险原保险合同提前解除时按照约定应当退还投保人的保单现金价值,贷方反映期末转入"本年利润"科目的金额。期末结转后,本科目无余额。

3. 账务处理

(1)保险人签发保单之前退保。保险人签发保单之前退保,此时保单合同尚未成立生效,保险公司尚未确认保费收入,投保人缴纳的保费已记入"预收保费"科目的贷方,所以在保险人签发保单之前,投保人要求退保,保险人应归还已缴纳的保费,并记入"预收保费"科目的借方。

【例8-23】 平安保险公司接受保户投保,缴纳首期保费2 000元,约定一周后无异常就签发保单。但是,该投保人在第5天时要求退保,平安保险公司退还其全部保费。

要求:编制平安保险公司退保的相关会计分录。

【解析】 平安保险公司的会计分录为:

投保时:

借:银行存款　　　　　　　　　　　　　　　　　　　　　　　　　　　2 000
　　贷:预收保费　　　　　　　　　　　　　　　　　　　　　　　　　　2 000

退保时:

借:预收保费　　　　　　　　　　　　　　　　　　　　　　　　　　　2 000
　　贷:银行存款　　　　　　　　　　　　　　　　　　　　　　　　　　2 000

(2)在犹豫期内退保。保险公司签发保单以后,一般规定给投保人一段时间的犹豫期,投保人在犹豫期内退保,保险公司应全额退还其已交保费。所以,在此期间退保,保险公司的会计处理一般是直接冲减"保费收入"科目。

【例8-24】 平安保险公司接受保户A投保,保户在犹豫期内要求退保,保险公司退还其缴纳的全部保费10 000元(增值税税率为6%)。

要求:编制平安保险公司退保的相关会计分录。

【解析】 犹豫期内退保时,保险公司的会计分录为:

借:保费收入　　　　　　　　　　　　　　　　　　　　　　　　　　　9 433.96
　　应交税费——应交增值税(销项税额抵减)　　　　　　　　　　　　　556.04
　　贷:银行存款　　　　　　　　　　　　　　　　　　　　　　　　　　10 000.00

(3)在犹豫期后退保。这里以例题说明。

【例8-25】 平安保险公司收到养老保险保户B因经济困难退保要求,业务部门按规定的标准计算应退5 000元的保单现金价值,会计部门核对相关单证后支付现金。

要求:编制平安保险公司退保的相关会计分录。

【解析】 犹豫期后退保时,保险公司的会计分录为:

借:退保金　　　　　　　　　　　　　　　　　　　　　　　　　　　　5 000
　　贷:库存现金　　　　　　　　　　　　　　　　　　　　　　　　　　5 000

保险公司在支付退保金时,若有保户质押贷款本息尚未还清,则应按扣除应归还本息后的应付退保金数额借记"退保金"科目,按未收回的保户质押贷款本金贷记"保户质押贷款"科目,按欠息数额贷记"利息收入"科目,按实际支付的金额贷记"银行存款"等科目。

四、人身保险业务准备金的核算

在人身保险业务准备金核算中,保险公司对尚未终止的人寿保险责任应提取寿险责任准备金;对尚未终止的长期健康保险责任应提取长期健康险责任准备金;对尚未终止的意外伤害险和健康险非寿险保险责任应提取未到期责任准备金;对非寿险保险事故已发生尚未结案的赔案应提取未决赔款准备金。其中,未到期责任准备金和未决赔款准备金与财产保险业务中的准备金核算基本相同。本节以寿险责任准备金为例介绍责任准备金的核算。

寿险责任准备金是指保险人为尚未终止的人寿保险责任提取的准备金。根据《企业会计准则第 25 号——原保险合同》的规定,保险人应当在确认寿险保费收入当期,按照保险精算确定的金额提取寿险责任准备金,并确认寿险责任准备金负债。

寿险责任准备金的计提基于以下两个原因:一是保险初期缴纳的保费存在溢缴,因此需要通过准备金反映因溢缴形成的保费负债;二是保险公司收取的保费收入为收付实现制下的保费收入,为将收付实现制下的保费收入调整为权责发生制下的保费收入,需要进行特殊的计算和处理。然而,由于寿险保费的交费期间和保险责任期间不一定相同,不能简单地像非寿险那样通过"未到期责任准备金"科目处理,而是需要通过保险精算计算寿险责任准备金,将收入和费用匹配起来。

1. 科目设置

寿险责任准备金的核算主要包括计提、充足性测试、冲减、转销和期末结转几个方面,主要涉及"寿险责任准备金"和"提取寿险责任准备金"两个科目。寿险责任准备金的核算涉及的会计科目及其主要核算内容具体如表 8-6 所示。

表 8-6　　　　　　寿险责任准备金核算的会计科目及其主要核算内容

类别	会计科目	主要核算内容
负债类	寿险责任准备金	核算保险公司为尚未终止的人寿保险责任提取的准备金。其贷方反映按规定提取、补提的寿险责任准备金,借方反映按规定冲减的寿险责任准备金。其期末余额在贷方,反映保险公司的寿险责任准备金
损益类	提取寿险责任准备金	核算保险公司为尚未终止的人寿保险责任提取的准备金。其借方反映按规定提取、补提的寿险责任准备金,贷方反映按规定冲减的寿险责任准备金。期末,本科目余额应转入"本年利润"科目,结转后本科目无余额

2. 账务处理

(1) 计提寿险责任准备金。保险人应按照保险精算确定的金额借记"提取寿险责任准备金"科目,贷记"寿险责任准备金"科目。

(2) 寿险责任准备金充足性测试。保险人至少应于每年终了时,对寿险责任准备金进行充足性测试。保险人按照保险精算重新计算确定的寿险责任准备金金额超过在充足性测试日已提取的寿险责任准备金余额的,应当按其差额补提寿险责任准备金;保险人按照保险精算重新计算确定的寿险责任准备金金额小于在充足性测试日已提取的寿险责任准备金余额的,不调整寿险责任准备金。

(3) 寿险责任准备金冲减。保险人确定支付赔款或实际发生理赔费用的当期,应按冲减的相应寿险责任准备金余额借记"寿险责任准备金"科目,贷记"提取寿险责任准备金"科目。

(4) 寿险责任准备金转销。寿险原保险合同提前解除的,保险人应将相应的寿险责任准备金余额予以转销,借记"寿险责任准备金"科目,贷记"提取寿险责任准备金"科目。

(5) 期末结转。在会计期末,保险人应将"提取寿险责任准备金"科目的金额结转至"本年利润"科目,借记"本年利润"科目,贷记"提取寿险责任准备金"科目。

【例8-26】 平安保险公司于2023年年底计算的寿险责任准备金为25 000 000元,上年同期的寿险责任准备金为20 000 000元,则本期应提取的寿险责任准备金为5 000 000元。

要求:编制平安保险公司计提及结转寿险责任准备金的相关会计分录。

【解析】 计提寿险责任准备金时,平安保险公司的会计分录为:

借:提取寿险责任准备金　　　　　　　　　　　　　　　　　　　　5 000 000
　　贷:寿险责任准备金　　　　　　　　　　　　　　　　　　　　　　5 000 000

结转至本年利润时,平安保险公司的会计分录为:

借:本年利润　　　　　　　　　　　　　　　　　　　　　　　　　　5 000 000
　　贷:提取寿险责任准备金　　　　　　　　　　　　　　　　　　　　5 000 000

长期健康险责任准备金的核算比照寿险责任准备金的会计处理进行。

准备金的计量是保险负债核算的主要内容,而准备金的计算需要依赖精算人员的工作,通过大量的数学模型和假设及计算机的运算,才能确定恰当的金额。因此,保险公司的精算人员实际上是会计人员的重要组成部分。

第四节 再保险业务的核算

一、再保险的含义和种类

(一) 再保险的含义

再保险又称分保,是指一个保险人(原保险人、再保险分出人)分出一定的保费给另一个保险人(再保险人、再保险接受人),再保险人对原保险人由原保险合同所引起的赔付成本及其他相关费用进行补偿的保险业务。

(二) 再保险的种类

再保险按照原保险人与再保险人之间对保险责任的分配方式,可分为比例再保险和非比例再保险两大类。

1. 比例再保险

比例再保险是指保险人与再保险人以保险金额为基础,按比例分担保险责任限额,同时也按该比例分享保费和分摊赔款的再保险。

比例再保险又可分为成数再保险和溢额再保险。

成数再保险是指原保险人将每一危险单位的保险金额按照约定的比率分给再保险人的再保险方式。按照成数再保险方式,不论原保险人承保的每一危险单位的保险金额大小,只要是在合同规定的限额之内,都按双方约定的比例分担责任,每一危险单位的保费和发生的赔款也按双方约定的同一比例进行分配和分摊。

溢额再保险是指由原保险人和再保险人签订协议,对每一危险单位的保险金额确定一个由原保险人承担的自留额,保险金额超过自留额的部分被称为溢额,分给再保险人承担。再保险人按照承担溢额责任占保险金额的比例收取分保费用和分摊分保赔款。

2. 非比例再保险

非比例再保险是指以赔款为基础来确定原保险人的自留额和分出额,即先规定一个由原保险人自己负担的赔款额度,对超过这一额度的赔款由再保险人承担责任。在这种分保方式中,原保险人和再保险人的保险责任及有关权益与保额之间没有固定的比例关系,因此被称为非比例再保险。非比例再保险有超额赔款再保险和赔付率超额再保险之分,前者又分为险位超赔再保险和事故超赔再保险。

险位超赔再保险又称一般超赔再保险,它是以每一危险单位所发生的赔款为基础来计算自负责任额和分保责任额,也就是当赔款金额超过起赔点时,超过部分由再保险人赔付。

事故超赔再保险是指以一次事故所造成的赔款总额为基础计算自负责任和分保责任的一种超额赔款再保险方式,其目的是保障一次事故造成的责任累计,常用于异常灾害保险,故又称巨灾超赔保障。

赔付率超额再保险是指在某特定期间内(通常为 1 年),原保险人或者某一特定部门的业务赔付率超过约定自负责任的标准时,超过部分的赔款由再保险人负责,这种分保方式只有在原保险人遭受的损失较多、赔额较大、超过规定的赔付率时,再保险人才对超过部分进行摊赔,直至规定的赔付率或者限定的金额。

二、分出业务的核算

分出业务的核算是再保险业务中以原保险人为主体进行的核算,主要包括分出保费、摊回分保费用、摊回赔付支出及各种准备金的核算等。

(一) 科目设置

原保险人应设置"应收分保账款""应付分保账款""分出保费""摊回保险责任准备金""摊回赔付支出""摊回分保费用"等科目进行核算。

"应收分保账款"科目属于资产类科目,核算保险公司从事再保险业务应收取的款项。其借方反映再保险业务发生的应收而未收款项的增加,贷方反映再保险业务发生的应收而未收款项的减少。期末借方余额,反映保险公司从事再保险业务应收取的款项。

"应付分保账款"科目属于负债类科目,核算保险公司从事再保险业务应付而未付的款项。其贷方反映再保险业务发生的应付而未付款项的增加,借方反映再保险业务发生的应付而未付款项的减少。期末贷方余额,反映保险公司从事再保险业务应付而未付的款项。

"分出保费"科目属于损益类科目,核算保险公司从事再保险分出业务向再保险人分出的保费。其借方反映按规定向再保险人分出的保费及调整增加的分出保费,贷方反映按规定调整减少的分出保费。期末,保险公司应将本科目余额转入"本年利润"科目,结转后本科目无余额。

"摊回保险责任准备金"科目属于损益类科目,核算原保险人从事再保险业务应向再保险人摊回的保险责任准备金,包括未决赔款准备金、寿险责任准备金、长期健康险责任准备金。

原保险人也可单独设置"摊回未决赔款准备金""摊回寿险责任准备金""摊回长期健康险责任准备金"等科目进行核算。本科目的贷方反映应向再保险人摊回的保险责任准备金及调整增加的金额,借方反映按规定冲减、转销的摊回保险责任准备金。期末,保险公司应将本科目的余额转入"本年利润"科目,结转后本科目无余额。

"摊回赔付支出"科目属于损益类科目,核算原保险人向再保险人摊回的应由其承担的赔付成本。原保险人也可单独设置"摊回赔付支出""摊回年金给付""摊回满期给付""摊回死伤医疗给付"等科目进行核算。本科目的贷方反映向再保险人摊回的应由其承担的赔付成本及调整增加的金额,借方反映按规定调整减少的金额。期末,保险公司应将该科目余额转入"本年利润"科目,结转后无余额。

"摊回分保费用"科目属于损益类科目,核算原保险人向再保险人摊回的应由其承担的分保费用。其贷方反映向再保险人摊回的应由再保险人承担的分保费用及向再保险人收取的纯益手续费,借方反映按规定减少的摊回分保费用。期末,保险公司应将该科目余额转入"本年利润"科目,结转后无余额。

(二) 账务处理

1. 分出保费的核算

原保险人应当在确认原保险合同保费收入的当期,按照相关再保险合同的约定,计算确定分出保费,并计入当期损益,即借记"分出保费"科目,贷记"应付分保账款"科目。

2. 摊回分保费用的核算

原保险人应当在确认原保险合同保费收入的当期,按照相关再保险合同的约定,计算确定应向再保险人摊回的分保费用,计入当期损益,即借记"应收分保账款"科目,贷记"摊回分保费用"科目。

3. 应收分保未到期责任准备金的核算

原保险人应当在确认原保险合同保费收入的当期,按照相关再保险合同的约定,计算确定相关的应收分保未到期责任准备金,并冲减提取未到期责任准备金,即借记"应收分保未到期责任准备金"科目,贷记"提取未到期责任准备金"科目。

在资产负债表日,原保险人在调整原保险合同未到期责任准备金余额时,应相应调整应收分保未到期责任准备金余额。调增时,借记"应收分保合同准备金"科目,贷记"提取未到期责任准备金"科目;调减时,作相反的会计分录。

4. 摊回保险责任准备金的核算

原保险人应当在提取原保险合同未决赔款准备金、寿险责任准备金、长期健康险责任准备金的当期,按照相关再保险合同的规定,计算确定应向再保险人摊回的相应准备金,确认为相应的应收分保准备金,借记"应收分保未决赔款准备金""应收寿险责任准备金""应收长期健康险责任准备金"科目,贷记"摊回未决赔款准备金""摊回寿险责任准备金""摊回长期健康险责任准备金"科目。

对原保险合同保险责任准备金进行充足性测试、补提保险责任准备金时,应按相关再保险合同约定计算确定的应收分保保险责任准备金的相应增加额,借记"应收分保未决赔款准备金"等科目,贷记"摊回未决赔款准备金"等科目。

5. 摊回赔付支出的核算

原保险人应当在确认支付赔款金额的当期,按照相关再保险合同的约定,计算确定应向再保险人摊回的赔付成本,并计入当期损益,即借记"应收分保账款"科目,贷记"摊回赔付支出"科目。

6. 结算分保账款的核算

期末进行结算时,分出公司和分入公司一般在抵消往来科目的余额后进行结算,它们根据债权、债务的差额,借记"应付分保账款"科目,贷记"应收分保账款""银行存款"等科目。

7. 期末结转

期末,原保险人将损益类科目的余额转入"本年利润"科目,借记"本年利润"科目,贷记"分出保费"科目,同时借记"摊回分保费用""摊回赔付支出""摊回未决赔款准备金""摊回寿险责任准备金"等科目,贷记"本年利润"科目。

【例8-27】 平安保险公司2023年就团体终身寿险与B再保险公司签订成数分保合同。当年,平安保险公司按20%的比例将业务分给B再保险公司,并按照分保费的20%收取分保手续费。当年,平安保险公司此类业务的保费收入为50 000 000元,赔付支出为200 000元,寿险责任准备金为50 000元。平安保险公司暂不进行准备金充足性测试。

要求:编制平安保险公司再保险业务的相关会计分录。

【解析】 平安保险公司的会计分录为:

分出保费 = 50 000 000 × 20% = 10 000 000(元)

借:分出保费	10 000 000	
贷:应付分保账款		10 000 000

摊回分保赔款 = 200 000 × 20% = 40 000(元)

借:应收分保账款	40 000	
贷:摊回赔付支出		40 000

分保费用 = 10 000 000 × 20% = 2 000 000(元)

借:应收分保账款	2 000 000	
贷:摊回分保费用		2 000 000

应收寿险责任准备金 = 50 000 × 20% = 10 000(元)

借:应收寿险责任准备金	10 000	
贷:摊回寿险责任准备金		10 000

三、分入业务的核算

分入业务的核算是指再保险人接受再保险业务后对取得的分保费、发生的分保赔款和费用、提取的各种准备金等进行的核算。

(一)科目设置

再保险人除了应设置前述"应收分保账款""应付分保账款""提取未到期责任准备金"等科目,还应设置"分保费收入""分保费用""分保赔付支出"等科目。

"分保费收入"科目属于损益类科目,核算再保险人从事分保业务取得的保费收入。其借方反映分保费收入调整减少的金额,贷方反映再保险人按再保险合同约定计算确定的从事再保险业务取得的分保费收入和分保费收入调整增加额。期末,保险公司应将本科目的余额转入"本年利润"科目,结转后本科目无余额。

"分保费用"科目属于损益类科目,核算再保险人向原保险人支付的应由其承担的各项费用。其借方反映再保险人按再保险合同约定计算确定的分保费用金额、收到分保业务账单时对分保费用调整增加的金额及按再保险合同约定计算确定的纯益手续费金额,贷方反映收到分保业务账单时对分保费用调整减少的金额。期末,保险公司应将本科目的余额转入"本年利润"科目,结转后本科目无余额。

"分保赔付支出"科目属于损益类科目,核算再保险人向原保险人支付的应由其承担的赔款。其借方反映再保险人应承担的分保赔款数额,贷方反映分保赔款的调整减少金额。期末,保险公司应将本科目的余额转入"本年利润"科目,结转后本科目无余额。

(二) 账务处理

1. 分保费收入的核算

再保险人应当根据相关再保险合同的约定,计算确定分保费收入的金额,借记"应收分保账款"科目,贷记"分保费收入"科目。

再保险人在收到分保业务账单时,按账单标明的金额对分保费收入进行调整,调整金额计入当期损益。调整增加时,借记"应收分保账款"科目,贷记"分保费收入"科目;调整减少时,作相反的会计分录。

2. 分保费用的核算

再保险人应当在确认分保费收入的当期,根据相关再保险合同的约定,计算确定分保费用,计入当期损益,即借记"分保费用"科目,贷记"应付分保账款"科目。

再保险人应当在收到分保业务账单时,按照账单标明的金额对分保费用进行调整,调整金额计入当期损益。调整增加时,借记"分保费用"科目,贷记"应付分保账款"科目;调整减少时,作相反的会计分录。

再保险人应当根据相关的再保险合同约定,在能够计算确定应向原保险人支付的纯益手续费时,将该项纯益手续费作为分保费用,计入当期损益,即借记"分保费用"科目,贷记"应付分保账款"科目。

3. 分保赔付支出的核算

再保险人应当在收到分保业务账单的当期,将账单标明的分保赔付款项金额作为分保赔付成本,计入当期损益,即借记"分保赔付支出"科目,贷记"应付分保账款"科目。

4. 分保准备金的核算

再保险人提取分保未到期责任准备金、分保未决赔款准备金、分保寿险责任准备金、分保长期健康险责任准备金的核算及相关分保准备金充足性测试的处理,与原保险业务中的核算基本相同,在此不再赘述。

5. 期末结转

期末,再保险人将损益类科目的余额转入"本年利润"科目,结转后损益类科目无余额,即借记"分保费收入"科目,贷记"本年利润"科目,同时借记"本年利润"科目,贷记"分保费用""分保赔付支出""提取未到期责任准备金""提取未决赔款准备金""提取寿险责任准备金""提取长期健康险责任准备金"等科目。

【例 8-28】 承[例 8-27],假设 B 再保险公司应提取应收未决赔款准备金 100 000 元。

要求:编制 B 再保险公司的相关会计分录。

【解析】 B再保险公司的会计分录为：

分入保费＝50 000 000×20％＝10 000 000（元）

借：应收分保账款 10 000 000
　　贷：分入保费 10 000 000

摊回分保赔款＝200 000×20％＝40 000（元）

借：分保赔付支出 40 000
　　贷：应付分保账款 40 000

分保费用＝10 000 000×20％＝2 000 000（元）

借：分保费用 2 000 000
　　贷：应付分保账款 2 000 000

提取应收未决赔款准备金100 000元时：

借：提取未决赔款准备金 100 000
　　贷：未决赔款准备金 100 000

课堂结账测试

班级_____ 姓名_____ 学号_____ 日期_____ 得分_____

一、单项选择题(每小题5分,共45分)

1. 下列各项中,属于负债类科目的是(   )。
   A. "保费收入"　　B. "应收保费"　　C. "应收保户储金"　　D. "保户储金"

2. 下列财产保险合同的特点中,与其他合同有根本区别的是(   )。
   A. 保障性　　　　B. 储蓄性　　　　C. 投资性　　　　D. 不确定性

3. 下列各项中,期末借方余额反映财产保险公司已确认但尚未收回的应收代位追偿款的是(   )科目。
   A. "应收账款"　　　　　　　　　　B. "应收代位追偿款"
   C. "应收保户储金"　　　　　　　　D. "预付赔款"

4. 下列关于财产保险会计中"未到期责任准备金"的表述中,正确的是(   )。
   A. 未到期责任准备金是保费收入的抵减项
   B. 未到期责任准备金是保费收入的调整项
   C. 未到期责任准备金是保单有效期内预期赔款的总和
   D. 未到期责任准备金是保单无效期内预期赔款的总和

5. 核算财产保险会计中"再保险业务"主要涉及的科目是(   )。
   A. "分保费收入""分保费用支出""税金及附加""营业外收支"
   B. "分保费收入""分保费用支出""管理费用""所得税费用"
   C. "分保费收入""营业外收支""税金及附加""管理费用"
   D. "分保费收入""管理费用""营业外收支""所得税费用"

6. 下列关于保险公司费用的表述中,不正确的是(   )。
   A. 保险公司的费用是资产的耗费
   B. 保险公司的费用与一定的会计期间相联系
   C. 保险赔款及向保险营销员支付的佣金均属于保险公司的费用
   D. 保险公司提取的各种责任准备金不会产生费用

7. 无论被保险人在保险期内死亡与否,都由保险公司依保险合同给付约定的保险金,这种保险是(   )。
   A. 死亡保险　　　B. 生存保险　　　C. 两全保险　　　D. 年金保险

8. 下列关于寿险公司会计核算的说法中,不正确的是(   )。
   A. 寿险公司一般采用会计年度结算损益
   B. 会计核算业务量较大
   C. 对会计计量精确性的要求较低
   D. 寿险核算的各种会计单证应科学分类

9. 寿险公司设置的（　　）科目,用于核算保险公司在保险责任生效前向投保人预收的保险费。

A. "应收保费"　　　B. "应付保费"　　　C. "预收保费"　　　D. "预付保费"

二、多项选择题(每小题 5 分,共 20 分)

1. 下列关于保险公司会计特征的说法中,正确的有（　　）。
   A. 会计核算过程与业务处理过程融合
   B. 以偿付能力为核心的外部监管日趋严格
   C. 保险经营成本支出与收入补偿的顺序与一般行业相反
   D. 保险公司的利润具有较大的确定性

2. 下列关于财产保险业务核算要求的表述中,正确的有（　　）。
   A. 正确、及时核算保费和追偿款收入等,维护保险公司的权益
   B. 严格核算赔款支出和各项费用支出
   C. 按权责发生制处理账项,做好年终账项结转工作
   D. 对不同性质的财产保险业务,要注意核算上的不同规定

3. 下列关于保险公司收入的说法中,正确的有（　　）。
   A. 保险公司收入是在日常经营活动中形成的经济利益总流入
   B. 保险公司收入会导致所有者权益的增加
   C. 保险公司的保费收入与一般企业收入的性质相同
   D. 保险公司投资收益金额较多,地位重要

4. 下列关于保险公司会计科目的说法中,不正确的有（　　）。
   A. 资产类会计科目是指反映保险公司的财产、资金及债权的科目
   B. "未到期责任准备金"科目不属于负债类科目
   C. 所有者权益类会计科目是指反映企业管理者享有的权益的科目
   D. "业务及管理费用"科目属于损益类科目

三、判断题(每小题 5 分,共 35 分)

1. 财产保险业务应主要按照收付实现制处理会计账项。　　　　　　　　　　　　　（　　）
2. 财产保险业务中途退保或部分退保,按已保期限的长短计算退保费,并将所退保费直接冲减原来保费收入。　　　　　　　　　　　　　　　　　　　　　　　　　（　　）
3. 财产保险公司对于追回的骗赔款,应作冲减"赔款支出"科目的处理。　　　　　（　　）
4. "未到期责任准备金"科目属于损益类科目。　　　　　　　　　　　　　　　　（　　）
5. 定期死亡保险只有保险功能,没有储蓄功能,其保费是人寿保险中最昂贵的。　（　　）
6. 寿险保费收入和保险金给付采用权责发生制。　　　　　　　　　　　　　　　（　　）
7. 寿险公司的人寿保险业务的赔付成本表现为保险金给付,而意外伤害保险业务和短期健康保险业务的赔付成本表现为补偿性支出。　　　　　　　　　　　　　　　　（　　）

第九章 金融企业所有者权益、财务损益的核算

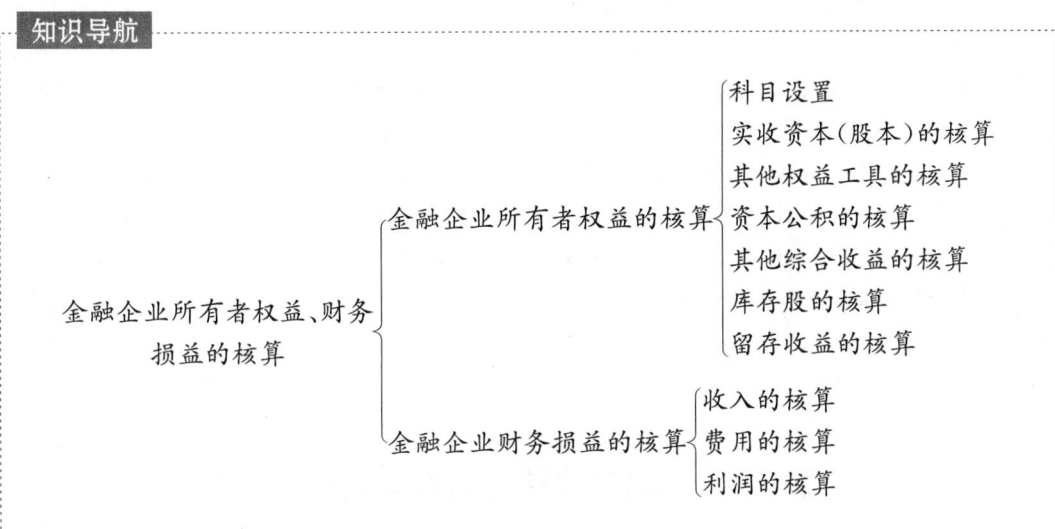

学习目标

1. 认知目标

(1) 了解金融企业所有者权益、财务损益的概念及具体内容。

(2) 了解收入、费用包含的具体内容。

(3) 掌握金融企业所有者权益的核算方法。

(4) 掌握收入、费用与利润的核算方法。

2. 技能目标

(1) 通过学习金融企业所有者权益、财务损益的核算方法,培养细心负责的品质,举一反三的能力。

(2) 结合利润核算业务培养管理会计方向多视角分析及思维能力。

3. 情感目标

(1) 怀敬业精神,执事敬、事思敬、修己以敬。

(2) 学习与践行精益、专注、创新的工匠精神。

寓德于教

关于进一步加强国有金融企业财务管理的通知

财政部门要积极履行国有金融资本出资人职责,有效维护所有者权益。

各级财政部门要督促金融企业加强内部管理,促进金融治理规范有序。引导本级所属金

融企业加强财务管理、健全风险管理和内控机制，完善法人治理结构，推动金融企业规范、有序、健康发展，促进国有金融资本保值增值。

各级财政部门要切实加强国有股权董事实质化管理，落实出资人监督机制。国有股权董事要在法律法规和有关操作指引规范下，行使权利、履行义务，有效发挥"参与决策、把握流程、执行监督、信息枢纽"作用，做到忠实勤勉，更好发挥对金融企业和管理层监督制约作用。

各级财政部门要压实会计师事务所独立审计责任，切实发挥独立审计的第三方监督作用。落实会计师事务所对金融企业股东负责机制，要求承担金融企业审计业务的会计师事务所独立客观地对金融企业财务状况、经营成果、现金流量发表审计意见，对于金融企业以通用目的为编制基础的财务报表出具适用于各利益相关方的审计报告。

同时，各级财政部门要加强金融风险信息监测，建立健全预测预警机制，有效防范金融风险外溢，切实防止地方金融风险向中央转移集聚；及时开展财会监督检查，严肃查处违反财经纪律、财务造假、内部控制失效等问题，筑牢金融企业财务管理根基，有效维护财经纪律。

资料来源：中华人民共和国中央人民政府，2022-07-20，《关于进一步加强国有金融企业财务管理的通知》，https://www.gov.cn/zhengce/zhengceku/202208/03/content_5704064.htm。

第一节 金融企业所有者权益的核算

所有者权益是指金融企业资产扣除负债后由所有者享有的剩余权益，即金融企业所有者对金融企业净资产的要求权，也是金融企业筹集资金的主要来源之一，由实收资本（股本）、其他权益工具、资本公积、其他综合收益和留存收益五部分构成。

一、科目设置

金融企业所有者权益类业务主要设置"实收资本（股本）""资本公积""其他综合收益"等会计科目，其均属于所有者权益类科目，各会计科目及其主要核算内容如表 9-1 所示。

表 9-1　金融企业所有者权益类业务的会计科目及其主要核算内容

会计科目	主要核算内容
实收资本（股本）	核算金融企业接受投资者投入的实收资本或股本。期末贷方余额，反映金融企业实收资本或股本总额。本科目可按投资者进行明细核算
其他权益工具	核算金融企业发行的普通股以外的归类为权益工具的各种金融工具。期末贷方余额，反映金融企业其他权益工具的总额。本科目应按发行金融工具的种类等进行明细核算
资本公积	核算金融企业收到投资者出资额超过其在注册资本或股本中所占份额的部分，以及在某些特定情况下直接计入所有者权益的项目。期末贷方余额，反映金融企业的资本公积总额。本科目应当设置"资本溢价（股本溢价）""其他资本公积"进行明细核算
其他综合收益	核算金融企业根据企业会计准则规定未在当期损益中确认的各项利得和损失。期末贷方余额，反映金融企业其他综合收益的总额。本科目应按其他综合收益项目的具体内容进行明细核算
库存股	本科目为所有者权益的备抵科目，核算金融企业回购、转让或注销的本企业股份金额。期末余额在借方，反映金融企业持有尚未转让或注销的本企业股份金额

(续表)

会计科目	主要核算内容
盈余公积	核算金融企业从净利润中提取的盈余公积。期末贷方余额,反映金融企业提取的盈余公积结余金额。本科目应当分别以"法定盈余公积""任意盈余公积"进行明细核算
一般风险准备	核算金融企业按规定从净利润中提取的一般风险准备。期末贷方余额,反映金融企业提取的一般风险准备结余金额
利润分配	应当分别按照"提取法定盈余公积""提取任意盈余公积""提取一般风险准备""应付现金股利或利润""转作股本的利润""盈余公积补亏""一般风险准备补亏"和"未分配利润"等进行明细核算

二、实收资本(股本)的核算

实收资本(股本)是指投资者按照合同约定实际投入金融企业,按其所占份额形成法定资本的部分。投资者投入的资本在金融企业经营期间一般无须偿还,可以长期周转使用。

(一) 实收资本(股本)投入的核算

投资者可以用现金投资,也可以用现金以外的其他有形资产投资,符合国家规定比例的,还可以用无形资产投资。

1. 非股份制金融企业实收资本投入的核算

(1) 非股份制金融企业收到投资者人民币现金或银行存款投资时,以投资者在注册资本中所占份额确认实收资本。实际收到的金额超过投资者在注册资本中所占份额的部分,确认为资本公积,会计分录为:

借:库存现金[或存放中央银行款项等]
　　贷:实收资本
　　　　资本公积——资本溢价

(2) 非股份制金融企业收到投资者非现金资产投资时,按照评估确认的价值确认非现金资产的价值,按投资者在注册资本中所占份额确认实收资本,将差额确认为资本公积,会计分录为:

借:固定资产、无形资产等
　　贷:实收资本
　　　　资本公积——资本溢价

2. 股份制金融企业股本的核算

股份制金融企业与非股份制金融企业相比,最显著的特点是将其资本划分为等额股份,并通过发行股票的方式来筹集资本。股票面值与核定的股份总数的乘积即为股本,股本应等于金融企业的注册资本。

金融企业可以按面值或溢价发行股票,但不得折价发行股票。金融企业发行股票时,应将相当于股票面值的部分确认为股本,发生的与发行股票直接相关的新增外部费用,如承销费、保荐费、上网发行费、招股说明书印刷费、申报会计师费、律师费、评估费等,在溢价发行时自溢价收入中扣除(溢价收入扣减上述发行费用后还有余额的确认为资本公积),在溢价不足扣减或按面值发行时,应冲减盈余公积和未分配利润。

（1）金融企业溢价发行股票，且与发行股票直接相关的发行费用可从溢价金额中足额扣减的，金融企业于收到现金等资产时，会计分录为：

借：存放中央银行款项［或银行存款等］
　　贷：股本［股票面值×核定的股份总数］
　　贷或借：资本公积——股本溢价［借贷方差额］

（2）金融企业按面值发行股票或溢价金额不足扣减与发行股票直接相关的发行费用的，金融企业于收到现金等资产时，会计分录为：

借：存放中央银行款项［或银行存款等］
　　盈余公积［借贷方差额，先冲减盈余公积，不足部分再冲减未分配利润］
　　利润分配——未分配利润［盈余公积不足冲减部分］
　　贷：股本［股票面值×核定的股份总数］

（二）实收资本（股本）增减变动的核算

1. 实收资本（股本）增加的核算

金融企业增加资本的途径主要有：新增所有者投入资本和原所有者追加投入资本、资本公积和盈余公积转增资本、发放股票股利、可转换债券转为股本等。

（1）经股东大会或类似机构决议，用资本公积转增资本时，应按原所有者持股比例增加各所有者的股权，会计分录为：

借：资本公积——资本溢价/股本溢价
　　贷：实收资本（股本）

（2）经股东大会或类似机构决议，用盈余公积转增资本时，应按原所有者持股比例增加各所有者的股权，会计分录为：

借：盈余公积
　　贷：实收资本（股本）

（3）股东大会批准的利润分配方案中应当分配的股票股利，在办理增资手续后，应按原所有者持股比例进行分配。如按比例分配的股利不足1股，可采用现金方式或由股东相互转让凑为整股，会计分录为：

借：利润分配——转作股本的股利
　　贷：股本

（4）可转换公司债券持有人行使转换权利，将其持有的债券转换为股票的，在办理增资手续后，会计分录为：

借：应付债券——可转换债券［面值、利息调整，可转换债券账面余额］
　　其他权益工具［可转换债券权益成分金额］
　　贷：股本［股票面值×转换的股数］
　　贷或借：资本公积——股本溢价［借贷方差额］

如用现金支付不可转换股票的，还应贷记"库存现金"等科目。

2. 实收资本（股本）减少的核算

金融企业按法定程序报经批准减少注册资本，应在办理相关手续后，确认实收资本（股本）的减少，会计分录为：

借：实收资本（股本）
　　　贷：库存现金或存放中央银行款项等

股份制金融企业采用回购本银行股票方式减资的，账务处理参见本章库存股核算的有关内容。

三、其他权益工具的核算

其他权益工具是指金融企业发行的除普通股以外的归类为权益工具的各种金融工具，主要包括归类为权益工具的优先股、永续债、认股权、可转换公司债券等金融工具。

金融企业发行的普通股（作为实收资本或股本）以外的按照金融负债和权益工具区分原则分类为权益工具的其他权益工具，如分类为权益工具的优先股、永续债等，无论其名称中是否包含"债"，其利息支出或股利分配都应当作为发行银行的利润分配，其回购、注销等作为权益的变动处理；金融企业发生的发行手续费、佣金等交易费用，应当从权益（其他权益工具）中扣除。

（1）金融企业发行普通股以外分类为权益工具的金融工具，应按实际收到的金额，会计分录为：

借：存放中央银行款项［或银行存款等］
　　　贷：其他权益工具——优先股、永续债等

该工具在存续期间分派股利（含分类为权益工具的工具所产生的利息，下同）的，作为利润分配处理。金融企业应根据经批准的股利分配方案，按应分配给金融工具持有者的股利金额，会计分录为：

借：利润分配——应付优先股股利/应付永续债利息等
　　　贷：应付股利——优先股股利/永续债利息等

（2）金融企业按合同条款约定赎回所发行的普通股以外分类为权益工具的金融工具，按赎回价格，会计分录为：

借：库存股——其他权益工具
　　　贷：存放中央银行款项

注销所购回的金融工具，按该工具对应的其他权益工具的账面价值，借记"其他权益工具"科目，按该工具的赎回价格，贷记"库存股——其他权益工具"科目，按其差额，借记或贷记"资本公积——资本溢价（或股本溢价）"科目，资本公积不够冲减的，依次冲减盈余公积和未分配利润。

（3）金融企业按合同条款约定将发行的普通股以外分类为权益工具的金融工具转换为普通股的，按该工具对应的其他权益工具的账面价值，会计分录为：

借：其他权益工具
　　　贷：实收资本（股本）
　　　　　资本公积——资本溢价（或股本溢价）

如转股时金融工具的账面价值不足转换为1股普通股而以现金或其他金融资产支付的，还需按支付的现金或其他金融资产的金额，贷记"存放中央银行款项"等科目。

四、资本公积的核算

资本公积是指所有者投入的尚未确认为实收资本（股本）的其他资本，是所有者投入资本的组成部分,主要包括资本溢价(股本溢价)和其他资本公积。资本公积可以用于转增资本,但不得用于弥补亏损。

(一) 资本溢价(股本溢价)的核算

资本溢价是指非股份制金融企业收到的投资者出资额超过其在注册资本(实收资本)中所占份额的部分;股本溢价是指股份制金融企业发行股票收到的款项中超过所发行股票面值总额(股本)的部分。资本溢价或股本溢价所形成的资本公积主要用于转增资本。

资本溢价和股本溢价的账务处理参见本章实收资本核算的有关内容。

(二) 其他资本公积的核算

其他资本公积是指资本溢价(股本溢价)项目以外的资本公积。

1. 以权益结算的股份支付

股份支付是指金融企业为获取职工和其他方提供服务而授予股票期权等,或者承担以股票期权为基础确定的负债的交易。股份支付分为以权益结算的股份支付和以现金结算的股份支付。以权益结算的股份支付,是指金融企业为获取服务以期权等作为对价进行结算的交易;以现金结算的股份支付,是指金融企业为获取服务承担以股票增值权为基础计算确定的交付现金或其他资产义务的交易。金融企业授予职工股票期权等以换取职工提供的服务,从而实现对职工的激励或补偿。

(1) 授予日的处理。授予日是指股份支付协议获得批准的日期。授予后,对于可立即行权的以权益结算的股份支付,应当在授予日按照权益工具的公允价值计入相关成本费用,相应地增加资本公积。其会计分录为:

借:业务及管理费
　　贷:资本公积——其他资本公积

授予后,对于要求职工履行一定服务期限或在银行经营达到协议规定业绩条件才可行权的以权益结算的股份支付(即不可立即行权的以权益结算的股份支付),在权益工具授予日不作会计处理。

(2) 约定期的处理。可行权日是指协议规定的可行权条件得到满足、职工和其他方具有从银行取得权益工具的权利的日期。授予日至可行权日之间的期间为约定期。在约定期内的每个资产负债表日,对不可立即行权的以权益结算的股份支付,金融企业应当按照可行权期权数量的最佳估计数和期权授予日的公允价值确定的金额,分期计入相关成本费用,并相应增加资本公积。其会计分录为:

借:业务及管理费
　　贷:资本公积——其他资本公积

约定期内的资产负债表日,若后续信息表明可行权期权的数量与以前估计不同的。应当进行调整,并在可行权日调整至实际可行权的期权数量。

(3) 等待期的处理。可行权日至行权日之间的期间为等待期。金融企业在股份支付等待期,不再对已确认的相关成本费用和资本公积进行调整。

(4) 行权日的处理。行权日是指职工和其他方行使权利、获得权益工具的日期。在行权日,金融企业应根据实际行权股票收取的价款与实际行权股票期权确认的资本公积,计算确定实际行权股票的发行价格,并分别转入股本和资本公积(股本溢价)。其会计分录为:

借：存放中央银行款项[收取的行权价款]
　　资本公积——其他资本公积[已行权股票确认的资本公积]
　贷：股本[已行权股票的股本金额]
　贷或借：资本公积——股本溢价[借贷方差额]

2. 采用权益法核算的长期股权投资

长期股权投资采用权益法核算的，被投资单位净损益、其他综合收益和利润分配以外的所有者权益的其他变动，投资企业按持股比例计算应享有的份额，应当增加或减少长期股权投资的账面价值，同时增加或减少资本公积（其他资本公积）。当处置采用权益法核算的长期股权投资时，原计入资本公积（其他资本公积）的相关金额应转入投资收益（不能转入损益的项目除外）。

五、其他综合收益的核算

其他综合收益是指在金融企业经营活动中形成的未计入当期损益但归所有者共有的利得或损失，主要包括其他债权投资和其他权益工具投资公允价值变动、权益法下被投资单位其他综合收益调整、债权投资重分类为其他债权投资公允价值变动，以及非投资性房地产转换为投资性房地产转换日公允价值高于账面价值差额等形成的利得或损失。其他综合收益一般是由特定资产的计价变动而形成的，当处置特定资产时，其他综合收益也应一并处置。因此，其他综合收益不得用于转增资本（或股本）。

（1）同时符合以下两个条件的金融资产，应当以公允价值计量且其变动计入其他综合收益：①金融企业管理该金融资产的业务模式既以收取合同现金流量为目标又以出售该金融资产为目标。②该金融资产的合同条款规定，在特定日期产生的现金流量，仅为对本金和以未偿付本金金额为基础的利息的支付。当该类金融资产终止确认时，之前计入其他综合收益的累计利得或损失应当从其他综合收益中转出，计入当期损益。

（2）采用权益法核算的长期股权投资，按照被投资单位实现其他综合收益以及持股比例计算应享有或分担的金额，调整长期股权投资的账面价值，同时增加或减少其他综合收益。金融企业按照应享有的金额。其会计分录为：

借：长期股权投资——其他综合收益
　贷：其他综合收益

若为应分担的金额，则作相反的会计分录。

（3）金融企业将自用的建筑物等转换为采用公允价值模式计量的投资性房地产时，转换日该项房地产的公允价值大于原账面价值的差额，计入其他综合收益。其会计分录为：

借：投资性房地产——成本[房地产在转换日的公允价值]
　　固定资产减值准备
　　累计折旧
　贷：固定资产[账面余额]
　　　其他综合收益[转换日公允价值大于账面价值的差额]

若转换日的公允价值小于原账面价值，则将其差额借记"公允价值变动损益"科目。处置该项投资性房地产时，因转换计入其他综合收益的部分应转入当期损益。

（4）金融企业将债权投资转换为其他债权投资时，转换日该项债权投资的公允价值与其

账面价值的差额,计入其他综合收益。转换日,金融企业根据该金融资产的账面价值,会计分录为:

借:其他债权投资——成本
　　　　　　——利息调整
　　　　　　——应计利息
　　贷:债权投资——面值
　　　　　　——利息调整
　　　　　　——应计利息

同时,调整公允价值变动,若该金融资产公允价值大于其账面价值,会计分录为:

借:其他债权投资——公允价值变动
　　贷:其他综合收益——金融资产公允价值变动

若该金融资产公允价值小于其账面价值,则作相反的会计分录。

(5) 金融企业其他债权投资和其他权益工具投资公允价值变动。资产负债表日,其他债权投资和其他权益工具投资应当按照公允价值计量,公允价值与账面价值的差额,即公允价值变动,计入其他综合收益。若公允价值大于其账面价值,则会计分录为:

借:其他债权投资[或其他权益工具投资]——公允价值变动
　　贷:其他综合收益——金融资产公允价值变动

若公允价值小于其账面价值,则作相反的会计分录。

六、库存股的核算

库存股是指金融企业依法定程序回购或获得而尚未转让或注销的本企业已发行股份。尚未发行的股票不属于库存股,库存股股票既不分配股利,又不附投票权。

(1) 金融企业为减少注册资本而回购本企业股份的,应当自回购之日起 10 日内注销。金融企业回购本企业股份,应按实际支付的金额,增加库存股。其会计分录为:

借:库存股
　　贷:存放中央银行款项

金融企业注销回购的本企业股份,会计分录为:

借:股本[股票面值×注销股数]
借或贷:资本公积——股本溢价[借贷方差额]
　　贷:库存股[注销库存股的账面余额]

上述分录中借贷方差额,即金融企业回购股票的实际成本大于股票面值的差额,应先冲减该股票发行时形成的股本溢价(以股本溢价与股本总额的比例为限);股本溢价不足冲减或该股票原按面值发行的,应依次冲减盈余公积和未分配利润。

若金融企业回购股票的实际成本小于股票面值,则其差额应计入资本公积,增加股本溢价。

(2) 金融企业为奖励本企业职工而回购本企业股份的,银行合计持有的本企业股份数不得超过本企业已发行股份总额的 10%,并且应将所回购的本企业股份在 3 年内转让或者注销。金融企业回购本企业股份,应按实际支付的金额增加库存股。其会计分录为:

借：库存股
　　贷：存放中央银行款项

（3）金融企业将回购的本企业股份奖励给本企业职工，属于以权益结算的股份支付的，会计分录为：

借：存放中央银行款项
　　资本公积——其他资本公积[奖励股票期权的公允价值]
　　贷：库存股[奖励库存股的账面余额]
　　贷或借：资本公积——股本溢价[借贷方差额]

（4）股东因对股东大会作出的银行合并、分立决议持有异议而要求金融企业回购本企业股份的，金融企业应按实际支付的金额，增加库存股。其会计分录为：

借：库存股
　　贷：存放中央银行款项

金融企业对上述应股东要求而回购的本企业股份，以及与持有本企业股份的其他公司合并而获得的本企业股份，应当在6个月内转让或者注销。金融企业注销股份的核算与前述注销为减资而回购股份的核算相同。金融企业转让库存股时，会计分录为：

借：存放中央银行款项[实际收到的金额]
　　贷：库存股[转让库存股的账面余额]
　　贷或借：资本公积——股本溢价[借贷方差额]

上述分录中借贷方差额，即金融企业转让库存股实际收到的金额大于回购股票的实际成本的差额，应计入资本公积，增加股本溢价。

若金融企业转让库存股实际收到的金额小于回购股票的实际成本，则其差额应先冲减该股票发行时形成的股本溢价（以股本溢价与股本总额的比例为限）；股本溢价不足冲减或该股票原按面值发行的，应依次冲减盈余公积和未分配利润。

在金融企业的资产负债表上，库存股不能列为企业的资产，而应以负数形式列为一项所有者权益，属于所有者权益的备抵项。

七、留存收益的核算

留存收益是指金融企业历年实现的净利润留存于银行的部分，包括盈余公积、一般风险准备和未分配利润。

（一）盈余公积的核算

盈余公积是指金融企业按规定从税后净利润中提取的、可用于弥补亏损和转增资本的累积盈余，包括法定盈余公积和任意盈余公积。

法定盈余公积是指金融企业实现的年度净利润在弥补以前年度亏损后，按其金额的一定比例（10%）计提的盈余公积。法定盈余公积的累计余额超过注册资本的50%时，可以不再计提。金融企业计提法定盈余公积后，还可以根据实际需要，经股东大会或类似机构批准，从税后净利润中提取任意盈余公积。任意盈余公积的提取比例由金融企业自行确定。

金融企业提取的盈余公积可以用于弥补亏损和转增资本，但转增资本后留存的法定盈余公积金不得少于注册资本的25%。

(1) 金融企业按规定从税后净利润中提取盈余公积时,会计分录为:

借:利润分配——提取法定盈余公积
　　　　　——提取任意盈余公积
　贷:盈余公积——法定盈余公积
　　　　　——任意盈余公积

(2) 金融企业经股东大会或类似机构决议,用盈余公积弥补亏损时,会计分录为:

借:盈余公积——任意盈余公积
　　　　——法定盈余公积
　贷:利润分配——盈余公积补亏

(3) 金融企业经股东大会或类似机构决议,用盈余公积转增资本时,应按原所有者持股比例增加各所有者的股权,会计分录为:

借:盈余公积——任意盈余公积
　　　　——法定盈余公积
　贷:实收资本(股本)

金融企业在用盈余公积弥补亏损或转增资本时,一般先使用任意盈余公积,在任意盈余公积用完以后,再按规定使用法定盈余公积。

(二) 一般风险准备的核算

一般风险准备是指金融企业实现的年度净利润在弥补亏损和计提法定盈余公积之后,根据承担风险和损失的资产余额的一定比例计提的、用于弥补非预期风险损失的准备金。一般风险准备由金融企业法人于每年年末统一计提,计提比例由金融企业综合考虑其所面临的风险状况等因素确定;一般风险准备余额原则上不得低于风险资产期末余额的 1.5%。金融企业提取的一般风险准备可用于弥补经营亏损,但不得用于分红和转增资本。

(1) 金融企业按规定从税后净利润中提取一般风险准备时,会计分录为:

借:利润分配——提取一般风险准备
　贷:一般风险准备

(2) 金融企业用一般风险准备弥补亏损时,会计分录为:

借:一般风险准备
　贷:利润分配——一般风险准备补亏

(三) 未分配利润的核算

未分配利润是金融企业留待以后年度分配且尚未指定用途的利润,属于所有者权益的组成部分。从数量上讲,未分配利润是期初未分配利润,加上本期实现的净利润,减去提取的盈余公积、一般风险准备和分出利润后的余额。

(1) 金融企业应于年度终了,将全年实现的净利润,自"本年利润"科目转入"利润分配——未分配利润"科目,会计分录为:

借:本年利润
　贷:利润分配——未分配利润

如为亏损,则作相反的会计分录。

(2) 同时,"利润分配"科目下的其他明细科目的余额应转入"利润分配——未分配利润"

科目,会计分录为:

借:利润分配——未分配利润
　　贷:利润分配——提取法定盈余公积[以及其他明细科目]

(3) 结转后,除了"未分配利润"明细科目,"利润分配"科目的其他明细科目应无余额。"未分配利润"明细科目若为期末贷方余额,则反映历年积累的未分配利润;若为期末借方余额,则反映历年未弥补的亏损。未弥补亏损为所有者权益的抵减项目。

第二节　金融企业财务损益的核算

一、收入的核算

收入是指金融企业在日常活动中形成的、会导致所有者权益增加的、与所有者投入资本无关的经济利益的总流入,主要包括利息收入、手续费及佣金收入、投资收益、公允价值变动收益、汇兑收益、其他业务收入、资产处置收益、其他收益等。

(一) 利息收入的核算

利息收入是指金融企业发放各类贷款、与其他金融机构(中央银行、同业等)之间发生资金往来业务、买入返售金融资产等实现的利息收入。其中,发放的各类贷款包括银团贷款、贸易融资、贴现和转贴现融出资金、协议透支、信用卡透支、转贷款和垫款等,但不包括接受委托发放的委托贷款。

以发放短期贷款为例,资产负债表日,金融企业确认利息收入时,会计分录为:

借:应收利息——短期贷款应收利息[贷款合同本金×合同利率]
借或贷:贷款——短期贷款(利息调整)[借贷方差额]
　　贷:利息收入——短期贷款利息收入[贷款账面余额×实际利率]

金融企业按合同约定应收取的利息,按规定应缴纳增值税的,还应计算增值税销项税额,会计分录为:

借:应收利息——短期贷款应收利息
借或贷:贷款——短期贷款(利息调整)
　　贷:利息收入——短期贷款利息收入
　　　　应交税费——应交增值税(销项税额)

若增值税纳税义务尚未发生,则将相关增值税销项税额记入"应交税费——待转销项税额"科目。

(二) 手续费及佣金收入的核算

手续费及佣金收入是指金融企业办理结算业务、咨询业务、担保业务、代保管等代理业务以及办理受托贷款及投资业务等取得的手续费及佣金收入,包括结算手续费收入、佣金收入、业务代办手续费收入、基金托管收入、咨询服务收入、担保收入、受托贷款手续费收入、代保管收入,以及代理买卖、承销和兑付证券、代理保险业务等代理业务和其他相关服务实现的手续费及佣金收入等。

(1) 金融企业应当在向客户提供相关服务时,确认手续费及佣金收入,按规定应缴纳增值税的,还应计算增值税销项税额,会计分录为:

借:应收手续费及佣金
　　贷:手续费及佣金收入
　　　　应交税费——应交增值税(销项税额)

(2) 实际收到手续费及佣金时,会计分录为:

借:吸收存款或存放中央银行款项等
　　贷:应收手续费及佣金

(三) 投资损益的核算

投资损益是金融企业通过购买有价证券或以现金、无形资产、实物资产等对外投资所取得的收益或损失,包括对外投资分得的股利和收到的债券利息、长期股权投资采用权益法核算时应享有或应分担的被投资单位实现净利润或发生净亏损的份额,以及处置投资收到的价款与其账面价值(或成本)的差额等。

在利润表上,投资收益应按对外投资所取得的收益,减去发生的投资损失后的净额列报。若为投资净损失,则以"—"号列报。

金融企业对外投资业务涉及金融商品转让的,还应按规定计算缴纳增值税。金融商品转让以盈亏相抵后的余额作为销售额计算缴纳增值税。

(1) 金融商品实际转让月末,如产生转让收益,则按应纳税额转入投资收益,会计分录为:

借:投资收益
　　贷:应交税费——转让金融商品应交增值税

(2) 如产生转让损失,则可结转下月抵扣税额,会计分录为:

借:应交税费——转让金融商品应交增值税
　　贷:投资收益

(3) 实际缴纳增值税时,会计分录为:

借:应交税费——转让金融商品应交增值税
　　贷:存放中央银行款项

(4) 年末,"应交税费——转让金融商品应交增值税"科目如有借方余额,不得转入下一个会计年度,而应将该科目的借方余额转销,会计分录为:

借:投资收益
　　贷:应交税费——转让金融商品应交增值税

(四) 公允价值变动损益的核算

公允价值变动损益是指金融企业交易性金融资产和以公允价值计量的投资性房地产等因公允价值变动形成的损益。

资产负债表日,金融企业有关资产的公允价值高于其账面价值的,按其差额,确认公允价值变动收益,会计分录为:

借:交易性金融资产——公允价值变动
　　贷:公允价值变动损益

有关资产的公允价值低于其账面价值的,按其差额,确认公允价值变动损失,作相反的会计分录。

在利润表上,公允价值变动收益应按公允价值变动收益减去公允价值变动损失后的净额列报。若为公允价值变动净损失,则以"－"号列报。

(五) 汇兑损益的核算

汇兑损益是指金融企业发生的外币交易因汇率变动而产生的损益以及外汇衍生金融工具产生的损益,包括结售汇汇兑损益、外汇买卖汇兑损益等。

金融企业采用分账制核算的,资产负债表日,应将所有以外币反映的"货币兑换"科目余额按期末即期汇率折算为记账本位币金额,并以该金额为准对"货币兑换(记账本位币)"科目余额进行调整,并将调增或调减的金额(即汇兑差额)记入"汇兑损益"科目。其会计分录为:

借或贷:汇兑损益
　　贷或借:货币兑换

结算外币货币性项目产生的汇兑差额记入"汇兑损益"科目。汇兑损益的核算参见外汇业务核算的有关内容。

(六) 其他业务收入的核算

其他业务收入是指金融企业发放贷款、投资、承销债券、代理业务及金融机构往来业务等主营业务以外的其他业务实现的收入,包括租赁收入、销售贵金属收入和其他收入。

(1) 金融企业确认其他业务收入时,会计分录为:

借:存放中央银行款项、存放同业或其他应收款等
　　贷:其他业务收入

(2) 金融企业取得的其他业务收入,按规定应缴纳增值税的,还应计算增值税销项税额,会计分录为:

借:存放中央银行款项、存放同业或其他应收款等
　　贷:其他业务收入
　　　　应交税费——应交增值税(销项税额)

(七) 资产处置损益的核算

资产处置损益是指金融企业出售划分为持有待售的非流动资产(金融工具、长期股权投资和投资性房地产除外)和处置未划分为持有待售的固定资产、在建工程、无形资产时产生的损益。

(八) 其他收益的核算

其他收益主要是指金融企业收到的与日常活动相关的政府补助形成的收益,但政府补助可能计入其他收益,也可能计入营业外收入。即与金融企业日常活动相关的政府补助,应当按照经济业务实质,计入其他收益或冲减相关费用;与金融企业日常活动无关的政府补助,计入营业外收入或冲减相关损失。

金融企业在实际收到或应收与日常活动相关的政府补助,或将先确认为递延收益的政府补助分摊计入收益时,会计分录为:

借:存放中央银行款项、其他应收款、递延收益等
　　贷:其他收益

二、费用的核算

费用是指金融企业在日常活动中发生的、会导致所有者权益减少的、与向所有者分配利润无关的经济利益的总流出,主要包括利息支出、手续费及佣金支出、税金及附加、业务及管理费、信用减值损失、其他资产减值损失、投资损失、公允价值变动损失、汇兑损失、其他业务成本、资产处置损失等。其中,投资损失、公允价值变动损失、汇兑损失和资产处置损失的核算参见收入的核算。

(一)利息支出的核算

利息支出是指金融企业吸收的各种存款、与其他金融机构(中央银行、同业等)之间发生资金往来业务、卖出回购金融资产等产生的利息支出。

以吸收存款为例,资产负债表日,金融企业确认利息支出时,会计分录为:

借:利息支出[吸收存款摊余成本×实际利率]
借或贷:吸收存款——利息调整[借贷方差额]
  贷:应付利息[吸收存款本金×合同利率]

实际利率与合同利率差异较小的,也可以采用合同利率计算确定利息费用。

(二)手续费及佣金支出的核算

手续费及佣金支出是指金融企业发生的与其经营活动相关的各项手续费、佣金等支出,包括银行卡手续费支出、票据交换手续费支出、国债手续费支出、贸易融资手续费支出以及其他业务手续费支出。

金融企业发生与其经营活动相关的手续费、佣金等支出时,会计分录为:

借:手续费及佣金支出
  应交税费——应交增值税(进项税额)
  贷:存放中央银行款项、存放同业或应付手续费及佣金等

(三)税金及附加的核算

税金及附加是指金融企业经营活动中发生的消费税、城市维护建设税、教育费附加,房产税、城镇土地使用税、车船税及印花税等相关税费。

消费税与增值税不同,增值税属于价外税,独立于营业收入、营业支出之外单独核算,不作为价格的组成部分,不计入利润表;消费税属于价内税,是价格的组成部分。即营业收入中包含消费税,消费税发生时作为税金及附加计入利润表,由营业收入补偿。

目前,银行在售的贵金属制品主要分为两类。一类是收藏类金银制品,主要有金条银锭、金银纪念币等;另一类是金、银和金基、银基合金首饰,金、银和金基、银基合金的镶嵌首饰等金银饰品。按规定,金银首饰属于消费税的应税对象,于零售环节征收消费税;金条银锭、金银纪念币等收藏类金银制品,则不在消费税的征税范围之内。

城市维护建设税和教育费附加属于价内税,同时也是一种附加税费,根据应交增值税、消费税(以下简称二税)之和的一定比例计算缴纳,随"二税"同时附征。

(1)金融企业设置"税金及附加"科目,核算税金及附加的增减变动情况。金融企业确认税金及附加时,会计分录为:

借：税金及附加
　　贷：应交税费——应交消费税
　　　　　　　　——应交城市维护建设税
　　　　　　　　——应交教育费附加等

(2) 金融企业缴纳的印花税，以购买印花税票方式支付，不会发生税费应交未交的情况，应于购买印花税票时，根据实际支付的金额，编制会计分录：

借：税金及附加
　　贷：存放中央银行款项[或有关科目]

(四) 业务及管理费的核算

业务及管理费是指金融企业在业务经营和管理过程中所发生的各项费用，包括折旧费、业务宣传费、业务招待费、电子设备运转费、钞币运送费、安全防范费、邮电费、劳动保护费、外事费、印刷费、低值易耗品摊销、职工工资及福利费、差旅费、水电费、职工教育经费、工会经费、会议费、诉讼费、公证费、咨询费、无形资产摊销、长期待摊费用摊销、取暖降温费、聘请中介机构费、技术转让费、绿化费、董事会费、财产保险费、劳动保险费、失业保险费、住房公积金、物业管理费、研究费用等。

金融企业设置"业务及管理费"科目，核算业务及管理费的增减变动情况。该科目下按费用项目进行明细核算。金融企业发生各项业务及管理费时，会计分录为：

借：业务及管理费
　　应交税费——应交增值税(进项税额)
　　贷：库存现金、存放中央银行款项、应付职工薪酬等

【例 9-1】 甲商业银行某分行购进办公用品一批，增值税税率为 13%，价税合计 11 300 元，并取得增值税专用发票。

要求：编制甲商业银行某分行的相关会计分录。

【解析】 增值税进项税额 = 11 300 ÷ (1+13%) × 13% = 1 300(元)

该分行编制会计分录如下：

借：业务及管理费　　　　　　　　　　　　　　　　　　　　　　　10 000
　　应交税费——应交增值税(进项税额)　　　　　　　　　　　　　 1 300
　　贷：存放中央银行款项[或有关科目]　　　　　　　　　　　　　11 300

(五) 信用减值损失的核算

信用减值损失是指金融企业计提金融工具确认和计量准则要求的各项金融工具减值准备所形成的预期信用损失，主要包括金融企业对金融资产中以摊余成本计量的贷款及垫款、以公允价值计量且其变动计入其他综合收益的贷款及垫款、贴现资产、拆出资金、买入返售金融资产、债权投资、其他债权投资、应收及暂付款等计提减值准备所形成的预期信用损失。

以贷款为例，资产负债表日，金融企业计算贷款的预期信用损失，如果预期信用损失大于贷款当前损失准备的账面金额，应当将其差额确认为减值损失。其会计分录为：

借：信用减值损失
　　贷：贷款损失准备

如果预期信用损失小于贷款当前损失准备的账面金额，则应当将其差额确认为减值利得，

作相反的会计分录。

(六) 其他资产减值损失的核算

其他资产减值损失是指金融企业根据资产减值准则的规定对长期股权投资、抵债资产、固定资产、在建工程、工程物资、无形资产、商誉等计提减值准备所形成的损失。

资产负债表日,金融企业根据确认的减值损失,会计分录为:

借:资产减值损失
　　贷:长期股权投资减值准备
　　　　抵债资产跌价准备
　　　　固定资产减值准备
　　　　在建工程减值准备
　　　　工程物资减值准备
　　　　无形资产减值准备
　　　　商誉减值准备

金融企业计提抵债资产跌价准备后,相关资产的价值又得以恢复的,应在原已计提的减值准备金额内,按恢复增加的金额,编制会计分录:

借:抵债资产跌价准备
　　贷:资产减值损失

长期股权投资、固定资产、在建工程、工程物资、无形资产和商誉的减值损失一经确认,在以后会计期间不得转回。

(七) 其他业务成本的核算

其他业务成本是指金融企业为获取其他业务收入而发生的支出,包括抵债资产出租成本、销售贵金属成本、以经营租赁方式出租固定资产的折旧费等。

金融企业发生其他业务成本时,会计分录为:

借:其他业务成本
　　贷:存放中央银行款项、存放同业、贵金属、累计折旧等

三、利润的核算

(一) 利润的概念与构成

利润是指金融企业在一定会计期间的经营成果。利润包括收入减去费用后的净额、直接计入当期利润的利得和损失等。

金融企业的利润按照反映内容的不同,分为营业利润、利润总额和净利润。有关计算公式如下:

营业利润=营业收入-营业支出
营业收入=利息净收入+手续费及佣金净收入+投资收益(-投资损失)+
　　　　　公允价值变动收益(-公允价值变动损失)+汇兑收益(-汇兑损失)+
　　　　　其他业务收入+资产处置收益(-资产处置损失)+其他收益
利息净收入=利息收入-利息支出
手续费及佣金净收入=手续费及佣金收入-手续费及佣金支出
营业支出=税金及附加+业务及管理费+信用减值损失+其他资产减值损失+其他业务成本
利润总额=营业利润+营业外收入-营业外支出
净利润=利润总额-所得税费用

(二)营业外收支的核算

营业外收支是指金融企业发生的与日常活动无直接关系的各项收支,包括营业外收入和营业外支出,两者应当分别核算,并在利润表中分别反映。营业外收支也是增加和减少利润的因素,对金融企业的利润总额和净利润有较大的影响。

1. 营业外收入的核算

营业外收入是指金融企业取得的营业利润以外的收入。营业外收入由金融企业的非日常活动形成,属于应直接计入当期利润的利得,包括非流动资产毁损报废利得、债务重组利得、捐赠利得、盘盈利得、与金融企业日常活动无关的政府补助等。

金融企业取得营业外收入时,会计分录为:

借:固定资产清理[或有关科目]
  贷:营业外收入

2. 营业外支出的核算

营业外支出是指金融企业发生的营业利润以外的支出。营业外支出由金融企业的非日常活动产生,属于应直接计入当期利润的损失,包括非流动资产毁损报废损失、债务重组损失、公益性捐赠支出、盘亏损失、非常损失等。

金融企业发生营业外支出时,会计分录为:

借:营业外支出
  贷:固定资产清理/待处理财产损溢[或有关科目]

(三)所得税费用的核算

所得税费用即为金融企业确认的应从当期利润总额中扣除的所得税费用。金融企业所得税费用的确认应采用资产负债表债务法。所得税费用包括当期所得税费用和递延所得税费用(或收益)。

(四)综合收益总额的核算

综合收益总额是指净利润加上其他综合收益扣除所得税后的净额。

(五)净利润及其分配的核算

1. 净利润的核算

金融企业设置"本年利润"科目,该科目属于所有者权益类科目,核算金融企业当期实现的净利润或发生的净亏损。

(1)金融企业采用账结法于每月月末结转利润,采用表结法于每年年末结转利润时,应将各损益类科目的余额转入"本年利润"科目,结平各损益类科目。其会计分录为:

借:利息收入
  手续费及佣金收入
  投资收益[若为投资净收益]
  公允价值变动损益[若为公允价值变动净收益]
  汇兑损益[若为汇兑净收益]
  其他业务收入
  资产处置损益[若为资产处置净收益]
  其他收益
  营业外收入
  贷:本年利润

借：本年利润
　　贷：利息支出
　　　　手续费及佣金支出
　　　　投资收益[若为投资净损失]
　　　　公允价值变动损益[若为公允价值变动净损失]
　　　　汇兑损益[若为汇兑净损失]
　　　　资产处置损益[若为资产处置净损失]
　　　　税金及附加
　　　　业务及管理费
　　　　信用减值损失
　　　　资产减值损失
　　　　其他业务成本
　　　　营业外支出
　　　　所得税费用

结转后,若"本年利润"科目的余额在贷方,则表示当期实现的净利润;若"本年利润"科目的余额在借方,则表示当期发生的净亏损。

(2) 年末,"本年利润"科目的余额应转入"利润分配——未分配利润"明细科目。结转后,"本年利润"科目无余额。

若为净利润,则会计分录为：

借：本年利润
　　贷：利润分配——未分配利润

若为净亏损,则作相反的会计分录。

2. 利润分配的核算

金融企业当年实现的净利润加上年初未分配利润(或减去年初未弥补亏损)和其他转入后的余额,即为可供分配利润。可供分配利润应按规定顺序进行分配。若金融企业当年实现的净利润不足以弥补以前年度累计亏损,则不进行利润分配。可供分配利润的分配顺序为：

(1) 提取法定盈余公积。

(2) 提取一般风险准备。

(3) 分配优先股股利。优先股股利是指金融企业按照利润分配方案分配给优先股股东的现金股利。优先股股利一般按照优先股面值和固定股息率计算。

(4) 经股东大会或类似机构决议,提取任意盈余公积。

(5) 分配普通股股利或向投资者分配利润。

可供分配利润经过上述分配后,即为未分配利润。未分配利润可以留待以后年度进行分配。因特殊原因,经批准并报经相关部门备案后,金融企业可将一般风险准备转为未分配利润。

若金融企业于下一年度召开股东大会,审议批准上一年度的股利分配预案,则在计算当年可供分配利润时,还需扣除当年向股东分配的上一年度股利。

(1) 按规定,金融企业以前年度发生的亏损,可以用亏损年度后连续5年的税前利润弥补。在连续5年内未能弥补的亏损,从第6年起只能用税后利润弥补。金融企业用税前或税后利润弥补亏损时,均不需作专门的账务处理。因为金融企业将当年实现的利润自"本年利润"科目结转至"利润分配——未分配利润"科目的贷方时,其贷方发生额与"利润分配——未分配利润"科目的借方余额自然抵补。

但若金融企业用发生亏损以前提取的盈余公积和一般风险准备弥补亏损(因为从发生亏损的年度开始,在亏损完全弥补之前不应提取盈余公积和一般风险准备),则需作账务处理。金融企业用盈余公积弥补亏损的会计分录为:

借:盈余公积——任意盈余公积
    　　　　——法定盈余公积
  贷:利润分配——盈余公积补亏

金融企业用一般风险准备弥补亏损的会计分录为:

借:一般风险准备
  贷:利润分配——一般风险准备补亏

(2)金融企业当年实现的净利润在弥补以前年度累计亏损后,若还有剩余,应按补亏后净利润的一定比例(10%)提取法定盈余公积。金融企业提取法定盈余公积的会计分录为:

借:利润分配——提取法定盈余公积
  贷:盈余公积——法定盈余公积

【例9-2】 某商业银行该年的净利润为20 000 000元,以前年度未发生亏损,按当年净利润的10%提取法定盈余公积。

要求:编制某商业银行提取法定盈余公积的会计分录。

【解析】 商业银行提取法定盈余公积的会计分录为:

借:利润分配——提取法定盈余公积　　　　　　　　　　　　　　2 000 000
  贷:盈余公积——法定盈余公积　　　　　　　　　　　　　　　　　　　2 000 000

(3)金融企业当年实现的净利润在弥补以前年度累计亏损和计提法定盈余公积后,应根据其风险资产期末余额的一定比例(不低于15%)差额提取一般风险准备。期末,金融企业根据其风险资产期末余额的一定比例计算的一般风险准备金额,若大于"一般风险准备"科目的贷方余额,则金融企业应按其差额提取一般风险准备,编制会计分录:

借:利润分配——提取一般风险准备
  贷:一般风险准备

若小于或等于"一般风险准备"科目的贷方余额,则不需作会计分录。

(4)金融企业当年的可供分配利润在扣除计提的法定盈余公积和一般风险准备后,若有剩余,可以向优先股股东分配股利。金融企业根据董事会会议批准的优先股股利分配方案,宣告分派优先股股利时,按应支付的优先股股利,编制会计分录:

借:利润分配——应付现金股利或利润
  贷:应付股利——优先股股利

(5)金融企业当年的可供分配利润经过上述分配后,经股东大会或类似机构决议,可以按当年净利润(如有以前年度累计亏损,则为补亏后净利润)的一定比例提取任意盈余公积。金融企业提取任意盈余公积时,编制会计分录:

借：利润分配——提取任意盈余公积
　　贷：盈余公积——任意盈余公积

（6）分配普通股股利或向投资者分配利润。金融企业当年的可供分配利润经过上述分配后，即为当年可以向普通股股东分配股利或向投资者分配利润的限额。金融企业根据股东大会或类似机构审议批准的普通股股利（利润）分配方案，宣告分派普通股股利或利润时，按应支付的普通股现金股利或利润，编制会计分录：

借：利润分配——应付现金股利或利润
　　贷：应付股利

若金融企业根据股东大会审议批准的股利分配方案，宣告分派股票股利，则在办理增资手续后，编制会计分录：

借：利润分配——转作股本的股利
　　贷：股本

（7）期末，金融企业将"利润分配"科目下"未分配利润"明细科目以外的其他明细科目余额转入"未分配利润"明细科目，编制会计分录：

借：利润分配——盈余公积补亏
　　　　　　——一般风险准备补亏
　　贷：利润分配——未分配利润

借：利润分配——未分配利润
　　贷：利润分配——提取法定盈余公积
　　　　　　　——提取一般风险准备
　　　　　　　——提取任意盈余公积
　　　　　　　——应付现金股利或利润
　　　　　　　——转作股本的股利

经过上述结转后，"利润分配"科目除了"未分配利润"明细科目，其他明细科目均无余额。"未分配利润"明细科目若为期末贷方余额，则反映历年积累的未分配利润；若为期末借方余额，则反映历年未弥补的亏损。

课堂结账测试

班级_____ 姓名_____ 学号_____ 日期_____ 得分_____

一、单项选择题（每小题 5 分，共 25 分）

1. 下列各项中，不属于营业收入科目的是（   ）。
   A. "营业外收入"   B. "其他业务收入"
   C. "投资收益"   D. "手续费及佣金收入"

2. 下列各项中，不能记入"税金及附加"科目的税费是（   ）。
   A. 增值税   B. 城镇土地使用税
   C. 教育费附加   D. 城市维护建设税

3. "库存股"科目是（   ）科目。
   A. 资产类   B. 负债类
   C. 权益类   D. 损益类

4. 所得税是以（   ）与所得税税率相乘而计算缴纳的。
   A. 账面利润   B. 营业利润
   C. 利润总额   D. 应纳税所得额

5. 金融企业当年实现的净利润在弥补以前年度累计亏损后，若还有剩余，应按补亏后净利润的（   ）提取法定盈余公积。
   A. 5%   B. 10%   C. 15%   D. 20%

二、多项选择题（每小题 10 分，共 30 分）

1. 下列各项中，不属于营业外收入的有（   ）。
   A. 债务重组利得   B. 捐赠利得
   C. 盘盈利得   D. 投资收益

2. 下列各项中，影响利润总额的有（   ）。
   A. 营业外收入   B. 所得税费用
   C. 营业外支出   D. 其他业务成本

3. 下列各项中，属于业务管理费的有（   ）。
   A. 业务招待费   B. 钞币运送费
   C. 工会经费   D. 聘请中介机构费

三、判断题（每小题 5 分，共 45 分）

1. 非股份制金融企业收到投资者人民币现金或银行存款投资时，以投资者在注册资本中所占份额确认实收资本。实际收到的金额超过投资者在注册资本中所占份额的部分，确认为资本公积。（   ）

2. 金融企业可以按面值、溢价或折价发行股票。（   ）

3. 可行权日是指协议规定的可行权条件得到满足、职工和其他方具有从银行取得权益工具

的权利的日期。( )
4. 可行权日至行权日之间的期间为约定期。( )
5. 金融企业将自用的建筑物等转换为采用公允价值模式计量的投资性房地产时,转换日该项房地产的公允价值大于原账面价值的差额,计入其他综合收益。( )
6. 金融企业为奖励本企业职工而回购本企业股份的,银行合计持有的本企业股份数不得超过本企业已发行股份总额的10%。( )
7. 长期股权投资、固定资产、在建工程、工程物资、无形资产和商誉的减值损失一经确认,在以后会计期间不得转回。( )
8. 金融企业以前年度发生的亏损,可以用亏损年度后连续10年的税前利润弥补。( )
9. "未分配利润"明细科目若为期末借方余额,则反映历年积累的未分配利润;若为期末贷方余额,则反映历年未弥补的亏损。( )

第十章 金融企业财务会计报告

知识导航

金融企业财务会计报告
- 金融企业财务会计报告概述
  - 财务会计报告的内容
  - 财务会计报告的分类
  - 编制财务会计报告的意义
- 金融企业会计报表的编制
  - 商业银行会计报表的编制
  - 证券公司会计报表的编制

学习目标

1. 认知目标
（1）了解金融企业财务会计报告的主要内容。
（2）掌握金融企业主要财务会计报告的编制方法。

2. 技能目标
（1）通过对不同金融企业财务会计报告的学习,更好地为不同金融企业决策提供依据。
（2）通过编制和提供有用的财务会计报告,促进社会资源的合理配置。

3. 情感目标
（1）培养严谨细致、一丝不苟的工作精神。
（2）激发学生学习热情,培养学生创新精神。

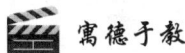

财务会计报告作假悔恨终身

2021年2月,正中珠江在康美药业造假案中,因出具的审计报告存在虚假记载,被证监会作出"没收业务收入1 425万元,并处以4 275万元罚款"的行政处罚决定。但在执行上述5 700万元行政罚款过程中,正中珠江仅缴纳570万元罚款,后因暂无财产可供执行,北京金融法院裁定终结执行程序。

对于剩余的5 130万元行政罚款,去年,证监会依据《中华人民共和国合伙企业法》和《最高人民法院关于民事执行中变更、追加当事人若干问题的规定》中的有关规定,向北京金融法院提出追加签字会计师杨某某为被执行人的申请。

证监会称,杨某某作为被执行人(即正中珠江)合伙人,是康美药业2016—2018年审计项目的签字注册会计师,系正中珠江连续3年出具虚假财务报表审计报告的直接负责的主管人员。其作为主要负责人员，未保持应有的执业谨慎与关注，未遵守执业准则与职业道德规范的要求，未勤勉尽责，未依法依规认真、全面、及时地完成工作任务。特殊普通合伙企业的合伙人对合伙企业造成的损失承担无限连带责任，且在本案行政处罚决定书中明确了杨某某是案涉康美药业项目的直接负责人员，对被执行人应承担的责任有重大过失。

  2022 年 12 月 29 日，北京金融法院作出裁定，追加杨某某为证监会申请强制执行正中珠江行政非诉执行一案的被执行人。杨某某因不服上述裁决，遂向北京市高级人民法院申请复议，请求撤销执行裁定。不过，在听取证监会答辩后，法院认为杨某某复议请求欠缺事实和法律依据，最终驳回了其复议申请，维持原裁定。至此，康美案的签字会计师将对正中珠江造成的损失承担无限连带责任尘埃落定。

  资料来源：金融时报，2023-07-06，《"史上最贵签字"会计师面临超 5 000 万元罚款》，https://baijiahao.baidu.com/s?id=1770660831254906612&wfr=spider&for=pc。

第一节 金融企业财务会计报告概述

一、财务会计报告的内容

  根据企业会计准则的规定，金融企业应当按照《企业财务会计报告条例》的规定，编制和对外提供真实、完整的财务会计报告。不同的金融企业对外提供的财务会计报告不尽相同。一般而言，金融企业的财务会计报告由会计报表、会计报表附注和财务情况说明书组成（不要求编制和提供财务情况说明书的金融企业除外）。

  (1) 金融企业向外提供的会计报表：资产负债表、利润表、现金流量表、利润分配表、所有者权益变动表、信托资产管理会计报表以及其他有关附表。

  (2) 金融企业会计报表附注：会计报表编制基准不符合会计核算基本前提的说明，重要会计政策和会计估计的说明，重要会计政策和会计估计变更的说明，或有事项和资产负债表日后事项的说明，关联方关系及其交易的披露，重要资产转让及其出售的说明，金融企业合并、分立的说明，会计报表中重要项目的明细资料以及有助于理解和分析会计报表需要说明的其他事项。

  (3) 金融企业财务情况说明书：金融企业经营的基本情况、利润实现和分配情况、资金增减和周转情况以及对金融企业财务状况、经营成果和现金流量有重大影响的其他事项。

二、财务会计报告的分类

  按照不同的分类标准，金融企业的财务会计报告有不同的分类。

(一) 按内容不同分类

  财务会计报告按内容不同，可以分为会计报表、会计报表附注和财务情况说明书。

  会计报表是根据账簿记录和有关资料，按照规定的报表格式，总括反映一个金融企业或金融企业集团的财务状况、经营成果和现金流量的报告文件。会计报表附注是会计报表的补充说明，是为帮助理解金融企业会计报表的内容而对有关项目所作的解释。财务情况说明书是在会计报表所反映情况的基础上，对金融企业财务状况、经营成果、资金周转情况以及发展前景所作的总括说明。

（二）按编报时间不同分类

财务会计报告按编报期间不同，可以分为月度报告、季度报告、半年度报告和年度报告。

月度、季度财务会计报告是指月度和季度终了提供的财务会计报告。半年度财务会计报告是指在每个会计年度的前 6 个月结束后对外提供的财务会计报告。年度财务会计报告是指年度终了对外提供的财务会计报告。月度、季度和半年度财务会计报告统称为中期财务会计报告。

一般情况下，年度和半年度的财务会计报表中应包括会计报表、会计报表附注和财务情况说明书。而季度和月度的财务会计报表多不包括会计报表附注和财务情况说明书，一般也不包括会计报表中的现金流量表，而仅包括资产负债表和利润表（国家另有规定的除外）。

（三）按编报主体不同分类

财务会计报告按编报主体不同，可以分为个别财务会计报告和集团财务会计报告。

个别财务会计报告是以单一金融企业为编报主体，反映该单个金融企业的财务状况、经营成果和现金流量的报告文件，也就是我们通常意义上的财务会计报告。集团财务会计报告是将金融企业集团作为一家企业看待，将集团内部母子公司之间的投资、销售、服务等形成的债权债务和收入费用抵消后编制的合并会计报表。

（四）按服务对象不同分类

财务会计报告按服务对象不同，可以分为对外财务会计报告和对内财务会计报告。

对外财务会计报告的内容、种类、格式都有明确规定，并应经过独立审计后对外报送。对内财务会计报告一般是因金融企业内部管理需要而编制，其内容、种类、格式等由金融企业自行规定。

此外，对于会计报表，还可以按所反映的期间、时点多少的不同，分为单期会计报表和比较会计报表。单期会计报表一般只提供某一会计期间或某一时点的会计信息，而比较会计报表则提供不同期间或不同时点的会计信息，如 2 年期比较财务会计报告、3 年期比较财务会计报告、4 年期比较财务会计报告等，我国通常要求金融企业提供 2 年期比较财务会计报告。会计报表还可以按所反映的内容不同，分为动态会计报表和静态会计报表。动态会计报表是指反映金融企业一定时期的经营成果和现金流量的会计报表，如利润表、现金流量表。静态会计报表是指反映金融企业某一特定日期的资产、负债、权益状况的会计报表，如资产负债表。

三、编制财务会计报告的意义

（1）财务会计报告所提供的信息有助于有关各方了解金融企业的财务状况、经营成果和现金流量，并据以作出经济决策，进行宏观经济管理。

作为金融企业所有者的国家和广大投资者，他们需要及时了解包括金融企业盈利能力、发展趋势、经营现状、所处行业等相关信息；作为金融企业债权人的银行，它们需要及时了解包括金融企业长短期偿债能力、经营情况、在同行业中的位置等相关信息；作为整个社会经济管理者的政府部门，也需要从总体上了解金融企业的资产负债结构、损益情况和现金流量情况，而这些信息最直接的体现方式正是财务会计报告。金融企业提供真实、公允的会计信息有助于报告使用者的决策和管理。

(2) 财务会计报告所提供的信息有助于考核金融企业领导人经济责任的履行情况。

金融企业的领导人,应该加强经营管理、合理利用资源、提高经济效益,使企业资产保值、增值。这些领导人的经济责任履行情况可以从利润表中将当年数同上年数比较得出结论。所以说,金融企业提供的财务会计报告信息有助于考核金融企业领导人经济责任的履行情况。

(3) 财务会计报告所提供的信息有助于加强金融企业的内部经营管理并提高经济效益。财务会计报告所提供的信息充分反映了金融企业过去的经营成果、财务状况和现金流量。因此,利用这些信息加以科学地分析、预测,可以总结过去企业经营中存在的问题,并找到原因、明确目标、落实责任,为金融企业加强内部管理、提高经济效益、稳健快速发展提供切实可行的依据。

第二节 金融企业会计报表的编制

金融企业根据自身所在行业的特点编制适合本行业使用的会计报表。虽然在报表名称、具体项目上会有一定的差异,但其核心内容依然是反映金融企业的财务状况、经营成果和现金流量。

本节将以商业银行和证券公司为例,介绍不同金融企业会计报表编制的具体情况。

一、商业银行会计报表的编制

(一) 资产负债表

商业银行资产负债表是反映商业银行在某一特定时日(月末、季末、年末)的财务状况,即资产、负债、股东权益及其相关信息的报表。政策性商业银行、信托投资公司、租赁公司、典当公司等应当执行商业银行资产负债表的格式和附注规定,如有特别需要,可以结合本企业的实际情况,进行必要调整和补充。根据《企业会计准则第30号——财务报表列报》应用指南,商业银行资产负债表的格式如表10-1所示。

表 10-1　　　　　　　　　　　　　资产负债表

编制单位:　　　　　　　　　　　　年　月　日　　　　　　　　　　　　　单位:元

资产	期末余额	上年年末余额	负债和所有者权益(或股东权益)	期末余额	上年年末余额
资产:			负债:		
现金及存放中央银行款项			向中央银行借款		
存放同业款项			同业及其他金融机构存放款项		
贵金属			拆入资金		
拆出资金			交易性金融负债		
交易性金融资产			衍生金融负债		
衍生金融资产			卖出回购金融资产款		

(续表)

资产	期末余额	上年年末余额	负债和所有者权益（或股东权益）	期末余额	上年年末余额
买入返售金融资产			吸收存款		
应收利息			应付职工薪酬		
发放贷款和垫款			应交税费		
金融投资			应付利息		
长期股权投资			预计负债		
投资性房地产			应付债券		
固定资产			递延所得税负债		
无形资产			其他负债		
递延所得税资产			负债合计		
其他资产			所有者权益(或股东权益)：		
			实收资本(或股本)		
			资本公积		
			减：库存股		
			盈余公积		
			一般风险准备		
			未分配利润		
			所有者权益（或股东权益）合计		
资产总计			负债和所有者权益(或股东权益)总计		

商业银行资产负债表中，"上年年末余额"栏内各项数字，应根据上年年末资产负债表"期末余额"栏内所列数字填列。如果本年度资产负债表的项目名称与上年度不一致，应按本年度的规定进行相应调整，并将调整后项目和金额填入本年度资产负债表的"上年年末余额"栏内。资产负债表各主要项目的填列方法如下：

（1）"现金及存放中央银行款项"：该项目反映商业银行期末持有的现金和银行存款，以及存放中央银行的各种存款，应根据"现金""存放中央银行款项"等科目的期末余额计算填列。

（2）"存放同业款项"：该项目反映商业银行存放于境内、外其他金融机构的款项净额，应根据"存放同业"科目的期末余额填列。

（3）"贵金属"：该项目反映商业银行在国家允许的范围内买入的黄金、白银等贵重金属，应根据"贵金属"科目的期末余额填列。

（4）"拆出资金"：该项目反映商业银行拆借给境内、外其他金融机构的款项，应根据"拆出资金"科目的期末余额，减去"贷款损失准备"科目所属相关明细科目期末余额后的金额分析计算填列。

（5）"交易性金融资产"：该项目反映商业银行为交易而持有的资产，包括以公允价值计量且其变动计入当期损益的债券和其他交易性资产，应根据"交易性金融资产"科目的期末余额填列。

（6）"衍生金融资产"：该项目反映商业银行期末持有的衍生工具、套期工具、被套期项目中属于衍生金融资产的金额，应根据"衍生工具""套期工具""被套期项目"等科目的期末余额分析填列。

（7）"买入返售金融资产"：该项目反映商业银行按照返售协议约定先买入再按固定价格返售的票据、证券、贷款等金融资产所融出的资金，应根据"买入返售金融资产"科目的期末余额填列，如果计提了坏账准备，还应减去"坏账准备"科目所属相关明细科目的期末余额。

（8）"应收利息"：该项目反映商业银行贷款、存放同业、拆出资金等生息资产当期应收而未收到的利息，应根据"应收利息"科目的期末余额，减去"坏账准备"科目中有关应收利息计提的坏账准备期末余额后的金额填列。

（9）"发放贷款和垫款"：该项目反映商业银行发放的贷款和贴现资产扣减贷款损失准备期末余额后的金额，应根据"贷款""贴现资产"等科目的期末借方余额合计，减去"贷款损失准备"科目所属明细科目期末余额后的金额分析计算填列。

（10）"金融投资"：该项目反映商业银行以公允价值计量且其变动计入当期损益的金融资产、以摊余成本计量的金融资产、以公允价值计量且其变动计入其他综合收益的金融资产等，应根据"金融投资"科目余额填列。

（11）"长期股权投资"：该项目反映商业银行持有的对子公司、联营企业和合营企业的长期股权投资，应根据"长期股权投资"科目的期末余额，减去"长期股权投资减值准备"科目期末余额后的净额填列。

（12）"投资性房地产"：该项目反映商业银行持有的投资性房地产。银行采用成本模式计量投资性房地产的，应根据"投资性房地产"科目的期末余额，减去"投资性房地产累计折旧（摊销）"和"投资性房地产减值准备"科目期末余额后的净额填列；银行采用公允价值模式计量投资性房地产的，应根据"投资性房地产"科目的期末余额填列。

（13）"固定资产"：该项目反映商业银行期末各项资产的可收回金额。经营租入固定资产改良支出的可收回金额也在本项目内反映，应分别根据"固定资产""经营租入固定资产改良"科目的期末余额，减去"累计折旧""固定资产减值准备"等科目余额填列。因出售、报废和毁损等原因转入清理但尚未清理完毕的固定资产净值，以及固定资产清理过程中所发生的清理费用和变价收入等各项金额的差额，也在该项目中反映，具体可以根据"固定资产清理"科目余额反映。

（14）"无形资产"：该项目反映商业银行持有的无形资产，包括专利权、非专利技术、商标权、著作权、土地使用权等，应根据"无形资产"科目的期末余额，减去"累计摊销"和"无形资产减值准备"科目期末余额后的净额填列。

（15）"递延所得税资产"：该项目反映商业银行确认的可抵扣暂时性差异产生的递延所得税资产，应根据"递延所得税资产"科目的期末余额填列。

（16）"其他资产"：该项目反映商业银行持有的以上资产以外的资产，主要包括存出保证金、应收股利、其他应收款、抵债资产和有关资产负债共同类科目轧差后的借方余额等。已计提减值准备的，还应扣减相应的减值准备。

(17)"向中央银行借款":该项目反映商业银行向人民银行借入的款项,应根据"向中央银行借款"科目期末余额填列。

(18)"同业及其他金融机构存放款项":该项目反映其他银行、非银行金融机构、境外金融机构等存入商业银行的各项存款,应根据"同业存放"科目期末余额填列。

(19)"拆入资金":该项目反映商业银行从境内、外金融机构拆入的款项,应根据"拆入资金"科目期末余额填列。

(20)"交易性金融负债":该项目反映商业银行承担的以公允价值计量且其变动计入当期损益的为交易目的所持有的金融负债,应根据"交易性金融负债"科目的期末余额填列。

(21)"衍生金融负债":该项目反映衍生工具、套期项目、被套期项目中属于衍生金融负债的金融负债,应根据"衍生工具""套期项目""被套期项目"等科目的期末贷方余额分析计算填列。

(22)"卖出回购金融资产款":该项目反映商业银行按回购协议卖出证券、票据以及信贷资产等款项,应根据"卖出回购金融资产款"科目的期末余额填列。

(23)"吸收存款":该项目反映商业银行吸收客户(单位以及个人)的各种存款,应根据"吸收存款"科目的期末余额填列。

(24)"应付职工薪酬":该项目反映商业银行根据有关规定应付给职工的工资、职工福利、社会保险费、住房公积金、工会经费、职工教育经费、非货币性福利、辞退福利等各种薪酬,应根据"应付职工薪酬"贷方余额填列。

(25)"应交税费":该项目反映商业银行按照税法规定计算应缴纳的各种税费,应根据"应交税费"科目的期末贷方余额填列。

(26)"应付利息":该项目反映商业银行期末尚未支付的各项利息,应根据"应付利息"科目的期末余额填列。

(27)"预计负债":该项目反映商业银行确认的对外提供担保、未决诉讼、产品质量保证、重组义务、亏损性合同等预计负债,应根据"预计负债"科目的期末余额填列。

(28)"应付债券":该项目反映商业银行为筹措长期资金而发行的金融债券和应付利息,应根据"应付债券"科目的期末余额填列。

(29)"递延所得税负债":该项目反映商业银行期末尚未转销的递延税款,应根据"递延所得税负债"科目的期末余额填列。

(30)"其他负债":该项目反映商业银行持有的以上负债以外的其他负债,包括存入保证金、应付股利、其他应付款和有关资产负债共同类科目轧差的贷方余额等,应根据相关科目的期末余额填列。

(31)"实收资本(或股本)":该项目反映股份制银行实际收到投资人投入的资本,应根据"实收资本(或股本)"科目的期末余额填列。

(32)"资本公积":该项目反映商业银行资本公积的期末余额,应根据"资本公积"科目的期末余额填列。

(33)"库存股":该项目反映商业银行持有尚未转让或注销的本银行的股份金额,应根据"库存股"科目的期末余额填列。

(34)"盈余公积":该项目反映商业银行盈余公积期末余额,应根据"盈余公积"科目期末余额填列。

(35)"一般风险准备":该项目反映商业银行从净利润中提取的一般风险准备金额,应根据"一般风险准备"科目的期末余额填列。

(36)"未分配利润":该项目反映商业银行尚未分配的利润,应根据"本年利润"科目和"利润分配"科目的余额计算填列。未弥补的亏损在本项目内以"-"号填列。

(二)利润表

利润表又称损益表,反映商业银行在一定期间内的损益情况。利润表可以反映出商业银行在一定会计期间内实现的营业收入以及与收入相配比的成本费用等情况。政策性银行、信托投资公司、租赁公司、财务公司、典当公司应当执行商业银行利润表格式和附注的规定,如有特别需要,可以结合本企业的实际情况,进行必要调整和补充。商业银行利润表的具体格式如表10-2所示。

表10-2　　　　　　　　　　　　　　利润表

编制单位：　　　　　　　　　　　年　月　日　　　　　　　　　　　　单位：元

项目	本期金额	上期金额
一、营业收入		
利息净收入		
利息收入		
利息支出		
手续费及佣金净收入		
手续费及佣金收入		
手续费及佣金支出		
投资收益(损失以"-"号填列)		
其中：对联营企业和合营企业的投资收益		
公允价值变动收益(损失以"-"号填列)		
其他业务收入		
二、营业支出		
税金及附加		
业务及管理费		
资产减值损失		
其他业务成本		
三、营业利润(亏损以"-"号填列)		
加：营业外收入		
减：营业外支出		
四、利润总额(亏损以"-"号填列)		
减：所得税费用		
五、净利润(亏损以"-"号填列)		

(续表)

项目	本期金额	上期金额
六、每股收益		
（一）基本每股收益		
（二）稀释每股收益		

在编制利润表时，应当注意以下几点要求。

第一，报表中的"本期金额"栏，反映各项目的本期实际发生数，在编制年度报表时，填列上年全年累计实际发生数，并将"本期金额"栏改为"上期金额"栏。如果上年度利润表与本年度利润表的项目名称和内容不相一致，应对上年度报表项目的名称和数字按照本年度的规定进行调整，填入"上期金额"栏。

第二，报表中的"本年累计数"栏，反映年初起至本月止的累计实际发生数。

利润表内各主要内容和填列方法如下：

(1)"营业收入"：该项目反映"利息净收入""手续费及佣金收入""投资收益""公允价值变动收益""其他业务收入"等项目的金额合计。

(2)"利息净收入"：该项目根据"利息收入"项目的金额，减去"利息支出"项目的金额后的余额计算填列。

(3)"利息收入"：该项目反映商业银行经营存贷款业务等确认的利息收入，应根据"利息收入"科目的发生额分析填列，商业银行债券投资的利息收入也可在该项目中反映。

(4)"利息支出"：该项目反映商业银行经营存贷款业务等确认的利息支出，应根据"利息支出"科目的发生额填列，商业银行发行债券的利息支出也可在该项目中反映。

(5)"手续费及佣金净收入"：该项目反映"手续费及佣金收入"项目余额减去"手续费及佣金支出"项目余额后的金额。

(6)"手续费及佣金收入"：该项目反映商业银行确认的包括办理结算业务等在内的手续费、佣金收入，应根据"手续费及佣金收入"科目的发生额填列。

(7)"手续费及佣金支出"：该项目反映商业银行确认的包括办理结算业务等在内的手续费、佣金支出，应根据"手续费及佣金支出"科目的发生额填列。

(8)"投资收益"：该项目反映商业银行以各种方式对外投资所取得的收益，应根据"投资收益"科目的发生额填列，如为投资损失，该项目应以"－"号填列。

(9)"公允价值变动收益"：该项目反映商业银行应当计入当期损益的资产或负债的公允价值变动损益，应根据"公允价值变动损益"科目的发生额分析填列，如为净损失，该项目应以"－"号填列。

(10)"其他业务收入"：该项目反映商业银行以上各项收入之外的其他收入，应根据"其他业务收入"科目余额填列。

(11)"营业支出"：该项目反映"税金及附加""业务及管理费""资产减值损失""其他业务成本"等项目的金额合计。

(12)"税金及附加"：该项目反映商业银行经营业务应负担的消费税、城市维护建设税、资源税、土地增值税和教育费附加等，应根据"税金及附加"科目的发生额填列。

(13)"业务及管理费"：该项目反映商业银行在业务经营和管理过程中发生的电子设备

运转费、安全防范费、物业管理费等费用,应根据"业务及管理费"科目的发生额填列。

(14)"资产减值损失":该项目反映商业银行各项资产发生的减值损失,应根据"资产减值损失"科目的发生额填列。

(15)"其他业务成本":该项目反映商业银行发生的"税金及附加""业务及管理费""资产减值损失"之外的其他业务成本。

(16)"营业利润":该项目反映商业银行实现的营业利润,如为亏损,该项目以"－"号填列。

(17)"营业外收入":该项目反映商业银行发生的与经营业务无直接关系的各项收入之和,应根据"营业外收入"科目的发生额填列。

(18)"营业外支出":该项目反映商业银行发生的与经营业务无直接关系的各项支出之和,应根据"营业外支出"项目的发生额填列。

(19)"利润总额":该项目反映商业银行实现的利润,如为亏损,该项目以"－"号填列。

(20)"所得税费用":该项目反映商业银行应从当期利润总额中扣除的所得税费用,应根据"所得税费用"科目的发生额填列。

(21)"净利润":该项目反映商业银行实现的净利润,如为亏损,该项目以"－"号填列。

(22)"每股收益":该项目反映股东每持有1股所能享有的企业净利润或需承担的企业净亏损,包含"基本每股收益"和"稀释每股收益"项目。

(23)"基本每股收益":该项目反映归属于普通股股东的当期净利润与发行在外的普通股加权平均数的比率。

(24)"稀释每股收益":该项目反映当企业存在稀释性潜在普通股时,应分别调整归属于普通股股东的当期净利润和发行在外的普通股加权平均数,并据此计算稀释每股收益。

(三)现金流量表

现金流量表是反映商业银行在一定时期内(月、季、年)现金流入、流出及其平衡状态的报表。现金流量表是以现金为基础编制的,具体分为主表和补充资料两个部分。主表按银行不同业务活动对现金流量的影响不同,分别列示各类现金流入量、现金流出量和现金净流量。其中,经营活动的现金流量按直接法列示,即通过现金收入和现金支出的主要类别反映来自经营活动的现金流量。补充资料是对现金流量表信息的补充说明和验证,便于报表编制者对现金流量表编制过程的验算以及报表使用者对现金流量表信息的分析和理解。商业银行现金流量表的格式如表10-3所示。

表10-3　　　　　　　　　　　现金流量表

编制单位:　　　　　　　　　年　月　日　　　　　　　　　　　　单位:元

	本期金额	上期金额
一、经营活动产生的现金流量		
客户存款和同业存放款项净增加额		
向中央银行借款净增加额		
向其他金融机构拆入资金净增加额		
收取利息、手续费及佣金的现金		
收到的其他与经营活动有关的现金		

(续表)

	本期金额	上期金额
经营活动现金流入小计		
客户贷款及垫款净增加额		
存放中央银行和同业款项净增加额		
支付手续费及佣金的现金		
支付给职工以及为职工支付的现金		
支付各种税费		
支付的其他与经营活动有关的现金		
经营活动现金流出小计		
经营活动产生的现金流量净额		
二、投资活动产生的现金流量		
收回投资所收到的现金		
取得投资收益收到的现金		
收到的其他与投资活动有关的现金		
投资活动现金流入小计		
投资支付的现金		
构建固定资产、无形资产：和其他长期资产所支付的现金		
支付的其他与投资活动有关的现金		
投资活动现金流出小计		
投资活动产生的现金流量净额		
三、筹资活动产生的现金流量		
吸收投资收到的现金		
发行债券所收到的现金		
收到的其他与筹资活动有关的现金		
筹资活动现金流入小计		
偿还债务所支付的现金		
分配股利、利润或偿付利息支付的现金		
支付的其他与筹资活动有关的现金		
筹资活动现金流出小计		
筹资活动产生的现金流量净额		
四、汇率变动对现金流量的影响额		
五、现金及现金等价物净增加额		
加：期初现金及现金等价物余额		
六、期末现金及现金等价物余额		

通过对现金流量进行恰当的分类,可以发现现金流量表主要包括三类内容。

(1) 经营活动产生的现金流量。经营活动是指银行投资活动和筹资活动以外的所有交易或事项,包括：对外发放的贷款和收回的贷款；吸收的存款和支付的存款本金；同业存款及存放同业款项；向其他进入企业拆借的资金、利息收入和利息支出；收回的已于前期核销的贷款；经营证券业务的企业买卖证券所收到或支出的现金；融资租赁所收到的现金。

经营活动产生的现金流量是商业银行通过运用所拥有或控制的资产创造的现金流量,是与净利润有关的现金流量,可以反映出经营活动对现金流入和流出净额的影响程度。

(2) 投资活动产生的现金流量。投资活动是指商业银行长期资本以及不包括在现金等价物范围内的投资的购建和处置,包括：取得或收回权益性证券的投资、购买或收回的债券投资、购建和处置固定资产、无形资产和其他长期资产等。投资活动产生的现金流量中不包括作为现金等价物的投资,作为现金等价物的投资属于现金自身的增减变化,不会影响现金净额的变动。

通过现金流量表中反映的投资活动产生的现金流量,可以分析商业银行通过投资获取现金流量对银行现金流量净额的影响程度。

(3) 筹资活动产生的现金流量。筹资活动是指导致商业银行资本及债券规模和构成发生变化的活动,包括：吸收权益性资本、发行债券、支付股利、偿还债务等。通过现金流量表中筹资活动产生的现金流量,可以分析商业银行的筹资能力,以及筹资产生的现金流量对银行的现金流量净额的影响程度。

商业银行现金流量表的编制,除了以下项目,应比照一般企业现金流量表编制处理。

(1) "客户存款和同业存放款项净增加额"：该项目反映商业银行本期吸收的境内、外金融机构以及非同业存放款项以外的各种存款的净增加额,应根据"吸收存款""同业存款"等科目的余额分析填列。

(2) "向中央银行借款净增加额"：该项目反映商业银行本期向中央银行借入款项的净增加额,应根据"向中央银行借款"科目的余额分析填列。

(3) "向其他金融机构拆入资金净增加额"：该项目反映商业银行本期从境内、外金融机构拆入款项所取得的现金,减去拆借给境内、外金融机构款项而支付的现金后的净额,应根据"拆入资金""拆出资金"等科目的余额填列。该项目如为负数,应在经营活动现金流出类中单独列示。

(4) "收取利息、手续费及佣金的现金"：该项目反映商业银行本期收到的利息、手续费及佣金,减去支付的利息、手续费及佣金的净额,应根据"利息收入""手续费及佣金收入""应收利息"等科目的余额分析填列。

(5) "客户贷款及垫款净增加额"：该项目反映商业银行本期发放的各种客户贷款,以及办理商业票据贴现、转贴现融出及融入资金等业务的款项的净增加额,应根据"贷款""贴现资产""贴现负债"等科目的余额分析填列。

(6) "存放中央银行和同业款项净增加额"：该项目反映商业银行本期存放于中央银行以及境内、外金融机构的款项的净增加额,应根据"存放中央银行款项""存放同业"等科目的余额分析填列。

(7) "支付手续费及佣金的现金"：该项目反映商业银行本期支付的利息、手续费及佣金,应根据"手续费及佣金支出"等科目的余额分析填列。

(8)"发行债券收到的现金":该项目反映商业银行发行债券收到的现金,应根据"应付债券"等科目的余额分析填列。

(四)所有者权益变动表

所有者权益变动表是反映构成所有者权益的各组成部分的增减变动情况的报表,应当全面反映一定时期所有者权益变动的情况,不仅包括所有者权益总量的增减变动,还包括所有者权益增减变动的重要结构性信息,特别是要反映直接计入所有者权益的利得和损失,让报表使用者准确理解所有者权益增减变动的根源。

所有者权益变动表在一定程度上体现了企业的综合收益。综合收益是指企业在某一期间与股东之外的其他方面进行交易或发生其他事项所引起的净资产变动,包括两个部分:净利润和直接计入所有者权益的利得和损失。其中,前者是企业已实现并确认的收益,后者是企业未实现但根据会计准则的规定已确定的收益。在所有者权益变动表中,净利润和直接计入所有者权益的利得和损失均由单独项目反映,体现了企业综合收益的构成。商业银行所有者权益变动表的具体格式如表 10-4 所示。

表 10-4　　　　　　　　　　　　所有者权益变动表

编制单位:　　　　　　　　　　　　　年　度　　　　　　　　　　　　　单位:元

项目	本期金额							上期金额						
	实收资本(或股本)	资本公积金	减:库存股	盈余公积	一般风险准备	未分配利润	所有者权益合计	实收资本(或股本)	资本公积金	减:库存股	盈余公积	一般风险准备	未分配利润	所有者权益合计
一、上年年末余额														
加:会计政策变更														
前期差错更正														
二、本年年初余额														
三、本年增减变动金额(减少以"-"号填列)														
(一)净利润														
(二)其他综合收益														
上述(一)和(二)小计														
(三)所有者投入和减少资本														
1. 所有者投入资本														
2. 股份支付计入所有者权益的金额														
3. 其他														
(四)利润分配														

(续表)

项目	本期金额							上期金额						
	实收资本（或股本）	资本公积金	减：库存股	盈余公积	一般风险准备	未分配利润	所有者权益合计	实收资本（或股本）	资本公积金	减：库存股	盈余公积	一般风险准备	未分配利润	所有者权益合计
1. 提取盈余公积														
2. 提取一般风险准备														
3. 对所有者（或股东）的分配														
4. 其他														
（五）所有者权益内部结转														
1. 资本公积转增资本（或股本）														
2. 盈余公积转增资本（或股本）														
3. 盈余公积弥补亏损														
4. 一般风险准备弥补亏损														
5. 其他														
四、本年年末余额														

1）上年年末余额

该项目反映商业银行上年资产负债表中所有者权益（或股东权益）的年末余额。

2）会计政策变更和前期差错更正

这两个项目分别反映商业银行采用追溯调整法处理的会计政策变更的累积影响金额和采用追溯重述法处理的会计差错更正的累积影响金额。

3）本年增减变动金额

该项目分别反映如下内容：

（1）"净利润"：该项目反映商业银行当年实现的净利润（或净亏损）金额，并对应列在"未分配利润"栏。

（2）"其他综合收益"：该项目反映未在损益中确认的各项利得和损失扣除所得税影响后的净额，包括金融资产重分类产生的利得和损失；权益法核算的长期股权投资被投资单位其他综合收益变动；存货或自用房地产转换为公允价值模式计量的投资性房地产时，账面价值和公允价值的差额；现金流量套期工具利得或损失中属于有效套期的部分，以及其后续的转出；可供出售外币非货币性项目公允价值变动；外币报表折算差额等以上事项相关的所得税影响导致的利得和损失。

(3)上述"净利润"和"其他综合收益"小计：该项目反映商业银行当年实现的净利润（或净损失）金额和当年直接计入所有者权益的利得和损失金额的合计额。

(4)"所有者投入和减少资本"：该项目反映商业银行当年所有者投入的资本和减少的资本。其中："所有者投入资本"项目反映商业银行接受投资者投入形成的实收资本（或股本）和资本溢价或股本溢价，并对应列在"实收资本"和"资本公积"栏。"股份支付计入所有者权益的金额"项目反映商业银行处于等待期中的权益结算的股份支付当年计入资本公积的金额，并对应列在"资本公积"栏。"其他"项目反映上述项目以外的有关金额。

(5)"利润分配"：该项目反映商业银行当年对所有者（或股东）分配的利润（或股利）金额和按照规定提取的盈余公积金额，并对应列在"未分配利润"和"盈余公积"栏。其中："提取盈余公积"项目反映商业银行按照规定提取的盈余公积。"对所有者（或股东）的分配"项目反映商业银行对所有者（或股东）分配的利润（或股利）金额。"其他"项目反映上述项目以外的有关金额。

(6)"所有者权益内部结转"：该项目反映不影响当年所有者权益总额的所有者权益各组成部分之间当年的增减变动，包括资本公积转增资本（或股本）、盈余公积转增资本（或股本）、盈余公积弥补亏损等各项金额。为了全面反映商业银行所有者权益各组成部分的增减变动情况，所有者权益内部结转也是所有者权益变动表的重要组成部分，主要指不影响所有者权益总额、所有者权益的各组成部分当期的增减部分。其中："资本公积转增资本（或股本）"项目反映商业银行以资本公积转增资本或股本的金额。"盈余公积转增资本（或股本）"项目反映商业银行以盈余公积转增资本或股本的金额。"盈余公积弥补亏损"项目反映商业银行以盈余公积弥补亏损的金额。"其他"项目反映上述项目以外的有关金额。

企业的净利润及其分配情况作为所有者权益变动的组成部分，不需要单独设置利润分配表列示。

4）本年年末余额

该项目反映商业银行本年资产负债表中所有者权益（或股东权益）的年末余额。

二、证券公司会计报表的编制

证券公司财务会计报告由会计报表和会计报表附注组成。资产管理公司、基金公司、期货公司应当执行证券公司会计报表格式和附注规定，如有特别需要，可以结合本企业的实际情况，进行必要的调整和补充。

（一）资产负债表

证券公司的资产负债表是根据其资产、负债和持有者权益之间的相互关系，按照一定的分类标准和顺序编制而成的反映某一特定日期企业资产、负债和持有人权益状况的报表。证券公司资产负债表的格式如表10-5所示。

表10-5　　　　　　　　　资产负债表

编制单位：　　　　　　　　　年　月　日　　　　　　　　　单位：元

资产	期末余额	上年年末余额	负债和所有者权益（或股东权益）	期末余额	上年年末余额
资产：			负债：		
货币资金			短期借款		

(续表)

资产	期末余额	上年年末余额	负债和所有者权益（或股东权益）	期末余额	上年年末余额
其中：客户资金存款			其中：质押借款		
结算备付金			拆入资金		
其中：客户备付金			交易性金融资产		
拆出资金			衍生金融负债		
交易性金融资产			卖出回购金融资产款		
衍生金融资产			代理买卖证券款		
买入返售金融资产			代理承销证券款		
应收利息			应付职工薪酬		
存出保证金			应交税费		
长期股权投资			应付利息		
投资性房地产			预计负债		
固定资产			长期借款		
无形资产			应付债券		
其中：交易席位费			递延所得税负债		
递延所得税资产			其他负债		
其他资产			负债合计		
			所有者权益（或股东权益）：		
			实收资本（或股本）		
			资本公积		
			减：库存股		
			盈余公积		
			一般风险准备		
			未分配利润		
			所有者权益（或股东权益）合计		
资产总计			负债和所有者权益总计		

表 10-5 "期末余额"一栏，下列项目以外的其他项目，比照商业银行资产负债表的列报方法处理。

(1)"货币资金"项目。该项目反映证券公司期末持有的现金、银行存款和其他货币资金总额，应根据"库存现金""银行存款""其他货币资金"等科目的期末余额合计填列。证券经纪业务取得的客户资金存款应在本项目下单独反映。

(2)"结算备付金"项目。该项目反映证券公司期末持有的为证券交易的资金清算与交收而存入指定清算代理机构的款项金额,应根据"结算备付金"科目的期末余额填列。证券经纪业务取得的客户备付金应在本项目下单独反映。

（3）"存出保证金"项目。该项目反映证券公司因办理业务需要存出或交纳的各种保证金款项的期末余额,应根据"存出保证金"科目的期末余额填列。

（4）"无形资产"项目。该项目反映证券公司无形资产在期末的实际价值,应根据"无形资产"科目的期末余额,减去"累计摊销""无形资产减值准备"等科目期末余额后的金额填列。证券公司交纳的交易席位费的可收回金额应在本项目下单独反映。

（5）"其他资产"项目。该项目反映证券公司应收账款、应收股利、其他应收款、长期待摊费用等资产的账面余额,应根据有关科目的期末余额填列。已计提减值准备的,还应扣减相应的减值准备。长期应收款账面余额扣减累计减值准备和未实现融资收益后的净额、抵债资产账面余额扣减累计跌价准备后的净额、"代理兑付证券"减去"代理兑付证券款"后的借方余额,也在本项目反映。

（6）"代理买卖证券款""代理承销证券款"项目。该项目反映证券公司接受客户有效的代理买卖证券资金、承销证券后应付未付给委托单位的款项,应根据"代理买卖证券款""代理承销证券款"科目的期末贷方余额填列。

（7）"其他负债"项目。该项目反映证券公司应付股利、其他应付款、递延收益等负债的账面余额,应根据有关科目的期末余额填列。长期应付款账面余额减去未确认融资费用后的净额,"代理兑付证券"减去"代理兑付证券款"后的贷方余额,也在本项目反映。

（二）经营业绩表

基金的经营业绩表是反映一定期间内基金经营业绩情况的报表。基金经营业绩主要分为两部分,即经营净收益和未实现利润。基金在运作过程中所产生的全部收入扣除所发生的全部费用即为基金经营的净收益。同时,在基金经营过程中,按照《证券投资基金会计核算办法》规定的估值原则,以及基金契约和招募说明书载明的估值事项,对资产估值时,还将形成一部分未实现利得,虽然这部分业绩没有形成现实的收益,但也属于基金经营的业绩。经营业绩表的格式如表 10-6 所示。

表 10-6　　　　　　　　　　经营业绩表

编制单位：　　　　　　　　　　年　月　　　　　　　　　　　　　单位：元

项目	本月数	本年累计数
一、收入		
1. 股票差价收入		
2. 债券差价收入		
3. 债券利息收入		
4. 存款利息收入		
5. 股利收入		
6. 买入返售证券收入		
7. 其他收入		
二、费用		

(续表)

项目	本月数	本年累计数
1. 基金管理人报酬		
2. 基金托管费		
3. 卖出回购证券支出		
4. 利息支出		
5. 其他费用		
其中：上市年费		
信息披露费		
审计费用		
三、基金净收益		
加：未实现利得		
四、基金经营业绩		

上表"本月数"栏各项目的内容及其填列方法如下：

(1)"股票差价收入"项目，反映股票投资实现的差价收入。本项目应根据"股票差价收入"科目期末结转"本期收益"科目的数额填列。

(2)"债券差价收入"项目，反映债券投资实现的差价收入。本项目应根据"债券差价收入"科目期末结转"本期收益"科目的数额填列。

(3)"债券利息收入"项目，反映因债券投资而实现的利息收入。本项目应根据"债券利息收入"科目期末结转"本期收益"科目的数额填列。

(4)"存款利息收入"项目，反映因存款而实现的利息收入。本项目应根据"存款利息收入"科目期末结转"本期收益"科目的数额填列。

(5)"股利收入"项目，反映基金持有的股票因上市公司分红派息而确认的股利收入。本项目应根据"股利收入"科目期末结转"本期收益"科目的数额填列。

(6)"买入返售证券收入"项目，反映通过国家规定的场所进行融券业务而实现的收入。本项目应根据"买入返售证券收入"科目期末结转"本期收益"科目的数额填列。

(7)"其他收入"项目，反映上述收入以外的其他各项收入。本项目应根据"其他收入"科目期末结转"本期收益"科目的数额填列。

(8)"基金管理人报酬"项目，反映按照基金契约和招募说明书的规定计提的基金管理人报酬。本项目应根据"管理人报酬"科目期末结转"本期收益"科目的数额填列。

(9)"基金托管费"项目，反映按照基金契约和招募说明书的规定计提的基金托管费。本项目应根据"基金托管费"科目期末结转"本期收益"科目的数额填列。

(10)"卖出回购证券支出"项目，反映发生的卖出回购证券支出。本项目应根据"卖出回购证券款"科目期末结转"本期收益"科目的数额填列。

(11)"利息支出"项目，反映基金运作过程中发生的各项利息支出。本项目应根据"利息支出"科目期末结转"本期收益"科目的数额填列。

(12)"其他费用"项目，反映在基金运作过程中发生的上述费用支出之外的其他各项费用。本项目应根据"其他费用"科目期末结转"本期收益"科目的数额填列。其中,"上市年费""信息披露费""审计费用"项目应分别列示。

(13)"基金净收益"项目,反映基金已实现的净收益,如为净亏损以"－"号填列。本项目应根据"收入"与"费用"项目的差额填列。

(14)"未实现利得"项目,反映本期因投资估值增值或减值而产生的未实现利得。本项目应根据"未实现利得"科目所属"投资估值增值"明细科目借贷方发生额分析计算填列。

(15)"基金经营业绩"项目,反映本期基金经营业绩,包括已实现基金净收益和未实现利得两部分。本项目应根据"基金净收益"与"未实现利得"项目之和填列。

(三)基金收益分配表

证券投资基金的基金收益分配表是基金经营业绩表的附表。它主要反映基金收益分配的情况和期末未分配收益结余的情况。未实现利得无法进行分配,所以基金收益分配表只反映已实现的基金净收益的分配情况。基金收益分配表的格式如表 10-7 所示。

表 10-7　　　　　　　　　　　　基金收益分配表

编制单位：　　　　　　　　　　　　年　月　　　　　　　　　　　　单位：元

项目	本期数	本年累计数
本期基金净收益		
加：期初基金净收益		
本期损益平准金		
可供分配基金净收益		
减：本期已分配基金净收益		
期末基金净收益		

表 10-7"本期数"栏各项目的内容及其填列方法如下：

(1)"本期基金净收益"项目,反映基金已实现的净收益,如为净亏损以负数填列。本项目数字应与经营业绩表"本年累计数"栏的"基金净收益"项目一致。

(2)"期初基金净收益"项目,反映上期末未分配的基金净收益,如为未弥补的亏损则以负数填列。本项目数字应与上期本表"本期数"栏的"期末基金净收益"项目一致。

(3)"本期损益平准金"项目,反映本期基金申购、赎回款中包含的损益平准金净额。本项目应根据"损益平准金"科目本期借贷方发生额计算填列。

(4)"本期已分配基金净收益"项目,反映本期应付给基金持有人的收益。本项目应根据"收益分配"科目本期发生额填列。

(5)"期末基金净收益"项目,反映期末未分配的基金净收益。

(四)基金净值变动表

证券投资基金的基金净值变动表反映一定时期基金净值的变动情况。在基金运作过程中,有三种活动会引起基金净值的变动,它们分别是：经营活动、基金单位交易活动、向基金持有人分配收益活动。基金净值变动表应分别披露由这三种活动所引起的基金净值的变动。基金净值变动表的格式如表 10-8 所示。

表 10-8　　　　　　　　　　　　　基金净值变动表
编制单位：　　　　　　　　　　　　　年　月　　　　　　　　　　　　　　　单位：元

项目	金额
一、期初基金净值	
二、本期经营活动	
基金净收益	
未实现利得	
经营活动产生的基金净值变数	
三、本期基金单位交易	
基金申购款	
基金赎回款	
基金单位交易产生的基金净值变动数	
四、本期向持有人分配收益	
向基金持有人分配收益产生的基金净值变动数	
五、期末基金净值	

表 10-8 中各项目的内容及其填列方法如下：

（1）"期初基金净值"项目，反映期初基金持有人权益。本项目应根据上期本表"期末基金净值"项目所列金额填列。

（2）"基金净收益"项目，反映本期因已实现基金净收益而产生的基金净值的增加。本项目应根据经营业绩表"基金净收益"项目"本年累计数"栏所列金额填列。

（3）"未实现利得"项目，反映本期因估值增值或减值而产生的基金净值的变动。本项目应根据"未实现利得"科目本期借、贷方发生额分析计算填列。

（4）"经营活动产生的基金净值变动数"项目，应根据"基金净收益"与"未实现利得"项目之和填列。

（5）"基金申购款"项目，反映本期因基金申购而产生的基金净值的增加。本项目应根据"实收基金""未实现利得""损益平准金"科目本期发生额分析计算填列。

（6）"基金赎回款"项目，反映本期因基金赎回而产生的基金净值的减少。本项目应根据"实收基金""未实现利得""损益平准金"科目本期发生额以负数填列。

（7）"基金单位交易产生的基金净值变动数"项目，应根据"基金申购款"与"基金赎回款"项目的数字计算填列。

（8）"向基金持有人分配收益产生的基金净值变动数"项目，反映本期因向基金持有人分配基金净收益而产生的基金净值的减少。本项目应根据"收益分配"科目本期发生额以负数填列。

课堂结账测试

班级_____ 姓名_____ 学号_____ 日期_____ 得分_____

一、单项选择题(每小题 5 分,共 45 分)

1. 财务报表按编报主体不同,可以分为( )。
   A. 合并财务报表和个别财务报表
   B. 个别财务报表和汇总财务报表
   C. 总部财务报表和分部财务报表
   D. 母公司财务报表和子公司财务报表

2. 财务报表按编制期间不同,可以分为( )。
   A. 季度财务报表和年度财务报表
   B. 月度财务报表和年度财务报表
   C. 半年度财务报表和年度财务报表
   D. 中期财务报表和年度财务报表

3. 关于项目在财务报表中是单独列报还是合并列报,应当根据( )进行判断。
   A. 实质重于形式
   B. 相关性
   C. 重要性
   D. 可比性

4. 企业编制财务报表至少涵盖的会计期间是( )。
   A. 一个年度
   B. 一个月度
   C. 一个季度
   D. 半个年度

5. 下列关于未确认融资费用在会计报表中列示的说法中,正确的是( )。
   A. 以"未确认融资费用"项目在资产负债表中单独列示
   B. 以"未确认融资费用"项目在利润表中单独列示
   C. 作为"未确认融资收益"的减项在利润表中列示
   D. 作为"长期应付款"项目的减项在资产负债表中列示

6. 现金流量表的补充资料反映经营活动产生的现金流量情况,应采用的方法是( )。
   A. 直接法
   B. 间接法
   C. 直接法与间接法相结合
   D. 功能法

7. 下列关于现金流量表的表述中,正确的是( )。
   A. 在现金流量表中,经营活动现金流量的列报方法可以采用直接法,也可以采用间接法
   B. 在现金流量表中,经营活动现金流量的列报方法采用直接法,同时也要采用间接法
   C. 直接法以利润表中的净利润为起算点,最终计算出与经营活动有关的现金流量
   D. 间接法以利润表中的营业收入为起算点,最终计算出与经营活动有关的现金流量答案

8. 下列关于"应付账款"项目填列的表述中,正确的是( )。
   A. 根据"应付账款"总账的期末贷方余额直接填列
   B. 根据"应付账款"总账的期末贷方余额,加上"预付账款"总账的期末贷方余额之和填列
   C. 根据"应付账款"明细账的贷方余额合计数填列
   D. 根据"应付账款"明细账的期末贷方余额,加上"预付账款"明细账的期末贷方余额之和填列

9. 根据发行股票债券等方式筹集资金而由企业直接支付的审计、咨询等费用,应反映在现金

流量表的( )项目中。
A. 吸收投资所收到的现金
B. 支付的其他与筹资活动有关的现金
C. 借款收到的现金
D. 分配股利、利润或偿付利息所支付的现金

二、多项选择题(每小题 5 分，共 20 分)
1. 财务报表至少应当包括的部分有( )。
   A. 资产负债表　　B. 利润表　　C. 现金流量表　　D. 所有者权益变动表
2. 财务报表是对企业( )的结构性表述。
   A. 财务状况　　B. 经营成果　　C. 现金流量　　D. 财务状况变动
3. 当企业处于非持续经营状态时，企业应当( )。
   A. 采用其他基础编制财务报表
   B. 在附注中声明财务报表未以持续经营为基础列报
   C. 披露未以持续经营为基础的原因
   D. 披露财务报表编制的基础
4. 当企业的财务报表项目确实需要变更时，企业应当( )。
   A. 对上期比较数据按照当期的列报进行调整
   B. 在附注中对调整的原因进行说明
   C. 在附注中对调整的性质进行说明
   D. 在附注中披露调整的各项目的金额

三、判断题(每小题 5 分，共 35 分)
1. 企业只要遵循了企业会计准则的大部分和主要的规定，就应当被称为"遵循了企业会计准则"。( )
2. 企业可以以在附注中披露代替对交易和事项的确认和计量。( )
3. 财务报表项目的列报应当在各个会计期间保持一致，不得变更。( )
4. 项目单独列报的原则仅适用于报表。( )
5. 财务报表中有些项目以净额列示，如资产项目按扣除减值准备后的净额列示，所以，财务报表项目的列报，有时资产和负债可以相互抵消。( )
6. 非日常活动产生的损益可以以收入扣减费用后的净额列示。( )
7. 企业至少应当编制月度财务报表。( )

第三篇 综合业务

第十一章 金融企业会计综合业务

一、商业银行存款业务核算

中国工商银行南京解放路支行为开户单位办理下列存款业务：

1. 2023年6月3日，开户单位大洋百货将其超出库存现金限额的80 000元填制现金缴款单送交银行，银行清点无误后，办理收款手续。

2. 2023年6月5日，开户单位大发超市签发现金支票一张，支取现金50 000元，用于超市备用金开支。银行经审核无误后，办理付现金手续。

3. 2023年6月10日，开户单位市机电厂签发转账支票一张，金额为500 000元，要求转为定期1年的存款，利率为1.75%。银行经审核无误后，办理存入定期存款手续。

4. 2023年6月30日，市机电厂支取上述定期存款，支取日活期存款利率为0.3%。

5. 2023年7月5日，储户王平从其活期储蓄存款中支取20万元存入半年期整存整取定期储蓄存款，年利率1.55%。

要求：根据业务资料编制相应的会计分录，有计算的需列出计算过程。

二、商业银行贷款业务核算

中国工商银行南京解放路支行为开户单位办理下列贷款业务：

1. 银行于2023年3月6日向借款单位兴欣有限公司发放一笔短期贷款，金额为5 000 000元，期限为3个月，利率为4.35%，按季定期结计利息。现有以下两种情形：

（1）兴欣有限公司按期支付利息。2023年6月6日，甲企业归还银行贷款。

（2）兴欣有限公司未按期支付利息。2023年6月6日，甲企业归还银行贷款。

要求：完成银行发放贷款、结计利息和收回贷款的会计分录。

2. 银行于2023年1月15日向长华纺织公司发放短期贷款一笔，金额为2 000 000元，期限为3个月，年利率为4.35%，如该笔贷款于同年5月6日归还，采用利随本清的计息方法，逾期罚息利率在借款合同载明的贷款利率水平上加收30%。

要求：完成银行发放贷款、贷款转入逾期和收回贷款的会计分录。

三、商业银行支付结算业务核算

中国工商银行南京解放路支行为开户单位办理下列支付结算业务：

1. 银行汇票业务的核算：

（1）本行的开户单位光明电器厂提交银行汇票申请书一式三联，申办银行汇票300 000元用于购货。银行审查无误，收妥款项并签发银行汇票。

（2）本行的开户单位捷达汽配厂送交银行汇票、解讫通知和三联进账单，汇票金额为380 000元，实际结算金额为350 000元，银行审核无误后办理转账。

2. 商业汇票业务的核算:

(1) 本行的开户单位东南汽车厂签发了一份金额为 300 000 元的商业汇票,来行申请承兑。经审查同意承兑并签订承兑协议,按票面金额的 0.05‰ 向承兑申请人收取承兑手续费和 50% 的保证金。

(2) 承上题,假设东南汽车厂申请承兑的银行承兑汇票本日到期,且该单位的存款账户上有足够的资金,余额超过 300 000 元,本行向东南汽车厂收取票款。

3. 银行本票业务的核算:

(1) 本行收到开户单位福达开关厂直接交来的银行本票和进账单,已确认该本票为系统内银行签发,金额为 30 0000 元,银行审查无误后,办理了银行本票付款的手续。

(2) 收款人李敏向本行提交注明"现金"字样的银行本票,金额为 20 000 元,已确认该本票为本行签发,审查并验对身份证无误,银行办理付款手续。

4. 支票业务的核算:

本行收到开户单位绿佳日化厂提交的转账支票和三联进账单,金额为 360 000 元。支票系在系统内银行开户的润发超市签发,用于支付给绿佳日化厂货款。银行审查无误后通过系统转账通兑办理存入交易转账。

5. 汇兑业务的核算:

本行的开户单位河宁电器商城提交电汇凭证一张,金额为 430 000 元,要求汇往在异地系统内某行开户的美的空调厂用于购货,经审查无误予以办理,银行按规定收取手续费 15 元。

6. 委托收款和托收承付业务的核算:

本行于 8 月 6 日收到异地系统内银行寄来的托收承付结算凭证及有关单证,金额为 563 000 元,付款人为本行开户单位光明电器厂,本行当日发出承付通知。8 月 9 日,承付期满日营业终了,光明电器厂存款账户只能支付 463 000 元,本行在 8 月 10 日上午进行划款。其余款项于 8 月 19 日上午全部付清(本题需列出银行两次划款的会计分录,假设赔偿金率为 0.5‰)。

7. 信用卡业务的核算:

本行收到开户特约单位大洋百货送来的进账单和汇计单及签购单,经查看系在本行开户的持卡单位乐华贸易公司在大洋百货的信用卡消费,金额为 30 000 元。银行审核无误后,收取手续费 15 元并办理转账手续。

要求:根据以上支付结算业务资料编制相应的会计分录,有计算的需列出计算过程。

四、商业银行储户个人外汇业务核算

中国工商银行南京解放路支行为储户个人办理下列外汇业务:

1. 何超因出国参加国际会议,需购买美元现钞 5 000 美元,向银行交来人民币现金办理兑换手续,当日美元钞卖价为 USD100=CNY 635.09。

2. 张欣要求从其港元现汇存款账户中支取人民币现金 10 000 元,中国银行某支行办理付款手续。当日港元汇买价为 HKD100=CNY 81.45。

要求:根据业务资料编制银行完成外汇业务的会计分录。

五、证券业务核算

华泰证券公司办理下列证券交易业务:

1. 1月8日,华泰证券公司接受客户王某委托,通过上海证券交易所代理买卖股票,买入股票成交总额为1 600 000元,卖出股票成交总额为1 000 000元,代扣代缴的相关税费为1 000元,应向客户收取的佣金等费用为2 000元,证券公司应向交易所支付的结算手续费为500元。

要求:请完成华泰证券公司代理买卖股票相关分录。

2. 华泰证券公司代理远大公司兑付到期的无记名证券,于2月1日收到远大公司的兑付资金6 000 000元,其中手续费26 000元,至同年8月底共兑付证券5 974 000元。

要求:请完成华泰证券公司兑付到期无记名证券相关分录。

3. 华泰证券公司与白云公司签订合同,采用余额承购包销方式代为发行股票1 000万股,每股面值为1元。华星证券公司通过深圳证券交易所上网发行股票,发行价定为每股2.8元,发行期内共售出股票800万股,共发生费用30 000元,代发行手续费为2‰。承销期结束,华星证券公司按发行价认购未售出的200万股股票,并将其划分为以公允价值计量且其变动计入当期损益的金融资产。

要求:请完成华泰证券公司按余额承购包销方式代为发行股票的相关分录。

六、信托投资业务核算

方正信托投资公司办理下列信托投资业务:

1. 2023年1月1日,中石化总公司现委托方正信托投资公司办理一批救济贷款,金额为1 000 000 000元,将委托存款资金划入方正信托投资公司开立的银行账户,2023年5月1日,开始发放救济贷款,期限为2年,期满后划回资金。

2. 2023年5月1日,方正信托投资公司将委托发放的贷款100 000 000亿元转入借款人中西部能源与技术开发委员会的账户。

3. 2023年6月1日,中海油总公司在方正信托投资公司存入信托存款80 000 000元,意在提升国内海洋钻探设备的制造水平。存款期限为1年,利率为1.25%,每季末结计利息。信托存款到期时,方正信托投资公司一次性将本息支付完毕。

4. 2023年,方正信托投资公司共获得信托投资收入10 000 000元、信托贷款利息收入5 000 000元、手续费收入3 000 000元,发生各种信托费用7 000 000元、日常办公费用800 000元,结转方正信托投资公司的损益。

要求:根据业务资料编制方正信托投资公司完成信托投资业务的会计分录。

七、租赁业务核算

佰邦制造有限公司和乐达租赁公司发生下列租赁业务:

1. 佰邦制造有限公司于2020年12月10日与乐达租赁公司签订了一份设备租赁合同。合同主要条款如下:

(1) 租赁标的物:甲生产设备。

(2) 起租日:2020年12月31日。

(3) 租赁期:2020年12月31日至2024年12月31日。

(4) 租金支付方式:2021—2024年每年年末支付租金8 000 000元。

(5) 租赁期满时,甲生产设备的估计余值为4 000 000元,其中佰邦制造有限公司担保的余值为 3 000 000 元,未担保的余值为 1 000 000 元。

(6) 甲生产设备 2020 年 12 月 31 日的原账面价值为 35 000 000 元,已提折旧 4 000 000 元,公允价值为 31 000 000 元,已使用 3 年,预计还可使用 5 年。

(7) 租赁合同年利率为 6%。

(8) 2024 年 12 月 31 日,佰邦制造有限公司将甲生产设备归还给乐达租赁公司。

甲生产设备于 2020 年 12 月 31 日运抵佰邦制造有限公司,当日投入使用。佰邦制造有限公司固定资产均采用平均年限法计提折旧,与租赁有关的未确认融资费用采用实际利率法摊销,并假定未确认融资费用在相关资产的折旧期限内摊销。

要求:

(1) 判断该租赁的类型,并说明理由。

(2) 编制佰邦制造有限公司在起租日的有关会计分录。

(3) 编制佰邦制造有限公司在 2021—2024 年年末与租金支付以及其他与租赁事项有关的会计分录(假定相关事项均在年末进行账务处理,金额单位用万元表示;已知[P/A, 6%, 4)=3.465 1, (P/F, 6%, 4)=0.792 1]。

2. 2020 年 12 月 31 日,佰邦制造有限公司从乐达租赁公司租入不需安装的设备一台且已经达到可使用状态,签订一份租赁合同,主要条款如下:

(1) 租赁标的物:大型制造设备。

(2) 租赁期开始日:2021 年 1 月 1 日。

(3) 租赁期:2021 年 1 月 1 日到 2024 年 12 月 31 日共 4 年。

(4) 租金支付方式:每年年末支付租金 500 000 元。

(5) 租赁期满时该设备的估计余值为 600 000 元,其中由佰邦制造有限公司的母公司担保的余值为 300 000 元,C 担保公司担保的余值为 200 000 元。

(6) 该设备的维修费用等费用由佰邦制造有限公司负担,每年 40 000 元。

(7) 租赁合同规定的利率为 6%。

其他条件如下:

(1) 该设备在 2021 年 1 月 1 日的公允价值为 1 900 000 元,估计使用年限为 10 年,已使用 6 年。

(2) 承租人采用年数总和法计提折旧。

(3) 2024 年 12 月 31 日,佰邦制造有限公司将该资产交回乐达租赁公司。

要求:作出佰邦制造有限公司和乐达租赁公司的账务处理(佰邦制造有限公司未确认融资费用分摊率为 7.49%,乐达租赁公司租赁内含利率 12%。实务当中通常承租方并不了解出租方的租赁内含利率,所以本题因租赁资产以公允价值为入账价值需重新计算融资费用分摊率,为方便计算将分摊率和内含利率分别作为给定条件,不要再按照分摊率的确定顺序另行确定)。

八、期货业务核算

期货公司办理以下期货业务:

1. (1) 方正中期期货有限公司于 2023 年 1 月 5 日取得上海期货交易所会员资格,同时缴纳了会员资格费 500 000 元;2023 年 1 月 10 日,该期货公司在上海期货交易所存入

10 000 000 元,作为期货交易保证金,并缴纳本年度会费 20 000 元。

(2) 该期货公司于 2023 年 6 月 12 日收到元禾汽车有限公司的保证金 1 200 000 元。

(3) 2023 年 7 月 3 日,该期货公司收到上海期货交易所划转的保证金存款利息 2 849 元。

(4) 2024 年 6 月 15 日,该期货公司收取元禾汽车有限公司交易手续费 330 000 元,其中上海期货交易所代收手续费 110 000 元。

(5) 提取 6 月风险准备金 5 500 元。

(6) 王明报单员的失误造成 10 000 元损失,该期货公司承担 70% 的损失,个人承担 30% 的损失。

要求:编制方正中期期货有限公司相关业务具体会计分录。

2. 亿滋国际公司在方正中期期货有限公司开立了一个交易账户,随后打入资金 500 000 元,2023 年 2 月初,双方达成了以 2 200 元/吨的价格买入 250 手大连大豆 9 月到期的期货合约,后来价格首先下跌至 2 090 元/吨,假如当天的结算价为 2 085 元/吨。

要求:根据资料,回答以下问题:

(1) 请计算该交易的浮动盈亏,同时根据浮动盈亏确定是否追加保证金,如果追加保证金需要追加多少保证金?

(2) 在 3 月下旬,大豆价格上涨,亿滋国际公司以 2 280 元/吨全部平仓,试计算该交易者这一交易回合的交易结果,同时说明该交易者的结算保证金、初始保证金、维持保证金是多少?

(请注意:大豆的交易保证金是固定的,为每手 1 800 元,期货经纪公司收取的手续费为 30 元/手/单边。)

3. 2023 年 4 月,亿滋国际公司接到某出口商一份确定价格的出口订单,需要在 3 个月后交运 5 000 吨大豆。接到订单时的大豆现货价格为 2 300 元/吨,但亿滋国际公司手中无现款,如向银行贷款,月息为 5%,另外还需添置仓储设施和缴付 3 个月的仓储费用,此时,大豆价格还有上涨的趋势。假设 2 个月后,该出口商到现货市场上购买大豆时,价格已上涨至 2 500 元/吨。此时,当月的期货价格跟现货价格的基差为 −50 元/吨,基差跟两个月前相比,提高了 50 元/吨。

要求:根据资料,回答以下问题:

(1) 如果亿滋国际公司决定进入期货市场保值,它应该怎样处理?

(2) 计算出 2 个月后亿滋国际公司的保值盈亏结果。

九、基金业务核算

基金投资者章某办理以下经济业务:

1. 2024 年 3 月 2 日,投资者章某申购 XYZ 开放式基金 1 000 000 元,当日该基金单位资产净值为 1.002 9 元,申购费率为 1%。假设未实现利得为基金总额的 1%,损益平准金为基金总额的 1%(当日资产负债表未实现利得为 1 454 250 元)。

要求:

(1) 请编制投资者章某申购 XYZ 开放式基金时,该开放式基金的会计分录。

(2) 目前,我国基金采取 T+1 交割方式,即在交易日的第二天进行款项的交割,请完成 2024 年 3 月 3 日款项交割时,该开放式基金的会计分录。

2. 2024 年 8 月 2 日,投资者章某申请赎回 XYZ 开放式基金 50 万份,当日该基金单位资产净值为 1.002 9 元,赎回费率为 0.5%,应付给代为办理赎回业务的华夏银行 300 元手续费。

要求:

(1) 请编制投资者章某赎回 XYZ 开放式基金时,该开放式基金的会计分录。

(2) 请编制 2024 年 8 月 3 日,款项交割时,该开放式基金的会计分录。

十、保险业务核算

阳光财产保险公司发生以下经济业务:

1. 阳光财产保险公司会计部门收到业务部门交来的财产基本险保费日报表、保费收据存根和银行收账通知 36 000 元(含增值税),签单生效时收到保费。

2. 2022 年 1 月 1 日,阳光财产保险公司与王某签订一份家庭财产保险合同,保险金额为 1 000 000 元,保险期间为 1 年,保费为 1 000 元(含增值税)。合同规定,阳光财产保险公司自 2022 年 2 月 1 日零时起开始承担保险责任。合同签订当日,阳光财产保险公司收到王某缴纳的全部保费并存入银行。

3. 2022 年 1 月 1 日,阳光财产保险公司与 A 公司签订一份工程保险合同,保险金额为 4 000 000 元,保险期间为 2022 年 1 月 1 日零时至 2023 年 12 月 31 日 24 时;保费总额为 4 000 元(含增值税),分 2 年于每年年初等额收取。合同生效当日,阳光财产保险公司收到第一期保费并存入银行。

4. 2022 年 4 月 12 日,阳光财产保险公司确定应赔偿张某投保的家庭财产保险款 80 000 元,款项尚未支付。同时,阳光财产保险公司应冲减为该保险事故确认的未决赔款准备金 80 000 元。

5. 2022 年 5 月 10 日,阳光财产保险公司某被保险人发生交通事故死亡;2022 年 5 月 21 日,阳光财产保险公司确定应赔偿该保险受益人保险款 120 000 元并于当日支付。

6. 2022 年 5 月 31 日,阳光财产保险公司保险精算部门计算确定的某类财产保险合同未决赔款准备金金额为 100 000 元,其中,已发生已报案未决赔款准备金为 60 000 元,已发生未报案未决赔款准备金为 20 000 元,理赔费用准备金为 20 000 元。

7. 张某投保的小轿车发生被盗保险事故,阳光财产保险公司已结案并支付保险金。2022 年 6 月 17 日,阳光财产保险公司通过公安部门找回该被盗小轿车,参照同类资产的市场价格确定的入账价值为 80 000 元。

8. 2022 年 6 月 21 日,李某投保的小轿车发生碰撞保险事故,阳光财产保险公司赔偿保险责任金后,取得向责任方代位追偿的权利,估计能够收回的代位追偿款为 30 000 元。同年 7 月 25 日,阳光财产保险公司从责任方收到代位追偿款 29 000 元,款项已存入银行。

9. 2022 年 6 月 25 日,阳光财产保险公司收到 C 公司通知,要求提前解除投保的企业财产保险合同。阳光财产保险公司按约定计算应退还 C 公司保费 8 100 元(含增值税),并于当日以银行存款转账支付。假定阳光财产保险公司已为该企业财产保险合同确认未到期责任准备金 9 000 元。

10. 2022 年 11 月 1 日,阳光财产保险公司确认 B 公司投保的财产保险合同保费收入 48 000 元(含增值税);11 月 30 日,阳光财产保险公司保险精算部门计算确定该财产保险合同未到期责任准备金金额为 44 000 元;12 月 31 日,阳光财产保险公司保险精算部门计算确定该财产保险合同未到期责任准备金金额为 40 000 元。

11. 2022年12月31日,阳光财产保险公司保险精算部门计算确定的某类财产保险合同未决赔款准备金金额为160 000元,前期已确认的相关未决赔款准备金金额为110 000元。

要求:根据上述经济业务,编制阳光财产保险公司的会计分录。

十一、金融企业所有者权益业务核算

华烟商业银行办理以下业务:

1. 华烟商业银行股份制改革过程中,王明、李晓两个股东作为发起人,约定于2023年12月31日投入资本。该商业银行注册资本为80 000 000 000元,王明、李晓的出资比例分别为51%和49%。2023年12月31日,王明、李晓的出资到位并办理了有关手续。其中,王明以不动产和货币资金投入,不动产评估价值为6 000 000 000元;李晓全部以货币资金投入。

要求:请编制华烟商业银行吸收投资的相关分录。

2. 华烟商业银行于2023年完成上市,增发180亿股,每股面值为1元,共募集资金90 000 000 000元,另支付与发行股票直接相关的佣金等费用500 000 000元。至2023年6月30日,该商业银行已办妥相关手续。

要求:请编制华烟商业银行发行股票的相关分录。

3. 2024年1月1日,华烟商业银行发行归类为权益工具的可转换优先股500 000股,扣除相关交易费用后实际收到价款800 000元。合同约定固定股息每股为0.1元,每年年初支付上年度股利。优先股发行一年后每1 000股优先股可转换为面值1元的普通股400股,2025年1月1日,优先股持有者将其持有的优先股全部转换为普通股。

要求:请编制华烟商业银行可转换优先股发行及转换的相关分录。

十二、金融企业会计报表核算与编制

佰邦制造有限公司2023年度会计报表有关资料如下。

1. 佰邦制造有限公司2023年12月31日的有关资料如下。

1)科目余额表

佰邦制造有限公司2023年12月31日的科目余额表如表11-1所示。

表11-1 科目余额表 单位:元

科目名称	借方余额	贷方余额
库存现金	10 000	
银行存款	57 000	
应收票据	60 000	
应收账款	80 000	
预付账款		30 000
坏账准备——应收账款		5 000
原材料	70 000	
低值易耗品	10 000	..

(续表)

科目名称	借方余额	贷方余额
发出商品	90 000	
材料成本差异		55 000
库存商品	100 000	
交易性金融资产	2 000	
固定资产	800 000	
累计折旧		300 000
在建工程	40 000	
无形资产	150 000	
短期借款		10 000
应付账款		70 000
预付账款		10 000
应付职工薪酬	4 000	
应交税费		13 000
长期借款		80 000
实收资本		500 000
盈余公积		200 000
未分配利润		200 000

2）债权债务明细科目余额

（1）应收账款明细资料如下：

"应收账款——A公司"科目，借方余额 100 000 元。

"应收账款——B公司"科目，贷方余额 20 000 元。

（2）预付账款明细资料如下：

"预付账款——C公司"科目，借方余额 20 000 元。

"预付账款——D公司"科目，贷方余额 50 000 元。

（3）应付账款明细资料如下：

"应付账款——E公司"科目，贷方余额 100 000 元。

"应付账款——F公司"科目，借方余额 30 000 元。

（4）预收账款明细资料如下：

"预收账款——G公司"科目，贷方余额 40 000 元。

"预收账款——H公司"科目，借方余额 30 000 元。

3）长期借款

本公司长期借款共 2 笔，均为到期一次性还本付息。金额及期限如下：

(1)从中国工商银行借入 30 000 元(本利和),期限从 2020 年 6 月 1 日至 2024 年 6 月 1 日。

(2)从中国建设银行借入 50 000 元(本利和),期限从 2021 年 8 月 1 日至 2025 年 8 月 1 日。

要求:编制佰邦制造有限公司 2023 年 12 月 31 日的资产负债表。

2. 佰邦制造有限公司 2023 年度有关资料如下:

(1)"应收账款"科目:年初数 1 000 000 元,年末数 1 200 000 元。

(2)"应收票据"科目:年初数 400 000 元,年末数 200 000 元。

(3)"预收款项"科目:年初数 800 000 元,年末数 900 000 元。

(4)"主营业务收入"科目 60 000 000 元。

(5)"应交税费——应交增值税(销项税额)"科目 10 200 000 元。

(6)其他有关资料如下:本期计提坏账准备 50 000 元,收到客户用 113 000 元商品(其中货款 100 000 元,增值税税额 13 000 元)抵偿前欠账款 120 000 元。

要求:根据上述资料计算佰邦制造有限公司销售商品、提供劳务收到的现金。

3. 佰邦制造有限公司 2023 年度有关资料如下:

(1)"应付账款"科目:年初数 1 000 000 元,年末数 1 200 000 元。

(2)"应付票据"科目:年初数 400 000 元,年末数 200 000 元。

(3)"预付款项"科目:年初数 800 000 元,年末数 900 000 元。

(4)存货项目:年初数为 1 000 000 元,年末数为 800 000 元。

(5)"主营业务成本"科目 40 000 000 元。

(6)"应交税费——应交增值税(进项税额)"科目 6 000 000 元。

(7)其他有关资料如下:用固定资产偿还应付账款 100 000 元,生产成本中直接工资项目含有本期发生的生产工人工资费用 1 000 000 元,本期制造费用发生额为 600 000 元(其中消耗的物料为 50 000 元),工程项目领用的本企业产品 100 000 元。

要求:根据上述资料,计算佰邦制造有限公司购买商品、接受劳务支付的现金。